- "十二五"普通高等教育本科国家级规划教材
- 2015年上海普通高校优秀教材
- 上海旅游会展教育高地建设系列教材

卢 晓◎编著

节事活动策划与管理

（第四版）

上海人民出版社

总　序

随着会展业在我国的迅猛发展，上海师范大学旅游学院经国家教育部批准于 2004 年在全国首先正式设立了“会展经济与管理”本科专业。2005 年，上海市教委又把建设上海旅游会展教育高地的建设任务交给了我们学院。为了不辜负培养会展人才、发展会展事业的历史使命和国家教育部和上海市教委对我们学院的信任，我们在了解国际会展院校课程体系和国内行业对会展人才素质和知识结构需求的基础上，决定开发一套会展经济与管理系列教材，以满足“会展经济与管理专业”学科建设和会展人才培养的需要，对上海市乃至对全国的会展教育事业和会展业的发展作出我们的贡献。

这套系列教材全部出版后将涵盖会展业的全部产业架构(会议、展览、奖励旅游和节事活动)，涉及策划与管理、营销与服务、财务与融资、设计与搭建、文案与法规、宣传与公关、企业参展和出国办展、信息化管理和市场调研与预测等会展业全部产业架构经营管理的业务层面。为了保证这套系列教材能具有前瞻性、系统性、科学性和应用性的特点，我们将在这套教材的编写过程中坚持面向国际、依托行业的原则，整合资源，鼓励参编教师和富有会展实践经验的企业家和专业人士共同合作，力争开发出理念前沿、信息丰富、知识全面、操作性大、专业化强的会展经济与管理系列教材。并希望这套教材不仅能作为高校会展教材，也可作为会展业从业人员工作和进修的参考丛书。

由于经验不足，这套教材不可避免地会有遗憾之处，为此，我们热忱地欢迎有识之士提出宝贵的建议，帮助我们不断地健全和完善这套系列教材，为中国的会展教育和会展事业作出更大的贡献。

杨卫武

上海师范大学旅游学院

《会展经济与管理》系列教材编委会主任

第四版序言

近年来，我国节事活动蓬勃发展，尤其是在2008年北京奥运会和2010年上海世博会成功举办之后，竞相举办大型活动已经成为政府热衷之事。大型节事在提升城市知名度，改善地方旅游形象方面所体现的积极作用，已成为政府广泛认可的不争事实，至于“节庆经济”所带来的好处，也得到各方的认同。不仅大城市激烈角逐诸如大型体育赛事、世界园艺博览会等大型活动的举办权，而且小城镇也纷纷极力推进旅游节、物产节、民俗节等地方节庆的组织与实施。据不完全统计，目前我国各类主题的节庆已经达数千个，有的地方则呈现出“月月有节”、“天天过节”的火爆景象。现代节事活动的兴起和快速发展成为我国特有的文化组成部分和颇受社会关注的现象之一。

我国节事活动的兴起和快速发展，和我国对外开放政策的实施、经济体制转型和经济的发展分不开。自1981年洛阳牡丹花会首创现代节庆的开端以来，我国的节事已发展逾三十年，在这一阶段，现代节庆作为时代的产物，它的涌现具有一定的历史性。我国节事给中国经济发展和社会发展进程带来积极影响的同时，也存在不少负面问题。

随着时间的推移，飞速发展的、“光鲜”的节事现象背后，暴露出隐藏着的诸多社会问题越来越受到人们的关注。(1)以声势浩大、明星云集的开幕晚会作为节庆活动的代名词，缺少“节日”应具有的节日氛围，在制造“欢乐”方面差强人意；(2)主题雷同，撞车现象严重，缺乏新意，形式大同小异，如全国以“旅游节”为名的节庆不下百个，多有商品展销、经贸洽谈等陈词滥调的活动；(3)耗资巨大。(4)公众的参与度低，参与热情淡漠。民众的积极参与以及对节日文化盛宴的享受是对节日传承与保护的最好支撑。在狭隘的“经济效益”和“彰显政绩”的驱使下，政府表现出对举办节事的过度关注而忽视了群众的自发性，也就是说我国节事的“他组织”力量远远强大于“自组织”过程，缺乏内生动力的节事，老百姓视之为他者，事不关己，漠然处之。(5)地方政府的跟风现象严重，盲目上马，使得节事活动呈现浮躁、无序、低效的态势，少数节庆甚至诱发了地方百姓的抵触情绪。

早在2008年1月，文化部与国家发改委等部门就曾联合颁布了《关于建构合理演出市场供应体系、促进演出市场繁荣发展的若干意见》，严禁政府有关部门及其所属事业单位利用公款邀请演艺明星举办节庆活动，减少节庆大型演出活动的数量和规模。2013年3月13日，文化部部长蔡武做客中央人民广播电台中国之声两会特别节目《做客中央台》时表示，针对群众反映文艺演出动辄上亿元的问题，将进一步严控政府主办财政出资的节庆活动，严禁使用财政资金邀请各类名人明星参与活动，严控在节庆活动期间举办大型文艺晚会，从源头上遏制大制作和公款请明星的现象。如今，在“三公经费”削减的态势下，2013年之后的中国节庆活动已面临调整、“瘦身”和转型，节事产业亟待升级。

三十多年来，从曾经流行一时的“招商引资”、“文化搭台，经济唱戏”等的口号唱响，到如今开始回归理性反思，节事活动在宣传地域优势，提升城市形象，推动区域发展，强化对外交流，增进相互了解方面起到的独特作用不可否认，但它在策划和管理上的创新性、科学性和市场化运作方面还差强人意，远远不够。如何将大型节事以一个项目的形式放在市场背景下进行系统的、科学的策划、组织、实施和管理，是摆在节事工作者面前亟待解决的问题。

这四版的修订，笔者都力求使得本书的体系构架和结构内容与时代的发展做到同步，以项目管理的框架来阐释如何进行节事活动策划与管理。但仍然由于水平有限，时间仓促，书中仍然存在诸多不足之处，敬请广大读者批评指正，提出宝贵的修改意见。

卢　晓

2016年7月29日

第二版序言

光阴似箭，岁月如梭。《节事活动策划与管理》教材于 2006 年 8 月首版，转眼间已近三年。今年 3 月顾兆敏编审致电于我，告知本教材已售罄，希望修订后再版，霎时有一种被读者所接受的欣喜，兴奋之余我也颇感若干压力。虽然，三年的时光不算太长，而节事的发展却相当迅猛，鲜活得不仅让专业人士惊叹，甚至连普通百姓也越来越意识到大型活动的重要性。西湖休博会的圆满闭幕以及北京奥运会的深远影响都给举办节事所产生的社会意义添上了重墨的一抹，其附加效应远远超过了节事活动本身的价值。无论是历史悠久、源远流长的传统节庆，还是时代含义深厚、肩负现代文明传播重任的现代节事，经过精心策划成功举办后对当地的经济、社会、政治、文化等综合效益的无形影响昭然若揭，众多专家学者对节事的研究也愈加深入。

我国现代节事的发展历经起步探索、发展曲折到如今的新一轮的高潮迭起，吸取了过去经验教训，在意识创新、主题选择、内容亲民、市场运作、管理模式等方面均有新的突破与更大的发展，尤其以青岛啤酒节、上海国际艺术节、潍坊风筝节、昭君文化艺术节等为代表的一批知名品牌节事，产品内容推陈出新，运营方式日渐成熟，节庆效益逐届提高，国际影响力也更为显著。今年 6 月，我应邀参加了在江苏盱眙举行的江苏节庆科学发展高层峰会，真实地感受到了办节的魅力和作用，正因为办节，使盱眙这个苏北的一个县城，城市面貌发生了巨大的变化，并且成为苏北旅游第一县，接待的国内外游客从 2001 年的 8 万人次上升到 2007 年的 202 万人次，旅游总收入达 7.78 亿元，其中境外游客近 10 万人。盱眙国际龙虾节已经连续成功举办了 9 届，其“四国联动”（中国、瑞典、新西兰、澳大利亚）、“六地联办”（盱眙、南京、上海、宁波、北京、深圳），着力打造“八项世界之最”的办节特色和营销举措，不仅使得龙虾节风靡中外，龙虾产品更是美誉世界，“公司＋基地＋农户＋连锁”的模式使得成为当地支柱产业的龙虾产业经济总量可望在五年内冲破50亿大关。当然，作为江苏省节庆协会特聘学术顾问，我同时也指出，江苏有节庆活动近400个，办节庆要从当地实际出发，有针对性地选择具有当地特色的标志性节庆，打造出不同层次的品牌，以提升节庆的价值和产业链，更要组建有稳定性的节事管理策划团队，才能做好节庆促销和推广工作。其实，这些问题是我国节庆普遍存在的现象，办节的困惑始终存在，怎样处理好政府在办节中所扮演的角色，如何探索、提炼具有中国特色的市场化运营之路，做到繁荣商业赞助市场、提高民众参与的积极性，依旧是我国众多节事活动发展中存在的“瓶颈”。

三年来，我一边坚持课堂教学，一边着手修订本教材，力求使得本书的体系构架和结构内容与时代的发展同步。但由于水平有限，时间仓促，书中仍然存在诸多不足之处，敬请广大读者批评指正，提出宝贵的修改意见。

卢 晓

2009年8月29日

序 言

中国会展业进入了一个前所未有的蓬勃发展时期。节事活动作为会展业的重要组成部分，随着其为各种目的和议程服务的内涵不断地扩充，从而引起了“活动”这个新兴行业的产生与发展，尤其是大型活动正受到越来越多的关注。引人注目的以“休闲——改变人类生活”为主题的2006年杭州世界休闲博览会、2008年北京奥运会已胜利闭幕。与它们并誉为21世纪初中国三大国际盛会的2010年上海世界博览会的筹备工作也进入紧张的倒计时阶段，它们的举办无疑将极大地推动我国活动业的发展，为我们举办大型活动提供不可多得的宝贵经验。

近年来，众多的国家、地区和城市对国际性大型节事活动的角逐竞争已为世人瞩目。事实证明，成功举办重大活动，将为主办国家、城市和企业带来巨大的无形价值。对于国家而言，这类活动是发展本国经济一个不可多得的契机，它可以增强社会凝聚力、获得财政收入、创造就业机会、带动相关行业发展及提高人们的生活水平。从以往的经验来看，举办一次国际型节事活动比如奥运会、世界杯足球赛，可使举办城市基础设施水平提高20—50年，并提供数以万计的就业机会。例如1988年汉城奥运会给韩国创造了3.4万个就业岗位，从申办成功到赛事正式开始，共增加了76万个就业机会。对于城市而言，活动可以提高其国际或国内声望，改善当地经济结构、增加政府税收、促使企业的商业活动频繁，改善通讯、道路、交通运输服务等基础设施和当地的环境卫生状况，增加休闲娱乐以及相关设施，也对保护当地独特的文化特征、强化传统文化及地方价值观、保护与修缮历史古迹等起着很大的推动作用。对于企业而言，活动可以提升企业品牌，创造商机。对于公司而言，可以促进团队建设，塑造企业文化，提高组织的亲和力和凝聚力。因此，举办这类活动的重要性是不言而喻的。

随着我国改革开放的不断深入，地方经济发展活力的增强，人民物质文化生活的极大丰富，从老百姓来看，需要找到一种形式来表达富裕的喜悦心情，故节事活动便如雨后春笋般地迅速发展。如今国内举办的节事活动仅各类文化节每年就达 5 000 多个，节庆活动成为活跃和丰富一地精神文化生活的重要形式，宴会、舞会、家庭聚会等小型活动更是不计其数。然而，中国的节事活动无论从策划还是到管理都存在不少的问题，尤其是众多城市、乡镇举办的“以节招商，文化搭台、经济唱戏”的节庆活动，目的是推广具有地方特色的旅游资源和产品，塑造城市整体形象，这种热潮事实上却成了一种政府显示政绩的“时尚”。政府干预过多，公众的参与程度不够，缺乏品牌意识，资金浪费较为严重，活动传播出现“盲区”，造成诸多活动成了少数人的“独角戏”。节事活动本应具有的文化内涵以及娱乐性，如果没有充分感染公众，就无法达到丰富人们精神生活的要求和出发点。无论是地区性的节事活动还是公司企业的具体运作，策划的创意不够新颖，忽视制定相应的应急预案，即使有也相对粗糙，或操作性不强。这些问题都是在呼吁一个科学理论体系指导活动实践时代的到来，呼吁一个现代化的活动促销与管理时代的到来，呼吁一个节事活动策划者职业化时代的到来。

本书就在这个节事活动管理一枝独秀脱颖而出之时应运而生。我们历经数年的积累，在积极借鉴和吸收国外先进的活动策划与管理的理念、观点和方法的基础上，结合中国国情以及节事活动的发展现实，将策划与管理融为一体，采用项目管理的方法构建本书的框架体系，引用与分析大量成功与不成功的案例来阐释如何进行管理，从而力求使本书具有一定的开拓性、系统性和应用性。

本书由上海师范大学旅游学院会展系副教授卢晓担任主编，负责拟订提纲，组织编写并统稿、修改和最后定稿。全书共分 13 章，其中，李薇撰写第三章，程克坚撰写第四章、第十章，严而俏、戴蕾宸分别撰写了第六章、第九章的初稿，其余章节都由卢晓撰写，吴昆达、上海笔克展览服务有限公司的吴磊小姐也分别帮助整理了第八章、第十一章的部分资料与文字，在此一并致谢。

由于作者水平有限和时间仓促，书中难免有错误和疏漏之处，希望各位专家和广大读者不吝指正，提出宝贵的建议和意见，以使该书不断得到修正和完善。

卢　晓

目　录

第一章

节事活动概述

当前，各国政府纷纷把节事活动纳入地方发展战略，尤其将大型节事活动作为旅游目的地营销的重要举措，以提升举办地或国家的国际形象与地位，并作为拉动当地经济发展的引擎和有效手段，促进国家经济建设。

什么是节事活动？这是本书首先要回答和解释的基本问题。

第一节　节事活动的内涵

我们都曾经历过课外活动、实践活动、集体活动等各种活动，如今，随着我国市场经济机制的逐渐成熟，各种社交活动、公关活动、公益性活动、商业性活动更是层出不穷，“活动”、“事件”、“节事活动”、“节庆”、“大型活动”等词语频繁出现在我们的视野当中。“活动”一词在发展中又被赋予了新意，而近年来关于“活动”、“节事活动”、“大型活动”等的研究颇受重视，一些专家、学者纷纷投入到相关领域的研究之中。

一、几个相关概念

(一) 活动(activity/event)

对于“活动”一词，人们有多种不同的解释。以《现代汉语词典》(商务印书馆，2005 年)中收列的解释为例，“活动”一词通常有以下几种解释：(肢体)动弹，运动；动摇；不稳定；灵活；不固定；指钻营、说情、行贿；为达到某种目的而采取的行动等。

我们在这里谈到的“活动”均指最后一种含义。也就是说，本书所论述的活动指的是积极的、有一定社会意义的行动，而且是围绕着预定目标，为达到预期效果而采取的行动。

人类有组织的活动包括两种类型：一类是常规活动，如企业周而复始、连续不断的日常运作；另一类是非常规活动，如企业围绕技术革新而进行的一系列活动，这种活动往往是临时的、一次性的，而且有清晰的起始期限，我们又称之为“项目”(project)活动。后者为本书所研究的范畴，而且活动的影响范围有大有小，小到一个家庭的生日宴会，大到一个国家的国庆大典，更有多个国家和地区参与的奥运会、世博会等这样的特大型活动。

（二）事件(event)

《现代汉语词典》中对“事件”的释义是“历史上或社会上发生的不平常的大事情”。可见，“事件”与“活动”两者的中文含义大不相同。

而近来，业内出现了对“事件”与“事件旅游”的研究，提出了一些与“事件”相关的概念，如“重大事件”、“特殊事件”、“标志性事件”、“事件旅游研究”等。同时，也出现了“重大活动”、“大型活动”、“特殊活动”、“标志性活动”、“活动项目”等提法。事实上，两者均来源于同一英文词“event”，只是不同的专家、学者根据具体情况，翻译和使用的名称不同而已。“event”在英语中是个名词，主要指“事件”、“重要事件”、“重大事件”。美国卡盖瑞大学盖茨教授将“event”阐释为“事件”，定义其为短时发生的一系列活动项目的总和及发生时间内环境/设施管理和人员的独特组合(Getz，1997)。而在实际运用中，“event”往往包含两层含义，一是带有名词含义的“事件”，如F1、世界杯，其侧重点是事件本身；二是带有动词含义的“活动”，如对事件的描述重点在运作和管理，重大事件可以称为“大型活动”。

作者认为，在涉及策划与管理之时，为了避免使用混乱，使用“活动”一词较为准确。而且由于活动管理是项目管理的子集，活动的策划和管理就是按照项目的运作过程而展开的，所以，从管理的角度来说，一个活动就是一个活动项目(详见第二章)。

（三）特殊事件(special event)

曾任迪士尼乐园公关部主任、后来拥有最成功的活动组织与管理公司的罗伯特·加尼曾给“special event”下了一个简单而且经典的定义：那些不同于日常生活的事件。

盖茨在1997年曾深入研究了活动类型，并指出特殊事件最好用范畴从两方面来定义，一种是从组织者的角度，另一种是从客户和消费者的角度。

(1) 对于特殊事件的主办者或组织者来说，特殊事件与平时的例行公务不同，是发生在主办者或组织者日常进行的或者是经常碰到或举办的活动或项目范围之外的事件，具有一次性或至少不是经常发生的特点。

(2) 对于消费者或顾客来说，特殊事件与日常的常规活动不同，是发生在人们日常生活体验或日常选择范围之外的事件，为消费者或顾客提供了休闲、社交或文化的体验机会。

特殊事件，又译作“特殊活动”，指经过事先精心策划，能够成为激发人们强烈期待的庆祝活动。约翰·艾伦等(2002 年)指出，“特殊活动”这个词用来形容精心计划而举办的某个特定的仪式、演讲、表演或庆典，标志着某个特殊场合或要达到特定的社会、文化或社团目标或目的，它可以包括庆典、重大市民活动、独特的文化演出、重要的体育赛事、社团活动、贸易促销和产品投放。

特殊性是一个相对的概念，不同对象体会不同，不同角度理解不同。事件或活动是否特殊，或许活动的主办方、组织管理者和参加活动的消费者的看法有所不同。主办方看成特殊的活动，在组织管理者而言，可能并不那么特殊，组织管理者觉得特殊的活动，可能消费者并不觉得它与其他的活动相比有什么特殊之处。

(四) 大型活动(important event)

大型活动，又称为重大事件，指一项有目的、有计划、有步骤地组织众多人参与的社会协调活动。主要包括以下四个重要含义：

第一，鲜明的目的性。无论是企业举行的品牌活动，还是现在世界各国政府举办的奥运会，群众组织或社会团体组织的公益活动都具有明确的目的性。所以从宏观上说，大型活动的目标往往体现在社会效益、经济效益和环境效益三个方面。

第二，计划性。大型活动由于参与者众多，影响面广，计划不但必不可少，而且更强调周密性，包括前期策划、活动现场执行计划、传播计划、突发事件计划等。

第三，参与人数众多，具有广泛的社会传播性。社会各界尤其是媒体参与性较强且较广泛，比如奥运会就可让世界各国运动员与媒体集中参与，2011 年青岛啤酒节共接待了 377 万人次的海内外游客。

第四，确保安全性。由于活动现场往往有着大规模的人流，安全意识尤为重要，不管是活动的举办者还是政府有关部门，只要发现隐患，应立刻启动紧急措施，避免严重事故的发生。

二、节事活动的定义

美国乔治·华盛顿大学节事活动管理专业创始人及首任主任乔·戈德布拉特博士在他的专著《现代节事活动管理的最佳实践》(*The Best Practice of Modern Event Management*)一书中，将节事活动定义为："为满足特殊需求，用仪式和典礼进行欢庆的特殊时刻。"

国内文献中，对"节事"、"节事活动"、"节事旅游"的定义不明确，其内涵也界定不清，译名也不够统一。由于"节事活动"的内涵丰富，我国一些学者对此进行了研究，但因看问题的角度不同，对节事活动的定义也各有不同，较有代表性的有以下几种：

(1) "'节事'一词来自英文的'event'，有'事件、活动、节庆'等多方面的含义。节事活动是指城市举办的一系列活动或事件，包括：节日、庆典、地方特色产品展览会、交易会、博览会、会议，以及各种文化、体育等具有特色的活动或非日常发生的特殊事件。"(吴必虎，2001)

(2) "在事件及事件旅游的研究中，常常把节日(festival)和特殊事件(special event)合在一起作为一个整体来进行探讨，在英文中简称为FSE(Festival & Special Event)，中文译为'节日和特殊事件'，简称'节事'。""从字面上看，节庆是'节日庆典'的简称，其形式包括各种传统节日以及经过策划创新而人为'制造'出来的各种节日。为了和节事(FSE)区分开来，……把各种节日界定为'狭义的节庆'，把各种节事界定为'广义的节庆'。"(戴光全，2005)

(3) "节事活动专指以各种节日(festival)和盛事(special event, mega-event)的庆祝和举办为核心吸引力的一种特殊旅游形式。"(邹统钎，2001)

从以上几种解释来看，反映出我国学术界目前虽然对节事活动的概念还有不同的认识，但亦有以下共同点：

第一，节事有广义和狭义之分。狭义的节事即节庆，指的是各种节日和庆典，尤其是指周期性举办的(一般是一年一次)的节庆等活动，但不包括各种交易会、展览会、博览会、体育等方面的特殊事件。广义的节事不单是指发生的事件，而是指一些内涵丰富多彩的项目，包括节日、地方特色产品展览、体育比赛、文化仪式等具有特色的活动或非日常性发生的特殊事件。简而言之，广义的节事是节庆演艺、体育赛事、晚会晚宴、仪式典礼、公司活动等的总称。

第二，节事活动，尤其是大型节事活动与旅游关系密切。在现代旅游和地区经济发展进程中，节事活动和旅游结合形成的节事旅游(event tourism)已经成为一种专项旅游产品，世界各国纷纷将节事活动作为发展旅游业和振兴旅游经济的重要方式。与常规旅游活动相比，它更具有强大的生命力和社会经济效益。旅游目的地往往把节事活动作为旅游营销的重要手段，把节事活动作为提高国家、地区或城市知名度、保护传统文化的有力手段。

综上所述，我们可将节事活动称为“能对人们产生吸引，经过精心策划，有可能被用来开发成娱乐、休闲、旅游等参与性的消费形式的各类庆典和活动的总和”，所以大到举世瞩目的奥运会，小到亲友的聚会，都属于节事活动的研究范畴。本书的重点是探讨广义的节事活动，包括节庆(festival)、特殊事件(special event)和各类活动(event)，诸如体育赛事、会议、舞会、狂欢节、颁奖典礼、纪念仪式等，而且这些常见的活动可能不属于“人们日常生活体验或日常选择范围之外”这一定义。

三、节事活动的内涵

(一) 举办目的

举办节事活动的主要目的是为了庆祝、教育、娱乐、市场营销和重聚。对于旅游业来说，节事活动可以提高举办地的知名度，树立举办地的良好形象，促进当地旅游业的发展并以此带动经济的发展。

(二) 主题内容

节事活动的主题内容往往从当地的特色和文化传统出发，经过精心策划、宣传和组织，满足参与者体验性、娱乐性的要求，实现组织者商业性或公益性的目标。

(三) 形式

节事活动在市场经济中通过产品，尤其是旅游产品的形式表现出来，内容组合严谨，并围绕主题开展，环环相扣。由于多数旅游者的目的是通过参加节事活动获得特殊的娱乐经历，因此活动的形式必然要求活泼、亲和力强。

（四）功能

节事活动兼具文化价值和经济价值，是地区文化现象与经济内容的载体。随着旅游业的发展，人们越来越认识到旅游节事活动的经济内容载体功能，并且意识到这种功能的潜在价值。

（五）实质

节事活动因旅游者为某一目的（如观看体育盛会、参加狂欢节等）从全世界或全国各地在短时间内集聚到旅游目的地，具有客流量大、停留时间长、消费水平较高等特点，使得举办活动的城市或地区旅游设施综合利用率高，具有强大的产业带动效应，不仅能给城市带来场租费、搭建费、广告费、运输费等直接收入，还能创造住宿、餐饮、通信、购物、贸易等相关收入。更为重要的是，节事能汇聚巨大的信息流、商品流和人才流，对一个城市或地区的国民经济和社会进步产生难以估量的影响和催化作用。

当今世界各国所举办的大型纪念或庆祝活动，都带有浓厚的商业色彩，许多国家想通过举办大型纪念或庆祝活动，促进旅游业发展和推动社会经济发展。要想成功举办大型纪念或庆祝活动，必须进行可行性研究和论证，充分准备；积极进行宣传推销；进行城市环境整治；还要有热情周到的服务。

（六）节事活动与会展的关系

诸多大型综合性的节事活动往往包括一些会议、展览，那么节事活动与会展有怎样的关系？两者之间有何差异与相关性呢？

由于活动业与会展业在我国都是新兴的产业，对于活动、会展的研究也处于起始阶段，不同的学者对其的内涵、定义以及其他的研究也各不相同。会议、展览、大会和奖励旅游被国际上统称为MICE Industry，也就是我们通常所说的会展业。这种说法在我国刚出版的一些教科书中出现较多，也可以称之为“学院派”说法。而“业界派”认为，会展仅指会议和展览，尤其侧重展览，会展和节事活动被统称为Event，也就是活动。

关于节事活动与会展两者的关系问题，自会展专业诞生之日起，在我国的学术界就存在着争议。

有人认为，会展的内涵远远大于其从中文字面所作的理解，它不仅包括会议和展览，而且还包括奖励旅游和节事活动。也就是说，节事活动是会展的一个重要组成部分。

有人认为，会展也是一种活动，节事活动的内涵则更为宏观，它应该包括会展活动。

也有人认为，活动业与会展业是两个完全不同的产业，其组织、运作和经营的模式以及参与的对象也完全不同。如今的会展专业的叫法就是不正确的，"会展专业"应该改名为"活动专业"，"会展学"应改名为"活动学"或者"事理学"等等。

虽然，自教育部2004年在上海首批设立目录外专业"会展经济与管理"，上海师范大学和上海经贸大学(现更名为"上海对外经贸大学")开始招生已有13年历史，但是，随着办学规模的不断扩大，从事会展教育的教师越来越多，会展学科建设呼声越来越高的今天，关于"活动"和"会展"的争议不仅没有统一，而有愈演愈烈的趋势。

不可否认，国际上使用MICE (Meetings, Incentives, Conventions, Exhibitions) Industry来表达我们通常称之为的"会展业"，在西方文献中也有用MECE, MCE, CEMI来表示这一概念的。而在描述具体活动中，多使用Event来表示诸如会议、展览、奖励旅游、大会等。在国外，活动业的提法更为普遍，使用也更为广泛。不同的学者由于翻译不同，产生了"活动"和"会展"两个不同中文词意，而在国际上实属同一含义，都来自英文词Event。

需要精心策划的节事活动不仅包括一般节庆、狂欢节、宗教仪式、遗产纪念等文化庆典；音乐会及其他表演、展览、颁奖典礼等艺术和娱乐活动；职业和业余的体育竞技；研讨会、学术会、说明会等教育科学活动；就职典礼、贵宾来访等政治活动等，还包括展销会、贸易展、博览展、会议、筹款募捐等商业及贸易活动。从广义上说，在短期内组织众多人参与的活动都可以成为活动或节事活动，会议和展览也同样符合这一定义。也就是说，会议、展览属于节事活动的一部分，后者的内涵更为丰富。

由于诸多学者已经对会议和展览做了较深入的研究和探讨，本书没有着重描述它们，而是强调和侧重的特殊活动(Special Events)和节庆(Festivals)，这是目前国内处于起步阶段的部分。

四、节事活动的分类

节事活动按不同的分类方法可分为多种类型，了解节事活动的类型对于开发和策划节事活动、推动会展业和旅游业的发展有着十分重要的意义。一般来讲，节事活动可按下列方法分类：

（一）按节事活动的规模和重要性分类

可分为特大型活动、标志型活动、重要型活动和中小型活动。

1. 特大型

特大型节事活动(mega-event)指那些规模庞大以至于影响整个经济，并对参与者和媒体尤其是国际媒体有着强烈的吸引力并引起反响的活动。什么样的大型活动可以称之为特大型活动呢？奥运会、世界杯、世界博览会是当之无愧的特大型活动，那狂欢节、重大仪式是否属于呢？我们来看看专家们对特大型活动的界定。

马里斯(Marris)1987年在国际旅游专家联合会(International Association of Tourism Experts，简称IATE)以大型活动为主题的会议上指出，特大型活动可以根据活动的参观人数、花费及其声誉影响来界定。从规模上看应该有超过100万的参观人数，从活动花费上看不应少于500万加拿大元(或25亿法郎)，从声誉影响上看应该是一次对参观者来说非参与不可的活动。他同时认为，声誉影响是使得特大活动能否通过政治当局审批的重要因素。

鲁尼(Rooney，1988)从体育活动的角度研究了特大型活动。他认为所有体育类型的特大活动具有以下一些主要特征：承载传统文化、有着某种神秘色彩或至少有某种神秘成分、获得媒体尤其是国际传媒的广泛关注、多与诸如游行及节庆等活动同时举行、(有时)在特殊地点举行。

霍尔(Hall，1992)认为，特大活动是指那些以国际旅游市场为明确目标的活动，主要从参与活动的人数、目标市场、公共财政介入水平、公共影响、媒体报道程度、相关设施建设以及对东道国或地区的经济社会结构所产生的影响来衡量。这样的特大活动主要有世界博览会、世界杯或奥运会等。

虽然，各位专家的界定有所不同，从盖茨(Getz，1997)提出特大型节事活动的2项定量指标和14项定性指标(表1-1)来看，特大型节事活动包括奥林匹克运动会、世界博览会、世界杯足球赛等规模宏大、参与国家和人数众多、经济影响明显的节事活动。

表 1-1　盖茨提出的特大型节事活动指标

指　　标		标 准 和 含 义
定量指标	参观人次	＞100 万人次
	投资成本	＞5 亿美元
定性指标	目的多元化	目标的多样性
	节日精神	浓厚的节日气氛
	满足基本需要	满足相关利益主体(利益相关者、干系人)及观众的基本需要,提供相关的休闲和旅游机会
	独特性	“必看性”、“一生仅此一次”的独特性
	质　量	高质量,超越观众的期望值并提高他们的满意程度
	真实性	以本土文化价值为基础,事件的品质具有内在的独特性
	传　统	以社区及其传统为根源,并展示相关的神秘性
	适应性	基础设施、空间和时间要求、对不断变化的市场需求和相关机构需要的适应性
	殷勤好客	使每一个活动观众和参与者体会贵客的感觉
	确切性	体验到目的地鲜明的主题相关资源“特殊性”,包括文化、款待和自然资源方面的特点
	主　题	鲜明的主题,体现最佳的节日精神、真实性、传统、互动及活动观众服务至上
	象征性	综合运用仪式和符号,以强化节日氛围
	供给能力	提供游客买得起的旅游、休闲、社会、教育和文化体验
	便利性	为参与者和观众提供各种特别的、不需要事先策划的休闲和社交活动机会,为以工作为中心、紧张忙碌的世人提供各种机会

2. 标志型

标志型活动(hallmark event)是指那些与一个乡镇、城市或地区的特质如此相同,以至于它们成了这个地方的代名词,并获得了广泛认同和知晓的活动。

里奇(Ritchie, 1984)这样定义:“从长远或短期目标出发、一次性或重复性举办的、延续时间较短、主要目的在于加强外界对于旅游目的地的认同、增加其吸引力、提高其经济收入的活动。要使其获得成功,主要依赖其独特性、地位、具有创造公众兴趣并吸引人们注意的时代意义。”

盖茨则认为，标志型活动用于描述一个重复发生的活动，由于其在传统性、吸引力、形象或知名度等方面的突出表现而增加了东道国或地区的竞争力。

综上所述，标志型节事活动是一种在该地重复举办的，大多是一年一次的活动。对于举办地来说，标志型活动具有传统、吸引力、形象或名声等方面的重要性。这种活动往往是为了提高本地旅游景点和地区吸引力而设计的，通过每年或有规律地举办活动来宣传自己，吸引旅游者，打开国内外市场。并随着活动的发展和成熟，与旅游目的地融为一体，成为某地的代名词。如西班牙的斗牛节、爱丁堡艺术节、悉尼同性恋节、戛纳国际电影节、博鳌亚洲论坛、意大利威尼斯狂欢节等。

标志型活动应该是在某地重复举办的，如果大型活动在该地仅仅举办一次，只能在短期内提高该地的知名度或改善其形象，很难成为该目的地的标志性活动。只有那些因为某种活动而使该目的地广为人知，或者由于某种活动具有强大的表现力而成为这个目的地的旅游主题时，这种活动才能称之为标志型活动。

能够成为某一地方的标志型节事活动的选择非常广泛，不论是世界性的盛事还是地方性的节庆，不论是外来的节事活动，还是本土的传统节日，不论是偶尔为之的节事，还是循环定期举办的节事，都可加以发展和培育，而成为旅游节事的标志型活动。

3. 重要型

从范围和媒体关注的程度来说，重要型活动(major event)就是那些能吸引大量观众、媒体报道和经济利益的活动。这些活动极大地激发当地居民的兴趣，吸引着当地人们的参与，并为增加旅游收入提供极大机遇。众多世人瞩目的F1赛事、国际锦标赛、巡回赛、公开赛、友谊赛、运动会等赛事，如世界体操锦标赛、世界女排锦标赛、大师杯网球公开赛等都属于这类活动。随着国际重要活动市场竞争激烈的加剧，越来越多的国际体育组织和政府策划、举办和承办这类重要活动。

4. 中小型

在类型众多、主题各异的中小型活动(minor event)中，各类交际舞会、庆典、颁奖仪式、中小型体育赛事或企业、政府的社交活动占据大部分。

“吃货”休闲食品新品宣传促销策划

1. 以品类带品牌——将三颗枣概念做到极致

提出了“三颗枣”的概念。“三颗枣”源于民间流传的“每天三颗枣，青春永不老”的常识认知。在包装上突出了“每天三颗枣，青春永不老”的概念。

2. 紧贴目标人群——将年轻做到极致

品牌命名：“吃货”，在 logo 设计上融入派克 man、对话框等元素突出网络化、休闲、活泼、年轻等概念。品牌定义为“专属都市年轻人的品质零食第一品牌”。在产品的选择上只选择年轻人喜欢的产品，以及符合年轻人生活方式的产品。

3. 直击消费痛点——将用户体验做到极致

推出了手工折叠吐核袋，专用的开壳神器，同时还有牙线、纸巾等标配体验工具随物流赠送给每一个消费者，将用户体验做到极致。

4. 直达消费心理——将网络营销做到极致

提出“创意产品”的概念，按照时间规划出了 7 天装、半月装等概念的产品，按照消费时机推出了“枣生贵子”“枣点升职”等礼品概念，为迷茫选择产品的消费者提供了清晰准确的购买理由，让消费在特定的时机、特定的情境下购买与其心理匹配的产品，更能打动其内心，无形中主动为犹豫不决的消费者作出了肯定的选择。

【效果】

2014 年 1 月推出的 7 天装及礼盒装大枣产品，一上市便好评如潮，许多人都是冲着它的概念、包装及符合年轻人的特质去购买的，而“枣生贵子”“枣点发财”“枣点嫁人”等礼品概念更是俘获了一大批年轻消费者的心。继第一轮营销后，“吃货”在情人节前又推出了“枣想核你在一起”的礼盒产品，大枣与核桃的搭配组合，同时融入了情人节的时机概念，上市几天天猫旗舰店的销量就达到了 1 300 多份。

资料来源：http://www. leadtao. com. cn/scheme/.

(二) 按节事活动产生属性分类

节事活动又可分为传统节日活动、现代庆典活动和其他活动。

1. 传统节日活动

从传统节日的发展历史分为：古代传统型和近代纪念型，是对历史文化的追溯，也是对民族传统文化的反映和弘扬。重阳节的大型登山活动、端午节的赛龙舟活动、新春元宵节的逛花灯活动、上海龙华庙会，西方的圣诞节、复活节等都属于古代传统型旅游节庆活动。近代纪念型如各国国庆节、国际劳动节、儿童节、妇女节、美国纽约的玫瑰花节、奥尔良的圣女贞德节等。

(1) 与生产劳动紧密联系的节庆活动

如菲律宾的捕鱼节、水牛节、阿尔及利亚的番茄节、摩洛哥的献羊节、意大利丰迪市的黄瓜节、新墨西哥州哈奇城的辣椒节、西班牙的鸡节等。

(2) 与生活紧密联系的节庆活动

如蒙古族的那达慕大会等是对美好生活满意的自然流露。

2. 现代庆典活动

如深圳的荔枝节、上海旅游风筝会、上海国际服装节、现代生活中的浦东牛排节、西餐饮食文化节等美食节、各种影视文化和农民旅游节等。

3. 其他活动

包括各类体育盛事、文艺演出、典礼仪式等。

(三) 按节事活动的内容分类

瓦根(Wagen，2004)将活动分为体育、娱乐、艺术和文化、商场市场营销和促销活动、会议和展览、节日庆祝活动、家庭活动、筹集活动等。

1. 体育

开展于世界各地的体育运动，不仅能超越所有社会、种族、语言的界限，成为世界人民沟通的桥梁，也提供了具有吸引力、富有竞争性的大量就业机会。世界杯足球赛、Volvo(富豪)精英杯业余高尔夫球赛、法国网球公开赛、美国职棒联盟明星赛、迪士尼冰上乐园等既可以说是体育活动，又可以称为娱乐活动，已经成为人们日常生活的重要组成部分，并成为公众喜闻乐见的休闲方式，或参与，或观赏。如今，体育活动不仅数量很多，并且规模越来越大，大型国际体育活动不仅有人数众多的运动员、教练员参加，而且有不少的随队工作人员、记者以及大量的“拉拉队员”和观众参加。举办大型体育活动，对自然旅游资源缺乏的国家或地区来说，可以吸引更多游客；对具有较好旅游接待条件和设施的国家或地区的城市，可以最大限度地利用现有条件设施。

400亿元基金布局体育产业

综合新闻深圳新闻网—深圳商报 2016-07-26　03:58

新华社北京7月25日电　根据公开信息梳理，目前国内已成立超过20只体育文化产业投资基金，规模累计超过400亿元。目前，除了BAT、万达、苏宁、乐视等企业在体育产业领域展开积极布局外，红杉资本、如深创投、创新工场、IDG、达晨创投等创投机构也频频出手。

此前，阿里、万达、苏宁、乐视等国内企业已经在体育产业展开积极布局。阿里方面，今年3月与蚂蚁金服以24亿港元入股体育休闲及体育彩票综合企业亚博科技，占股50.70%。4月成立电子体育事业部，启动原创电子竞技赛事WESG，并投入1亿元。上半年，还斥巨资获得国际橄榄球比赛独家转播权，并和中国乒乓球协会、羽毛球协会达成合作。万达方面，今年3月和国际足联合作，获得2016年到2030年国际足联顶级联赛赞助商权益。苏宁于今年6月以约2.7亿欧元的总对价，通过认购新股及收购老股的方式，获得意大利国际米兰足球俱乐部约70%的股份，成为蓝黑军团第一大股东。乐视上半年则继续在足球、奥运会、综合格斗等领域出手。还有消息称，百度、网易也正在积极进入体育产业，意大利AC米兰足球俱乐部、英国英冠狼足球俱乐部有可能成为其竞逐的目标。

此外，近期体育产业投资案例涌现。记者根据公开信息梳理，上半年披露出的体育产业投资超过20起，其中不乏红杉资本、如深创投、创新工场、IDG、达晨创投等知名创投机构的身影。

值得注意的是，今年4月，乐视体育宣布正式完成80亿元B轮融资，公司估值约215亿元，创下国内体育产业B轮融资额和估值双重纪录，成为各路资本进军体育产业的一个缩影。

多数市场分析认为，广阔的市场前景是各路资本纷纷布局体育产业的重要原因。国务院此前印发的《关于加快发展体育产业促进体育消费的若干意见》明确提出，到2025年体育产业总规模将超过5万亿元。市场预测，随着各类体育产业发展促进政策落地，未来十年将成为我国体育产业发展的“黄金十年”。

资料来源：http://finance.qq.com/a/20160726/001818.htm.

2. 艺术

人们需要物质享受的同时,也需要精神盛宴。各种娱乐、艺术和文化丰富了人们的日常生活和精神需要,艺术节体现来自地方的艺术魅力,文化节则彰显了不同国度、不同地域的特色文化,娱乐性的活动不仅充实了人们的业余生活,也丰富了旅游景区的活动形式。每年8月,爱丁堡就成为举世瞩目的焦点,只因年度艺术节盛事的开锣。作为世界上历史最悠久、规模最大的艺术节爱丁堡国际艺术节,创立于1947年,其所邀请的参展对象都是音乐、舞蹈、戏剧各领域中的顶尖人士以及深具潜力的新秀,被公认为是世界上最具有活力和创新精神的艺术节之一。至今已经十八个年头的北京国际音乐节由非营利的专业组织机构北京国际音乐节协会举办,每年都邀请国内外著名的音乐家、音乐团体参加,包括交响乐音乐会、歌剧、独奏音乐会、室内乐音乐会、经典爵士乐音乐会、歌舞剧、演唱会等多种世界水平的艺术演出活动,是国际性的音乐盛事。不仅推动中国古典音乐艺术的传播与发展,而且推进了世界文化艺术的交流和繁荣。进入21世纪以来,尤其在《印象·刘三姐》大获成功之后,引得国内一些大型景区对实景旅游演艺跃跃欲试,旅游景区的演艺活动得到迅猛发展并形成了规模效应。各地纷纷涌现了一批制作精湛、场面宏大、立意高雅的旅游演艺产品,如《创世纪》、《金面王朝》、《龙凤舞中华》、《宋城千古情》、《藏王宴舞》、《云南映像》、《禅宗少林·音乐大典》、《ERA时空之旅》、《井冈山》、《四季周庄》、印象系列等。旅游景区的演艺活动不仅提供了体味民俗、感受地方文化的极好机会,而且延长了游客在景区的逗留时间,给景区带了更多的旅游收益。

四 季 周 庄

《四季周庄》大型原生态水乡情景表演是中国第一部呈现江南原生态文化的水乡实景演出,演出在"小桥、流水、人家"的经典环境里展开,以特有的水乡表现手法,再现中国第一个水乡周庄的文化特质和迷人情韵。

演出的三个篇章——渔歌、渔妇、渔灯、渔作表现的"水韵周庄";以春的《雨巷》、夏的《采藕》、秋的《丰收》、冬的《过年》放映的"四季周庄";迎财神、打田财、阿婆茶、水乡婚庆展示的"民俗周庄",其地域性、民俗性、观赏性、草根性、艺术性堪称世界一流演艺之精品。

一、《水韵周庄》

从水中走来，从历史的景深中走来，周庄，灵秀的水乡，纯朴的古镇……本篇章分“渔歌”、“渔妇”、“渔灯”、“出航”四个章节，构成一幅“蚬江渔唱”的江南水乡胜景，从而表现“水韵周庄”水之韵味；并且从“渔”着手，通过“渔文化”来展示周庄的悠久历史和其生态的一面。

二、《四季周庄》

周庄“旧有八景，前辈都吟咏之”。春去秋来，四季更换，多少年来，让生活和游行于此的人们，体验和编织着诗画江南……本篇章以周庄的春夏秋冬来展示周庄的八景，来体现周庄水乡之美，质朴而热烈，清新而奇丽。通过“春播”、“秋收”、“迎新年”等情景，表现沈万三由垦殖而积累原始财富，从而“田产遍于天下”，并给周庄带来财富。

三、《民俗周庄》

著名国画大师吴冠中盛赞“周庄集中国水乡之美”。周庄的美在于小桥、流水、人家、深院、老宅、水巷……以及由此衍生而来、虽历尽沧桑仍保存下来的人文风貌、民俗风情，其中很多已经成为珍贵的非物质文化遗产，正愈来愈引起世人的关注和重视……本篇章通过歌、舞、情景表演，民俗风情展示等艺术手段和表现形式，集中呈现周庄水乡古镇民俗的、人文的、风情的、和谐的生活画卷。

资料来源：http://www.zhouzhuang.com.

3. 商业市场营销和促销活动

企业、商家营销和促销的目的是通过举办商业性的活动，以优惠的价格挖掘潜在的客户，获得更多消费者的青睐，使自己的产品体现出与众不同的特色。消费者、潜在的购买者、销售商都可能是活动的参与者或观众，媒体往往也关注这些活动并给予及时的报道，在短时间内会产生轰动效应。近年来，随着旅游文化的兴起，各种名目繁多的购物节也层出不穷。购物节，顾名思义就是购物的集会、节日。通常属于商家打折促销商品的聚集地，也是消费者购买打折商品的理性场所。

香港举行“全港购物节”庆回归

2016-7-3　14:01:28　来源：人民网　作者：黄芳妍

人民网香港7月2日电　由香港全港各区工商联会发起的“全港购物节”日前在香港旺角大球场举行“全港企业庆回归”启动礼。中央政府驻香港联络办公室副主任仇鸿、香港特区政府商务及经济发展局局长苏锦梁、中央政府驻香港联络办公室九龙工作部部长何靖以及“全港购物节”的副召集人李鋈发等嘉宾出席，号召香港零售业商户在节日期间开展促销活动，欢庆香港回归十九周年。

在启动仪式上，活动副召集人李鋈发对一直关心和支持“全港购物节”的商户及各界人士表示感谢。李鋈发表示，未来“全港购物节”将进一步推出“会员卡尊享优惠计划”，令市民除现有折扣外能享受更多优惠。

全港各区工商联执行委员会主席卢锦钦表示，回归以来，工商联一直坚持“一国两制”方针，支持历届特区政府和行政长官依法施政，并为香港社会注入更多正能量，为香港和国家的兴旺发达而努力。“全港购物节”未来也将继续支持零售业，推动香港经济发展和民生建设，共同创造香港的美好未来。

"全港购物节"是由全港各区工商联会会长李鍪麟于2013年创立的大型购物优惠系列活动。今年的购物节由6月28日开始，为期一个月，有超过1 500个品牌、3 500家商户参与，涵盖食肆、珠宝、书店、旅行社等，特价商品低至5折。全港购物节的主办方希望，商家能通过促销提升业务，支持香港零售业，同时在节庆气氛中回馈社会，振兴香港经济。（陈瑶　实习生　黄芳妍）

资料来源：http://news.eastday.com/eastday/13news/auto/news/tga/20160703/u7ai5794456.html.

4. 会议和展览

据世界权威的国际会议组织——国际会议协会（ICCA）的统计，每年在世界各地举办的参加国超过4个、参会外宾超过50人的各种国际会议已达40万次以上；此外，据不完全统计，世界上每年还要定期举行4 000多个大型展览会。全世界每年仅用于会议的开支就达2 800亿美元。还有占会展市场绝大部分的公司小型会议和展示活动，为改善和提高企业的经营提供沟通和商业交流的机会。

5. 节日庆祝活动

节日庆祝活动都来自于对生活的热爱，尤其是传统节日，不仅有着悠久的历史，而且其形成过程，也是一个民族或国家的历史文化长期积淀凝聚的过程。它的起源和发展是一个逐渐形成，潜移默化，慢慢渗入到社会生活的过程。人们通过各种方式，举行各种庆祝活动怀念先人，借以寄托自己的思念，表达自己对朋友、亲人的美好祝愿。

6. 家庭活动

家庭舞会、家庭宴会、婚礼、野外旅行等形式，尤其新年、圣诞节等正是融入家庭娱乐活动的家庭成员聚集的好时机。

7. 筹集活动

筹集活动是将志愿者和非营利性机构的支持者聚集到同一个社交场合中，以轻松愉快的方式向来宾介绍筹集活动的目的，并最终筹集到足够的资金。筹集活动的目的大多数都是筹集资金，通过早餐会、午餐会、晚餐会或招待会、剧院演出或艺术画廊开幕聚会、体育活动（如网球或高尔夫球比赛、1万米跑步或竞走比赛）、拍卖会、表彰活动（如颁奖主题宴会、餐饮舞会）、面向大众的长跑活动等形式出现。

（四）按节事活动的主题类型分类

以主题类型分类又可分为宗教性、文化性、商业性、体育性、政治性的节事活动。

1. 宗教性

宗教性节事活动如麦加朝圣、西藏晒大佛、伊斯兰教古尔邦节、复活节、佛教的观音菩萨生日等。

2. 文化性

文化性节事活动如巴西嘉年华、哥伦布航海500年历史纪念日、柏林国际电影节、上海文化艺术节等。

3. 商业性

商业性节事活动如开业庆典、品牌促销、产品推广、企业年会、产品发布会等。

4. 体育性

体育性节事活动如奥运会、世界杯足球赛、F1方程式大赛、网球大师杯赛等。

5. 政治性

政治性节事活动如两国建交互访周年庆典、六方会谈、维也纳会议等。

（五）按节事活动的组织者分类

以组织者分类，节事活动可分为政府性、民间性和企业性的。

1. 政府性

政府出面组织的公益节庆活动可成为政府性节事活动，如春节或中秋的联谊活动、五一和国庆的联欢活动等。

2. 民间性

这是指民间组织的自发节事活动，如彝族的火把节、法国的狂跳暴饮节、伦敦诺丁山狂欢节等。

3. 企业性

这类活动是指企业组织的商业节事活动，如某超市七周年活动、摩尔莲花新闻发布会暨网页设计大赛等。

（六）按节事活动的涉及内容多少分类

按涉及内容多少分类，节事活动可分为单一性主题和综合性节庆两类：单一性主题是指活动内容和形式单一的节事活动，如瑞士伯尔尼的洋葱节、法国香槟节、徐家汇广场啤酒节、不夜城啤酒节、新加坡食品节等;综合性节庆是指活动内容和形式综合广泛的节事活动,如杭州的西湖博览会、上海旅游节等。

(七) 按节事活动的参与程度

根据参与的程度,节事活动可以分为三大类,一类是亲身参与型,如西班牙番茄节、傣族的泼水节等;二是观赏型,如文艺表演、体育赛事;三是混合型,既可亲身参与,也可欣赏的,如西班牙奔牛节。

(八) 其他分类

迈耶(Meyer, 1970)按其主题将节事活动分为体育节、工艺节、戏剧节、电影节、舞蹈节、音乐节、农业节等几种类型。

里奇将节事活动分为世界博览会和展示会、特殊游行会、体育赛事、文化和宗教节事、历史里程碑事件纪念活动、古典商业和农业节事以及与某些政治人物有关的节事。

五、节事活动的特点

1. 文化性

节事活动举办地在漫长的历史文化发展过程中,通过文化的创造、交流和融合逐渐形成的各具地方特色的节事传统,这种独特的地方文化是节事活动举办地具有旅游目的地吸引力的源泉。

巴西狂欢节

最早的巴西狂欢节开始于1641年,当时的殖民统治者为了庆祝葡萄牙国王的寿辰,允许民众游行、舞蹈、畅饮娱乐。经过300多年的发展,巴西狂欢节成了民间最重要的节日,灿烂的阳光、缤纷的服饰、火辣的桑巴舞以及洋溢在男女老少脸上的笑容,构成了一幅浓郁的民俗风情画。

在狂欢节的游行队伍里,不分贫穷和富有,不分尊贵或卑贱,从白天跳到黑夜,快乐可以传染,不满得以宣泄。狂欢节期间,数不清的罗曼史在发生,你有权期待浪漫,期待激情,一切都那么美好,于是你笑了。环顾四周,载歌载舞的游行队伍中,桑巴舞小姐多么美,阳光多么好,开心最重要。

里约热内卢每年的狂欢王、狂欢后及狂欢公主都是经过评选产生的。他们都是在各种桑巴舞表演中担任过领舞的桑巴能手,狂欢王的体重还必须在130公斤以上。狂欢后和狂欢公主也都是巴西人非常熟悉的桑巴舞小姐。

规模盛大的桑巴舞游行中，一辆辆车身长达10米的彩车打头阵，车上装着高音喇叭，车顶上七八名鼓手敲出震耳欲聋的欢乐鼓点，歌手引吭高歌，桑巴舞小姐高高在上，扭动腰肢，跳着欢快的桑巴舞。成千上万的人簇拥在彩车前后，一边和歌手一起歌唱，一边随着节奏跳着桑巴舞。

由于沿途不断有人加入，游行队伍越来越长。人们极尽想象，把自己打扮得千奇百怪，以吸引路人的眼光，参加游行的人有年过花甲的老人，有坐在父亲肩头的儿童。男男女女，老老少少，人人都在唱，个个都在跳。烈日炎炎，气温高达32摄氏度，虽然人人脸上都淌着汗水，但个个脸上都挂着笑容。

里约热内卢的海滩，随处可见上身赤裸的女性，以致游客也开始脱衣服。而在游行的桑巴舞彩车上，桑巴舞模特或赤裸上身，或只穿比基尼，在车顶忘情欢跳。

2. 地方性

节事活动带有明显的地方气息，随着旅游的发展，有些已成为反映旅游地形象的指代物。如广州的广交会是其在国际市场推广广州形象的重要节事，而每年一度与中国传统佳节——春节相连的广州花会，则是体现花城广州之形象的地方性；自1890年举办至今已有123年历史的玫瑰花车大游行，吸引了约90万的游客亲临现场观看，以其场面宏大、被各大媒体广泛直播而成为美国南加州帕萨迪纳市的标志性节事。少数民族节日因其独特的地方文化，因此节庆活动的地方色彩也更为浓厚。例如，泼水节总是与傣族的形象联系在一起，而那达慕大会也总是代表着内蒙古的形象。此外，宗教的固定传统节日，与庙会活动融合，成为该地宗教圣地或该寺庙的代表，例如，福建、台湾等地的“妈祖圣诞日”，几乎成为当地最隆重的旅游节事活动。

3. 短期性

对于某项节事活动来说，都有季节和时间的限制，都在事先计划好的时段内进行。当然，节事活动的时间不是随意而定的，往往要根据当地的气候、旅游淡旺季、交通情况、主题的现状等条件，做出详尽而切实可行的计划，如上海重要的节事活动（见表1-2）根据活动特点分布于各个季节，吸引不同的目标观众。

表 1-2　上海重要节事活动一览表

活动名称	举办时间	活动内容	活动盛况
上海旅游节(http://www.tourfest.org)	每年9月中旬—10月上旬	民俗风情表演、盛大花车巡游等近40个项目	从1990年至今已近20年，每年吸引游客超800万人次，通过电视收看旅游节的全国及海外观众达2亿人次
上海国际艺术节(http://www.artsbird.com/)	每年10月18日—11月18日	舞台艺术演出、文化艺术展览、群众文化活动、高峰论坛和各类艺术品交易等50多个国家和地区约70台节目	已举办10届，300余个中外艺术团体造访艺术节，共上演中外剧(节)目606台，其中国外剧(节)目278台，国内剧(节)目328台，300余万人次参与各类活动
上海国际服装文化节	每年3—4月	开闭幕式、服装面料等展览展示、专业赛事、论坛、流行趋势发布等8大板块，50多项活动	自1995年，每年参展的海内外企业达1 200余家，举办数十场品牌和设计师发布，十余场专家技术报告，参赛人数超过12万(其中有20多个国家的外模参赛)
上海之春国际音乐节	每年5月	新作品音乐会、音乐比赛和不同风格的音乐演出	每年来自10余个国家和地区的音乐家奉献30余台、40余场的经典音乐演出以及100余场群众文化活动，观众达数百万
上海国际电影节(http://www.siff.com/)	每年6月上旬	国际A类电影节，设有“金爵奖”	始于1993年，每年报名参加上海国际电影节的媒体记者超过1 000人，有来自40多个国家和地区200多部中外电影参映，吸引30多万电影观众，2009年电影节票房收入突破700万元
上海国际茶文化节(http://www.teash.cn)	每年4月下旬	茶文化交流、世界顶级茶叶展示、瓷器展览和精彩的少儿茶道	累计吸引了国内近30个省区，日本、韩国、美国、法国等20多个国家，以及上海和茶产地的300多万人次参与，每年成交额8亿元人民币左右，意向投资近10亿元人民币

4. 参与性

随着旅游业的发展，旅游者越来越注重参与性的旅游产品，旅游节事就是这样一种参与性很强的旅游活动。众多节事组织者想方设法拉近与消费者的距离，如上海国际服装文化节为充分显现国际大都市海纳百川的恢弘气势，以“发展经济，繁荣市场，美化世界，美丽自己”为宗旨，不仅使众多的服装企业、服装品牌能通过这一平台脱颖而出，造就更多的中国时装设计大师，而且注重市民和企业的参与，在淮海中路沿线相继演出了16台缤纷多姿的时装秀。上海广场T型舞台的搭建与建筑风范相辉映，夜间灯光变幻，拓展了周边商家的商务空间，精心布局，巧妙地构筑了社区广场文化联动效应，为市民休假增添了高品位的文化娱乐套餐，同时又为探索社会文化活动的市场运作寻求到一个较为理想的结合点。

5. 多样性

节事活动的吸引因素、主题、表现形式具有多样性的特点。活动的内容可以有音乐舞蹈、服装展示、画展、土特产品展销、体育竞技、杂技表演、狂欢游街等各种形式，涉及政治、经济、文化、体育、商业等多方面。如国际知名节庆爱丁堡国际艺术节由“爱丁堡边缘艺术节”、“爱丁堡军操表演”、“爱丁堡国际书展嘉年华”、“爵士艺术节”、“国际电影节”等多个项目组成，每个项目则相对独立。在艺术节期间，爱丁堡的剧场、影院、大小广场、街头、餐馆，甚至洗衣店、电梯间、汽车里都是演出场地，艺术节组委会采取了鼓励创新的包容态度。表演从前卫艺术到传统杂耍甚至另类的内容应有尽有。只要受欢迎的表演便能进入剧场、电影院等有票房收入的演出场所，优秀的节目还可获得艺术节奖。这种特殊的艺术氛围，每年吸引世界各地2.5万多名表演者自费前来，在整个艺术节期间的1 700多场演出中，外围艺术表演占了1 600余场。

六、成功举办现代节事活动的宏观条件

具备一定的经济、政治、文化、制度等多方面的条件，是节事活动成功举办的宏观背景条件。

1. 开放的市场经济体制

节事旅游活动只可能存在于开放性的社会中，封闭的经济体系，会严重制约要素的流动，影响节事活动的形成与发展，开放的市场经济为

节事活动的起源和发展提供了时空条件。大规模的人流和物流只有在稳定、有序的市场经济条件下才得以产生；只有在公平、开放的体制下，才可以发展节事旅游产品。市场机制运作和市场化发展模式是发展节事旅游产品的必由之路。

2. 发达的地区经济优势

发达的经济为节事活动的发展提供了坚实的物质基础，作为一种综合性的专项旅游产品，尤其是大型活动涉及交通、通讯、娱乐、餐饮、住宿等相关行业，对配套设施和市政基础设施及市政管理提出了严格的要求。

3. 有序而稳定的制度

各国、各城市纷纷争办各种节事活动，共同目标是追求效益。如果制度不稳定，就会增加节事活动举办的制度成本和制度风险。营造一个良好的制度环境非常重要，许可节事活动的存在，政府在制度上提供必要的帮助和鼓励，有利于发展有本国、本地区优势的节事活动。

4. 有特色的传统文化

稳定的社会秩序和开放、包容的文化传统是节事产业形成和发展不可缺少的条件。一个具有开放意识的地区，往往能随着时代进步，鼓励开展彰显各种风格、不同文化传统的活动，实现节事经济产业化。

5. 热情好客的人文氛围

亲善的氛围是发展节事旅游产品的又一前提。良好的人文环境能使来自世界各地的节事旅游者自由地接触当地文化，并在参与中融入当地生活，感受当地人的热情。高质量的服务水平，文明的社会环境，热情好客的友善态度，多元化的特质文化都会深深吸引旅游者和组织者，使他们成为回头客；反过来国际化的交流也促使当地人积极创造美好、卫生、健康、富裕的人性化生活。

第二节　节事活动的功能

节事活动的目的不仅在于吸引旅游者、消费者、赞助商、承包商等参与者，而且在于成功举办后所能带来的多种牵动效应。它一方面推动当地经济的发展，带来了物质文明方面的经济效益，另一方面为当地文化的定位奠定了基础，带来了精神文明方面的社会效益。经济发展和社会发展是良性互动的关系，在两者相互促进、相得益彰、协调发展的基础上，达到与自然、人文等环境效益的高度统一，共同构建和谐社会。尤其是大型节事活动，对国家（地区）或城市会产生难以估量的推动作用。

（一）促进目的地旅游发展，削弱淡旺季的差别，增加旅游收益

1. 减少旅游淡旺季差别

由于季节、地理位置、气候条件、假期等因素的影响，使得旅游目的地的旅游活动具有明显的季节性。从实践来看，通过对本地旅游资源、民俗风情、特殊事件等因素的优化融合，举办独出心裁的、丰富多彩的节事活动，一方面可以吸引游客，另一方面，可以调整旅游资源结构，为当地旅游业的发展提供新的机会，延长旅游旺季，并能较好地解决旅游淡季市场需求不足的问题，甚至形成一个新亮点。在北方地区，通过冬季举办滑雪、溜冰等冬季竞技性体育活动及其他文化活动，既可以充分利用当地的旅游资源，又可以缓解旅游市场的淡旺季差别。如在哈尔滨国际冰雪节期间，有逾百万游客来旅游，市内各大宾馆酒店的入住率比平时普遍提高了30%到50%。

2. 提升旅游业

节事活动针对的是休闲和商务两大旅游市场，既吸引商务旅游者，又吸引休闲旅游者。正因为这个原因，所以节事活动产生的经济效益更大。如奥运会不仅是国际体育界的一次聚会，也同样是大规模的世界盛事，它吸引的不仅是运动员、教练员、各国政府体育部门的官员、各类体育用品和消费品的供应商，也同样吸引世界各国的人们。事实证明，奥运会的成功举办不仅能推动旅游业的发展，更能对一个主办城市和地区的经济发展产生难以估量的整体推动作用，其经济效益远远大于一般的会议和展览会。从1984年洛杉矶奥运会起，世界各国众多城市争办奥运会已成为全球一大景观。1988年的汉城奥运会，使得韩国旅游在随后两年里以13%的速度递增；1992年巴塞罗那奥运会前，巴塞罗那三星级以上饭店的住宿率不足60%；一、二星级饭店的住宿率也只有60%，而奥运会期间，三星级以上豪华饭店客房住宿率为97%，一、二星级饭店的住宿率也达95%。1996年美国亚特兰大奥运会，给美国佐治亚州增加7.7万个就业机会，给州政府增加1.76亿美元的税收，给亚特兰大及其所在的佐治亚州带来51亿美元的经济收入。澳大利亚认为，悉尼奥运会带来的不仅是16天的运动会，而是10年的发展机遇，同时也给新西兰（澳大利亚邻国）带来55亿美元的外汇收入，在

未来的10年内预计可多接待40.3万海外游客。

重大节事活动最明显的影响和效应是短期内可以吸引大量的游客。以2010年上海世界博览会为例。据统计，2010年5月1日至10月31日，进入世博园区参观人数达7 308万人次。其中，境外观博游客约占入园总人数的5.8%；旅行社共组织了66.8万个团、2 087.7万人次的游客入园参观，占入园总人数的28.57%，经上海14家世博指定旅行社组织的团队游客数高达1 090万人次，占团队游客总数的52.2%。初步统计，世博期间上海市入境游客人数达480万人次，同比增长49.5%。其中，来沪过夜入境游客数达425万人次，同比增长56.3%。受世博拉动，上海2010年度接待海外旅游客数量首次突破850万人次，创造历史新高。据中国旅游研究院初步测算，2010年世博会带来直接旅游收入超过800亿元人民币，对长三角地区旅游及相关产业拉动作用尤为明显，世博期间苏浙皖三地旅游收入同比均增长20%以上，同时也带动了公路、铁路、航空客运量、住宿和餐饮业等旅游相关产业20%以上的增长。再以1986年亚洲运动会和1988年汉城奥运会为例，1986—1989年韩国入境旅游者数量的年增长率都在10%以上，其中1988年达到24.9%。

（二）促进相关产业的发展和当地基础设施的建设

1. 经济效益显著

位于美国旧金山南方约40公里处的半月湾(Half Moon Bay)，是典型的加州滨海小镇，不仅风景优美，而且号称“世界南瓜之都”。自1971年以来的每年哥伦布日当天(十月的第二个星期一)，半月湾都会举行“赛福威(Safeway，美国零售品牌集团)超级南瓜大赛”，这是许多美国西岸种植南瓜的瓜农甚至远从俄勒冈州、华盛顿州而来的南瓜种植爱好者、挑战者都要参加的活动之一，之后的周末就是的闻名遐迩的南瓜节。商家也及时地瞅准商机，在半月湾城市的主要街道中间搭起了临时售货亭，摆放极具民间特色的各种艺术品，整个半月湾市美不胜收，令游客眼花缭乱。就是这样一个小小的半月湾艺术节，每年可以给当地带来1 000万美元左右的直接经济增长，仅艺术和工艺品的销售税收可达30万美元左右。同样，吸引着全世界人眼球的奥运会也创造着巨大财富。根据国际奥委会(IOC)的2008年税务报告与北京奥运会财务审计报告两份报告显示，北京奥组委的收支结余超过10亿元，而国际奥委会的净利润也高达3.8亿美元。

2. 促进相关产业的发展

任何一次城市节事活动都具有一定的主题，配合这一主题的生产厂家或者说整个产业都可以在节事活动中获得经济收益。如宁波国际服装节是集服装产业展、评、会、赛、演多元形式于一体，由中央、行业和地方联合打造的在业内具有较大影响力的国际性品牌。服装产业是宁波市的优势产业，宁波国际服装节是宁波市倾力打造的加快产业转型升级，加速由“服装大市”向“服装强市”迈进的重要平台。第 19 届宁波国际服装节坚持以“创意宁波、霓裳东方”为主题，顺应“互联网+”发展趋势，围绕并不断深化“四链三台一提升”的主线，做实产业链、做活市场链、做优服务链、做强创新链，扎实推进展台、讲台、T 台三大板块的各项工作，最大限度地汇聚名企、名品、名家，凝聚世界服装产业的资源、资本和资讯，推进服装产业转型升级。再如自 1984 年以来，潍坊已经成功地举办了 33 届国际风筝节，形成了庞大的潍坊风筝产业，并促进了与风筝相关的产业发展，国际风筝节成为拉动地方经济的新的增长点，世界风筝联合会总部也在潍坊落户。

3. 改善基础设施

举办节事活动，可以极大地促进城市的交通、通讯、城建、绿化等基础设施和旅游接待服务配套设施建设的步伐，美化城市环境。如 2002 年上海 APEC 会议，各景观道路建筑“整容”面积达 300 多万平方米，路面达到历史最好状态。2012 年南京青奥会的举办需要主办方提供高质量的比赛场馆和生活场所来接待来自世界各国的运动员们，同时还需要新建一些酒店、宾馆等设施来满足众多的观众和游客需求。这些基础设施的新建大大促进了南京房地产事业的发展。由于比赛场馆设计新颖，造型独特，在建设这些场馆时利用到了很多最新技术，带动了整座城市的进步。在青奥会筹备期间，南京市对城市的公共交通进一步完善。河西快速公交一号线的建成，使得河西公共交通呈现多元化。地铁 10 号线、宁高城际一期、宁天城际一期在青奥会前均已通车。不仅在青奥会举办期间缓解了南京的城市交通压力，同时也会在未来很长的一段时间里促进南京经济的发展，使得南京与周边城市的联系更加紧密。在城市道路方面，为完善城市街道功能，对老城内主干道进行改造。机动车道、人行道、路牙以及配套设施机型综合整治。在老城与绕坡公路间形成快速通道，大大缓解了交通压力。2010 年上海世博会成为各类屏幕最多的一届世博会，LED 等新兴显示技术得到了广泛的应用。上海世博会的举办，更加注重上海信息化在提升公共服务能力和改善民生中的推动作用，更加注重在提升城市功能和软实力方面的带动作用，推动上海"智慧城市"的建设。

2004 年的雅典奥运会虽然有着巨大的亏损额，但各界人士有不同的看法。雅典大学的经济学教授拉尼洛斯在接受记者采访时说："从组委会来说，这届奥运会肯定亏本，这已经确定无疑了。但奥运会对雅典的城市建设和人民生活是一个很大的推动，奥运会使雅典城市建设水平上了一个新台阶。就在一年前，雅典还没有有轨电车，也没有连接市区和机场的地铁，一些高速公路还没有建成，大量运动场馆也没有完工，而现在这些都有了。另外，我们还多了几百辆公共汽车和救护车，以及遍布全城的高清晰度摄像机网络。希腊政府只是把未来 20 年给雅典的投资都花在这 4 年了。"

4. 具有很强的后效性

节事活动给城市带来的效应，不仅仅限于当时所创造的效应部分。对于主办城市的人们来说，通过节事活动掌握大量的信息，挖掘了大量的商机，相当于参加了一次免费的交流会；对于主办城市来说，通过举办节事活动，改善当地的基础设施，优化社会环境，创造了良好的投资环境，给参加节事活动的人们留下好印象，创造了一批潜在的投资者。这些效果不一定在当时就能够看出来，也许会经过很长时间才能显现。

（三）塑造主办城市的形象，提升城市的知名度

节事活动的举办因其暂时性和短暂性，而可以将高质量的产品、服务、娱乐、设施、人力等众多因素围绕某一主题组织和整合，集中大众媒体的传播报道，迅速提升目的地的知名度和美誉度，而且目的地举办节事活动，具有广泛的意义（如图 1-1），不仅能大大增强旅游吸引力，使原来那些静止与固定的旅游吸引物（如当地的自然和人文景观）变得生气勃勃，营造与平常迥异而浓厚的旅游氛围，同时又能作为很好的催化剂促进旅游地组织各种要素协同发展。

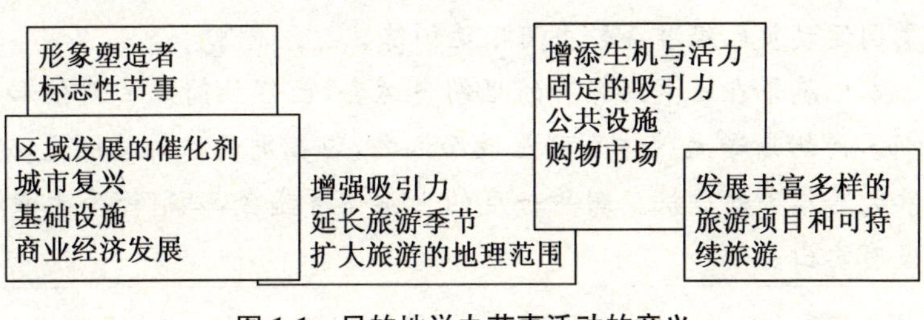

图 1-1　目的地举办节事活动的意义

1. 塑造形象

城市形象是一个综合的形象塑造系统，需要花费大量精力和进行很长时间的宣传才能成功，而大型节事活动对目的地的形象塑造和改善作用，是其他营销手段所不能比拟的。例如，1964 年东京奥运会和 1972 年慕尼黑奥运会，主办城市所在国日本和联邦德国均利用奥运会扭转其第二次世界大战中遗留的不良形象，收到了积极的效果；1988 年奥运会为韩国提高其在国际市场的形象（特别是在美国的形象）；悉尼的“绿色奥运会”为悉尼乃至澳大利亚塑造了可持续发展的积极形象。澳大利亚新南威尔士州前州长认为，悉尼奥运会是澳大利亚前所未有的最好的一次营销实践；澳旅委则认为，悉尼奥运会使澳大利亚的形象塑造向前推进了 10 年。相对于有形效应而言，奥运会的这种改善和提升目的地形象的无形效应还是比较明确的。即使是申办奥运会的城市，不管成功与否，都相当于对城市形象的积极塑造和促销。

然而，不是所有的大型节事都能给举办地带来良好的声誉，塑造积极的形象。申办的过程是提高城市知名度的一方面，但若在具体实施方面有不顺利或者举办期间有大量负面新闻，在一定程度上会给当地带来不良的形象影响。

距开赛仅 30 余天　巴西奥运会场馆仍未竣工

——谢加·巴蒂亚(SHEKHAR BHATIA)于里约热内卢为《每日邮报在线》撰稿　原文发表于 2016 年 6 月 28 日

2016 年 6 月 29 日 16:54　来源：Mail Online

8 月 5 日，2016 年奥运会即将在里约开幕。但据《每日邮报》记者探访，在距离开幕式仅剩 37 天的时候，里约奥运会的主要道路、交通和建筑工作仍然没有完成。

一系列新建场馆中，只有水上运动中心和手球场馆已经竣工，其余各个场馆外仍在紧张施工。重要的地铁线路预计在奥运会开幕式前 4 天才能完工。第一批参赛运动员已经开始抵达主办城市，而一些美国运动员已经准备转去阿根廷训练。

本已笼罩在寨卡阴影下的里约奥运会，已经让简森·戴伊和勒布朗·詹姆斯等大牌体育明星敬而远之，现在更面临着总统遭遇弹劾和大笔债务的危机。四年一度的世界体育盛会，目前还有大量门票没有卖出。

资料来源：http://world.people.com.cn/n1/2016/0629/c107182-28509348.html.

2. 提高知名度

旅游节事本身就是旅游地形象的塑造者，举办大型的旅游活动和盛事就是形象塑造的过程(Getz，1991)。成功的节事活动的主题能够成为城市形象的代名词，如在我国一提到风筝节，就会想到山东潍坊，一提到啤酒节，就会想到青岛。这些成功案例都说明，节事活动与举办城市之间已经形成了很强的对应关系，能够迅速提升城市的知名度。

(四) 弘扬传统文化，展现现代文化内涵，推进精神文明建设

节事活动成为体现城市历史、彰显城市个性、提供娱乐舞台的一个欢乐的“宣泄口”。因此，多数节事必然和老百姓的文化娱乐紧密相关，节事活动必然是一种大众文化现象、一种当代文化现象和特色文化现象。

1. 弘扬传统文化

节事活动对于弘扬传统文化，彰显传统文化的丰富内涵和个性；对于进一步密切国内外文化交流与合作，促进文化的传承、发展和经济社会全面进步，具有积极而深远的影响。如山东曲阜利用几千年的文化积淀，创办了国际孔子文化节，将当地已沉睡了几千年的历史遗迹活生生地再现出来，使传统文化焕发了活力。南宁国际民歌节的作用，不仅把潜藏在民间的艺术活力借助现代传媒展现在人们面前，而且从民歌的优美旋律中，使人们感受到团结、祥和、繁荣、发展的时代脉搏和健康向上的美好气息。同时，通过充分挖掘民歌文化中的审美精神，从中提炼出有益于现代社会和现代人的文化理想和生活理念，营造现代生活的艺术氛围。

泰国宋干节

时间：每年4月13日至15日

泰语中的“宋干”即“求雨”之意，每年4月13日至15日为宋干节，举国欢腾，游人如织，热闹非凡。清晨，善男信女们先到寺庙内拜佛，由德高望重的和尚把浸着桃枝花瓣的香水淋洒在他们身上，以驱除邪气，然后再由信徒们用香水轮番洒于佛像全身，祈求吉祥。这一庄严隆重的仪式结束后，大家涌出寺庙，不分男女老少，不分国籍，互相泼水祝福。谁被水泼得全身湿透，谁就高兴，因为得到了良好的祝愿。

来自泰国各地和世界各国上千名演员组成25个游行方阵，向泰国民众和各国游客展示了泰国宋干节的神奇魅力。

2. 展现现代文化内涵

现代节事活动需要有经济的“轮子”，但其核心是人文活动，而人文活动的最高境界是艺术化。旅游节事活动的艺术化与艺术节庆活动的大众化，也正是节事活动的关键所在。

（五）在精神上放松和愉悦，使参与者获得欢乐

一位早期的希腊学者曾经这么说过：“过节没有别的，就是欢乐。”节事活动的参与对于广大消费者来说，是日常紧张而忙碌工作后的一种休闲，一种享受，适当的、有节制的放松不仅有益于身心健康，而且也为欢乐之后带来工作效率。

首先，节庆基本上是一种富裕的表征，当然，这种富裕与金钱有一定关系，但节事活动最主要的还是精神上的富裕。节庆的根源就是爱，来源于人们对生活的热爱，热爱真、善、美。其次，节事活动可以采用一切可能的形式让感情得到自由的宣泄，真正的节庆欢乐可以使参与者精神愉快，从而更加爱生活，大大提高工作的主动性和创造力，提高人们的生活质量。

西班牙斗牛节

7月7日，西班牙邦布罗纳地区一年一度的奔牛节又开始了，这个活动将会持续一周。人们把公牛赶到一起，让它们在街上狂奔，穿过小城中心，最后跑向斗牛场。

这个节日因美国作家海明威的著作《太阳从这里升起》而名扬国际，其彻底的释放个性和群众性的狂欢特点受到了人们的欢迎。每年在西班牙各地举行的这种群众性的节日活动，充分显示了西班牙人热情洋溢、热爱游乐的天性。

节日开始了，人们倾巢而出，充塞街头，不停地吃喝唱跳，这种狂欢状态持续到人人差不多已经精疲力竭，然后把自己投入节日的高潮活动——处于自由状态以及同人一样昏头昏脑的牛群之中，不管死活地与蛮牛共舞，你追我赶，万分刺激。狂欢的人们身穿红白的衣服，以吸引牛儿的青睐，那些因海明威著作之深入人心而引来的成千上万外国游客掺杂其间，用各种语言哇哇大叫。街道一般非常挤，没有人可以站住不动，人群像潮水一样奔流。要是你对自己的小命还有点儿在乎，还是躲在铁栏杆之后为妙。当从混乱中清醒过来时，你会发现这个小镇是平静和美丽的。

根据欧盟规定，生长期超过30个月的牛在食用屠宰前需接受疯牛病检查，否则牛的尸体必须被焚毁。但是根据西班牙传统，死在斗牛场上的牛通常直接卖给屠户，并且是饭馆与肉店的抢手货。西班牙各地每年举办1.7万次大大小小的斗牛节，其中多数是在城镇举行的小型斗牛节。

第三节　节事活动的发展

一、国际节事活动的发展状况

（一）国际节事活动的历史回顾

从远古到19世纪初，在人类漫长的岁月里，形成了诸多丰富多彩、形式各异的节日风俗，这些节日风俗都是伴随着历史的发展而形成的，反映了各个民族生息、发展、进步的过程。节事活动最初起源于人类的节日风俗。所谓“节”，一般是指一年的气候变化，也有以纪念某一重大事件而称为“节”的。节日风俗的形成过程，大致是根据生活的需要，经历了由不自觉到自觉，由不定型到定型，逐渐发展和补充的过程。从有时间记载开始，人类还用各种方法来标志他们生活中的重要活动，如成人仪式、部落成立庆典等。其内容有生产方面的，有祭祀类的，有表彰、庆贺性质的等。古代的旅行家、学者、商人、传教士等都可算作现代节庆旅游的先驱。但这一阶段的节事活动并不是真正意义上的节事旅游，因为这一时期，真正的旅游业并没有形成。

19世纪40年代以后，随着托马斯·库克成立世界上第一个旅行社，旅游作为一种广泛的社会现象在世界兴起，并逐渐成为人们日常生活不可缺少的部分。二战后，特别是进入20世纪60年代以后，世界的旅游业进入高速发展时期，并迅速成为许多国家的支柱产业。节庆和重大活动越来越受到人们的青睐，每一个国家都有自己的多种节庆，许多国家如瑞士、印度等甚至被称为节日之国，节日游成为旅游最常见也最丰富的类型之一。德国的狂欢节经过七百五十多年的发展，这个基督教结束斋戒的宗教性节日已发生了巨大的变化，成为充满世俗风情的欢庆大典，“让大家都来欢乐”成为节日举办者的宗旨，每年吸引数百万人参加，各国游客大量涌入。有着四百多年历史的斯威士兰王国的芦苇节实为选妃盛典，传统的内涵与现代的气息不仅成为一年一度的盛大节日，也成为这个南部非洲小国最吸引游客的一个热点。

（二）国际节事活动的特点

1. 节事活动旅游已成为世界旅游业的一个重要组成部分

如今，世界各国政府非常重视节事旅游的发展。由于节日和重大活动影响着全世界，很多国家的大城市都纷纷争夺大型活动的举办权，如奥运会、世界杯、F1 方程赛等。一些协会也纷纷举办各种大型活动，如博览会、节日庆典、游行、庆祝、周年纪念日、体育运动、义演活动等。举办这类活动可以一举两得，既是旅游淡季吸引游客的有力手段，又能为举办地树立形象，提高其知名度。

2. 专业的节事管理和全年运行的活动组织应运而生

节事活动管理正在脱颖而出，人们运用现代化的手段进行促销和管理，促进节事活动逐步走向职业化。随着活动为各种目的和议程服务的内涵不断扩充，活动的发展使活动行业成为一个新兴行业，它能够产生经济效益和不断提供新的就业机会。美国活动组织专业人士中有60%取得学士学位，有 10%取得硕士学位。人们有理由相信，与美国一般就业人口的教育水平相比，活动组织管理领域中接受过高等教育的专业人员人数比率相当高，这也意味着只有在正规教育、培训加经验的保障下，才能获得职场竞争的成功。

由于节事活动的数量在不断扩大，为活动提供服务的工作人员及志愿者不断涌现，随后又出现了职业协会、教育和培训计划、职业资格认证等。下面列举一些国际知名的节事活动协会：国际特殊活动协会(ISES，主要处理公司和商业领域的活动)、国际节日和活动协会(IFEA，更关心公众娱乐和消遣的节日和活动)、新南威尔士节日和活动协会(NSWFEA，组织行业会议)、澳大利亚会议行业协会(MIAA，为行业提供培训)等。

世界各地如美国乔治·华盛顿大学、内华达大学、澳大利亚悉尼大学、香港理工大学等有 150 多所学院和大学开设了与活动组织管理研究相关的课程，颁发职业资格认证证书。就拿职业证书来说，全球有 14 所院校和大学接受乔治·华盛顿大学活动职业资格认证课程教学。活动组织专业人员获得的高级职业证书范围越来越广，如活动组织职业资格证书、会议职业资格证书、展览会职业资格证书，以及相关领域的资格证书。国际大型活动组织协会在加拿大政府研究经验的基础上制订了大型活动组织专业人员职业资格认证项目(CSEP),获得 CSEP 资格认证的称号,是一名活动组织经理人在培训、经验等方面达到最高层面的证明,也是活动组织经理人职业水准得到活动组织管理行业的同行们一致认可的标志。

3. 赞助商和志愿者是节事活动取得成功的重要因素

赞助是节事活动的重要组成部分,是赞助商为举办某项活动的人提供资金。没有赞助,地方、国家乃至国际活动都将难以维持。赞助已经成为重大的商业行为,确实能为活动提供需要的资金并帮助组织者获得所需的质量,但作为一项商业交易,他们也必须得到相应的投资回报,要求组织者承诺提供一定数量的市场营销资金,要求每日最低限度的接待服务。获得为活动争取更高声誉的机会,是活动组织者与赞助商能够结成同盟的最重要的一条理由。如果某个活动能够得到 IBM、可口可乐,以及《财富》杂志评选的世界前 500 强企业的赞助的话,那这个活动可以立即升格为备受尊崇的重大活动;同时,此活动的组织管理公司也会得到其他来源的资金支持。

志愿者是取得成功的关键因素。志愿工作是指任何人自愿奉献个人时间和精力,在不为物质报酬的前提下,为推动人类发展、社会进步和社会福利事业而提供的服务。志愿活动在世界上已经发展和存在了一百多年,根据国际节日和活动协会提供的报告,周末活动参与者平均为 22.2 万人次,需要大量志愿者做大量的工作,没有志愿者,大多数活动将无法进行。在 2002 年上海 APEC 会议期间,约有 2 万来自各行各业的人们加入了志愿者行列;2010 年上海世博会招募志愿者超过 20 万人。

表 1-3　运动会需要志愿者

综 合 运 动 会	志愿工作者人数
2000 年第二十七届悉尼奥林匹克运动会	46 967
2001 年第三届大阪东亚运动会	23 250
2002 年第十四届釜山亚洲运动会	32 360
2004 年第二十八届雅典奥林匹克运动会	45 000
2005 年第四届澳门东亚运动会	12 000
2008 年第二十九届北京奥林匹克运动会	74 615

综合运动会的组织工作并非只有竞赛范畴，除了把比赛的各个工作做好，组委会还需要在信息科技、传媒服务、电视转播、开幕及闭幕式、保安安检、医疗药检、交通安排、运动员及嘉宾接待、公关、礼仪、文化活动等一系列的工作范畴提供合乎国际规范的服务，因此，国际上所有大型综合运动会，都需要大量志愿工作者执行。组织一批有专业知识、有奉献精神、有国际视野的志愿工作者团队，是大型活动得以顺利进行的保证。

（三）国际节事活动发展的若干趋势

1. 节事活动将更受人们欢迎

就全球范围而言，各国对节庆旅游和大型活动旅游的重视程度在迅速提高。许多瑞士大旅游批发商认为，传统的团体多地周游观光已经失宠，这种旅游形式越来越多地被散客旅游、家庭小团体和专项旅游所取代。目前的消费倾向在明显地向专项旅游发展。一些重大活动产品和重要的专项产品，如大型节庆活动，及音乐、文化等活动受到大小批发商们的普遍重视。有些大批发商（社）为节事活动设了专题部门，如ITV旅行社设了文化旅游部。瑞士公民目前17种旅游种类方式中“经历节庆、活动”这一项位居第七，可见节事活动的概念已深入民心。节事活动和由此而产生的节事旅游是人们使用休闲时间的最佳方式之一，随着社会的进步，越来越多的人参与放松、休闲、娱乐的节事活动。

世博会最重要的功能是取悦人们，这是举办世博会最重要的一个目的。近年来，世界各种展览会上的娱乐区和展示厅都在变化，向着更多地提供人们娱乐和消遣的方向发展。现在人们有着更多的娱乐选择，世博会也已经发现了提供信息取悦人们的新渠道。比如“2005年爱知世博会”的官方网站就设计得非常卡通化和娱乐化。

2. 节事活动将更为综合性和多样化

在当地的节事活动中把服饰、饮食、游艺竞技、民间工艺等有机结合起来，一方面可以丰富节事活动的内容，另一方面还可以促进当地旅游资源综合开发，既充分利用当地的公共设施、商店、市场，又促使投资、经济开发、基础设施的改造，致使现有的资源发挥更大的经济效益、社会效益和环境效益。

3. 节事活动将更为品牌化和专业化

节事活动品牌在旅游业中扮演十分重要的角色，它本身就是一种旅游吸引物。美国的玫瑰花节、意大利的狂欢节、马来西亚的国际风筝节等都对本国会展业和旅游业的发展起到了不可替代的作用。随着节事活动的发展，出现了专门的节事活动管理部门，专业化管理将日益显示其重要性，专职管理部门已成为会展业和旅游业发展最快的一个机构。活动管理正逐渐形成一个领域，变得越来越专业化，而且活动部门在客源地也设立办事处进行全年的运营，为当地提供了很多新的就业机会。

威尼斯嘉年华(Venice Carnival)

每年1—2月，自当地复活节前的第52天至第40天间举行，意大利北部的威尼斯都会举办闻名全球的嘉年华活动，时间长达十天，每天有化装舞会的大游行、与连夜狂欢的歌舞活动。每年主办单位还会设计不同的主题，让所有参与者见识到不同文化的激荡：例如把过去与丝路有关的国家如印度、泰国、中国与日本，在终点的威尼斯聚会，或是让东方国家的面具出现在水都声势浩大的游行中。

嘉年华会的由来

溯本追源，威尼斯嘉年华其实充满了异教色彩：这原本是希腊人在春天时的庆典，罗马人承继了这项欢乐传统，随着罗马大军的南征北讨，又在欧洲各地扎下根苗。威尼斯的嘉年华还有另一种传说，以强化它不寻常奢华的借口，威尼斯大公国的亚格里亚大公爵(Patrirch of Aguileia)为了庆祝1162年对抗乌尔瑞科(Ulrico)的胜利，在圣马可广场举行狂欢庆典，后来慢慢便成传统。现在则成为威尼斯人及游客戴面具、着传统服装狂欢的大型化装舞会。

嘉年华的魅力

如果你也想加入嘉年华面具族的行列，那一身繁复的中世纪宫廷服加面具、头套，在威尼斯的街头巷尾的服装店都可以租借，只是租金让人咋舌。

因此，可以看到许多DIY设计的装扮出笼，这些人体装饰艺术家的作品有时还比传统装束更出风头。另外，各国传统服装也各显风采，日本的艺妓装、北欧的海盗头盔、清朝格格、鲁凯族的传统服饰都曾经出现在圣马可大广场上。

嘉年华期间，在正式场合如宫殿、表演厅等的活动入场券多在70欧元至250欧元之间，不是平民百姓可以消费得起的。幸运的是，即使不去这些场合，还是可以享受嘉年华的节庆气氛：坐在广场上的咖啡座观看众生相，让彩绘师傅帮你画一张大花脸，舔着浓郁香甜的意大利冰淇淋，或是晚上挤在人群里听现场表演……许多餐厅、咖啡馆也会举办各式的活动，同样能感受节庆气氛。

4. 节事活动宣传力度将更为加强

节事活动的国际竞争，将引起各国宣传促销力度的不断加强。世界著名的西班牙奔牛节在举办之前，政府会印制大量的日程表和节目单，便于国内和国际游客挑选自己喜爱的项目；日本交通公社等大型旅行社提前5年就把国内的节庆计划公布于众，做超前的宣传促销是著名节庆获得成功的基础。

二、我国节事活动的发展状况

近年来，我国节庆活动蓬勃发展，尤其是在2008年北京奥运会和2010年上海世博会成功举办之后，竞相举办大型活动已经成为政府热衷之事。大型节庆在提升城市知名度，改善地方旅游形象方面所发挥的积极作用，已成为政府广泛认可的不争事实，至于“节庆经济”所带来的好处，也得到各方的认同。不仅大城市激烈角逐诸如大型体育赛事、世界园艺博览会等大型活动的举办权，而且小城镇也纷纷极力推进旅游节、物产节、民俗节等地方节庆的组织与实施。据不完全统计，目前我国各类主题的节庆已经达数千个，有的地方则呈现出“月月有节”、“天天过节”的火爆景象。现代节事的兴起和快速发展成为我国特有的节事文化组成部分和颇受社会关注的现象之一。

（一）我国节事活动的发展历程

1. 传统节日的形成

传统节日在中国可谓源远流长，从远古时期到19世纪70年代末，经历了一个从萌芽到成形的漫长的历史过程。这一时期都是人们根据生活需要从不自觉到自发组织节庆活动。中国有许多节日起源于礼尚往来的中华民族的传统美德。

节庆，作为社会力量的价值表达形式，被看作共同体的现实生活的有机组成部分，是整个共同体的公共文化，同时也饱含了民族文化、传统文化的历史记忆。在中国历史上，春节、清明节、元宵节、端午节、中秋节等传统节日，是民众年度时间生活的重要"段落标志"，更是民众在感知时间的基础上建立起来的文化与社会秩序。如春节活动，是一个综合性的盛大节日，每年农历正月，正是农闲季节，人们在一年辛勤劳动之后，需要休整生息，总结经验，所以把春季活动作为庆祝丰收、展示成绩、交流信息的日子来庆祝。而且天气也慢慢地暖和起来，适宜举办大型的娱乐活动。

节日是民众日常生活中期盼的特别日子，充满了喜庆，含有合家欢乐之意。每个传统节日都有其独特的节俗仪式，尽管中国南北方文化存在差异，庆典仪式各有不同，但活动都丰富多彩。以元宵节为例，元宵节闹花灯充分说明人们对生活的热爱，通过花灯来大显技艺。北方多以放爆竹烟花、闹花灯、扭秧歌、舞龙狮、踩高跷、划旱船、挑花篮、打锣鼓、吃饺子、吃酒酿汤圆等为主，形式多样，欢愉热闹。勤劳伟大的中华民族创造了源远流长、博大精深的中国节日文化。无论是宋代著名词人辛弃疾《青玉案·元夕》中"东风夜放花千树。更吹落，星如雨。宝马雕车香满路。凤箫声动，玉壶光转，一夜鱼龙舞。蛾儿雪柳黄金缕，笑语盈盈暗香去。众里寻他千百度，蓦然回首，那人却在，灯火阑珊处。"还是初唐诗人卢照邻的《十五夜观灯》："锦里开芳宴，兰缸艳早年。缛彩遥分地，繁光远缀天。接汉疑星落，依楼似月悬。别有千金笑，来映九枝前。"都在诗词句里描写了民间过元宵节的盛况，热闹繁华。在新衣美食、忙着拜节、贺年的同时，人们不但在节日之夜观灯赏月，而且尽情歌舞游戏。时有发生的浪漫爱情故事，将欢庆活动推向了高潮。"蓦然回首，那人却在，灯火阑珊处。"已经成为爱情的经典诗句。还有苏轼、王守仁、白居易、王安石、孟浩然、杜牧、李清照、杜甫、李商隐等众多古代文人都曾对元宵节、春节、清明节、端午节、中秋节等传统节日做了详尽的描写，留下千古流传的诗句；家喻户晓的《清明上河图》则十分生动地反映了汴京清明时节的繁荣景象，展现了北宋的城市面貌和当时各阶层人民的生活。而少数民族的节日受地域性的重要影响，体现出不同民族的特殊风貌和独特个性。如彝族每年的"虎月"(阴历七月)的"火把节"的主要活动就是"打牛"，并在晚上开展斗牛、摔跤、跑马和弹月琴等项活动，表现出彝族人民勇敢、强悍的民族性格。

可见，过节是中国人日常生活的重要组成部分。这一时期节庆活动属民间自发活动，即使有寻求节庆体验的旅行者，也仅仅是少数的个人旅行，还没有形成真正意义上的旅游。

2. 传统节庆的式微

1840年，鸦片战争迫使清政府打开国门，可以说西方文化以“坚船利炮”的方式打开了中国的大门，开始渗入古老的中国，之后中国的节日习俗经历了“风俗难稳”和“文化断裂”的两个艰辛历程。太平天国运动、洋务运动(又称“自强运动”)、维新变法运动、“五四”新文化运动对传统礼俗提出了挑战，“移风易俗”之风盛行，洋派的生活方式影响着当时的中上层阶级，传统节日逐渐被忽视。此后，多次、频发的战火造成不少宝贵的非物质文化遗产流逝和流失，宝贵的文化财富失传，直至新中国成立。但是，计划经济体制下的禁欲主义的消费观与艰苦朴素的个人生活准则，尤其是“文革”期间“十年动乱”对传统文化造成了严重的破坏，传统民俗被作为“破四旧”的主要对象，几乎受损殆尽。过春节吃的是“忆苦思甜饭”，文艺演出的是“样板戏。”人民的精神生活处于被压抑和扭曲的状态，张力过度将迎来爆发。

虽然新中国成立后有少量外国人来华，他们对中国的民俗风情非常感兴趣，但由于种种原因，我国旅游发展水平有限，甚至出现了停滞和倒退。

3. 现代节庆的起步

改革开放、拨乱反正之后，中国社会发生了翻天覆地的变化，经济发展、城乡巨变、不同意识形态的入侵、社会结构变迁、社会群体分化、社会组织形态与社会管理方式的全面转型、全球化影响等使得新时期的中国社会出现了诸多新现象、新事物和新问题，国家大力提倡物质文明和精神文明的统一，精神文明得到很大发展，文化也开始大繁荣起来。在节日方面，随着人们生活水平的日益提高，经济收入和闲暇时间的增多，传统民俗又逐渐回归到百姓节日生活之中，民众开始重新认识传统的价值，民众参与传承、保护、利用传统节日的积极性日益高涨。传统节日作为全民的节日，已成为文化发展繁荣的重要方面。现代节事的蓬勃发展正是社会主义文化大繁荣的另一个表现，也是积极推动旅游业的结果。大型节事的普遍创办在客观上形成了中国近现代以来，中华民族历史上规模最大、范围最广的本土文化挖掘和弘扬。尤其是20世纪80年代起，各地掀起了创办当代节事活动(Event)的热潮，他们意识到文化是根本、差异是关键，在节事主题的选择上，开始挖掘地方独具特色的文化，不少民间艺术、音乐、绘画、表演仪式、雕刻、书法等被重新整理。应该说，这一热潮从某种程度上带来全国范围的本土文化梳理，有利于中国文化的传承和发展，中国节庆的发展在世界节庆史上有着浓厚的中国特色，与中国的社会转型、制度变迁休戚相关。同时，现代节庆也对人们日常生活产生了较大的影响，不仅有传统节日的活态，还有“人造”节日的补充。

改革开放后，中国在各方面进入了一个全新发展时期。从 1979 年到 1990 年，旅游事业的大发展充满了无限的生机和活力，以国际旅游为主导，以国内旅游为基础，协调发展，共同促进，成为我国旅游业发展的大格局。在改革开放初期，节事活动所占的比重不大，基本上都是作为观光旅游的补充。因此规模一般都比较小，数量少，而且以传统的节庆活动为主。从 80 年代后期开始，游客在观赏风景的同时，可以欣赏到民族歌舞。比如彝族传统的“火把节”更增添了路南石林的吸引力，当地的男女老幼穿上节日的盛装，小伙子弹起大三弦、吹笛子，姑娘们则和着音乐翩翩起舞。还有传统的斗牛和摔跤活动，夜间，人们舞动火把，祈盼幸福，围着篝火唱歌跳舞，通宵达旦，这种大规模的喜庆活动将游客的整个旅游活动推向高潮，大大地增强了路南石林在世界旅游市场的知名度和吸引力。但由于我们对旅游资源和旅游产品的开发在认识上有局限性和片面性，还没有认识到节事活动和会展业的重要性以及它们对发展旅游的重要性。所以，这一时期的节事活动发展缓慢，节事旅游处于起步阶段。虽然各地都举办了各种各样的节事活动，但总的来说，对节事活动这样一个专题旅游资源和专项旅游产品重视不够。

4. 大型节事的发展

从 1991 年以后，我国旅游资源开发和保护工作进入突飞猛进的阶段。国家旅游局借鉴国际上举办大型主题年活动的成功经验，举办系列旅游年活动，在全国各地推出的旅游专线中配合举办了丰富多彩的文化节庆活动，很好地展示了我国世界著名文明古国的风姿，逐渐形成了在国际上有一定影响的节庆活动，如云南西双版纳的泼水节、路南石林的火把节、大理的三月街、贵州的蜡染艺术节、哈尔滨的冰雪节、潍坊的国际风筝节、青岛的啤酒节、内蒙古的那达慕大会、大连的国际服装节、洛阳的牡丹花会、广州的春节花市及少数民族的服饰、礼仪、民俗和民间竞技活动等。这些节事活动对吸引旅游者、推动当地的经济和旅游发展起到了有目共睹的作用，人们对节事活动重要性的认识在实践中不断得到提高和深化。正因为这样，我国进入一个有计划、有组织地主动开发节事活动的新阶段。我国继’99 昆明世博会、1999 年国庆 50

周年大庆、千年庆典等活动成功举办之后，又成功申请2006年西湖休博会、2008年奥运会、2010年上海世博会，许多世界大型体育、文化、经济、科技等节事活动取得了成功，吸引成千上万的国际和国内游客，中国节事活动市场前景广阔。

5. 大型节事的再发展

2008年北京奥运会和2010年上海世博会的成功举办，进一步推动了社会和公众对大型节事会展的认知，树立了正面的楷模形象。大型节事也因此更被广泛接受和推崇，各地包括各省、各市、各县，甚至是各乡镇都在举办大型节事上表现得颇为积极。有条件的城市纷纷申报国际组织的国际级大型节事，按照当时的一句流行语："没有条件，创造条件也要上！"二三线城市条件一般的、尚达不到申报的资格，也不甘示弱，纷纷举办国际旅游节、国际文化节等"国际化"的大型节事；一般市县、乡、镇纷纷举办各具地方特色的节庆活动。"文化搭台，经济(经贸)唱戏"，"文化搭台，旅游唱戏"或者"政府搭台，企业唱戏"是这一时期的高频词，尤其针对旅游项目开发和大型节庆举办，也是本阶段现代节庆的典型特征。"文化招商"模式一时在中国的政府和市场上颇受欢迎，以大型文化项目的引入、建设和实施来刺激了地方经济，尤其是大型活动项目，如世界园艺博览会、大型体育赛事、大型文化节庆等。在政府看来，一个文化项目的确立，往往意味着招商的机会突然激增，大力支持此类活动的举办，属于潜力巨大的"概念股"。同时，诸多专家、学者以国外成功大型节事活动为参照，对这一时期中国的节事大发展进行了经济影响研究，多以得出正面作用为基调的结论，少数节庆热的冷思考文章没有引起人的注意。"热炒"大型节事的益处之后，更掀起了中国各地政府热衷打造文化项目的热潮。

6. 大型节事的理性回归

2013年是中国节事高速、非理性发展的转折点。有专家曾估计，2013年的前几年，中国"三公消费"①总额突破了9 000亿元，相当于2012年全年财政收入的10%。越来越庞大的"三公消费"支出引发民众的不满，损害了政府的形象。浙江大学公共政策研究院副院长范柏

---

① "三公消费"是指财政拨款支出安排的出国(境)费、车辆购置及运行费、公务接待费这三项经费。由于这三项费用的滥用涉及中华人民共和国党政机关的公费旅游、公车消费、公款吃喝等不良行为，故为社会普遍关注。

乃分析认为，“三公消费”支出逐年攀升系各种因素综合作用的结果：一是公共权力长期封闭运行；二是公共资源责任主体长期缺位，形成“不花白不花，白花谁不花”的结果；三是社会公众监督严重缺位，忽视了公众力量。2012 年底以来，中央出台了一系列限制公款消费的重要规定。2014 年 3 月 5 日，李克强总理代表国务院向第十二届全国人民代表大会第二次会议作政府工作报告，表示过去一年，“中央国家机关‘三公’经费减少 35%，31 个省份本级公务接待费减少 26%。”短短一年，公款消费迅速冷却，一些原来公款消费扎堆的行业遭遇发展寒冬。

2012 年 12 月 4 日，习近平总书记主持召开中共中央政治局会议，审议通过了中央政治局《关于改进工作作风、密切联系群众》的八项规定，明确提出“要轻车简从、减少陪同、简化接待，不张贴悬挂标语横幅，不安排群众迎送，不铺设迎宾地毯，不摆放花草，不安排宴请。要精简会议活动，切实改进会风，严格控制以中央名义召开的各类全国性会议和举行的重大活动，不开泛泛部署工作和提要求的会，未经中央批准一律不出席各类剪彩、奠基活动和庆祝会、纪念会、表彰会、博览会、研讨会及各类论坛；提高会议实效，开短会、讲短话，力戒空话、套话。”由于中国现代节庆基本上属于政府主导型，由政府拨款举办。在国家反对铺张浪费，限制公款吃喝之风时，现代节庆首当其冲，成为削减的对象。如 2013 年 11 月 29 日，山东省文化厅发出通告，“削减节庆活动　压缩‘三公’经费”。“三公”经费仅接待费用 2013 年就比 2012 年同期减少 63%，大幅削减合并文化节庆活动，由原来 11 项减少到 3 项，主动合并取消山东省农村文化艺术节、山东省美术作品展览、山东国际小剧场话剧节、全国曲艺类非物质文化遗产保护成果学术交流展演、2013 年全国美术馆年会、全国古琴艺术雅集品赏会等 8 项。

单体的节庆活动内容和项目的安排上，也有大幅调整和压缩。如中国杭州西湖国际博览会（简称“杭州西博会”）自 1999 年恢复举办以来，以节目内容丰富、亮点纷呈为主要特色，是杭州标志性城市活动。在提倡勤俭节约、反对浪费的政策形势下，2014 年杭州西博会明显“瘦身”，举办的活动项目从 2013 年的 150 项锐减到 50 项。第 24 届青岛国际啤酒节以“节俭务实、杜绝浪费”为办节思想，举行了史上最节俭、最简洁流畅的开闭幕式。秉承节俭风，取消了啤酒节的开幕式文艺晚会，不请明星，整个啤酒城内所有建筑的搭建均选择可重复使用的材料；啤酒城中餐饮的供应也做出了调整。大幅改变以往大盘大件的菜品规格，设置大、中、小不同的分量标准，提供了各种容量的盛酒容器，供宾客酌量自由选择。让游客花得更少、吃得更好；最值得一提的是，2014年8月16日上午开幕式全过程仅用2分钟，开创啤酒节历史上的最短纪录（比创下不到10分钟纪录的2013年还要短）；8月31日21:00，全城以播放第24届啤酒节精彩场景回顾的形式闭幕，改变了以往放烟火、闭幕酒宴、庆功会等相对奢侈的形式。

（二）我国节事活动的发展特点

1. 数量由少到多，规模从小到大

在我国20世纪80年代末期，随着改革开放的不断深入，地方经济发展活力增强，人民物质文化生活水平日益丰富，从老百姓来看，需要找到一个形式来表达富裕的喜悦心情，节事活动便如雨后春笋般迅速发展。尤其进入20世纪90年代，中国旅游业逐渐意识到节事活动的重要性，规模明显扩大，仅1997年中国旅游年就推出了48个节事活动，1998年华夏城乡游着重办好了23个节事活动。如今国内举办的节事活动仅各类文化节每年就多达5 000个，节庆总数超过一万个，节庆活动就成为活跃和丰富一地精神文化生活的重要形式，宴会、舞会、家庭聚会等小型活动更是不计其数。

2. 内容从单一发展到多样化

在节事旅游发展初期，由于经验不足、配套设施不全等原因，每个活动和景点的内容比较单一。近年来，有些地方还举办了祭孔等大型的历时数天的文化活动，吸引了大量中外游客。有的旅游活动与体育竞赛、经贸活动结合在一起，具有更丰富的含义。许多星级饭店推出了民族文化节、艺术节、音乐节、时装节、美食节等活动，既给饭店带来良好的经济效益和社会效益，也弘扬了我国优秀的民族风情。总的来说，中国节事活动中传统的旅游项目吸引力较大，富有特色，但缺乏具有现代气息的狂欢节。在国外，狂欢节是表演艺术展示的最好舞台，我国也开始尝试狂欢这样的节事活动，如上海旅游节的花车大巡游和开幕式露天狂欢晚会，数万名游客激情表演，场面十分火爆。

3. 参与方式从旁观欣赏向参与发展

最初的节事旅游在节目内容上主要由旅游部门安排，而且很少作为一个独立的旅游项目，仅作为其他类型旅游活动的补充。随着游客旅游需求的多样化，旅游者越来越喜爱参与性的节目，亲身体验当地的民俗节日庆典，了解风土人情，从中体会到传统的旁观式旅游所体会不到的乐趣。比如，在众多的音乐节、啤酒节、美食节中，游客们往往能一饱眼福、耳福、口福，多感官体验旅游，旅游者既是观赏者，又是主动参与者，大大提高节事活动的吸引力，效果相当好。

4. 组织层次从初级向高级发展

由于中国会展业和旅游业起步较晚，在开发层次上往往处于初级水平，而节事活动开发更为落后。经过多年的实践和探索，节事活动正逐渐从初级阶段向高级阶段发展，也就是说，向专业化和市场化的方向发展。许多地方政府专门设立大型活动管理部门，负责大型活动的策划、组织、宣传和发展。在加强节事活动开发和管理实践的同时，对节事活动开发的理论研究也从无到有，关于节事活动的研讨和相关著作也越来越多。中国已经成为名副其实的节事大国，现在摆在我们面前的重要课题就是如何理性回归，不断梳理先前举办大型活动的宣传、组织、策划和管理经验，提高大型节事管理水平和运作能力，赶上国际发达国家的水平。

5. 出现两次发展小高潮

中国大型节事发展的第一次小高潮是在 20 世纪 90 年代初，基于中国旅游业大发展背景之下的“中国旅游主题年”催生了众多地方传统文化的旅游节庆，可以说旅游业是其发展的起因；步入 21 世纪的中国大型节事在北京奥运会和上海世博会成功举办之后，再次蓬勃发展并得到了政府的大力支持。

（三）我国节事活动存在的主要问题与建议

1. 我国节事活动存在的主要问题

举办“以节招商，文化搭台、经济唱戏”的节事活动，来推介具有地方特色的旅游资源和产品，塑造城市整体形象，促进城市经济和社会事业的加速发展，已在全国形成了热潮，并渐渐形成了一种政府显示政绩的“时尚”。综合分析，我国的节事活动中存在的问题主要有：

(1) 节事本身被赋予了太多的使命

我国地方举办的节庆则被赋予了太多的政治使命，大多担负起地方形象大使、招商引资的渠道、地方经济拉动引擎的重任，甚至成为当地政府官员显示政绩的手段。由于过于注重政治因素，以至于地方节庆铺天盖地而来，大多主题雷同，形式较为单一，在节庆活动的开、闭幕式上耗资巨大，以场面盛大的歌舞晚会彰显恢弘气势，把若干可有可无的签约仪式集中起来体现带动效应，加之媒体报道的放大效应使得节庆的表面与形式相当轰动，而实际营造的欢乐气氛和内涵却远远不够。

(2) 生活气息不够

由于流于形式，我国不少地方节庆声势浩大，而群众的参与人数却不多，少数偏离地方色彩的节庆甚至诱发地方百姓的抵触情绪。“亲民度”不够是我国目前地方节庆的通病。美国半月湾南瓜艺术节则非常重视游客的参与，围绕南瓜主题而展开的一系列活动，不管是大游行还是各种比赛，都是游客愿意亲身体验的。以“南瓜选王”、“南瓜选美”为例，比赛设有“加州最大南瓜”、“海岸最大南瓜”、“圣马刁县农业事务处最大南瓜”和“最美南瓜”等项目，一切评比都由观众依据其颜色、形状和大小来评定，“观众是上帝”；免费的南瓜艺术雕刻也由游客任意发挥想象，“观众永远是对的”。其实，只要主题是来源百姓生活的，策划和组织的活动是群众喜闻乐见的，内容是贴近观众和游客需求的，节庆是老百姓愿意积极主动地参与的，这样的节庆活动就是成功的。

(3) 赞助市场不够发达

目前，政府在我国地方节庆活动的组织中扮演的角色和身份定位不清，多头并蓄，多方管理。一旦举办大型活动，政府的责任相当重大，不仅要保全活动现场的安全问题，还要解决出现的经济财政问题，造成负担过重，管理的重点不突出。即使有定量的赞助也牵扯到政府指派，放手交给企业承办或者企业全程赞助的良性循环的局面没有形成。虽然国内某些地方节庆活动频频宣传已经“市场化运作”，但这种现象不仅是少数，而且在具体操作层面仍有着浓厚的“官方”色彩。

(4) 缺少人性化的营销意识

纵览国内地方旅游局或者大型活动办公室节庆网站网页，呈现“三多三少”的现象。即宣传报道官话多，涉及节庆内容少；领导讲话总结多，吸引眼球创意少；效益多，最新动态更新少。不仅如此，对下一年度的节庆活动安排涉及也较少，与地方官方网站的链接也不够及时。而西方国家著名的节庆活动，往往提前一年就开始征集宣传海报，公布下届节庆的具体活动安排，公开经费使用去向并用之于民众，从节标、口号、网页等多方面体现个性和差异化，突出主题特色，以满足游客和观众的情感需求和精神追求为目的，将单纯的目标融合到多样的活动内容中，所以深得当地居民和游客的广泛支持，所以生命力极强。

(5) 缺乏文化特色制约节庆旅游的“体验”差异

由于文化的千姿百态，带给旅游者的体验也应各不相同。我国地方部分涌现的主题雷同，形式单一的地方节庆不能给旅游者情绪上、智力上甚至精神上的愉悦体验，以至于出现参与人数少、社会影响力度不明显等问题。地方独具魅力的优势文化往往使得节庆更具生命力。节庆活动是地方文化的特殊载体和展现形式，需要深入挖掘具有地方独特性的传统文化、积极引入时代文化、外来文化，充分展现出举办地特有的文化底蕴；通过节庆活动中的展演、展播、展览、巡游等形式引导游客参与，从而使得活动的主题和内容都得到深化，使参与者通过互动来体验节庆的文化内涵。这样的节庆活动才能获得鲜活的生命力，才能为今后活动的连续举办和活动品牌的逐步形成打下坚实的基础。

（6）民众的参与度不够高

社会参与度不仅是节庆活动能否生存的重要前提之一，更是衡量一个节庆是否成功的标杆。当节庆活动被迫戴上种种光环的时候，节庆最根本、最核心的因素却被遗忘了，这就是“群众参与”。著名学者吴必虎指出，我国77%的节庆活动的公众参与人数少于30万，对于有着13亿人口的泱泱大国来说，这个数字太少了，加上重复办节，造成大量的人力、物力、财力的浪费。

“政府要看好‘节庆经济’，不应只重视节庆经济的短期效应，或者仅仅让‘节庆经济’从属于政府的其他直接目的。对于节庆来说，最为根本的还是要有观众的参与，这也是节庆活动能达到其他目的的前提。”中国市场经济学会会长王珏也表达了同样的观点。

世界闻名的节庆活动——迪士尼显然深谙此道。“对于我们来说，创新是最重要的因素。因为只有不断创新，我们才能不断吸引群众参与，才能不断扩大我们的影响，从而树立品牌。能不能吸引广大群众的参与是很重要的，这是我们存在的理由。”迪士尼特殊活动总监汤姆告诉记者。据悉，迪士尼在创立之初，曾遭遇到30次破产的磨难。或许正是由于不同寻常的经历，迪士尼才摸索出一套吸引群众参与的“魔法”——富有诱惑性的创新活动，从而让迪士尼成了每个人的朋友。

“我们的很多节庆都是‘以物为本’而并非是‘以人为本’。”中国吴桥国际杂技艺术节组委会办公室常务副主任周良田认为这才是问题的根源，这种本末倒置的做法导致了很多的节庆活动单纯地追求经济效益，而忽视了人的情感需求和精神文化追求，因此吸引不了人们的参与兴趣，从长远来讲，这种节庆活动注定是短命的。

2. 我国节事活动开发与管理的建议

(1) 宏观层面

a. 政府主导:不等于政府包办

目前我国节事活动的组织机构形式主要有:一是地方旅游局主办。由相关职能部门配合,在地方政府的协调下形成组委会,其中地方旅游局负责整个节事活动的策划、宣传和运作,组委会仅在节会筹备阶段及举办期间发挥作用。如由上海市旅游局主办的上海旅游节、由广东清远市旅游局主办的“清远鸡”美食文化节、由浙江余姚市旅游局主办的余姚杨梅节等。二是地方政府主办。三是协会主办。四是企业或者景区主办。一般来说,后两者规模较小,影响力也较小,仅限于企业或者景区、主题公园内,前两者为地方大型活动组织的主要形式,从大型活动的组织机构看,国内85%以上的节事活动都是由政府部门主办,并表现出由旅游局等部门主办向成立大型活动办公室的专业化方向发展。

政府主导是符合我国现阶段国情的节庆活动组织模式,从大型活动的策划到现场管理,都离不开政府的大力支持、各职能机构的鼎力配合以及相关部门的监督管理。当然,政府主导并不意味着政府包办,政府主导是有界限的。在市场经济体制下,政府的主导性主要表现在战略性、指导性和服务性上,在某种程度上可以弥补“市场失灵”,但绝不能影响市场机制发挥作用。要分清哪些职能属于政府承担,哪些内容要放手让市场、企业和社会去做,逐步放弃不该管的和管不了的部分,通过体制、机制改革,建立有效的激励和约束机制,引导、激励和推动大型活动的运作管理体制改革,最终为公众提供满足精神生活、休闲娱乐需要的适宜和优质的服务。

b. 市场化运作:全过程贯穿市场理念

市场化运作是指根据市场经济的规律与要求,科学分离经营性项目和公益性内容,经营性项目按照企业化运营,公益性内容由地方政府牵头组织,整合地方资源,引入社会监督机制,以实现自身综合效益的最大化。处于起步阶段的大型节事在经费来源上往往单纯依靠政府拨款,不仅给当地政府带来沉重的负担,而且严重影响了活动的参与内涵与创新发展。引入市场运作机制之后,政府部门需要主动“瘦身”,界定政府和市场作用的不同领域,采取相应的措施激活市场因子,充分整合闲置的民间资本、社会资金、公众资源,通过市场运作实现资源的优化配置，实现节事活动的可持续发展。

市场化的理念不是仅表现为企业经营、企业赞助，而是将科学观贯穿整个活动始末，包括推介、考查、论证、策划、规划、组织、管理和评估的全过程。

c. 社会参与：对办节的广泛认同

公众对大型活动的认同植根于社会参与机制的形成。社会参与表现在公众参与和商业介入两个方面。大型活动提供了商业介入的机会，促进了大众的节庆消费，体现为内需拉动作用，但是须防止过度的商业化影响应有的社会效益。

建立社会参与机制，首先要重视居民对大型活动参与意识的形成。公众是否具有参与意识，不是仅仅依靠节前的宣传推广就可以解决的，根本在于大型节事活动的宗旨，形式活泼、植根民众的活动往往受到居民和游客的欢迎。"招商引资"的目的是难以吸引公众的注意力的。相比之下，国外的节庆组织者更关心活动期间的参与体验，更深度地挖掘本土文化，注重细节设计方面。其次，要引发公众的参与行为。当大型活动充满鲜活的生命力，具备真正能够感动心灵的因素，当地公众自然以主人翁的角色去倾情投入，外地游客也自然主动地去享受节事活动带来的欢愉。这样的节庆才能真正吸引人，才能聚拢人气、财气，才能产生节庆活动衍生的经济价值，而过分追求经济影响力的本末倒置的做法，往往适得其反。

(2) 微观层面

a. 主题设计情感化

快乐是一种感觉，一种精神上的满足感与幸福感。旅游体验来自于旅游者的内在感情与情绪，通过一系列活动获得情感体验，以快乐为基调，向下最低浮动到和谐的、愉悦的心境、向上最多浮动到自豪甚至是激情的情绪状态。无论是旅游目的地管理公司(DMC)还是节庆策划者，需要真正了解消费者的心理，确定怎样的刺激可以引起旅游者相应的情绪反应，创造何种氛围能使旅游消费者自然地受到感染，并完全融入到这种情景中来。

体验通常不是自发的而是诱发的，当然诱发并非意味消费者是被动的，只要拥有合适的外在条件，体验的欲望无法遏止。节庆就属于这种诱因，欢乐是节日的根本，如果游客愿意为节庆体验付费，那么体验本身也转变为主动性消费。正如西班牙潘普罗那市市长所述："节庆的魅力不在于政府为奔牛节所安排的156项活动，而在于亲临其境感受满街的人文气氛，在于与众多的能够参与并陶醉于节庆的人群为一体的机会之中。”体验要先设定一个“主题”，也就是说，基于某一“主题道具”，从一个主题出发并且所有服务都围绕这主题，并且这些“体验”和“主题”并非随意出现，而是精心设计出来的具有情感化特征的活动。

综观世界上著名的地方节庆，如西班牙的奔牛节和牙布诺小镇西红柿狂欢节、苏格兰的爱丁堡艺术节、美国的华盛顿樱花节和半月湾南瓜艺术节、意大利的威尼斯狂欢节、德国的慕尼黑啤酒节无不围绕着吸引人的主题，设计独特的体验，让旅游者觉得为此而付费值得。以洛杉矶近郊巴沙迪那市玫瑰花节为例，每年的玫瑰花车游行及玫瑰碗橄榄球吸引了来自美国各州的人们及外国游客，给帕萨蒂那小城带来了商业、饭店业繁荣，并为这小城带来约1亿—1亿5千万美元的收入。

b. 娱乐形式大众化

现代旅游者越来越趋于摒弃那种无个性的大众化旅游产品，喜欢有一定强度的刺激物，青睐多样化和主题化的活动，更希望以浓厚的兴趣依照自己的爱好探索未知事物，购买体现个性的旅游产品。传统的“走马观花”式旅游已经不能满足旅游者的需要，他们更愿意仔细地“下马看花”，通过对旅游吸引物的直接观察或是动手参与，伴随真实的或者是虚拟的氛围，获得更深层次的体验，涉及游客的感官、情感、情绪等感性因素，也包括知识、智力、思考等理性因素。

c. 旅游消费互动化

消费者的参与欲望在体验经济时代表现得尤为突出。节事旅游者将不再满足被动接受设计好的产品，而是希望能亲自参与设计、生产、营销和消费的全过程，如今流行的自助餐、DIY、互动等都体现了游客参与欲望的消费倾向。如果筹划者缺乏相应的体验常识，那么节事消费者的体验也将无从产生。所以，要让游客对当地提供的节事活动和服务产生美妙的体验，作为体验提供者的策划者必须深入分析和把握能激发游客美妙感受的体验提供物。

d. 品牌形象个性化

塑造品牌形象是为了提高消费者的品牌忠诚度，提高其反复参与的频率，为了给人们与众不同的想象和感觉，确定品牌管理的求异战略。建立的品牌口号、标语及整体意象塑造等方式，都必须取得消费者的认同感，切不可“闭门造车”。

（四）我国节事活动的发展趋势

我国节事活动的发展回归理性之后，将向市场化和专业化方向发展。

1．“重塑”政府职能，构建政府、市场和社会良性互动的生态体系

在政府的大力支持下，近年始创的现代节庆数量呈逐年递增趋势。成功的大型活动不仅可以挖掘地方特色文化，助推当地优势产业的发展，提高地方知名度，而且可以化一产、二产的优势为三产优势，推动一产、二产向第三产业延伸发展，促进产业升级，巧妙转型。这种良性循环的发展态势需要政府推动，正确发挥政府职能作用，构建政府、市场和社会良性互动的生态体系，才能真正实现“转型、创新”。

（1）搭建整体营销的平台

政府的职能在于整合各种文化资源和社会资源，充分利用当地的基础设施和接待设施，服务于社区和游客；出台各种激励措施，制定企业赞助的税收优惠政策，鼓励当地企业参与节事活动的运作；制定相关的法规条例，不断规范活动的运营与管理；为地方制定节事活动长期发展规划，开拓节事旅游客源；制定和执行节事旅游产品营销计划，如广告、公关、促销等，为目的地做整体营销，提高所在城市作为节事举办地在全国乃至全球的地位；为从事节事活动的组织者提供帮助，在策划阶段提供意见咨询；根据不同节庆的具体情况进行分类支持和指导，培育目的地形象。

（2）加强行业管理与监督

组建节庆协会等非政府组织，发挥他们在节庆活动中的协调和监管作用，防止政府在举办过程中的“越位”与“越权”，提高政府的工作效率，同时也要预防政府过分依赖企业“赞助”的行为，有时候看似两全齐美的“市场化”运作，其实在节省了财政开支的背后隐藏着政府方向的迷失；协调不同节庆活动之间的关系，合理布局各类节庆活动的举办时间和举办地。

（3）设立相关专项基金

国外知名节庆的经费来源只有一小部分来自政府拨款，大部分由企业赞助、门票经营和基金组织的支持构成。作为非营利、非政府的基金组织，为特定的节事活动提供了坚实的资金基础。我国在这个方面尚且落后，可以尝试设立相应的专项基金，并鼓励企业积极参与。

2. 树立品牌意识,加大无形资产的保护力度

现在,大城市积极申报具有国际知名度的大型节事,中小型城市则推出各具地方色彩的特色节庆活动,这是地方政府重视以会展业为抓手,推动现代服务业发展的重要举措。具有文化内涵的节事活动经过精心培育,可以发展成为当地标志性节事,塑造成为当地的节事品牌。节事活动的品牌是指活动消费者和活动产品之间的全部体验,取决于人们参与节事活动的精神感受。节事活动品牌的塑造体现在文化、管理和创新方面。文化是节事活动的灵魂,展示当地或其所代表的独特文化魅力的节事才是好的大型活动;管理是节事活动的基础,有了程序化的管理,才能使节事活动按部就班地进行,保证节事活动项目的正常运作,满足消费者或观众的需求;创新是节事活动的活力,在日趋激烈的市场竞争中,只有通过创新,才能占据一席之地,为节事活动带来良好的经济效益和社会效益。

3. 引入项目化管理理念,形成专业化团队

毫无疑问,大型活动属于项目范畴,其运营过程就是一个项目化的管理过程。运用项目化的管理方式进行办节的可行性研究,以识别民众与游客的需求,是科学管理的第一步;与利益相关者之间的关系处理不当、不利的公众舆论、对相关资源缺乏有效的利用、规划与计划不够充分、融资不足都是可能导致活动项目失败的因素。

国内外实践证明,专业化的节庆活动管理团队才能保证大型活动的持续成功举办并形成知名活动品牌,管理团队或为公司化的企业,或为企业化管理的事业单位。美国玫瑰花节的花车协会是一个由 32 个部门组成的独立组织,同时也是负责花车巡游和“玫瑰杯”橄榄球比赛的专业团队;青岛国际啤酒节堪称我国节庆市场化运作的成功代表,主要表现在啤酒大篷摊位的市场化拍卖、啤酒嘉年华的全程外包以及旅游纪念品的独家代理上,其取得成功的关键在于早在 1997 年就设立了事业单位青岛市啤酒节办公室,目前已经形成了一支人员固定、组织结构完整、年龄结构合理、职责分明、经验丰富、从策划筹谋到组织管理都十分专业的项目团队。

4. 加强监管机制,实施第三方评估

节后评估是大型节事管理中的重要一环。组织者需要知道活动的目的是否达到,赞助者需要知道产品或服务的知名度是否提高,提供资金的基金会需要知道经费的运用情况,旅游部门想掌握吸引来的参与

者的数量及消费特征，而节事活动组委会和政府部门也需要掌握对当地经济的影响，这些都决定了要实施项目后评估，尤其是第三方评估，更能客观、真实、科学地反映大型节事的效益与效果。

世界著名的爱丁堡国际艺术节由苏格兰艺术委员会、爱丁堡国际艺术协会、爱丁堡市政府等机构联合委托国际咨询机构 AEA 进行调查影响；每年尼亚加拉冬季灯节都委托专业机构对游客、居民和参节企业进行市场调研，掌握居民和参节企业的满意度，更准确地确定高消费的游客市场类型，并为提高活动组织者的管理能力和水平提供依据。第三方评估是国外节事活动管理中不可缺少的组成部分，而在我国尚刚刚起步，第 22 届青岛国际啤酒节首次在国内实行了第三方评估，为验证青岛国际啤酒节预期目标是否达到，增强政府的举办信心提供了决策依据，也为我国大型节事组织者科学管理提供了典型范例。

市场化是国外成功节庆的基本运作模式，由大型专门的服务或策划公司承办，政府行为只起着协调、支持的作用。我们目前就要建立与国际活动业相适应的管理体制，根据目标市场打造节事活动品牌，广泛协作联合，注重宣传促销，尽快引进、培养专业管理人才，实施专业化管理，使我国节事活动与国际规范相一致。

美国半月湾南瓜艺术节的成功之处

位于旧金山南方约 40 公里处的半月湾（Half Moon Bay），是典型的加州滨海小镇，不仅风景优美，而且号称“世界南瓜之都”，盛产南瓜。南瓜在美国秋天 10 月底的万圣节到 11 月感恩节里扮演着重要的角色，由于这段时间是南瓜的盛产期，以南瓜为主料做成的南瓜美食成为美国人餐桌上常见的传统佳肴，南瓜饰品也到处可见。自 1971 年以来的每年哥伦布日当天（十月的第二个星期一），半月湾都会举行“赛福威（Safeway，美国零售品牌集团）超级南瓜大赛”，这是许多美国西岸种植南瓜的瓜农甚至远从俄勒冈州、华盛顿州而来的南瓜种植爱好者、挑战者都要参加的活动之一，之后的周末就是的闻名遐迩的南瓜节。商家也及时地瞅准商机，在半月湾城市的主要街道中间搭起了临时售货亭，摆放极具民间特色的各种艺术品，整个半月湾市美不胜收，令游客眼花缭乱。

经过四十多年的发展，半月湾南瓜艺术节在半月湾市容美化协会的积极筹划、市民的大力支持以及来自全国各地的数千名志愿者参与的共同努力下，已经成为美国西部乃至世界最具知名度的地方节庆活动之一。

半月湾南瓜艺术节的以下做法，很值得学习和借鉴：

（一）颇有创意的民间策划

半月湾市议会最初组建半月湾市容美化协会的本意是为了保持古镇原貌而筹资，而热衷于城市文明传承的9名工作人员，依托当地盛产的南瓜而策划组织了传统节庆活动。1971年第一届举办之初，大概只有3万人参加和一家非营利组织提供食品，随着策划和组织的不断完善，现在的半月湾南瓜艺术节每年接待的游客可达数十万，由南瓜装饰的与南瓜、万圣节相关的艺术品摊位250个左右，包括玻璃制品、金属制品、化纤织物、皮草、木艺、珠宝和各种精雕细刻的艺术品，以巨型南瓜称重比赛、各种各样的艺术品、家庭南瓜美食、三大舞台娱乐节目、“鬼屋”、世界级的南瓜艺术雕刻、儿童系列比赛以及南瓜大游行等而闻名，每年可以给当地带来1 000万美元左右的直接经济增长，仅艺术和工艺品的销售税收可达30万美元左右。

（二）非政府拨款的赞助形式

半月湾南瓜艺术节自举办以来，平均每年可以募集到来自企业赞助的40万美金，除了运营节庆的固定开销外，其中大部分资金致力于市容改造等当地发展，受益最大的是主街市中心，种植季节性的花草树木、修复古老的木头长凳、清理垃圾等保持和美化古镇。而且半月湾市容美化协会在过去的37年里已经为当地学校以及非营利性机构提供了多达250万美元的赞助。2008年就筹集40万美金的资金，而且拨款和捐赠9万5千美元给当地的学校(如半月湾中学等)、非营利性组织(如海湾艺术团、海湾男女孩俱乐部等)和地方服务机构(如半月湾消防局、半月湾市公园、海湾成人健康保健中心等)作为奖学金、活动经费和项目经费，并且在当地市政府大厅公开宣布经费的使用以及捐赠事宜。

（三）家庭客源的目标市场

半月湾南瓜艺术节来访的客人有参加南瓜比赛的全国各地的农夫以及远道而来的艺术家，其中最多的当然是游客，多半带着儿童。在活动现场，整个半月湾小镇分为儿童娱乐广场、成人娱乐广场、艺术广场以及美食广场。其中活动中最吸引人的是家庭舞台、家庭美食和专门的家庭娱乐套餐，包括南瓜煎饼早餐制作比赛、万圣节儿童服饰比赛、大游行家庭方队、儿童赛跑、儿童南瓜派大胃王比赛（分11岁以下和12岁以上两组）、南瓜艺术雕刻（免费提供南瓜和雕刻刀）、家庭舞台剧、“农夫迈克”的雕刻艺术，大南瓜摄影比赛并展示、儿童影星梦工厂、儿童音乐会（现场表演）、攀岩、涂鸦、玩套圈、打靶、转盘摸彩、制作飞盘、制作七彩蜡烛等儿童游戏、稻草人比赛等，所有活动和游戏除了儿童影星梦工厂需要5美元门票外，其余全部为免费。

（四）突出主题的营销方式

半月湾南瓜艺术节从网站网页制作到现场氛围，都非常突出南瓜主题。在南瓜节的网页和宣传海报的形象设计上以南瓜作为标识，采用南瓜黄为主色调，配以大海蓝作为辅助色调，充分体现了南瓜节氛围的热情和海湾举办地的宁静。在为期两天的南瓜节里，几乎所有的美食都是南瓜做的，有南瓜冰激凌，南瓜派，炸南瓜条，南瓜丸子，即使是炸鸡串，也配上一块南瓜饼，甚至水果摊也由南瓜装饰着。

资料来源：《中国节庆》2009年4月《从美国半月湾南瓜艺术节看我国地方节庆的发展》作者：卢晓。

第二章

节事活动的项目化运作

项目管理正在成为世界各国普遍使用、越来越流行的管理手段。项目管理不再是工程项目管理的专利，IT 项目、新产品开发及市场营销等活动，包括节事活动都具有非重复的一次性活动的特征，需要用项目管理的理论和方法进行管理。节事活动项目是项目的子集，在运作中都是采用项目化的管理模式。

第一节　节事活动运作的项目化管理

什么是项目？项目是一次性活动的有助于管理者实现任务的目标的一种组织管理模式，通常作为达到一个组织战略计划的手段实施，是为完成某一独特的产品或服务所作的一次性努力。项目的本质是“为创造某个独特的产品和服务所做的暂时性努力”。项目具有明确的目标、需要资源来完成、有生命周期性、一次性的活动、具有不确定性等特点。

项目管理是专业性很强的工作，由于项目一般由多个部分组成，工作跨越多个组织，需要运用多种学科的知识来解决问题，在执行中往往会遇到许多未知因素，需要将具有不同经历、来自不同组织、部门的人员有机地组织在一个临时性的组织内，在技术性能、成本、进度等较为严格的约束条件下实现项目目标。节事活动项目的不确定性、交叉性、综合性决定了项目管理的复杂性远远高于一般的生产管理。

一、节事活动运作的项目化特征

（一）节事活动项目的特点

1．有鲜明的目的性

节事活动是围绕整个组织机构的组织形象策略和近期公关目标而确立目的的。活动的目的性应该站在受众（目标公众）、社会综合的立场上，并不仅仅是站在某一个企业或组织的立场上，只有这样开展的大型活动才能引起社会的关注，激发公众参与的积极性。大型会展、文化节、体育赛事、企业上市、新产品上市、公益活动等的目标各不相同，是为满足消费者特定需求的目的，比如提高产品价值、促进文化发展等。

2．受资源的约束，范围的确定性

节事活动由于受时间、人力资源、费用、技术等限制，只能在相应的范围内进行。如大型节事活动具有高投资性的特点，一个大型活动往往要投入比较大的资金和费用，一般说来不可能用很少的资金做出很大的活动。有些活动对资源要求特别敏感，如节日庆典受时间的约束。

3．一次性

虽然有些节事活动可以重复好多次，如上海旅游节已经连续举办了十九届，但每次有不同，有组成要素的变化和内容的增减，而且参与者不同，规模不同。

4．其运作程序和项目程序相同

每一个节事活动的运作程序都包括启动、规划、执行、控制和结尾。不管节事活动的大小，都包含这些步骤，对成本、质量、进度实时控制。

（二）节事活动项目的分类

1．按项目规模分类

根据投入项目的人员多少、持续时间长短、项目投资额的多少等指标，可以将节事活动项目分为大项目、中等项目及小项目。如第一章中所述活动的分类，不同的专家学者有不同的标准。

2．按项目的复杂程度分类

节事活动项目所包含的内容、技术、组织关系、人员关系的复杂程度是差别相当大的，根据这些差别，可以把节事项目分为复杂项目和简单项目。奥运会、世界博览会等就比较复杂，而一次家庭婚礼宴会相对要简单得多。

3. 按项目的结果分类

项目的结果基本上是两类，即产品和服务。项目也因此主要分为产品的项目和服务的项目这两大类。对于节事活动项目来说，其项目的结果就是服务项目。

4. 按行业分类

按项目所在的行业，可以把项目分为体育项目、节庆项目、会议项目、商业项目、展览项目等。

戈德布拉特(Goldblatt, 1997)也曾将活动项目管理类型分为市民活动、博览会、集市交易会和民间节日、标志性重大活动、宾客接待、会议和大会、零售业活动、社会生活重要纪念活动、体育运动会和旅游等。

(三) 节事活动项目的特殊性

节事活动项目作为一种新型的项目形式，与传统的项目有着明显的特殊性。

1. 节事活动项目的产品是服务

虽然节事活动项目的产品中包含某些有形的产品因素，但就一次完整的参与经历来说，参与者对节事活动的需求乃是一种为了满足精神上的享受的需求。正是由于这一整体性需求，决定了节事活动项目组织者提供的产品在参与者看来只是对这次活动的“记忆”。节事活动属于第三产业，节事活动项目要求节事活动从业人员围绕着人来开展工作，是以提供令消费者、参与者等客户满意的服务为最终目标的。

2. 节事活动项目的对象是客户群

节事活动的参与对象不是个体，而是以大众、消费者、参会者、观众、体育爱好者等为主的客户群。节事活动的构思与启动要以充分调研客户需求和市场为基础的，如文化性的节事活动就要满足大众对文化需求的满足和对文化交流与发展的促进。一个成功的节事活动，往往把文化、旅游、表演等活动有机地结合起来，吸引大量的观众群体参与、欣赏或消费。

3. 节事活动项目的运作涉及多部门、多行业

节事活动项目的运作涉及一些特殊的内容，包括广告宣传、活动营销、赞助、表演等，在实施中往往又会涉及服务、交通、通信、建筑、装饰等多部门、多行业的密切配合，对参与者来说要满足他们行、游、购、食、住、娱等方面的多重需要。以满足参与者的需要为纽带，将诸多部门、

行业联系到一起,使它们成为一个集合体。

4. 节事活动项目支出的集中性和现场失败的不可挽回性

节事活动的大部分费用都集中在发生项目的执行阶段,特别是表演项目。有一些节事活动在实施时缺少严密的操作性,缺乏科学的管理,就会出现问题。节事活动的现场管理十分重要,许多大型节事活动还都是现场直播,一旦出现失误就无法弥补了,甚至会造成很大的负面影响。很难想象一个失败的活动如何挽回,很多活动是不会举办第二次的。

5. 节事活动项目效益的综合性

节事活动项目效益来自多行业,由多方面构成。它的综合性不仅有助于货币回笼、带动相关行业发展、增加目的地经济收入、增加政府税收、平衡地区经济发展,缩小地区差别等经济效益上,还将获得巨大的社会与环境效益,比如振奋国民精神、增进相互了解、促进民族文化的保护和发展、推动科学技术的交流和发展、促进城市环境的优化等。

二、节事活动项目管理的内容

项目管理是指在项目活动中运用知识、技能、工具和技术,按照客观规律的要求,运用系统观和整体观的理论和方法,对启动、计划、执行、控制和收尾等各阶段工作进行计划、组织、控制、沟通和激励,以便达到项目要求,取得良好效益的各项活动的总称。它具有创新性、专业性、复杂性、目标性等特点,主要包括范围管理、时间管理、费用管理、质量管理、人力资源管理、沟通管理、风险管理、采购管理、综合管理九个职能。由于节事活动项目有多种类型,不同类型的项目管理,其具体任务也不尽相同,但主要的范围是相似的。一般认为主要包括以下内容。

(一) 组织建设与人力资源管理

一个节事活动一旦立项,首先要面临的两个问题是必须确定节事活动的组织结构和内部成员。组织结构总是要适应组织活动的需要,它贯穿于管理活动的全过程,一经确立,项目团队就可以开始制订计划来管理项目的各个方面。项目团队是项目组织的核心,项目经理是项目团队的灵魂,是决定节事活动项目成功与否的关键人物,他的选择尤为重要。节事活动管理中还有一个特色就在于志愿者的选拔与管理上，尤其是大型节事活动的志愿者管理，是提高节事活动运行效果的重要保证。

（二）成本控制与财务管理

节事活动的成本管理包括制定成本预算和进行成本控制两大类项目。成本预算的编制包括确定项目的总预算、各类活动的预算和活动预算的投入时间；而成本控制包括审核支出、编写详细的成本分析报告、研究降低成本途径和分析超支原因及成本趋势。

（三）时间进度管理

在节事活动项目的管理中，时间是最重要的约束条件之一，它还同时牵涉到成本、质量等方面的问题。进度问题往往是节事活动管理中最常见、也是最为突出的问题，它包括活动排序每一阶段历时估算、编制进度计划和实施有效的进度控制等方面。

（四）法律与合同管理

合同管理的任务包括合同谈判、签订、修改、处理纠纷、索赔等。对节事活动项目合同的管理就是努力使双方在合同执行中加强沟通与合作，在合作中通过协商消除分歧，在完成好项目、实现项目目标上寻找共同点。

（五）风险管理

节事活动的风险管理包括风险识别、风险评价、风险处理、风险监督四个方面。通过风险分析，使节事活动的项目成员加深对项目和风险的认识和理解，编制应急计划，为决策提供依据。其目的是以最少的风险管理成本获得最大的安全保障。

（六）现场管理

现场管理是节事活动管理的关键环节。现场管理需要接待的人员众多，需要处理的紧急事件多，它涉及多部门和多行业，一旦管理不善，出现无法解决的问题，将在公众中产生消极影响。

（七）品牌管理

如何使活动在公众和社会上树立起良好的形象，提高节事活动的知名度，以及怎样不断地完善节事活动管理是品牌管理的主要内容。

节事活动管理关键是节事活动参与者的满意程度，它强调观众等客户的满意程度，通过理解、管理和影响客户需求从而达到或超过客户的期望。所以贯穿整个节事活动管理的质量控制主要是通过制定各项工作的标准与预防措施，对各项工作进行监督与验收以及各项工作中的质量问题，尤其是服务质量问题的处理三个方面。

三、节事活动运作的项目管理过程与方法

节事活动的项目特征决定了可以采用项目管理的理论和方法提高活动的规范性，减少成本，提高成功率和活动效果；活动的特殊性又让我们能够更有针对性地开发最适合节事活动的规范程序。

从生命周期看，项目可以划分为论证、规划、实施和收尾四个阶段，而每个阶段的基本过程又可划分为启动、计划、执行、控制和结束。按照节事活动项目的类型和特点，我们把一个完整的节事活动项目周期划分为三个阶段，即策划阶段、实施与控制阶段和收尾阶段。在本书的编写上，也是按照这三个阶段来进行的。

（一）策划阶段

在节事活动中从提出设想，预先研究、酝酿，到该项目正式列入可行性研究和审批程序前的阶段称作项目策划。这个阶段的目标是形成完整的策划方案，可以提交实施部门立刻实施。

1. 设想阶段

这是节事活动的创意阶段，可由策划人员、市场人员发起，通常依据客户的直接需求或者分析得到的间接需求发起项目，包括节事活动的主题及其相关内容。这个主题一般是比较有前景的项目设想。

2. 调研与可行性研究阶段

在提出项目设想之后，就要对主题假设进行市场调研，首先要掌握客户需求的真实情况，要通过问卷、抽样、电话访谈等方法获得第一手资料，分析国内外市场的大环境，周边地区近期有无同类活动；本地区是否具有举办该主题的资源优势，包括经济实力、场地设施等；初步明确项目的战略目标，选定主要的客户群，对项目的损益进行估算；主要从市场、资源和财务三个角度，对该项目进行定性分析。

3. 立项阶段

通过可行性研究之后，形成项目建议书，一般都需要申请公司立项或申报到有关部门进行核准后才能启动，同时申请专有的项目启动资金。如果获得审批通过，就要进入下一步的计划过程。

在策划阶段，需要编制的项目文件有节事活动项目建议书、可行性

研究报告、项目申请书和招标文件、项目许可证书等。

(二) 实施控制阶段

1. 计划阶段

当可行性研究结果表明节事活动项目可行或已经具备了必要的条件时,尤其是活动项目立项批准之后,首先要做的就是确定项目实施的组织结构,组建项目管理机构。

(1) 组建管理机构。任命项目经理、组建项目团队是节事活动项目正式实施的一个明确标志。项目经理是负责项目管理的个人,他既是项目的领导者、组织者、管理者和项目管理决策者,也是重大决策的执行者。项目经理既可以实施组织外部招聘,也可以实施组织内部挑选。他们除了要具有良好的人际交往能力,还要具备坚强的领导能力、培养与训导员工的能力、非凡的沟通能力、处理问题和解决问题的能力及管理时间的技能。

项目团队是一组互相联系的人员同心协力地工作,为同一项目目标而聚集在一起,有着高度投入精神的团队,包括项目经理、项目班子和团队队员。节事活动班子一般都是临时性组织,在选择团队成员时,要考虑兴趣、爱好、技能、经验等方面的问题。

塑造团队精神,形成团队文化,是保证项目取得成功的重要手段,在潜移默化中培养成员对团队的认同感,在共同奋斗中和谐相处,调动成员的积极性,激发成员主动参与处理团队事务的热情,形成相同的团队价值观,养成一致的道德规范,提高团队的绩效水平。

(2) 制定节事活动项目目标,这是制订项目计划的第一步。节事活动的目标已经在策划阶段的项目建议书和可行性报告中写出,但就与客户达成一致而言,显得太简略了,所以计划过程中确定的目标应该是明确的、具体的、定量的、切实可行的,同时与项目成员的个人利益目标一致,能够起到激励作用。节事活动项目的目标应具有以下特点:一是多目标性,满足赞助商、消费者、观众等多重目标系统;二是优先性,在不同的项目生命周期的不同阶段,时间、成本和技术性能三个基本目标由于重要性不同,被赋予的权重也不同,从而具有不同的优先权;三是层次性,有一个从抽象到具体的递进层次结构,从战略性计划到日期安排、人员安排等具体地贯彻落实。

(3) 确定项目范围。合理恰当的范围定义对项目的成功至关重要。一般来说,确定节事活动项目范围包括赞助商范围、观众或参与者范围、新闻媒体范围等几方面内容，确定赞助规模、活动规模、场地规模等，满足观众或参与者需求和实现自身目标。

(4) 分解项目任务/工作。把节事活动项目按照内在结构或实施过程的顺序进行逐层分解，这样做是为了提高成本估算、时间估算的准确性，便于明确职责和进行资源分配。

(5) 制定项目各方面的具体规划，编制项目预算、进度规划、人力资源规划、风险管理规划等。

(6) 评估、确认可行方案，对各种方案进行评估，选择最佳实施方案，并写出项目策划书。

2. 执行阶段

执行阶段是为了正式完成节事活动项目而进行的活动，它涉及采取必要的行动，保证完成项目计划中的活动。具体的内容和过程有：

(1) 计划付诸实施；

(2) 信息分发与推广营销，即将必要的信息及时提供给项目干系人；

(3) 制定一套工作制度与程序，便于控制、评估；

(4) 统筹安排，任务到人；

(5) 记录工作轨迹：应有日常的工作记录，阶段性总结和里程碑事件报告；

(6) 营造团队文化。

3. 控制阶段

节事活动项目的控制阶段就是对项目实施中的时间和预算执行动态管理，主要包括控制和变更两个工作环节。

(1) 项目控制。为了使节事活动项目顺利实施，首先应该对节事活动项目涉及的各项工作任务进行实时监控，及时发现问题，分析原因，寻找差距，以便及时变更调整，始终保持项目执行的正确方向。

项目成本控制是项目控制的核心，节事活动组织者应该建立相应的财务管理制度，在项目执行过程中进行预算和成本控制，及时发现项目成本差异，争取在情况变坏之前采取措施予以纠正。还有时间进度的控制，通过控制项目时间和节约时间，保证项目能够在满足其时间约束条件下实现项目目标。

(2) 项目变更。由于项目的内外部环境处于变化状态，通过控制会发现在实际执行过程中，由于未知因素的影响而不可避免地存在偏差，这时就要不断进行调整，在某些方面变更。由于个人原因或项目组织的变化会出现领导班子职务变动、新人接手、员工病假等引起项目团队的人员变更，需要对人员进行调整。由于人、财、物等资源的配置不合理，需要对节事活动项目预算进行调整，关键在于要寻求使成本最小化的方法，沉着应对预算调整。在由于客户的需求变化而需要及时调整项目目标时，要及时把握需求动向，在成本控制下完成项目目标的调整。

（三）结束收尾阶段

这是节事活动项目的最后一个阶段，指所有活动均已完成，或者虽然活动尚未完成，但由于某种原因而必须停止并结束的阶段。这一阶段主要是对项目执行后的评估，主要内容包括以下几个方面：

1. 费用决算

这是指对从项目筹划开始到节事活动项目结束为止这一全过程所支付的全部费用进行的结算与核实，并最终编制项目决算书的过程。

2. 合同收尾

对照合同的条款对合同的实施情况进行核实，逐项检查落实情况，检查合同标的、数量、质量等是否得到有效的实现，清算各种账款，解决所有尚未了结的事项。

3. 资料文本归档

节事活动项目资料包括可行性研究报告及相关文件、项目评估与决策报告；项目的各种计划文件；合同文件；项目实施过程的进度、成本、质量记录；各种变更记录；质量验收报告等。

4. 项目后评估

包括经济效益评价、社会效益评价和管理后评价，总结项目成功的经验或分析失败的原因，为以后的项目管理工作提供借鉴和参考。

第二节　节事活动的利益相关者

现代项目管理是以顾客为关注焦点，因此必须以实现项目利益相关者的要求和期望为目标，即在涉及项目范围、费用、时间、质量和风险等方面必须满足项目利益相关者共同的要求和期望。项目管理与传统的部门管理相比最大的特点是注重综合管理，并且有严格的时间期限和费用、人力、物力约束。项目管理必须通过不完全确定的过程，在确定的期限内完成任务。

就企业而言，利益相关者（干系人）主要可以分为企业内部利益相关者和外部利益相关者，内部主要有董事会、股东、公司普通员工、管理层，外部则包括媒体、上游供应商、下游分销商、政府部门以及行业协会等。利益相关者是环环紧扣的统一体，既相对独立又互相关联，尤其在危机管理中，稍有疏忽就可能使前面的工作前功尽弃。

所谓项目利益相关者，是指共同参与项目活动、在项目执行中或完成时受到项目影响的（受益或受损）个人或组织。影响节事活动目标的个人和群体是利益相关者，同时受活动目标实现过程中采取的行动影响的个人和群体也是利益相关者，当地社区、政府部门、消费者和供应商等实体亦应纳入利益相关者范畴。活动项目团队必须对项目利益相关者的需求和期望加以识别，进行管理并施加影响以确保项目成功。对于节事活动项目的利益相关者问题，项目组需要进一步分析，并思考与回答以下问题：

(1) 谁是我们现行的利益相关者？

(2) 谁是我们潜在的利益相关者？

(3) 利益相关者想从我们这里得到什么？

(4) 我们想从利益相关者那里得到什么？

(5) 我们的决策会对哪些利益相关者带去利益？利益有多大？

(6) 我们的决策会给哪些利益相关者造成伤害？伤害有多大？

(7) 利益相关者受到损害后会不会采取行动？如果会，会采取什么样的行动？

(8) 可能采取行动的利益相关者的影响力有多大？

(9) 利益相关者可能采取的行动是否足以使决策不可行或使决策得不偿失？

项目的主要利益相关者有项目经理、项目团队、客户、投资者、供应商、承包商、分包商等，结合节事活动项目的具体情况，主要有以下重要的利益相关者。

一、主办机构

组织机构是指负责节事活动组织、策划、招商、管理、运作等事宜的有关单位。组织机构可以是企业、行业协会、政府部门和新闻媒体等。根据各单位在举办活动中的不同作用，一个节事活动的组织机构一般有以下几种：主办单位、承办单位、协办单位、支持单位等。在策划举办一个节事活动时，必须确定这些机构是哪些具体单位。

主办单位：拥有节事活动的举办权并对活动承担主要法律责任的组织单位。主办单位在法律上拥有活动的所有权。在实际操作中，常见的主办单位形式有三种。一是不仅拥有活动并对活动承担主要法律责任，并负责活动的实际策划、组织、操作与管理的全过程；二是拥有活动的举办权并对活动承担主要法律责任，但不参与活动的实际策划、组织、管理、运作等；还有一种是名义上的主办单位，什么也不承担。出现后两者的原因是这些“主办单位”有着强大的行业号召力，根据需要来决定主办单位的形式和名单。

承办单位：直接负责活动的实际策划、组织、管理、运作，并对活动承担主要财务责任的组织单位。此外，还有大部分承办单位负责活动的招商、宣传和推广工作。承办单位是活动组织机构中较为核心的单位，对活动的举办有着重大的影响。在实际操作中，根据各承办单位的优势和劣势，以及活动的需要，来做出合适的安排。

协办单位：协助主办或承办单位责任活动的策划、组织、管理、运作以及招商、宣传和推广等工作的单位。虽然协办单位对活动一般不承担财务责任，也不承担重要的招商、宣传和推广工作，但它们所起的作用往往是主办或承办单位所缺乏的。

支持单位：对活动主办或承办单位的活动策划、组织、管理、运作，或对其招商、宣传和推广等工作起支持作用的组织机构。支持单位基本上不对活动承担任何责任，包括法律责任和财务责任。

主办单位和承办单位对一个活动的运作来说，是最为核心和最重要的组织机构，也是必不可少的；协办单位和支持单位的作用也很重要，往往根据主办单位和承办单位的实际能力和活动的实际需要，来决定是否需要。选择好主办单位、承办、协办单位和支持单位及处理好它们之间的关系对活动的成功举办和长远发展有着十分重要的意义，这不仅可以提高活动的档次、规格和权威性，而且可以吸引广大媒体的关注，广泛进行新闻宣传，扩大活动的影响力，有效地形成活动的品牌效应。

第十六届中国豆腐文化节组织机构

主办单位:中国商业联合会 安徽省人民政府

特别支持:商务部

支持单位:中国旅游协会 中国烹饪协会 中国商业会展联盟节庆中华协作体理事会 全国工商联大豆业商会 国际节庆协会中国分支 台湾省豆腐商业同业公会联合会

承办单位:淮南市人民政府 安徽省旅游局 安徽省文化厅

协办单位:安徽省发改委 安徽省经信委 安徽省商务厅 安徽省广电局 安徽省外办 安徽省台办 安徽省工商联 安徽省侨联 安徽省贸促会 寿县人民政府

资料来源:http://www.beancurd.org/template/c_811/2009-08-28/e_42048.shtml。

二、项目经理与项目团队

项目团队是节事活动项目的另一个主要干系人。项目经理是项目的负责人、组织的核心,必须明确自己在项目管理中的作用和地位、职责和权限,要识别谁是项目的利益相关者,并负责协调各方面的利益,尽可能使其需求得到满足。项目团队必须具有凝聚力,才能团结所有成员实现项目目标。从项目经理、项目领导班子成员、全体工作人员到门卫、清洁工,还有志愿者都有一个共同愿景,其中还包含着个人愿景与个人目标,充分体现个人的意志与利益,并且有足够的吸引力,能够引发团队成员的激情。活动项目团队中的每个人都对活动成功与失败起到重要作用,他们不仅要完成自己身份内的工作,而且有义务为更高层的决策提供信息与建议,尤其是在节事活动项目的资源分配上,需要团队成员由衷地把个人的前途与团队的命运联系在一起,愿意为团队的利益与目标尽心尽力。

三、赞助商

赞助是节事活动管理中最具特色的一部分。许多大公司把赞助看成一种博得社会好感的公关手段,把赞助视为营销战略的一部分,尤其是赞助大型活动，被视为提高品牌知名度、推动销售额增长的法宝。如蒙牛集团赞助的2005年“超级女声”取得了巨大成功，蒙牛在湖南卫视的广告投入加上销售费用和参与播出的费用大概是2 400万，而蒙牛酸酸乳的冠名使得其销售额由2004年6月的7亿元上升到2005年8月的25亿元，在全国的销售额比前一年同期增长了2.6倍，而其产品推广费用只占了销售额的6%。

赞助商已经成为节事活动的伙伴，活动管理者要善于抓住机会，准确地确定赞助商想从活动中得到什么，以及活动可以为他们提供什么。对于赞助商来说，活动的出席人数可能没有媒体有关报道的覆盖面重要，他们寻求的是推动销售额的提高，或者通过主办机构的活动加强与客户的关系；而对于节事活动管理者来说，通过赞助可以减少资金周转的压力，给活动带来额外的收益。

四、新闻媒体

现代媒体在活动宣传促销中起着举足轻重的作用，制订大型活动的媒体传播方案，充分利用媒体种类多、传播广、时效快、信息灵的特点，通过媒体提升节事活动的影响力。往往采用全国性媒体与区域性媒体的组合，大众性媒体与专业性媒体的组合，传统媒体与网络媒体的组合，以求得更好的效果。

微博、博客、微信、播客、论坛、朋友圈等新媒体强大的用户选择权利和编辑能力，以及个人化的自行集结，都可以在传播方式、制作模式和独特的受众群体上进行深层次的互动。如今，远远超越了传统媒体功能的新媒体开始兴起并成为信息传播的主要形式。文本、图像、音乐和视频等多种形式呈现的社交媒体，还有活跃的自媒体，时效性、快捷性和“真实性”足以让受众接受并享用新媒体带来的信息快感。人们更愿意相信通过微信、博客、微博、论坛、BBS等网络社区及时发出的他人亲身经历的事件，新媒体成为人们互动交流的重要载体。在欧美，尤其是欧洲的几大电视节目内容提供商在过去三年当中有非常高收视率的节目都有一个统一的特质，那就是多媒体互动。随着网络“微”时代的到来，越来越多的节事活动使用微博进行营销宣传。比如2012年余姚杨梅节的微博营销，就由省旅游信息中心与余姚市旅游局联手合作开展。双方分别在浙江省旅游局官方微博和余姚市旅游局官方微博上，推出了“余姚杨梅中国红”余姚杨梅节 Logo 征集大赛活动的微博专题页，每天发布活动最新进展，实现滚动播出的效果。同时主办方还通过浙江省旅游微博、新闻媒体微博等转发本次活动的相关情况，扩大活动影响面，通过人人网中的浙江旅游主页，发动浙江省大学生及相关设计单位参与此征集活动，与广大微博用户和潜在游客开展互动交流，展示余姚旅游品牌形象，提升余姚杨梅节的知名度和美誉度。用这种新的农事节庆营销模式，传播速度比传统的营销方式更快更新，成效更好。

第 26 届青岛国际啤酒节将于 8 月 13 日开幕为期 16 天

品酒大篷本月中旬搭建完毕

第一桶啤酒在崂山区世纪广场啤酒城开启

激情八月，“青岛与世界干杯”！第 26 届青岛国际啤酒节将于 8 月 13 日在崂山区世纪广场啤酒城开幕。按照惯例，届时市政府主要领导将与驻华使节、友好城市和青岛城市民代表共同开启第一桶啤酒，迎来一年一度 16 天的啤酒狂欢盛宴。

历经二十几年岁月沉淀，青岛国际啤酒节已在崂山区演绎了一年更比一年好的激情华章，醇香的美酒氤氲出属于这座城市的独特魅力，融入青岛城市民的文化基因，这里每年吸引着 400 多万国内外游客慕名而来，领略盛夏狂欢、山海神韵。

如今的世纪广场啤酒城已华丽转身，百万平米金融楼宇拔地而起，依托山海人文景观的街区花园应运而生，“南有陆家嘴、北有金家岭”，一座响当当的金融城正在成为国家财富管理的先行区。作为亚洲第一节庆品牌，2016 年的青岛国际啤酒节将在这里传承“文化、休闲、精品、特色”办节理念，独家呈现开城仪式、酒王争霸赛等啤酒节“标志性文化板块”，同时尽显岛城靓丽名片的“国际范儿”。崂山区世纪广场啤酒城在啤酒品牌上荟萃更多世界各地顶级佳酿，在品饮环境上打造浪漫街区啤酒花园，在乡愁记忆上精心筹备金融展厅“与往事干杯”历届啤酒节博物展，用熟悉的味道、新鲜的感觉，绽放你我激情，成就整整一个夏天的梦想。

崂山区世纪广场啤酒城包含崂山区世纪广场仙霞岭路以南至香港东路以北的三个广场，由北向南依次分为青岛啤酒激情广场、世界啤酒品牌广场等五大板块。目前，啤酒大篷的搭建工作已全面启动，蓝白、红白相间的大棚主体支架由立柱支撑，支架采用高品质的铝合金型材，足够抵抗 8 到 10 级大风。大篷边高 6 米，最大的面积达 2 000 平方米，为游客提供充足的畅饮空间。

2016 年的世纪广场啤酒城高起点规划、搭建生态美观的啤酒篷房，优化提升硬件基础设施的同时，还将组织周边酒吧街区、餐饮娱乐聚集区共同参与节庆活动，把会展中心、丽达餐饮娱乐一条街、云岭路酒吧一条街、弄海园海景酒店等区域纳入节庆辅助板块，提升文化软环境，共同营造全城鼎沸的节日氛围。

资料来源：http://www.qdbeer.cn/content/2016-07/07/content_11672164.htm 青岛啤酒节官方网站。

五、观众、游客等消费者

观众、游客等消费者是节事活动项目另一个重要利益相关者。现在，节事活动在策划中越来越重视观众、游客的参与程度，它甚至对节事活动的成功与否起着举足轻重的作用。国际著名的爱丁堡艺术节是对在苏格兰的首府历史古都爱丁堡举办的艺术节的总称，作为一个综合性的国际艺术节，可以追溯到 1947 年，目前全年共举办 12 个主要艺术节，主要集中在七月的夏季。夏季的艺术节包括：六月下旬的国际电影节(Edinburgh International Film Festival)，七月下旬的爵士和布鲁斯音乐节(Edinburgh Jazz & Blues Festival)，贯穿整个八月的艺术节(Edinburgh Art Festival)包括：国际艺术节(Edinburgh International Festival)、边缘艺术节(Edinburgh Festival Fringe)、皇家军乐节(Royal Edinburgh Military Tattoo)和八月中下旬的国际图书节(Edinburgh International Book Festival)等。仅仅是边缘艺术节就有共 4 000 多场演出。爱丁堡的艺术节是世界上最为经济的实况演出项目之一，歌剧和戏剧的演出票都从 6 英镑起，而且有 600 多个活动都是免费的。艺术节为每个人都提供了合适的参与活动：喜剧、戏剧、图书和文学、视觉艺术、科学讲座、综艺节目和实验、电影、舞蹈、歌剧、古典音乐、爵士和蓝调、流行和摇滚以及世界闻名的皇家军乐表演。8 月到爱丁堡，一下火车就能感觉到艺术节的氛围，那是飘浮在空气中的艺术气息。2014 年吸引了近 30 万的游客，仅爱丁堡国际艺术节每年都可以为当地带来 2 亿英镑的经济收益。

六、其他相关者

其他重要的利益相关者还包括广告商、服务商、销售商、相关政府部门等，选择得当，有利于缩短筹备时间、提高完成质量。

广告商选择的好坏对于活动是否能扩大影响，达到应有的市场规模有着至关重要的作用。众所周知，市场只有达到一定规模才能谈得上效益。从消费者的心理分析，营销学认为消费行为对消费者来说是一种风险，用俗话来说就是有可能上当受骗，购买听说过的产品，心里多少会有些安全感。所以节事活动通过广告“先入为主”，使得观众、游客不再陌生，通过广告代理商富有创意的策划，渲染节事活动的文化艺术氛围，突出节事活动轻松、休闲的生活气息，提高消费者点名购买的比例，进而扩大市场占有份额，在社会上产生一定的影响。

服务商，包括餐饮商、酒店、旅行社、物流企业、运输公司、礼仪接待公司、清洁公司、活动现场照明、音响及舞美设计公司、通讯商、门票销售商、旅游纪念品销售商等。这些服务商作为节事活动正常运营的重要组成部分，是为节事活动的成功举办提供接待服务，包括现场服务、设施设备服务、后勤服务等(表 2-1)。随着节事活动行业的成长、竞争

表 2-1　格拉斯顿柏林音乐节区域协调员和承包商任务清单＊

区域协调员	承包业务	区域协调员	承包业务
剧场与杂技场	通讯联络	场地管理	水
金字塔舞台(主要舞台)	场地情况		电
新音乐表演舞台	准备食品人员		安全
爵士舞和世界音乐舞台	绿化地清洁		警力
音响广场	垃圾和卫生		厕所
电影院	医疗		消防
儿童天地	保障		舞台建造
舞场	侍者		噪音和公共场所
市场主管	停车		灯
绿色产品市场	门卫与交通		电视、电台、广播
绿化带	篱笆防护		

＊ 区域协调员是其他行业的志愿人士，对音乐节比较感兴趣，利用业余时间参加并取得适当报酬；承包商通常是承接大规模活动的专业公司，场地管理员负责监督场地的布局、合同和建设。

(资料来源：纪燕萍等主编，《中外项目管理案例》，人民邮电出版社，2002 年 8 月版，第 55—59 页)

的加剧、顾客理念的转变以及企业自身发展的需要，优质服务在节事活动经营管理中愈显重要。服务商要在节事活动中获利，必须依靠提供优质服务，在市场竞争中立于不败之地。

有关部门如公安、公交、城管、工商、税务、物价、环保、卫生、电业、技术监督等根据需要召开联席会议，按照统一部署，各负其责，团结协作，制定相关保障措施，做好各项保障工作。公安机关做好主要活动场所的安全保卫工作，维护治安秩序；加强道路巡查，搞好交通疏导，确保各项活动举办期间道路通畅；加强消防等安全检查，采取严密的防范措施，杜绝各类事故发生。公交部门要根据节日期间的大型活动安排，调整路线、增加车辆和适当延长营运时间，方便市民和游客乘车。城管、工商、税务、物价、环保、卫生、电业、技术监督、环卫等部门要认真履行职责和积极支持节事活动，保障各项活动顺利举行和维护良好的节事环境。

第三章

节事活动策划与流程

节事活动策划是一项系统工程设计，其主要任务是利用各种资源，例如文化资源、经济资源、旅游资源等既有资源和可利用资源，用科学、周密、有序的系统方法，对节事活动进行分析、创意、设计和整合，系统地形成目标、手段、策略和行动高度统一的逻辑思维过程和行动方案，从而使其在举办过程中产生巨大的社会效应。

第一节 策划与节事活动策划

“策划”一词在现今社会的各种场合与媒体中，已被广泛运用，那么什么是策划？策划的本意是什么？如何进行节事活动策划？

一、策划

（一）策划的内涵

1. 策划的定义

策划是为了解决现存问题而进行的一种谋略、打算的活动，是指策划主体为达到一定的目标，在调查、分析有关材料的基础上，遵循一定的程序，对未来某项工作、某项活动或某个事件事先进行系统、全面的构思、谋划，制订和选择合理可行的具体的执行方案，以达到预定的效果的一种综合性创新活动。

(1) 从策划的过程看，一个完整的策划，基本上包括了预测和决策两大步骤。首先是预测，它要对组织未来发展的前景和趋势进行科学分析和准确判断；然后是决策，它要在预测的基础上，对组织的应对方针和行动措施进行大胆的抉择。任何一种策划都可以说是“大胆设想，小心求证”的过程。

(2) 从策划的内容来看，一个完整的策划，基本上都包括了战略策划和战术策划两大内容。战略策划是统筹天地人等综合资源环境，以确定长远的目标和方针，使自己在总体上立于不败之地，并且还能保持创造发展的态势，保持一种良性循环。战术策划则是为了实现战略所必须采取的一系列行之有效的行动方案。战术策划具有很强的操作性，它往往要设计出“做什么、如何做、何时何地做”等每一个环节的运作步骤，以保证在每一个环节上达到最佳组合，在每一个阶段都取得最大效益。

(3) 从策划的性质来看，策划是一项极为复杂的综合性思维工程。首先，策划本身就是一种极为复杂的思维活动，是策划者运用知识、信息、智慧进行复杂的脑力劳动的过程，属于提供智慧的智力咨询业。其次，策划是一项综合性思维工程。在策划过程中，既要运用周密严谨的理性思维，进行分析、判断和预测，又要运用灵活多变、富有创意的感性思维进行想象、创造和重新组合，对各种思维方式的综合运用，是策划成功的关键所在。

(4) 从策划的范围来看，策划普遍存在于人类行为之中。无论是政治统治、企业经营还是个人发展都需要精心的设计策划。

2. 策划与计划的区别

美国哈佛企业管理丛书中把策划当作是一种程序，在本质上是一种运用脑力的理性行为。策划在西方发达国家的使用频率很高，而我国大多使用的是“计划”，人们经常将两者混为一谈。

“策划”在《词源》中作“策书、筹谋、计划、谋略”讲，在英语中近似“strategy”加“plan”，而计划相当于英语中的“plan”(计划、打算、订计划)。策划是研究去做什么，是一种围绕已定目标而开展的具有崭新创意的设计；计划是研究怎样去做，是一种围绕已定设计而组织实施的具体安排，无需创意。表 3-1 列出了策划与计划的区别。

策划更多地表现为战略决策，包括分析情况、发现问题、确定目标、设计和优化方案，最后形成具体工作计划等一整套环节。计划在很大程度上只是策划的最终结果，比较多地表现为在目标、条件、战略和任务等都已明确的情况下，为即将进行的活动提供一种可具体操作的指导性方案。

表 3-1　策划与计划的区别

策　　划	计　　划
全局性、整体性战略决策	具体性、可操作性指导方案
掌握原则与方向	处理程序与细节
具有创新性与创意	常规的工作流程
What to do(做些什么)	How to do(怎么去做)
超前性	现实可行性
灵活多变	按部就班
挑战性大	挑战性小
长期专业训练的人员	短期培训的人员

(二) 策划的要素

策划是根据现有的资源信息，判断事物变化的趋势，确定可能实现的目标和预算结果，再由此来设计，选择能产生最佳效果的资源配置和行动方案，进而形成决策的复杂思维过程，从构想、分析、归纳、判断，一直到拟定策略、方案的实施、事后的追踪与评估的全部过程，策划主要包括以下几个要素：

(1) 必须有明确的主题目标。策划如没有主题目标，就成了一些无目的的构想的拼凑，根本没有成功可言，更不要说解决问题了。

(2) 必须有崭新的创意。策划的内容及手段必须新颖、奇特，扣人心弦，使人观后印象深刻，打动对方的心。

(3) 必须有实现的可能性。在现有人力、物力、财力及技术条件下有实现的可能性，否则，再好的策划均属空谈。

二、节事活动策划

节事活动策划是一项立足现实，面向未来的非常复杂的创造性活动，它不同于一般的“建议”，也不是单纯的点子。点子是不容易想到，但容易做到，而策划则是不容易想到，也不容易做到，策划其实是一种包含创造性的建议。节事活动策划与广告策划、公关策划、企业发展策划一样，都是策划人员为达到一定目标，经过调查、分析与研究，根据现实的各种情况和信息，判断事物变化和趋势，识别并创造需求，借助一定科学的方法、手段和技术，对节事活动的整体战略和策略运筹规划的过程，从而形成正确的决策和高效的工作。

（一）节事活动策划原则

1. 个性化原则

个性化是节事活动策划诸因素中最有魅力的部分。每一个活动策划的对象不同，其环境、竞争对手也不同。因此，要求活动策划本身体现个性和独特性，节事活动策划的个性化是不能模仿和重复使用的，只有节事活动项目与同类或可比活动有差异，才能令人注目，构成对活动参与者的强大吸引力，促使节事活动项目举办成功。有着鲜明主题的大型特色活动，才能在竞争中获胜，如马来西亚旅游年中吉隆坡的国际风筝节、沙巴的“风下的土地”活动、沙捞越的“鸟之乡”活动及嘉威达雅节等，主题各不相同而且颇有特色，使得整个马来西亚旅游年热闹非凡，终年不衰，取得了很大的成功。

2. 系统性原则

坚持系统性原则，就是要把策划作为一个整体来考察，以系统整体与部分之间的相互依赖、互相制约的关系中进行系统综合分析；强调系统性原则，就是强调策划节事活动的整体性、全局性、效益性，对系统中各个部分的策略做统筹安排，确定最优目标，以实现决策目标。策划工作本身也是个有序的过程，各部分工作具有不同的特征和目标，要全盘筹划，协调进行，需要专业性的策划，需要团队合作能力，需要丰富的实战经验。奥运吉祥物的发布、上海世博会志愿者的宣誓上岗仪式、广州亚运会开幕式等看上去是一个相对简单的策划，但事实上没有一个策划是孤立的，尤其对于一个包括演出、展览、游戏、活动等系列内容的新年庆典活动，在策划上，不但要考虑活动的艺术效果，还要考虑市场效果，比如企业形象的提升，观众参与的兴趣和人数，招商融资赞助的战略规划等问题，这样才可能获得成功。

3. 效益性原则

效益是每个人、每个团体、每个阶级乃至整个国家所追求的目标，它是整个人类社会前进的动力。所以人类的一切策划活动，实质上就是在寻求特定的效益，每一项节事活动都需要有一定的时间、人、财、物甚至包括“政治资本”（如政治影响、政治威望）的投入。策划者应该根据节事活动的类型明确地知道所要追求的效益，以及潜在的效益，并为效益的实现合理配置资源。任何一个节事活动，既要考虑近期的可见效果，也要追求远期的潜在效果；既要考虑节事活动的艺术性，又要考虑企业所要求的现实收益。

4. 可行性原则

节事活动策划需要遵循可行性原则，也就是说，要从实际情况出发，按照一定的程序，制订出最佳方案，方案中的经济指标必须符合节事活动参与者的消费能力和市场的消费水平，方案的实施途径也必须切实可行，节事活动策划的活动内容和形式必须既具有前瞻性和吸引力，也不脱离实际，具有可操作性。节事活动策划是一个综合性的活动，是对资源的整合，涉及的范围非常广泛。因此，在考虑营销策划方案的时候，必须考虑可行性。任何一个策划，作为一种想法，开始只留在头脑中，作为创意，只是一种设想或文字的组合，也许都是未经实践检验的"天方夜谭"。这一异想天开的主意在现实中可能顺利实现，也可能遇到不可克服的困难而半途而废。因此，策划考虑最多的便是其可行性。实践才是检验真理的唯一标准。

5. 参与性原则

如今，人们希望节事活动能有吸引力的文化、运动的内容和参与的机会。参与性的活动能给参与者一种体验，而这种体验正是节事活动参与者所追求的，因此，策划应注重参与性原则。西班牙的活动策划者就十分强调开发具有地方和民族特色的各种参与性活动，利用各种可能的机会吸引游客。该国巴斯克地区的民间节庆和宗教活动很频繁，当地政府及文化部门对此十分重视，利用当地的这些节事活动，大力推销当地的旅游资源，策划各种参与性的文化娱乐活动，让节事活动的参与者感到趣味无穷，取得了较好的效果。

6. 市场化原则

精确的市场定位是成功策划的核心。市场化原则就是要走出政府出资包办的旧模式，把举办节事活动当成一个产业来经营。这样，在策划节事活动时就不仅要根据市场的需求来开发节事活动的产品和服务，而且要在调查现有市场的需求和发展趋势的基础上找出消费的亮点，开发适合市场发展的趋势并具有前瞻性的节事活动产品和服务，来引导市场的需求和消费。这样策划出来的节事活动产品和服务就能受到市场的欢迎，并具有旺盛的生命力。节事活动策划的市场化原则还要求按市场化运作的要求来策划节事活动的组织和经营，还要考虑节事活动结束后的总结和市场评估，应该将节事活动当作一项产品一样，注意它的品牌注册和无形资产的维护。目前，我国许多重大的节事活动已经改变了原来政府操办的模式，北京为奥运会、上海为世博会都已经成立了专门公司，按市场化原则进行运作。

（二）节事活动策划的重点

1. 怎样树立良好品牌

品牌是节事活动发展的灵魂，充分发挥市场机制的作用，加快培育一批有品牌效应的节事活动和一批有专业水准、有竞争力的活动策划公司。要培育节事品牌，首先应在节事活动内容、节事活动形式和配套服务上做文章，即做到节事活动内容主题化、节事活动多样化、节事活动形式特色化和配套服务专业化，以切实增强节事活动对商家和观众的吸引力。比如作为都市旅游品牌的上海旅游节是全面展现上海都市风情、民俗文化的综合性大型旅游节，创新、开放、亲民三个特点将贯穿始终，在旅游节庆项目数量、海外项目数量和市民参与度方面充分体现。每年吸引约 40 万人次观众到现场观看花车大巡游活动，与来自不同国家、地区的数十辆花车与彰显各国风情的表演方阵一道，成为一道流动的世界风景线。

2. 怎样体现特色文化

品牌的背后是文化。策划最关键的东西，从最高层次上讲，是对每一个地方文化板块的把握，对文化神韵的把握。当人们提到慕尼黑，就会联想到盛大的啤酒节；提到戛纳，就会联想到电影节的盛典；提到奥斯卡，就会联想起美国的洛杉矶；提到奔牛节，就会联想到西班牙……可见，节庆文化已经与一个国家、一个城市的品牌紧密相连。以西方的圣诞节为例，这个节日的设计就很有讲究。其一，它具有广泛的宗教色彩。其二，它设计出一个圣诞老人的故事，承担着“送温暖”的使命，即亲切、奇妙又避免了“受温暖”者的尴尬（接受别人高高在上的赐予，或多或少都有一点屈辱的感觉）。其三，它的圣诞树也很有情趣，父母给子女的节日礼物变成了神树上的宝贝，而且要由小孩子自己动手去取。至于它的火鸡大餐，则也让全世界馋涎欲滴。期盼与互动、童心与童话贯穿整个圣诞节，这是它的独特魅力所在。

3. 怎样满足消费者的心理需求

美国人本主义心理学家马斯洛提出人有五大需要，从低到高依次为生理需要、安全需要、爱与归属的需要、尊重的需要、自我实现的需要。在节事活动策划中我们要尽量满足不同旅游者的不同心理需要。

因为心理反应是一个复杂的过程，并且公众有很大的主动性和选择性，节事活动策划者就要处理好信息与情感的关系，可以多种方案来处理。在策划中，要注意运用心理因素，动之以情。人情为人类所独具，且人非草木，孰能无情？情感在人的生活和实践活动中起着重要的作用。旅游者的任何购买活动，都是在一定的情感推动下完成的。因此，节事活动内容只有与旅游者有了情感沟通，才能诱发旅游者的购买行为。

（三）节事活动策划方法

我们可采用的节事活动策划方法主要有以下几种：

1. 比较分析法

对于策划者来说，通过对自己所掌握或熟悉的某个或多个特定的节事活动，进行纵向分析或横向联想比较，既可以是典型的成功的节事活动，也可以是不成功的节事活动，从而挖掘和发现新机会。因为节事活动的好坏、得失、成败、节约与浪费等，都是相比较而言的，有比较才有鉴别，而且比较后可能会发现各有优点。如中国青岛传统的"国际啤酒节"是感性的、动态的，突出的是饮食娱乐功能；而"青岛海洋节"则是理性的、动态的，突出的是科技、经济功能，双节的有机结合，使青岛的形象更加光彩耀眼。

2. 头脑风暴法

现代创造学的创始人、美国学者阿历克斯·奥斯本于 1938 年首次提出头脑风暴法。在节事活动策划中使用头脑风暴法是让与节事活动有关的人员敞开思想，共同讨论，使各种设想在相互碰撞中激起脑海的创造性风暴。节事活动策划采用这种方法时一般以 8—12 人为宜，也可略有增减(5—15 人)。讨论时有两个要求：一是讨论者应畅所欲言，自由表达自己的想法；二是大量的想法中必定包含有价值的内容，综合评价，归纳总结。规定是：不许提任何恶意而离谱的想法，不许对他人的想法提出批评，鼓励多提有关活动策划的设想和灵感创意等。

3. 灵感创新法

灵感创新法主要是利用发散性思维或逆向性思维，对信息进行定向的融合从而产生新想法。在节事活动策划中，大量创新成果均是在灵感的火花中诞生的。如"海南国际椰子节"的构想是章琦首先提出的，并以《建议海南举办国际椰子节》为题于 1991 年 6 月 5 日在《海南日报》上发表，后来与其他两位学者分工执笔，形成《关于举办海南国际椰子节的建议》和《让世界了解海南，让海南走向世界——关于海南国际椰子节的设想》[1]两篇文章，递交海南省委省政府，得到多方面的主要领导的支持，取得了一定成功。策划人员只有发挥想象力，激发灵感，才能有所创新，从而制订出可行的节事活动策划方案。

4. 运筹学方法

"运筹"在中文意义上即运算筹划、以策略取胜的意义。进行节事活动策划时，我们要借助运筹学的方法来关注并提高节事活动的质量与效率。在节事活动策划中使用运筹学就是要使用分析的、定量的、定性的科学方法，在内外环境的约束条件下，为了达到策划的目标，合理配置整个活动中的人力、物力、财力等资源，统筹兼顾所有各环节之间的关系，以便使策划方案有效实施，达到效益最优化，并体现节事活动可持续发展的长效性。

（四）节事活动策划的内容

在节事活动策划中，你正准备构思或开始实施时，不妨用下面所列的问题来启迪一下自己的头脑：

你是处于哪一行业的舞台？你能使你的产品或服务非常精彩，更能打动观众（消费者）的心吗？

你能创造出一条使人实现梦想的途径吗？你能谨慎小心地推行自己的策划吗？

你如何使自己的策划"势"大气粗？在策划中你如何借用别人的力量而使自己的策划顺利推行？

你如何设计策划中的高潮和低潮？选准策划实施的多种时机了吗？

你的策划是创造某种纪录吗？你的手法标新立异得足以吸引公众参与吗？

你的策划具有丰富的想象吗？主题是否足够鲜活？

从策划的主题出发，你构思的方案是否吸引人，能让参加者意犹未尽吗？

你能说服更多有实力的组织或个人支持你的策划吗？你能鼓动更多的人参与你的活动吗？

你的策划是不是仅存于头脑？它的可行性如何？应变性和风险性呢？能立刻付诸实施吗？

---

① 发表于《海南特区报》1991年7月13日。

节事活动策划是一个周密考虑后形成的综合总结，为了顺利地推进策划，你有一份详细的策划书吗？策划书要案全部具备吗？

1. 几种类型的不同策划核心[①]

(1) 文化类活动策划核心。文化类活动应顺应时代潮流，以开创性的姿态对中国的节事活动产业现状进行调整，引发文化产业化观念的变革，每个文化类的节事活动要有引起全国乃至世界关注的目标，其策划核心要围绕以下问题展开：

在中国文化产业化开创的时代，如何把握这类活动的脉络和方向？

策划人如何在责任感、使命感和局部利益之间寻求利益的平衡点以达到平衡？

如何处理文化界与各利益相关者之间复杂关系和敏感关系？

如何预见和应对活动可能出现的巨大反馈与变化？

对于策划人来说，当活动及策划发展到不可操控的状态时，如何在行政干预和法律许可的范围内化解可能出现的危机？

如何给一个即将开展、没有模式可循的活动一个保险和保障？

如何使一个过程可能比较漫长的策划始终保持热点效应？

如何设计并引导媒介的关注点、兴奋点？

如何利用媒介的资源和力量为策划本身服务？

如何挖掘活动本身的资源，从而达到与社会资源的互换和共享？

文化类活动本身涉及诸多环节和利益相关者，策划者如何给每个环节和利益相关者建立一个资源和收益共享的体系，从而实现活动参与各方的多赢格局？

(2) 政治主题类活动策划核心。当一个重大的历史性事件，尤其是像香港回归祖国那样的带有浓厚政治含义的历史事件到来时，活动策划者可以参与吗？又怎样参与呢？

策划者介入此类重大政治事件的时候，该选择什么样的角度，又以什么样的身份介入呢？

如何处理和把握官方和民间的关系？

如何给自己在这个过程中一个恰当的位置？

如何把握把商业行为引入政治策划中的角度？

如何平衡和处理商业意图在政治策划中的关系？

---

① 参考汪廷：《颠覆策划》，湖北人民出版社，2004年1月第1版。

(3) 慈善募捐类活动策划核心。策划慈善活动，关键是寻找一个发乎情的契机，重要的是如何发现并确认、包装这个契机，使一个大同小异的慈善活动因为有了这个契机而产生异乎寻常的感染力。

慈善活动的策划其实是一种营销策划，只不过它所"营销"的是爱心和奉献，怎样设计这个"营销"框架非常重要。

策划慈善活动，就是设计一个囊括并利用广泛的社会资源的沟通平台。

细节决定成败。细节的设计在慈善活动的策划中尤为重要，看起来不经意的细节能产生巨大的感染力和感召力。

(4) 公关类活动策划核心。典礼、联谊会、集资、赞助等公关类活动策划时，时机相当重要。抓住机遇，及时开展公关活动，可以起到"事半功倍"的效果。

怎样利用各种手段向外传播信息，树立企业形象？

如何及时掌握市场信息，建立高度畅通的信息网络？

如何确定与组织有关的公众是公关活动策划的基本任务，在鉴别公众权利的基础上进行概括和分析？

2. 节事活动策划方案内容

随着节事活动的发展，各个国家或地区在举办节事活动时抓住特色，弘扬文化，注重活动策划的创新。但在策划方案中必须把握以下几方面的内容：

(1) 节事活动的背景起因、目标受众、活动时间、内容、地点、组织方式、总体规模和风格。

(2) 所要达到的总体目标。

(3) 对外主要合作方式。

(4) 营利模式、收入来源、预测和支出预算。

(5) 内部管理中应注意的问题和难点。

(6) 主要的风险预测、解决的方案和备选的方案。

(7) 评估与总结。

3. 案例：《泰坦尼克号》VCD上市新闻活动策划①

美国电影《泰坦尼克号》是一部世界电影中实现票房价值最成功的商业电影之一。在影片播出一年后，特别是在盗版 VCD 充斥市场时，

---

① 资料来源：中国策划传播网，http://www.acdvip.com。

正版《泰坦尼克号》VCD上市前，通过新闻策划等一系列举措，让第一批上市货品在24小时内全部卖出，并有效地打击盗版市场。

宣伟公司通过市场调查，制定了以重建市场对《泰坦尼克号》的兴奋感，带动正版VCD的销售。通过理性的辨析，宣伟公司将正版VCD带给人们的情感价值，通过电影所宣扬的真心相爱等情感因素，来调动消费者拥有正版VCD的购买意愿。

宣伟公司设想，把通过宣传，引起媒体的关注，使记者争相报道这一热门话题作为重点，最终获得商业成功，在中国来一场打击盗版VCD的攻击战。

A. 市场调研

美国巨片《泰坦尼克号》在中国上映后，引起了轰动，在当今电影市场比较冷落的情况下，能够成为近些年实现票房价值的最成功的商业电影之一。目前，我们不能不注意到，有些人利用《泰坦尼克号》带来的巨大商机，大量制作盗版的《泰坦尼克号》VCD光盘，扰乱了商业秩序。公司对盗版VCD市场进行了调查，比较了正版和盗版VCD之间价格的差异，了解到虽然推动消费者购买盗版VCD的重要原因是价格，但对于具有收藏价值的影片来说，消费者也会考虑画质、音质等因素。

在充分了解市场之后，公司制定了相应的策略以重建市场对《泰坦尼克号》的兴奋感，带动正版VCD的销售。正版VCD的影片质量优于盗版，这是不争的事实，但是，公司没有将创意宣传的重点放在理性的角度，而是将重心放在通过正版VCD带给人们的情感价值，放在男女主人公真心相爱的情感因素上，来调动消费者拥有正版VCD的购买意愿。

B. 新闻活动设计与策划

一般情况下，推介一种商品，召开新闻发布会，不外乎将记者请来，开个新闻发布会，吃一顿饭，再发几条消息即可。我们认为正版VCD《泰坦尼克号》的发行要独辟蹊径，要以全新的公关方式引起各种媒体的关注，增强其新闻价值，使之成为记者争相报道的热点、亮点和焦点。

C. 方案的实施

a. 通过新闻传媒来借事造势，隆重推出正版VCD光盘。这一活动的主旨是：原汁原味，即无论你看到的、听到的、吃到的，都与电影中的一模一样。这一主旨鲜明地向消费者传达正版VCD所含有的附加价值，并在真情、真爱与正版的VCD之间架起一座无形的桥梁。

b. 将上海这一全国商业和娱乐中心定为此次宣传活动的中心，并通过邀请北京和广州的记者来上海参加大型现场活动辐射全国，并在南京、大连和沈阳等城市同时发新闻稿。

c. 为了达到持续宣传的效果，将活动分为前期媒体预热活动和正式上市活动两部分。前期活动的重点是调动媒体造势，使消费者对即将上市的 VCD 有强烈的期待心理。而正式活动是通过媒体的宣传，使《泰坦尼克号》正版 VCD 成为人们议论的热点话题和争相购买的物品。

d. 发行活动前两天，在上海举行前期新闻发布会，请上海各界的主要媒体，并于当天在北京、广州等城市几乎同时进行新闻发布会。

e. 在正式上市活动前一天，把国际和国内记者聚集在浦东香格里拉饭店，请《泰坦尼克号》的制片人约翰·兰度先生介绍电影制作背后的花絮——中国媒介与好莱坞的距离被缩短了。

f. 正式上市活动当天晚上 6 时，请包括政府官员、新闻媒体、行业代表和企业赞助商在内的 270 位来宾入席。整个晚餐是按照泰坦尼克号上的菜单定制的，共 12 道菜。歌手一曲感人至深的《我心依旧》，使来宾重温此片的浪漫主题。约翰·兰度先生手捧奥斯卡金像奖走上舞台，观众与其合影留念。

g. 晚餐结束，请来宾带着赠送的正版《泰坦尼克号》VCD 光盘离开会场。

这是一个成功的新闻活动策划，它们的成功之处是多方面的：精心确定了新闻活动的主题，确定了应邀者的范围，选定了合适的地点，选择了适当的时机，活动进程安排得科学有序，会务期间始终笼罩着一种和谐的气氛。通过新闻活动策划等一系列举措，达到了使正版《泰坦尼克号》VCD 隆重上市，让第一批上市货品在 24 小时内全部卖出，并达到有效地打击盗版市场的目的。

第二节　节事活动策划的基本工作流程

节事活动策划工作流程大致分成三个阶段：节事活动前期准备工作，节事活动现场实施工作和节事活动后续总评工作，这是一个从策划到实施再到总结的过程。

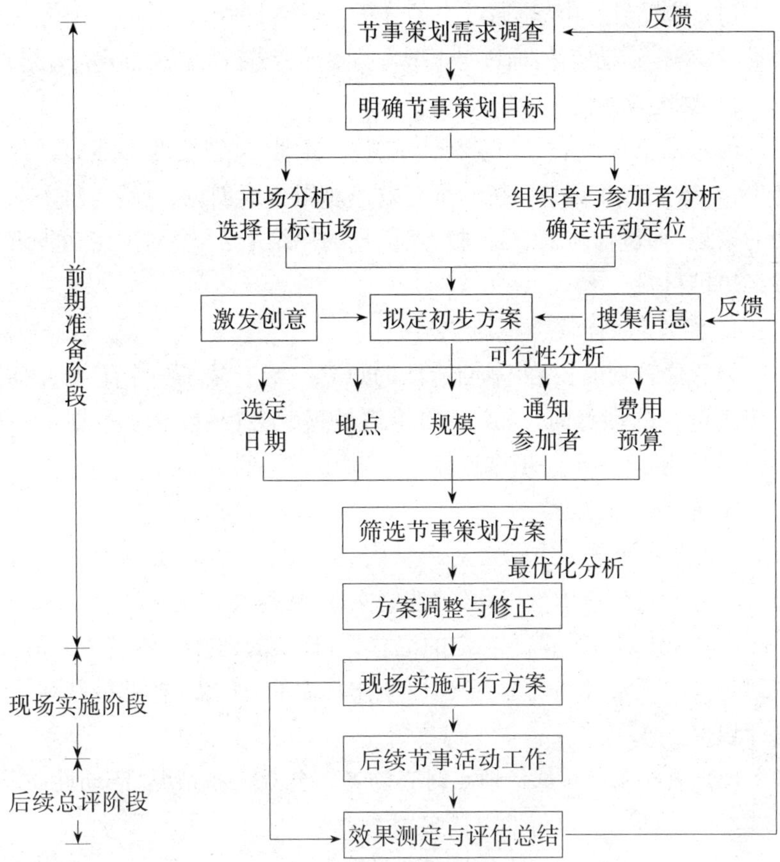

图 3-1 节事活动策划的流程图

1. 策划需求调查

收集有关活动的各种资料，包括文字、图片以及录像等活动资料。对收集的资料要分类编排，结集归档，进行调查和可行性研究。国家关于节事活动方面的政策和法规、公众关注的热点、历史上同类个案的资讯、场地状况和时间的选择性，都是调查的内容。调查是策划的基础，为策划提供客观可靠的依据。但是要特别强调的是，千万不要盲目相信调研数据，一定要把数据和经验结合起来。

2. 确立策划目标

目标就是策划所希望达到的预期效果，是策划的起点。节事活动策划要确立明确目标，如果没有目标或者目标不明确，方案则无法开始或者可能导致失误。从节事活动策划工作的特性出发，在明确目标的过程中，应建立在以下基础上：

(1) 选择目标市场:通过市场分析,选择目标市场。

(2) 确定活动定位:通过对组织者与参加者进行分析来确定活动定位。

3. 收集策划信息

信息是策划的基础和素材。成功的策划,是创造性思维的过程及结果,是策划者在头脑中把多种有效信息组合成创意、灵感。每一项成功的策划,都包含有策划者对特定信息的思维组合,会对拟定初步策划方案提供材料。

4. 激发策划创意

创意是策划的核心,是创造性的意念。当产生了一个绝无仅有而又切实可行的创意时,一连串的相关灵感就会相继产生,策划很快形成,成功也随之一步一步靠近你。

5. 拟定初步方案

(1) 选定主题。主题是对活动内容的高度概括,是整个策划的灵魂。要为广大公众接受,就必须选好主题,应避免重复化、大众化。

(2) 选定日期。除了固定的纪念日,日期的选择一般较为灵活,但策划时首先要将日期确定下来,以便作具体的时间安排,并将其列入组织计划中。

(3) 选择地点。选择地点时必须考虑公众分布情况、活动性质、活动经费以及活动的可行性等诸多因素。

(4) 估计规模。估计参与者的人数。

(5) 预算费用。计算好活动成本和各项费用支出,使有限的资金发挥最大的作用。

6. 筛选策划方案

重大节日与庆典活动策划时要明确庆典活动的目的与意义,要精心设计活动的形式和内容,要有独特的创意,根据上述策划原则,筛选最合理优化的方案,避免落入俗套。

7. 策划方案调整与修正

在选定策划方案后,还要根据节事活动策划的动态性原则对策划方案进行调整和修正,以满足节事活动举办的需求。

8. 实施方案

根据策划方案进行具体实施,尤其体现在活动的现场管理之中。

9. 后续工作和评估总结

对活动进行评估,做好节事活动后期服务工作。

节事活动策划不仅是一项十分复杂的系统工程，而且具有很强的创造性，在策划过程中，要求不断推陈出新，通过新颖别致的方法、周密的计划、精心的安排，来达到出奇制胜的效果。

第三节　节事活动策划书的写作

一、策划书写作

节事活动策划就是为了活动的成功进行，对节事活动的全局性、整体性战略规划。它包括从构思、分析、归纳、决策，到制订方案、选择方案、实施方案最后总结评估的过程。把策划过程用文字完整地记录下来就是节事活动策划书的写作。

策划的种类很多，写法也很灵活，没有固定的写作模式，因此这里只论述策划方案的基本结构和基本要求。节事活动策划书的写作结构和要求如下：

（一）标题

节事活动策划书的标题通常由两部分组成：策划的对象名称和文种，如“上海旅游节策划方案”。

（二）文头

在标题下方依次排列下列内容：策划书的名称、策划者的姓名、策划书完成的日期、策划书的目标。策划书的名称和标题相同，策划者的姓名除了策划者的名字外，隶属的单位、职位均应写明。策划书完成的日期也包括修改的日期。策划书的目标写得越明确具体越好。

（三）正文

正文由策划书的前言和策划书文本两个部分组成。

1. 前言

前言包括：策划的缘起、背景资料、问题点和节事活动创意的关键等。另外，也可以加上序文、目录、宗旨。序文把策划书所讲的概要加以整理，内容简明扼要，让人一目了然。目录务必要能让人了解策划的全貌。宗旨主要是对策划的必要性、社会性、可能性等问题的具体解说。

2. 策划书文本

这部分内容包括:基本事项、策划设计、宣传和推广、预算、策划进度表、有关人员任务分配表、策划所需物品及场地、策划的相关资料、效果评估等。策划书文本的内容是方案最重要的部分,因策划的类型不同而有所变化,但内容应具体,可操作性强,避免空洞枯燥或强词夺理等。

具体如下:

(1) 市场背景:分析市场需求、市场热点。

(2) 活动分析:活动特性分析,以此来为节事活动确定基调。

(3) 目的:一般的节事活动目的分为创建或提高知名度、增加现场销售、传达信息、诠释品牌理念、展示活动特色等。

(4) 主题与形象:提出具有创意的节事活动主题和节事活动传播口号,并详细阐释节事活动主题的内涵。

(5) 组织结构及任务分配:节事活动策划实施的工作组织的结构构成及人员组成与分工。

(6) 宣传推广计划:针对节事活动主题,需要其他媒体,如报纸、广播、电视、网络等的配合,拟订计划。

(7) 预算:针对节事活动方案和传播计划,分别算出节事活动成本活动价和门票等对外报价。必须进行周密的预算,使各种花费控制在最小规模内,以获得最佳的经济效益。在预算经费时,为方便起见,最好绘制表格。

(8) 策划进度表:把策划活动全部过程拟成时间表,标示清楚何月何日做何事,作为检查策划的进展情况。

(9) 现场规划及执行流程:现场勘探——拍照——画规划图——设定节事活动总规划图——现场布置——资源配置。

(10) 效果评估:是否达到节事活动目的,以及主题与产品和目标受众是否一致,对他们是否有足够吸引力。

专业的策划应该是具体的,策划书也重在操作思路、运营手段和应变能力。此外,还要求策划人能将眼界拓宽,在把握策划主线的时候,能将外部资源整合进自己的设计框架之中,从而丰富自己的策划内容,建立多层次,多角度的策划体系。

重庆市首届国际火锅文化节策划方案

作者:郑德奇　www.itsqq.com,旅游人网

重庆市首届国际火锅文化节策划方案(摘录)

一、举办“火锅文化节”具备的“三性”

（一）必要性

面对国内市场需求不断的压力，面对从未有过的西部大开发战略实施的大好机遇，我们发现，重庆火锅近年来发展迅速，在形成系列化、模块化、产业化的同时，也处于一个发展的调整、提高和创新的关键时期，需要重庆市政府引导其产业向规范化、科学化、国际化方向发展。

重庆火锅历史悠久、家喻户晓、享誉中外。由此形成独一无二的产业，具有唯一性、排他性、权威性，这也是一个组织、一座城市形象塑造最重要的三大因素。重庆火锅的知名度、美誉度、定位度经受了历史的考验和市场的检验。这为新重庆树立城市形象找到载体，通过这一活动，可以提高市民素质、规范市民行为，为创办有世界影响力的大型活动奠定基础。

重庆火锅文化产业是重要的旅游资源之一。可以此为契机来招商引资，实现“火锅搭台，经济唱戏”的目的。而搞好“火锅文化产业”这个具有浓厚地方特色，在全球都颇具影响的项目，让游客流连忘返，结合招商引资洽谈会可以带来更多的商机。

由于新重庆已经不是四川省的一部分，怎样把四川文化和巴渝文化、川菜和渝菜区分开来？最直接的办法莫过于从火锅文化和火锅菜系入手，创造出自己独有的东西来，从而发展我们自己的区域经济文化。拉动内需、激活市场、经济全球化，已成为人们的共识。通过此次火锅节不但可以拉动内需、活跃重庆市场经济，通过活动制造新的商机、丰富市场，提高人民购买、消费能力。重庆要推出一个权威性的品牌、要让品牌与城市名画上等号。

直辖后的重庆，目前最艰巨的任务莫过于三峡开发型移民和扶贫工作以及再就业工程。所以，启动内需、开发市场、刺激消费、招商引资、创造更多的商机，就成为重庆市工作重中之重。而举办“重庆国际火锅文化节”发展火锅产业，其本身特殊的功能就能尽快实现这一目标，以缓解移民、扶贫、再就业工程工作的巨大压力。重庆火锅引进连锁加盟的方式向外扩张如燎原之势，目前还没有一个品牌能仅凭一个牌子和经营管理方式就能让外省市的众多客商捧着几十万元排着队争先恐后加盟连锁，这就是“重庆火锅”的魅力所在。

（二）可行性

重庆是西部开发战略要地，以其中央对新直辖市的诸多优惠政策和重庆特殊的地位(三峡移民重点)及地理位置,使之成为全国目前最具发展潜力的城市之一,将使长江龙尾经济热点得以展现。政府的决心、商家的呼声、群众的希望,充分体现了民情、民意。因而由政府牵头,搞好这次国际火锅文化节,将在整个政治氛围提供了可行性。火锅在重庆是热点,人人都能参与,人人都喜欢,所以有群众基础。

重庆有数以万计的代表巴渝文化风格的各种不同品位的火锅店,具备了举办火锅节的规模基础,其举办火锅节的多姿多彩和庞大规模,是世界上任何一个城市都不能具备、也不能比拟的,因此具有权威性。全世界都有边吃边烫的、跟火锅类似的烹饪形式,因而能得到国外的认同,即具有广泛性。

因此,不管是从地域、广泛性以及文化内涵,都为此次国际火锅文化节提供了宣传发动的可行性。火锅具有巨大的市场潜在价值。在海外也有巨大影响。因此可以促进火锅配套产品的交流与发展。因而具有其独特的市场开发价值,这也是此次重庆国际火锅文化节能走向市场经济的可行性原因之一。

在实施内容上具有的可操作性:

门票 10 元(采用 10 张品尝小票的方式,既可品尝 10 家不同口味的火锅,又能评选中奖)。

场地。临时性的展场,不需政府大量投资,由参展业主和消费者自我消化。

现代传播媒介迅猛发展,为此次国际火锅文化节提供了更多的宣传空间及手段,奠定了对外传播基础。

采用与国际惯例接轨的新颖方式,既减轻政府负担,在商家能够承受的范围内,又使市民得到实惠。使资金筹措上具有更多的可操作性。

重庆"火锅文化节"与大连服装节、潍坊风筝节和珠海航空表演节相比,最大的区别在于培育和振兴了属于自己的、也是属于世界的"日不落"产业。重庆火锅文化节定位的准确性、群众的参与性、形式的独特性,在全国乃至世界的权威性和其所处的地理位置及生活习性上的排他性都说明了重庆市举办"重庆国际火锅文化节"的优势比举办其他任何"节"都更强。

(三) 紧迫性

尽管火锅本是属于重庆自己的东西,但如果我们不迅速将其精品化、集约化、一体化、规范化、科学化、国际化(简称"六化"),不迅速进行产业运作体系创新和火锅文化艺术创新，不迅速通过举办“火锅文化节”来启动“日不落”产业，那么这些优势将会被其他城市取而代之！

可见，如果对重庆火锅文化产业放任自流，我们将处于退无可退，守无可守的被动局面。重庆火锅具有数以万计的规模，数十年上百年的工艺传统和文化内涵，多姿多彩的各种品味，在海内外有其深远的影响，这既是重庆独有的优势，也是走向产业化和集约化的基础和条件。

多年来，尽管有少数敢于吃螃蟹的人远离家乡去漂泊闯荡，但毕竟难成气候。面对竞争激烈和飞速发展的世界经济，我们决不能坐视这“金矿”似的无形资产自然流失、自生自灭。因此，迫切需要政府组织引导、规范提高、铺路搭桥、提供商机，使重庆火锅上台阶大规模地走向海内外。这是业内人士多年的梦想，也是重庆人民致富的迫切愿望。面对全球企业大重组浪潮，如果重庆火锅靠单个企业、行业来推动，采用自然经济的方式，势必会失去市场战机。重庆市政府应出面搭台，引导重庆民间力量整合唱戏。事实上，重庆火锅文化产业正“朝天扬帆”，热切呼唤“中国重庆首届国际火锅文化节”的东风使之扬帆远航。

二、举办“火锅文化节”运作的程序及内容(摘录)

（一）发动阶段

(1) 由重庆市政府牵头，对举办“中国重庆首届国际火锅文化节”策划方案进行论证。让“火锅文化节”真正为推动重庆火锅文化产业服务。

(2) 通过各种新闻媒介，向全市人民宣传火锅节的意义、目的；广泛征求举办重庆国际火锅文化节的建议和意见；征集论文，挖掘火锅文化素材，启动“巴渝文化”宏伟战略工程。

(3) 在火锅节前一个月左右，通过各大新闻媒体宣传火锅节的准备情况并对火锅节筹备花絮作跟踪报道。特别是对一些新闻热点、观众评议、重要人物等进行重点报道。征集现场广告所需的标语、升空气球、路牌、花车、传单以及吉祥物等。

(4) 在节庆前两个月在各区县开展以重庆火锅文化为题材的文艺汇演，组织有关专家和文化部门开展以火锅文化为核心的诗歌、散文、戏剧、电视电影以及群众喜闻乐见的打油诗、文艺节目创作，评出的优秀节目将参与火锅节期间的演出并颁奖宣扬。关键体现“火锅文化节”男女老少都能参加。重点突出“互动性”，即参与者与举办者互动，静态布置与流动宣传交叉互动，主城区与各区县互动等，如：

A. 与媒体共同开展：

a. 标志及吉祥物征集评选活动。

b. 火锅文化节建议评选活动。

c. 火锅对联征集评选活动。

d. 火锅趣味故事征集评选活动。

e. 火锅趣味百态摄影大赛。

B. 竞赛活动：

a. 火锅形象小姐大赛。

b. 火锅调味竞技表演赛。

C. 研讨性活动：

名人谈火锅；火锅高级战略研讨会；火锅精英人才及技艺切磋交流会；“我心中的重庆火锅”演讲会。

D. 群体活动：

a. “火锅媒”大型现代集体婚礼。

b. 重庆最具火锅文化与特色景观旅游活动。

c. 品重庆火锅、赏巴渝文化、游三峡美景活动。

d. 万名重庆火锅迷形象展示大游行。

e. 万名大学生重庆火锅情结篝火大联欢。

E. 观赏活动：

a. 水幕电影。

b. 大型焰火晚会。

c. 最具火爆特性明星演唱会。

d. 火锅之乡文艺精粹汇演。

e. 大型文艺演出“火红的时代”(与火锅文化有关的节目调演)。

F. 经贸活动：

a. 重庆火锅原材料生产基地与现代科技项目对接沟通与见面会。

b. 火锅图书、音像制品大展销。

c. 重庆火锅礼品(最具重庆特色旅游产品)大荟萃。

d. 中国重庆火锅招商引资洽谈会。

e. 火锅烹饪文化精品书展、画展。

f. 东西南北火锅精英人才交流会。

(5) 为了把“火锅文化节”办出气势来，应本着要办就办好的原则，尽可能保证不低于3个月的准备时间。筹备期间，参加单位应根据组委会的要求，认真做好各项准备工作，确保“火锅文化节”的整体效果。

(6) 成立“火锅文化节”礼仪队，展示节日及重庆形象。分别选派66人组建摩托车队、66人组建管乐队，选拔66人组建俏辣妹礼仪队。其中摩托车队象征重庆经济基础；管乐队象征重庆西部开发使命；俏辣妹礼仪队象征重庆明天的希望。

(7) 成立“火锅文化参赛评选办公室”，拟定参赛、评选、颁奖等方法，通过“火锅文化节”的评选活动，评选出重庆火锅文化产业的“最佳味道奖”、“最佳文化奖”、“最佳服务奖”、“最佳营养奖”、“最佳创意奖”、“最佳开拓奖”等奖项。

(8) 通过重庆卫视台、国际互联网、香港《大公报》和《中国日报(海外版)》向海外发布“火锅文化节”的消息，并由重庆市政府统一印制邀请函有针对性地向海外人士发出邀请。邀请全国及世界各特色火锅(凡能边吃边烫的通称为火锅)参加。

(9) 时间安排最好每年一次，安排在以下两个时间为宜。

A. 直辖市成立纪念日。在这个特殊的日子举行直辖市自己的节日，更能体现其特殊性。

B. 每年的九、十月，最好重庆旅游节也选在那一天，这样更能打造规模效应。

(10) 场地选择。场地以江北的北滨路或南滨路为主，以及文化宫和朝天门广场，沙坪公园等。

(二) 评选范围及内容

以火锅为竞赛主线，分别按规模、层次、类型等划分，再以此进行辐射。分两大类共八个评选项目，即火锅类及火锅配套类。

1. 火锅类

(1) 火锅主料

(2) 火锅底料

(3) 火锅菜品

2. 火锅配套类

(1) 火锅配套酒水类

(2) 火锅配套小吃类

(3) 火锅配套咸泡菜类

(4) 火锅配套水果类

(三) 参与方式

1. 商家

(1) 按经营规模的大小划分区域参展。

(2) 商家必须具备两个内容,首先,在摊位摆麻辣烫串,顾客凭一张小票吃一串。成本价值不低于80%。其次,里面至少有两张以上的火锅灶桌子可让顾客坐下来吃,边烫边吃。

2. 消费者

(1) 进门购10元门票(内有10张小票和一张选票),可在展示区内随意品尝10家火锅味道;

(2) 每天拿出一定量的火锅菜肴免费请消费者品尝,消费者只买一张10元的门票就可尽情免费品尝天下火锅美味。

各街道、区在火锅节前的一个月,就应提前评选本街道或区的最佳火锅店,评选人员应由街道领导(或区领导)牵头,由派出所、工商、卫生防疫站、税务、城管、公证处、商家代表、消费者代表等组成。采用不记名投票方式为最佳,示其公正性和权威性。并由评选出的最佳火锅店参加上一级的火锅大赛。各区可举行中等规模的火锅节竞赛活动。

(四) 实施阶段

(1) 像过春节一样装点城市,按组委会要求悬挂宣传标语以及印有"火锅文化节"标志或是吉祥物的彩旗。特别是应在公共绿化要道处,设放统一制作的吉祥物。在节日期间,市区的宾馆、火锅店和酒楼以及旅游景点餐馆都应装点一下,并推出一些服务项目,搞一些与"火锅节"相关的活动。重庆文艺团体、区县群众文艺组织,应积极推出一些表演节目。(大家可评奖)

(2) "火锅文化节"活动期限为7天。第一天举行开幕式,第五天举行"狂欢之夜"活动,第七天举行闭幕式。

A. 开幕式:

主会场设在大田湾广场。会场布置热烈、隆重、新潮、大气。礼仪队和彩车队在场助兴,给人一种震撼和希望。分会场在主要区县各设一个,主席台设电视机,收看主会场电视直播,随后搞一些与开幕式相呼应的活动仪式。

开幕式的主题是"重庆直辖蓬勃生机,火锅点燃新希望"(暂定)。上午9点钟一到,长江、嘉陵江上的轮船、火车、行驶中的汽车等(如条件许可)齐鸣3分钟,以示祝贺。管乐队齐奏新编与火锅有关的曲目。

开幕式上，市领导、海内外来宾和重庆火锅界代表讲话；主席台嘉宾将亲手点燃准备好的象征重庆新直辖新气象的大火锅炉火。开幕式后，由摩托车和俏辣妹礼仪队开道（礼仪小姐坐在摩托车尾位），管乐队和其他彩车随后，在重庆主道游行，把活动推向高潮。总之，要充分体现重庆火锅都市的火暴场面。

B. “狂欢之夜”活动：

“狂欢之夜”活动星期六晚上 8 点开始。主会场设在滨江公园。会场布置热烈、活跃而有趣，重庆和市外的知名火锅店入场设摊位，各种配套的酒水、小吃经营单位也入场助兴。凡有条件的公园、宾馆、度假村、酒楼和旅游景点单位，经许可的均可借节举办“狂欢夜”活动。

“狂欢之夜”活动主题是“吃夜火锅，交好运气”。其活动内容有：自娱自乐的卡拉 OK 舞会、文艺演出、时装表演、幸运抽奖“夜晚报喜”活动（即设 99 个获奖手机号，当晚给中奖者报喜）；重庆啤酒集团可在主会场举行喝啤酒大赛，设 9 名获奖者，凡喝啤酒量最多 9 名均获 99 瓶啤酒奖励；火锅名店则举行一些与火锅相关的竞赛活动，奖励获奖者品牌火锅底料等物品……

通过“狂欢之夜”活动，充分展示火锅演出文化、服装文化、酒文化、茶文化、旅游文化、影视文化等，同时让重庆火爆的性格特征得以升华，为崛起的重庆人服务。届时，“火锅文化节”礼仪队，将通宵为主要活动场所助兴，向幸运者赠送“火锅文化节”吉祥物。晚上 12 点钟，在南岸“一棵树”处，向天空发射 2 004 枚礼花，把“狂欢之夜”推向高潮。

C. 闭幕式：

“中国重庆首届国际火锅文化节”闭幕式定于星期一晚 7:30 分在重庆市人民大礼堂举行。会场布置欢快、热烈，“火锅文化节”标志贴在会场舞台墙中央，舞台两边挂上对联（在征集评选活动获奖对联中挑选）。闭幕式主题是“火锅给大家带来欢乐”。邀请重庆市文艺表演团体和中央文艺团体同台演出。最好有一老外表演的小品（小品内容涉及老外吃火锅）。届时，人民大礼堂场外礼仪队舞龙舞狮助兴；场内欢声笑语。

D. 效果预测：

a. 通过“火锅节”可扩大影响力，把新直辖市的城市形象向全国乃至全世界展示。让外地人一说到火锅，立刻就联想到新直辖市，一想到新直辖市，立刻就想到重庆新市民。

b. 品牌含量更高，给重庆火锅在世界饮食文化中定位，产生无形资产价值。

c. 给招商引资带来更大的操作空间和经济利益。

d. 提高市民素质，树立直辖后的重庆市民新形象。

e. 开发、丰富旅游资源。吸引众多的中外游客在游三峡时观赏大名鼎鼎的国际火锅文化节，特别是在旅游产品上，可开发出具有重庆特色的系列火锅礼品，如：一袋火锅底料、一包火锅菜品（脱水菜）和一套重庆火锅电视连续剧的 VCD 影碟组成的礼品包（最具重庆特色的纪念品），其市场开发潜力和影响力将不可估量。

f. 振兴我市名小吃，开发吸收外来名小吃；丰富重庆名小吃市场、创造更多就业机会，使我市再就业工程取得突破性进展。

g. 由于该节所具有的特殊地位和地域特点，因此所具有的广泛性将超过我市所有的节日，将产生独有的亲和力和震撼力。

（五）举办“火锅文化节”之后的主要工作

举办“火锅文化节”是一种形式，也是一种手段。其目的在于使“重庆火锅”成为中国的“麦当劳”走向世界。因此艰苦的工作还在节后。

1. 组织要落实

（1）成立“重庆火锅文化产业指导办公室”；

（2）成立“重庆火锅文化产业研究院”；

（3）成立“重庆火锅文化职业培训中心”；

（4）成立“重庆海外火锅文化传播中心”。

2. 管理要到位

建立完整的火锅文化产业统计指标体系；制定火锅文化产业行业标准；规范火锅文化产业培训教材；进行授牌“星级”重庆火锅行业管理；创办火锅文化产业刊物；建立火锅文化产业海外发展担保基金。

3. 方向要明确

重庆火锅文化产业的发展方向，应该是搞好以下九个结合：经济与文化相结合；传统与现代相结合；国内与国外相结合；产业与区域相结合；经营与科研相结合；品牌与网络相结合；眼前与长远相结合；自立与规范相结合；政府与民间相结合。

结束语

重庆火锅文化产业是巴渝深厚文化底蕴的产物，是重庆人文性格特征的典型标志，是中国乃至世界美食文化的璀璨明珠。“中国重庆首届国际火锅文化节”的举办，向世界展示重庆的美食文化瑰宝，将确立重庆“世界火锅之都”的地位和权威，提高重庆在世界的城市影响力和知名度，对推动重庆与世界的交往、发展和重庆火锅产业的开发，意义重大，影响深远。

让 3 000 万重庆人携起手来，共同为“重庆火锅”这块金字招牌名扬世界，拼搏奉献。

二、编写策划书应注意的事项

编写节事活动策划书为达到最佳效果，在编写中应坚持原则，注意一些问题。

(1) 在编写中要坚持实事求是的原则。策划书既是一项创造性劳动，也是一项科学严谨的工作，一切从实际情况出发。

(2) 在编写中要为开展过程中的变化留一定的空间。活动策划书类似于工作计划，虽然要求科学严谨，但是也要考虑到一些可能发生的突发事件，以及一些不可预见的因素，要在编制时为可能产生的变化留有一定的空间，有时甚至要另有一套备用方案。

(3) 在编写活动策划书时，也应力求文字简洁生动、表现方式变化多样。为更好地表达编写者意图，避免晦涩、枯燥，在表现方式上可以插入表格、图形(包括现场图、示意图等)、示例、影像资料(包括照片、录像)，以及电脑特技。特别要说明的是，近年来电脑技术越来越被广泛使用，而且产生了很好的效果。例如，通过电脑制作的大型节事活动，就可在策划书中事先展现现场效果。在国际文化交流中，一些如WORD、POWERPOINT、3D 动画等国际通用的电子文本更易被国外人士理解、接受。

总之，节事活动策划书，虽然不是新生事物，但是由于没有一定的编写规范，还有待经验丰富的节事活动工作人员共同研究、探讨，为节事活动策划工作规范化、科学化做出新的尝试。

第四章

节事活动的可行性方案

可行性研究重点在于定量分析，是在活动项目策划书完成初步设计后，通过对节事活动项目的经济性分析，完善和调整活动项目策划的方案。它既包括对节事活动项目的市场需求和潜力的调查及对未来发展前景的预测，也从经济、技术的角度对活动项目的可行性进行论证，从而回答活动项目是否要进行的问题，为决策者的最终判断提供科学的依据。

第一节　可行性研究的概述

一、可行性研究的含义

可行性研究(feasibility study)又可称作可行性分析，是指投资决策前，对拟投资的活动项目在技术上是否先进可行，在构思上是否科学合理，在经济上是否有利可取而进行的调查预测、分析测算和评估论证的一种科学方法。

活动项目的可行性研究是指在活动项目投资运营决策之前，调查研究与拟投资活动项目有关的自然、社会、经济、技术资料，分析比较可能的投资建设方案，预测评价活动项目建成后的社会经济效益，并在此基础上，综合论证活动项目投资建设的必要性，财务上的盈利性和经济上的合理性，以及技术上的先进性、适用性，从而为投资决策提供科学依据的工作。一个完整的活动项目的可行性研究报告至少包括这样三个方面的内容：一是分析论证投资活动项目建设的“必要性”。这是通过市场预测工作来完成的。二是分析论证活动项目投资的“可行性”。

这是通过技术分析或操作论证来完成的。三是分析论证活动项目投资的“合理性”(财务上的盈利性和经济上的合理性)。这主要是通过活动项目效益分析来完成的。其中活动项目投资实施的“合理性”是“可行性”研究中最核心的问题。

活动项目可行性研究的任务就是通过对拟投资活动项目进行投资方案规划、经济效益的预测和分析,经过多个方案的比较和评价,为活动项目决策提供可靠的依据和可行的建议。它应该明确回答活动项目是否应该投资和怎样投资。

二、可行性研究的作用

对投资活动项目进行可行性研究的主要目的在于为投资决策从技术经济等多方面提供科学依据,以提高活动项目投资决策的水平,提高活动项目投资的经济效益。具体来说,活动项目的可行性研究具有以下作用:

1. 作为活动项目投资决策的依据

一个活动项目的成功与否及效益如何,受到自然、社会、经济、技术等多方面不确定因素的影响,而活动项目的可行性研究,有助于辩证地分析和认识这些因素,并依据分析论证的结果提出可行的或合理的建议,从而为活动项目的决策提供强有力的依据。

2. 作为向政府申请财政拨款或向银行等金融机构申请贷款、筹集资金的依据

政府是否对一活动项目进行财政拨款是根据投资某一活动项目是否有经济效益或社会效益产出;银行是否给一个活动项目贷款融资,是根据这个活动项目是否能按期足额归还贷款。政府财政部门和银行只在对贷款活动项目的可行性研究进行全面细致的分析评估之后,才能确认是否给予拨款或贷款。

3. 作为编制计划、进行建设的依据

在可行性研究报告中,对活动项目的活动方案、规模、流程、相关场地总体布置等作了较为详细的说明,因此,在活动项目的可行性研究得到审批之后,便可以作为活动项目编制计划、进行建设的依据。

4. 作为寻找合作单位,签订有关合同协议的依据

活动项目的可行性研究是活动项目投资者与其他单位进行谈判、

签订承包合同、设备订货合同、原材料供应合同、销售合同等的重要依据。

5. 作为活动项目进行后评价的依据

要对投资活动项目进行投资建设活动全过程的事后评价，就必须有活动项目的可行性研究作为参照物，作为活动项目后评价的对照标准。尤其是活动项目的可行性研究中有关效益分析的指标，无疑是活动项目后评价的重要依据。

6. 作为活动项目组织管理、机构设置、人力资源配置的依据

在可行性研究报告中，对活动项目的组织机构设置以及人力资源的配置等做出了安排，而这些安排则可作为活动项目在具体实施过程中进行组织管理、机构设置和劳动定员的依据。

第二节　节事活动可行性研究的内容与工作流程

一、内容

（一）活动项目背景和历史

“活动项目背景分析”是节事活动项目可行性分析首要的和基本的内容之一，在整个可行性分析中具有总论性质。其主要内容是对某一节事活动的基本情况作一般性的概述，主要包括该节事活动项目立项的依据、立项的必要性和经济意义以及立项的打算和主要技术经济参数。

节事活动项目立项的依据主要包括分析活动项目设想与立项的宏观与微观背景，概述与活动项目有关的政治、经济、社会、财政、金融、产业政策以及活动项目运行后对国家、企业的经济效益和社会效益的影响。

节事活动项目的必要性主要包括该活动项目建设和运行是否符合国民经济平衡发展的需要，是否符合国家产业政策和地区、部门发展规则，是否满足市场的需求，是否有经济效益、社会效益和生态效益。

节事活动项目的打算主要包括介绍活动项目的发展概况，如与活动项目相关的调查研究的内容与成果，相关技术试验情况，活动项目运行后的收入、税金、成本费用和利润等。

（二）市场分析

“市场分析”是可行性研究中要分析的首要问题。可行性分析是从市场分析开始进行详细的专题分析的。作为节事活动项目可行性研究的市场分析，主要是对社会或市场的需求或者潜在需求情况进行调查，对节事活动项目投入、规模、收入以相关产品的销售进行预测，确定和预测收入与产出、制定门票、收费以相关产品销售价格，决定节事活动的举办规模。

一般来说，对某个活动项目可行性研究的正确与否，很大程度上取决于市场分析的深度与广度。我们评价一个节事活动项目是否应当举办或运行，首先要考虑是否社会需要，是否市场需要。任何活动项目举办或运行以后，内容主题如果不符合社会需求，类型、规模不恰当，投入越多，浪费越多。经验表明，许多节事活动项目由于市场预测不准或者根本没有预测，最终没有经济效益或社会效益产出甚至造成极大的人力物力和财力的浪费，产生负面社会效益。可见，市场分析在活动项目可行性分析中具有重要地位。

（三）活动项目设计

节事活动项目设计的主要任务是活动主体和规模的确定，活动类型的选择，相关辅助机构和活动地点的确定以及所需费用的计算。

节事活动项目设计要合理，必须遵循以下原则：

1. 经济原则

一项节事活动项目的设计能否符合经济原则，以较低成本获得较高的收益，是评价该活动项目是否具有经济价值和经济意义的重要方面。

2. 社会效益原则

节事活动项目有别于一般的投资建设活动项目，因为它在举办或运行时，除了自身的经济效益投入与产出以外，还要考虑社会效益的产出。因此在进行一项活动项目的设计时，分析其社会效益是非常重要的。

3. 专业分工与协作的原则

专业分工与协作是社会化大生产的主要特征。节事活动项目的设计应在人员配备过程中搞好专业化分工与协作，提高社会生产率。

4. 生态平衡原则

如今，环保问题已为越来越多的国家所重视。资源破坏、环境污染、生态失衡等问题给经济发展带来严重的阻碍，而这些问题很多都是由于不重视环境保护造成的。尽管节事活动项目大多数为短期活动项目，但是一些大型的节事活动往往包括了相关设施的建造，也需要重视环境保护的问题。

节事活动会场的场址选择是节事活动项目设计最基础的一环。场址选择的主要任务是在已选定的活动举办范围内，具体地决定会场的坐落位置。场址选择的经济政治因素以及文化因素等，在确定活动项目建设场址时要综合考虑。活动场址选择的重点在于能够发挥该场址的地理位置优势。

（四）组织机构和人员配备

为了完成既定的活动任务，没有一定的组织机构和人员的保证是不合理的。在节事活动可行性研究中，对活动的组织机构和活动人员配备作细致的计划，对活动项目的成败也有举足轻重的作用。

（五）活动时间的安排

节事活动项目的活动时间是指从立项开始到大规模举办阶段，这一时期包括立项、定约、设计、筹备与施工、彩排、大规模举办等若干个阶段。如果时间安排不合理，不符合统筹规划原理，活动项目的运行就会发生紊乱，从而影响活动项目的预期目标。

（六）财务评价

衡量某一活动项目的经济性必须从两个方面进行，即财务评价和国民经济评价。

节事活动项目的财务评价是指在国家现行财税制度和价格体系的条件下，计算活动项目范围内的效益与费用，分析活动项目的盈利能力、活动项目贷款的清偿能力以及外汇效果等，以判断活动项目在财务上的可行性。

财务评价内容主要有两项：一是财务盈利分析；二是财务清偿能力分析；涉及外汇收支的活动项目，则还应进行外汇效果分析。一般来说，除去活动项目的社会效益外，该活动项目只有具有一定的盈利能力、清偿能力才是可行的。客观、公正、科学地进行盈利能力、清偿能力、外汇平衡的评价和分析，才能做出正确的结论，选出最优的方案。

（七）活动项目的专家综合评议及建议

由专家比如相关的技术人员和聘请的专家顾问人员包括法律顾

问，审核上述内容，主要是对节事活动的技术、财务、法律问题、组织机构等进行定量和定性描述，并综合各方面效果进行评价，对不同方案做出比较，提出决策建议。

二、工作流程

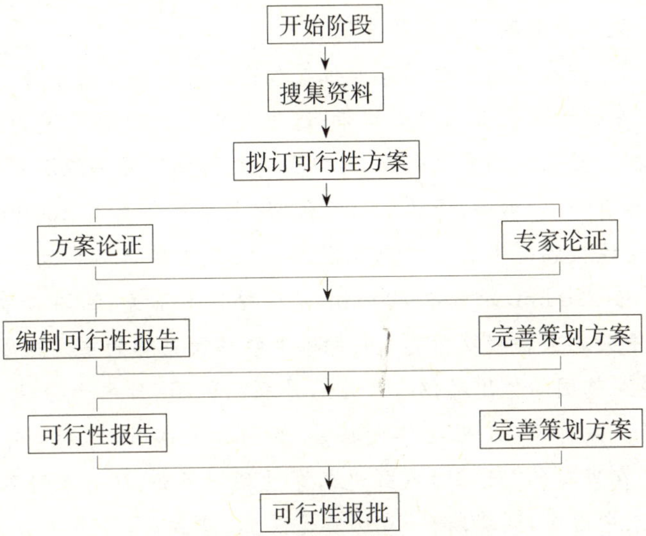

图 4-1　可行性研究工作流程

“全国毽球城”丹东市举办国际毽球节的可行性研究(部分)

周春太

(辽东学院体育部，辽宁丹东 118001)

……

3. 丹东市举办国际毽球节的可行性

3.1　丹东是全国唯一的一座毽球城，具备良好的毽球运动文化氛围

2004 年 8 月 9 日，国家体育总局为了鼓励丹东市积极开展全民健身活动，贯彻和落实全民健身计划纲要，促进毽球运动和毽球产业的进一步的发展，批准授予丹东市“全国毽球城”称号。丹东市毽球运动协会于 2000 年 5 月正式成立，坚持有计划地开展毽球运动的普及和推广工作，致力于骨干人员的培训，卓有成效，现全市 887 名等级社会体育指导员都不同程度地掌握毽球的技艺和有关技术知识。

在全市241万人口中毽球运动爱好者已达50余万人，毽球活动遍布丹东市各地。丹东市的毽球运动发展至今，势如潮水，参与的人数越来越多。在丹东每天早晨、晚上、业余时间和节假日，在广场上、公园里、小区内、路灯下踢毽球的人群随处可见，彩毽飞舞，人群欢笑成为展示丹东人文风情的窗口，是丹东的一大奇观和一道靓丽的风景线。丹东的毽球运动开展的普及性和良好的毽球运动文化氛围为成功举办国际毽球节夯实了坚实的基础。

3.2　丹东具有优越的地理位置和良好的环境气候条件

丹东位于东北亚的中心地带，这里是中国大陆海岸线的北端起点，中国万里长城的东端起点，是环黄海经济圈环渤海经济圈重要交汇点，具有沿江、沿海、沿边“三沿”优势，与朝鲜半岛有306 km的边境线，是连接朝鲜半岛与中国及欧亚大陆的主要陆路通道。丹东铁路距平壤220 km，距首尔420 km，是连接日本下关、韩国首尔、朝鲜平壤、中国北京和俄罗斯莫斯科的欧亚铁路大动脉的重要组成部分。丹东港距韩国的仁川港仅454 km，是联结韩国、日本十分便利的海上通道。被称为“21世纪伟大壮举”的国际大通道，计划从东京起，通过正在兴建的“日韩海底隧道”，穿过朝鲜半岛，从丹东进入中国，过南亚、中近东，到莫斯科，直达英伦三岛，建成后，丹东将成为中国及欧亚大陆经陆路、海路与日本、朝鲜半岛开展经贸合作的重要城市。丹东位于亚欧大陆东岸中纬度地带，属暖温带季风型大陆性气候，年平均雨量多在800—1 200 mm之间，是中国北方雨量最多的地区，降水2/3集中于夏季。城市集中饮用水源水质达标率100%，城市绿化覆盖率达38.9%，环境空气质量全年好于国家二级水平。年平均气温南部8—9 ℃，北部在6—7 ℃，受季风影响，季节变化明显，四季分明。丹东是中国东北地区最温暖最湿润的地方，是最适合人类居住的城市，素有“北方江南”、“东北苏杭”之称，堪称旅游避暑的胜地。丹东因为特殊的地理位置和具有明显优势的区位气候特点，每年吸引着世界各地的旅游者。在2007中国避暑旅游城市排行榜公布的50个避暑旅游城市(地区)中，丹东排名第21位。由此不难想象，在丹东举办国际毽球节，丹东具备了得天独厚的自然条件。因为丹东交通发达，气候宜人，这是吸引天下朋友参加国际毽球节一个不可缺少的因素。

3.3 丹东具有承办大型节庆经验优势

丹东市从1992年开始,先后举办了10年节庆活动。1992年丹东市举办了以丹东市花“杜鹃花”命名的杜鹃花节。从1993年至1997年丹东市政府与国际野蚕协会联合,连续举办了5届东方丝绸节。1998年至2000年举办了3届对外经济技术贸易洽谈会。这些节庆活动对我市招商引资、对外宣传都起到积极的推动作用,也取得了较好的经济效益。为了使节庆活动更突出丹东的优势和特点,2001年丹东市人民政府认真总结以往办节庆活动的经验,将对外经济技术贸易洽谈会改名“鸭绿江国际旅游节”。至今,丹东市已经成功地举办了8届“鸭绿江国际旅游节”。综上可知,丹东市已经具备了举办大型节庆经验的优势。

3.4 举办国际毽球节有利于丹东毽球运动更好开展

丹东市作为全国的毽球城,丹东的毽球普及程度高,丹东毽球竞技曾经有过辉煌的过去。但是,现在的竞技毽球水平不高,与兄弟城市有着一定的差距。在丹东举办“国际毽球节”,就可以为我市的毽球运动员和毽球爱好者提供一次与高水平的运动队进行交流和切磋机会,节庆期间毽球高水平的比赛和表演一定会吸引本地的群众前去参与和观赏。一方面能够学习先进的技艺,另一方面通过观赏高水平比赛和表演能够极大触动本市毽球爱好者学习的动机和欲望,也能吸引新的毽球运动爱好者参加到毽球运动中来。可以说比赛就是“播种”,就是“宣传”。显然,“国际毽球节”的举办对丹东市毽球运动更进一步的普及和提高有着很大的促进作用。

3.5 举办国际毽球节有利于毽球及相关产业发展

3.5.1 有利于毽球本体产业的发展

节庆活动将带来毽球产业大的发展。2000年以前,丹东市毽球主要靠从江苏太仓等地购。毽球活动火起来以后,据不完全统计,目前丹东市有50余家毽球生产厂,从业人员近千人。虽然丹东市的毽球产业得到了一定发展,但是从企业的规模来看,大多数毽球企业还是以手工作坊型为主;从产品的质量来看,还没有达到较高的要求质量不稳定,竞争力不强;从销售渠道来看,据调查大多数企业没有专门的销售人员和销售网络,这样极大地影响了毽球的销售。如果丹东市举办国际毽球节,在节庆期间举办毽球产品展览订货会。首先,能够吸引国内外毽球的销售商及毽球运动爱好者来关注丹东市毽球产品，对丹东市毽球起到很好的宣传作用。另外，通过毽球产品的展览，有利于丹东市毽球企业取长补短，吸取先进毽球制造工艺，继而促进丹东市毽球产品的质量的提高，使丹东市毽球产业从零散的小作坊向规模化发展，打造丹东毽球品牌产品，推动毽球产业的发展。要积极联合科研、质量监督和工商部门，协助毽球生产厂家搞好产品研发和产品质量的提高，增加毽球花色品种，加强包装装潢研究，打造名品，拉动经济。例如，山东潍坊国际风筝节成功的举办，为丹东“国际毽球节”的举办有着良好的启示作用。据资料可知，潍坊国际风筝会的成功举办，极大地促进了潍坊市风筝业的发展，使潍坊风筝从零散的小作坊向产业化趋势发展潍坊风筝从最初年出口 1 万只发展到现在年外销 50 万只，潍坊风筝从材料供给生产制作、贩运流通到市场销售，已形成一个完整的产业链。据不完全统计，目前潍坊市成规模的风筝厂有 200—300 家，产业从业人员有万人之众，年销售风筝 3 000 多万只，收入 4 亿多元。由此可见，丹东市“国际毽球节”成功举办将极大带动毽球本体产业的发展。

3.5.2　有利于拉动旅游业的发展

一个节庆活动的举办，会吸引数以万计旅游者从域外、境外涌入本地，而游客的增多无疑能极大的推动本地旅游业的发展。2005 年风筝会期间，大量外地宾客的涌入，不但星级酒店爆满，连一些中档酒店也是客房吃紧，各旅游景点游客人数增长 15%。据资料可知，潍坊市旅游资源并不丰富。然而，丹东市是个旅游资源丰富的城市，丹东市临江沿海，自然风光优美，人文景观独特，有风景名胜区、森林公园、自然保护区文物古迹可供旅游观光除优越的自然条件和丰富的人文景观外，丹东更有经国家旅游局特许经营的赴朝旅游这一特色旅游产品，为广大中外游客所青睐，成为丹东旅游业发展的一大特色。2004 年来丹旅游的国内游客 586 万人次，国外游客 8.1 万人次，旅游总收入 40.2 亿元。显然，丹东市旅游业在丹东市 GDP 值中占有举足轻重的位置。那么，如何拓宽渠道，吸引更多的省内外、国内外游客，是摆在丹东人面前一个课题。该研究认为，丹东市通过举办国际毽球节，不时为一个很好的契机。因为一个国际性毽球节的举办必将通过各种媒体宣传和报道，一定会诚邀天下各界朋友，能吸引毽球爱好者、毽球制造商、经销商、毽球运动科研以及国际友人等人员来考察、订货、学习、交流和调研等活动。这样势必对丹东市的旅游业的发展又开辟了一条新的途径。

3.5.3 有利于地方经贸业的发展

丹东，原名“安东”，源于唐代设置的安东督护府。一直以来是辽东的边陲重镇和军事要地。1907 年，清政府开放安东为贸易港，开港后，民族工商业兴起，城市经济迅速崛起，成为辽宁、吉林东部的物资集散地和出海口。由此可知，丹东市历来就是一个贸易的集散地。如何发挥港口优势，促进丹东地方经济发展，为振兴辽宁经济添砖加瓦是应尽的责任和义务。那么发展经济需要多渠道经营，利用可利用的载体“毽球搭台，经贸唱戏”是丹东市政府可以利用的平台，丹东市各级各部门单位可以抓住“国际毽球节”这个平台，把招商引资工作作为各项工作“重中之重”，抓住时机，积极邀请客商，推介洽谈项目，并结合各自实践，组织安排好洽谈活动，使招商工作顺利进行。比如，中国(寿光)国际蔬菜科技博览会，坚持以菜为媒，以菜会友为宗旨，通过举办投资说明会和经贸洽谈会，推介重点招商项目，都取得了较好的效应。又如在梅河口市举办了 2006 欧曼欧康杯全国卡车大赛暨中国梅河口投资贸易洽谈会。这是梅河口市“体育搭台、经贸唱戏”等一系列“兴市”战略的又一举措，吸引来自全国各地宾客眼球的既有对抗激烈、紧张有趣的卡车赛事，梅河口市本次活动推出的 500 多个名优产品，100 多个对外招商项目以“体育搭台，经贸唱戏”例子举不胜举。丹东市利用本土毽球运动资源的优势创办“国际毽球节”带动大的产业发展，是我们可利用的优势。

3.5.4 举办国际毽球节有利于提升丹东市知名度

城市的知名度是指一个城市被社会、公众认知熟悉的程度。一般而言，城市知名度的形成一要依赖于以独特的文化(历史的或现代的，人文的或自然的)为主体的要素的城市形象，二要依赖于城市形象的传播。前者通过后者而达到让社会、公众形成认知的目的。特色节会是最大、最有特色、最有意义和最生动的城市广告，它能向全国各地参展商。贸易商和展会观众宣传一个城市科技水平经济发展实力，展示城市形象，扩大城市影响，提高城市的知名度和美誉度。正如人们一提到大连就知道服装节，一提到慕尼黑就知道啤酒节。

这些节会张扬了城市的个性,提高了城市知名度据本研究调查可知,丹东市是中国唯一一座毽球城,并没有得到应有的知名度。究其因可能是毽球城这个名字使用率不高所致。它不如节庆那样使用频率高,因为节庆日每年为一个周期,每到节会日,各个方面都会进行大量的宣传,不断的刺激人们的神经,久了就会产生永久的记忆。所以说丹东市可以考虑每年举办一次国际性毽球节,来提升丹东市在全国乃至在全世界的知名度,知名度的提高必将促进丹东市更进一步的开放,也能带来更多的发展机会,增强了城市的竞争力,使"国际毽球节"成为丹东市一张名片。

3.5.5 举办国际毽球节有利于促进丹东市文化交流与发展

文化是节庆活动的核心要素,是灵魂;文化节庆活动的商机需要文化去引领,去创造毽球运动本身就是我国民族传统文化体现。丹东"国际毽球节"召开,一定会对辽宁省丹东市区域内外及国内外多层次交流提供机会。节庆期间,国内外毽球队、商贸团体、观光旅游者等的到来,也带来了不同文化。势必外来文化会与本土文化进行交流。比如,不同类别的毽球比赛、表演、制造工艺交流、毽球文化的研讨、毽球运动科研和学术方面的活动,这是毽球文化的本体交流,另外,丹东的满族风情和朝鲜族歌舞,饮食文化也是丹东地域特色文化,也必将会对外产生一定影响。例如,新华社一位记者感慨地说:"打腰鼓可以是一种颓废情绪的宣泄,二人转也可能有黄色的内容的渗透,而丹东毽球永远是文明健康的。"可见,毽球文化在丹东市具有一定的影响力,更好地利用毽球文化是丹东人的责任。另外,"国际毽球节"本身就是一种文化的创造,无论从经济角度看,还是从文化视角来预测都会对丹东市发展起到推动作用。

资料来源:辽东学院学报(自然科学版),第19卷第1期,2012年3月。

第三节 节事活动的市场分析

一、市场调查

市场调查是获取市场信息的一种重要手段,是进行市场预测的前提和基础。尤其是在节事活动项目的可行性研究中，市场调查的作用显得尤为重要。开展市场调查，一定要运用科学的方法，有目的、系统准确地收集、记录、整理和分析市场状况的历史、现状以及发展变化的资料。认识市场发展变化的规律，为市场预测、确定活动项目的主题、形式和规模提供翔实可靠的依据。

（一）市场调查的工作程序

市场调查是一项有目的、有计划、有组织的活动。一般可以分为以下四个步骤：

1. 准备阶段

主要是确定调查的任务和目的，设计调查方案，组建调查队伍。

2. 调查阶段

通过实际的调查工作，完成与市场预测有关的资料收集工作。

3. 整理阶段

主要是对市场调查所获取的资料进行鉴别和整理，并进行统计分析。

4. 总结阶段

撰写调查报告，总结调查成果。

（二）节事活动市场调查的类型

1. 根据调查的内容及针对性可分为市场环境调查和市场专题调查

市场环境调查包括对政治、经济、文化、自然等各方面进行的调查。

市场专题调查则是根据调查的需要进行有选择的调查。市场专题调查主要包括：(1)需求调查。一项节事活动的需求调查主要是指在当前的经济文化背景前提下，某一活动的主题、形式、内容、规模是否符合社会的需求，一旦该活动举办或运行，能否获得支持，能否实现该活动举办的初衷；(2)相关产品调查。节事活动相关产品调查包括对活动衍生产品的创意情况、节庆或者旅游产品的质量、消费者对该产品的预期满意度和要求等进行调查；(3)价格调查。活动价格调查主要包括对活动门票、影响价格的因素、价格变化的趋势等进行的调查；(4)市场竞争调查。节事活动的市场竞争调查主要对同类活动及现有具有可替代性的活动的社会需求状况及变化趋势进行调查，特别是一些商业性质的活动，需要十分详细的调查主要厂商现有活动的市场影响率及与活动相关的产品的成本构成营销策略，消费者可以接受的价格水平等进行的调查。

2. 按调查对象的范围可以分为全面调查和抽样调查

全面调查又称普查。是对全体调查对象进行的调查。在节事活动项目的可行性研究中一般不采用这种调查。

抽样调查是从调查对象的全体中选取具有代表性的若干个体进行调查,然后从个体的统计分析去推断全体的一种方法。它一般又可分为随机抽样调查和非随机抽样调查。

3. 按调查的途径可以分为直接调查和间接调查

直接调查是通过书面、电话、专访等形式直接向调查者获取所需资料的做法。它一般有观察法和实验法两种。

间接调查是通过对相关因素的调查分析推出所需资料的做法。

(三) 调查资料整理

调查资料的整理,主要包括对调查资料的审核、检验和分类处理。

1. 调查资料的审核

所谓调查资料的审核,是指对已经收集到的资料进行总体检验,检查其是否齐全、是否有差错,以决定是否采用此份调查资料的过程。

对调查资料的审核是多方面的,主要集中在审核资料是否完整、资料是否准确。

2. 调查资料准确性的检验

主要检验被调查者是否属于规定的样本范围内,调查资料是否存在明显的错误,是否真实可信,调查口径、计算方法、计量单位是否统一。

3. 调查资料的分类处理

经审核、检验后的调查资料有不同的处理方法:

(1) 接受基本正确、符合要求的调查资料。

(2) 将问题较多的调查资料作废。

(3) 对问题较少的调查资料,由调查人员采取适当措施,进行补充、完善后再采用。

二、市场预测

(一) 市场预测的概念

所谓市场预测,是指以市场调查所获得的信息资料为基础,运用科学的方法,对未来一定时期内市场发展的状况和发展趋势作出正确的估计和判断。市场预测是可行性研究中不可缺少的组成部分。

（二）市场预测的意义

市场调查和预测的主要作用是说明举办或运行某一节事活动项目的“必要性”。因此，市场预测的结果是判断活动项目举办有无必要的重要依据，从而可以避免活动项目的重复举办和盲目举办；同时，它也是保证实现社会供需平衡、提高活动项目的投资效益、促进国民经济协调发展的重要措施，是活动项目的投资效益分析指标正确与否的重要保证。

（三）市场预测的类型

1. 按预测的时间期限不同可分为短期预测、近期预测、中期预测、长期预测

(1)短期预测是指预测的时间期限一般在一个季度内。它主要针对中小型即时举办的活动，讲究预测的时效性；(2)近期预测是指预测的时间期限一般在一年内。它主要针对的是中型规模的、需要进行具体筹划的节事活动项目；(3)中期预测是指预测的时间期限一般在一年以上五年以内。一般针对的是中大型规模的或者定期举办的活动项目；(4)长期预测是指预测的时间期限在五年以上。一般针对大型、特大型有长远影响或国际影响的活动项目。

2. 按预测的角度范围不同可分为宏观市场预测和微观市场预测

宏观市场预测是关于某一活动项目对于整个国民经济发展前景和整个社会经济进步趋势影响的预测。宏观市场预测的主要内容有：某一节事活动举办后，国民生产总值及其增长态势、消费结构变化等预测。国际范畴内大型节事活动的宏观市场预测还包括对世界范围的市场动态、商品结构等的预测。宏观市场预测的直接目标是分析全国性经济或社会效益及其变化趋势，经济的国际市场份额及其变化。宏观市场预测涉及面广，一般由政府部门、全国性研究机构、协会等来承担。微观市场预测主要是指某些小型活动的经济、社会效益的市场预测，如某些商业活动的举办对产品的市场需求量、销售量、市场占有率等内容的预测。微观市场预测的内容比较具体、细致，对活动举办者筹措、举办活动有直接的影响和指导作用。

3. 按预测的要求不同分类可分为定性市场预测和定量市场预测

这种分类一般用于带有营销性质的商业活动。定性市场预测是对市场有关事物未来发展变动的方向、态势的预测，它侧重于对事物未来的性质进行推测、估计，不在于揭示数量。它可以用来解释是否该举办

某项商业活动、商业活动的主题、内容是什么；定量市场预测是对市场有关事物未来变化的规模、水平、速度比例等数量方面进行推测、估计。一般用来分析某项商业活动的举办规模。

（四）节事活动市场预测的一般程序

市场预测是在市场调查研究的基础上，明确预测目标，收集资料，分析判断并运用预测方法，作出预测结论的过程。这一过程具体包括以下程序：

1. 确定预测目标

确定预测目标，就是要明确预测的目的、要求，是进行市场预测首先要解决的问题。具体包括确定预测对象、预测活动项目、预测的空间范围和时间要求。预测目标应尽量具体、详尽，不能含糊、抽象。它既关系到整个预测活动的成败，又关系到预测中其他步骤的进度，如收集什么样的资料，采用什么样的预测方法，以及如何制定该项预测的具体工作计划和进度计算等。

确定了预测目标，就使整个市场预测工作有了明确的方向和内容。例如某地区为活跃汽车交易市场，拟于下半年举办中型规模的小汽车展销节，开展了该地区 2009 年家庭小轿车需求预测。该项预测目标明

确，预测对象是小轿车，预测活动项目涉及居民家庭小轿车的需求量预测、影响居民小轿车需求的各种因素（如收入水平）的预测。该项预测属于中期的市场预测。

2. 收集分析有关资料

科学的市场预测，必须建立在掌握充分的市场资料基础上。预测目标确定后，就要围绕预测目标，广泛收集各种历史和现实资料。市场资料众多，在预测中应收集什么样的资料，完全由预测目标来决定。市场预测所需资料有两类：一类是关于预测对象本身的历史和现实资料，如上例中某地区家庭私人 2007、2008 年来购买小轿车的统计资料。另一类是影响预测对象发展过程的各种因素的历史和现实的资料。如影响居民家庭购买小轿车的因素资料，收入状况及变化、小轿车价格变动资料、城市道路发展变化资料等。

围绕市场预测目标，收集市场资料，力求收集得完整、可靠、准确和适用。

3. 分析判断

分析判断是指对收集的历史和现实资料进行综合分析，对市场未

来的发展变化趋势做出判断，为选择预测方法，建立预测模型提供依据。分析判断的内容是多方面的。分析各种市场影响因素对市场未来需求的影响，分析预测期内经济的供应、生产、销售关系和其变化以及社会需求和效益的变化，分析社会心理、消费倾向等对市场未来经济需求和文化需求的影响。如分析广大社会群众的心理、文化、行为、价值观念等变化对市场未来经济上的或文化上的需求的影响，随着我国进入小康社会，人们对健康日益重视，可以预测各种体育健身类的活动将受到广泛的支持。

4. 选择预测方法，建立预测模型

根据预测目标，在对有关资料进行分析判断后，就要选择预测方法。预测方法选择是否适当，将直接影响预测结果的可靠性。预测方法很多，有定性预测法和定量预测法两大类。

如何选择预测方法？一般应从以下两方面考虑：第一，根据预测目标和要求，选择预测方法。例如，预测的活动项目是短期和近期的，一般选用集合意见法、市场调研预测法、移动平均法、指数平滑法等。预测活动项目是中长期的，一般采用趋势延伸法、回归分析法、德尔菲法等。第二，根据预测对象商品本身的特点来选择预测方法，不同的预测对象，具有不同的属性和变化特点。如带有商业拓展性质的商业活动，一旦被社会所接受，传递效应非常迅速，但更新淘汰也很快。因此，不宜采用趋势延伸法，而用市场调研预测法较适宜。而像“冷饮节”、“啤酒节”等季节性较强的活动，其规模、产品投放一般采用季节指数法进行预测最合适。

预测方法与预测模型是紧密联系在一起的。确定了预测方法，也就确定了预测模型。建立预测模型，就是指依据预测目标，应用预测方法建立起来的数学模型。建立预测模型应注意以下问题：(1)在满足预测目标和要求前提下，尽可能使预测模型简单化；(2)在应用预测模型时，要对模型进行必要的检验，以判断模型是否适用；(3)当预测模型不够科学时，应及时进行修正。

5. 作出预测结论

这是市场预测工作的最后一个阶段。包括利用预测模型计算出预测值和评价预测值的合理性，最后确定预测结论两个环节。

需要指出的是，为了保证预测值的准确性，在市场预测中，常常要同时采用不同的预测方法与预测模型，并对它们的预测结果进行分析比较，进而对预测值的可信度作出评价，以确定最符合实际的预测值。

（五）市场预测的方法

1. 判断意见预测法

是指按照预测要求，参与预测的有关人员依据自己的经验知识，在个人的判断基础上提出预测意见，再综合大家意见，作出市场预测的方法。一般用于节事活动的定性、主题、内容、规模的确定。它包括集合意见法、专家会议法和德尔菲法等。

（1）集合意见法，是指活动立项或举办人员，根据活动项目的主体内容，对市场未来需求趋势提出个人预测意见，再集合大家意见作出市场预测的方法。特别是企业举办的，带有产品推广性质的商业活动在确定活动规模时，企业内部的经营管理人员和业务人员，通过日常工作，积累了丰富经验，掌握着大量的资料，他们最熟悉市场需求变化情况，对他们的意见进行充分调查并加以集中，可以对市场的未来情况做出预测。采用集合意见法进行预测，一般步骤如下：

其一，活动组织者根据企业经营管理的要求，向参加预测的有关人员提出预测活动项目和预测期限的要求，并尽可能提供有关背景资料。

其二，有关人员根据预测要求及掌握的背景资料，凭个人经验和分析判断能力，提出各自的预测方案。

其三，组织者计算有关人员的预测方案的方案期望值。方案期望值等于各种可能状态主观概率与状态值乘积之和。

其四，将参与预测的有关人员分类，计算各类综合预测值。计算方法一般采用平均数、加权平均数统计法或中位数统计法。

其五，确定最后的预测值。组织者将各类人员的综合期望值通过加权平均法等计算出最后的预测值。由此决定活动的规模或者活动中产品的投放量。

[例 1]某酒类企业为了推广其一种葡萄酒产品，准备举办一个“某某酒类文化节”，为了预测该种酒投放规模，要求经理和业务科、计划科、财务科及销售员作出销售预测。

具体步骤如下：

第一步：各位经理、科室负责人和售货员分别提出各自的预测方案。见表 4-1、表 4-2、表 4-3，单位：万元。

表 4-1

经理	销售估计值						期望值	权数
	销售好	概率	销售一般	概率	销售差	概率		
甲	500	0.3	420	0.5	380	0.2	436	0.6
乙	550	0.4	480	0.4	360	0.2	484	0.4

表 4-2

科室人员	销售估计值						期望值	权数
	销售好	概率	销售一般	概率	销售差	概率		
业务	600	0.5	400	0.2	360	0.3	488	0.3
计划	540	0.4	480	0.3	340	0.3	462	0.3
财务	580	0.3	440	0.3	320	0.4	434	0.4

表 4-3

售货员	销售估计值						期望值	权数
	销售好	概率	销售一般	概率	销售差	概率		
甲	480	0.3	400	0.5	300	0.2	404	0.4
乙	520	0.3	440	0.4	360	0.3	442	0.3
丙	540	0.2	420	0.5	380	0.3	432	0.3

第二步：计算各预测人员的方案期望值。

方案期望值等于各种可能状态的销售值与对应的概率乘积之和。

如经理甲的方案期望值：

$$500 \times 0.3 + 420 \times 0.5 + 380 \times 0.2 = 436(\text{万元})$$

业务科人员的方案期望值：

$$600 \times 0.5 + 400 \times 0.2 + 360 \times 0.3 = 488(\text{万元})$$

售货员甲的方案期望值：

$$480 \times 0.3 + 400 \times 0.5 + 300 \times 0.2 = 404(\text{万元})$$

其他人员方案期望值都依此计算，并填入表中。

第三步：计算各类人员综合预测值。

即分别求出经理类、科室人员类、售货员类的综合预测值。

综合预测值公式为：

$$\widetilde{Y}=\frac{\sum W_i\widetilde{Y}_i}{\sum W_i}$$

$\widetilde{Y}$：某类人员综合预测值；

$\widetilde{Y}_i$：某类各人员的方案期望值；

W_i：某类各人员的方案期望值权数。

经理类综合预测值为：

$$\frac{436\times0.6+484\times0.4}{0.6+0.4}=455(\text{万元})$$

科室人员类综合预测值为：

$$\frac{488\times0.3+462\times0.3+434\times0.4}{0.3+0.3+0.4}=459(\text{万元})$$

售货员类综合预测值为：

$$\frac{404\times0.4+442\times0.3+432\times0.3}{0.4+0.3+0.3}=424(\text{万元})$$

第四步：确定最后预测值。

这是对三类人员的综合预测值应用加权平均法再加以综合。由于三类人员的综合预测值重要程度是不同的，所以应当为三类人员综合预测值给予不同的权数。现假定：经理类权数为 4；科室人员类权数为 3；售货人员类权数为 2(权数可以是小数，也可以是正整数)

最后预测值为：

$$\frac{455\times4+459\times3+424\times2}{4+3+2}=\frac{1\,820+1\,377+848}{9}=449(\text{万元})$$

(2) 德尔菲法也叫专家小组法。德尔菲法，是美国兰德公司在 20 世纪 40 年代末所创，最先用于科技预测，20 世纪 60 年代以后在市场预测中得到广泛应用。德尔菲(Delphi)是阿波罗神殿所在地的希腊古城之名，传说阿波罗是预言神，众神每年集会于德尔菲以预测未来。因此，专家小组法也称为德尔菲法。

德尔菲法是为了克服专家会议法缺点而产生的一种新的专家预测方法。如前所述，专家会议虽能收集思广益之效，但是存在以下缺点：参加会议的人数有限，代表性不够，影响讨论；个别权威和能言善辩的专家可能左右会场；由于自尊心，即使个人意见依据不充分，也不愿意当面修正，从而影响预测结论的正确性。

所谓德尔菲法，是指采用背对背的通信函询方式征询专家小组成员的预测意见，经过几轮征询，使专家小组预测意见趋于集中，最后做出符合市场未来发展趋势的预测结论。如果说专家会议法是专家们面对面开会进行预测，那么，德尔菲法就是专家背靠背方式进行预测，即专家之间互不往来，彼此之间都不知道对方是谁。采用“背靠背”的形式，这就克服了在专家会议法中经常发生的，各专家不能充分发表意见，权威人物的个人意见往往左右其他人的意见等弊病。各位专家能真正充分地发表自己的预测意见。

德尔菲法的一般步骤分为：

A. 确定预测题目，选定专家小组

被选定的专家，必须是对确定的预测对象具有丰富知识的人，既包括理论方面的专家，也包括具有丰富实际工作经验的专家，这样组成的专家小组，才能对预测对象提出可信的预测值。专家人数一般 10—20 人。

B. 制定征询表，准备有关材料

预测组织者要将预测对象的调查活动项目，按次序排列绘制成征询表，向有关专家发送。同时还应将填写要求、说明一并设计好，使各专家能够按统一要求估算出预测值。

C. 采用匿名方式进行多轮函询

D. 运用数学统计分析方法对专家最后一轮预测意见加以处理，做出最后的预测结论。

用德尔菲法征询专家意见一般要求在三轮以上，只有经过多次的征询，专家们的看法才能更加成熟，全面，并使预测意见趋于集中。用数学统计分析方法处理专家们的预测数据，得出最终预测值，一般采用平均数法和中位数法。

a. 平均数法

$$Y=\frac{\sum X_i}{n}$$

X_i：各位专家的预测值；

n：专家人数。

b. 中位数法

中位数的位置：　　$\frac{n+1}{2}$

具体做法是：将最后一轮专家的预测值从小到大排列，碰到重复的数值舍去，那么中位数所处的位置$\left(\text{第}\ \frac{n+1}{2}\ \text{位}\right)$的数据，就是中位数。

[例 2]某企业开发一种新产品，准备举办新产品的发布会，对新产品的最初投放量难以确定，因而聘请 10 位专家，用德尔菲法进行预测。具体数据见表 4-4。

表 4-4　德尔菲法预测值汇总表　　单位：万台

专家意见 / 专家编号 / 征询次数	1	2	3	4	5	6	7	8	9	10
第一轮	70	80	75	52	75	45	50	60	54	63
第二轮	70	75	73	55	65	47	54	65	60	63
第三轮	70	73	70	62	72	55	58	60	63	65

从表 4-4 中不难看出，专家们在发表第二轮预测意见时，大部分的专家都修改了自己的第一轮预测意见，专家们发表第三轮预测意见也是如此。经过三轮征询后，专家们预测值的差距在逐步缩小，在第一轮征询中，专家的最大预测值 80 与最小预测值 45 相差 35 万台；第二轮征询中，专家最大预测值 75 与最小预测值 47 相差 28 万台；第三轮征询中，专家最大预测值 73 与最小预测值 55 相差 18 万台。若用平均数法确定最终预测值：

$$Y=\frac{\sum X_i}{n}$$

$$=\frac{70+73+70+62+72+55+58+60+63+65}{10}$$

$$=\frac{648}{10}=64.8(\text{万台})$$

即预测新产品最初投放量为 64.8 万台。

若用中位数法确定最终预测值：首先，将表 4-4 中专家第三轮预测值，按其数值从小到大排列：53，58，60，62，63，65，70，72，73(有两

个 70，舍去 1 个）

其次，确定中位数所在的位置，

$$\frac{n+1}{2}=\frac{9+1}{2}=5$$

那么，第 5 个数据为中位数。

即预测新产品的年销售量为 63 万台。

以上是德尔菲法应用的一个例子。德尔菲法是定性预测法中的一种常用的方法。

2. 市场调查预测法

是指预测者以市场调查获得的直接资料为依据，经过分析、测算，对市场未来需求状况作出预测的方法。市场调查预测法在一定程度上减少了主观性和片面性，而且适用性较强，尤其是在缺乏历史资料的情况下，通过直接调查，也能获得较为可靠的预测结果，一般对于需要精确规模预测的节事活动较为适用，也可用于活动项目的门票、收费的价格制定，市场调查预测法主要包括购买意向调查法和联测法等。

(1) 购买意向调查法，也称买主意向调查法，这种调查方法原本是指通过一定的调查方式（如抽样调查、典型调查等）选择一部分或全部的潜在购买者，直接向他们了解未来某一时期（即预测期）购买商品的意向，并在此基础上对商品需求或销售作出预测的方法。在缺乏历史统计数据的情况下，运用这种方法，可以取得数据资料，作出市场预测。通过对活动的潜在参与者进行调查，以此预测活动举办的规模或者门票、费用价格的制定。

应用购买意向调查法时，首先，要把活动参与者的参与意向分为不同等级，用相应的概率来描述其参与或购买可能性的大小。一般分为 5 个等级："肯定参与或购买"，参与或购买概率是 100%，"可能参与或购买"，参与或购买概率是 80%，"未确定"，参与或购买概率是 50%；"可能不参与或不买"，参与或购买概率是 20%，"肯定不参与或不买"，参与或购买概率为 0（表 4-5）。

表 4-5　参与意向与概率

参与意向	肯定参与	可能购买参与	未确定	可能不参与	肯定不参与
概率描述(P)	100%	80%	50%	20%	0

其次，向被调查者说明所要调查的活动的主题、内容、特点、价格等情况，以便使参与者能准确地做出选择判断，并请被调查者明确参与意向，即属于上表 5 种购买意向中的哪一种。

第三，对购买意向调查资料进行综合，列出汇总表(表 4-6)。

表 4-6　购买意向与概率

购买意向	肯定购买	可能购买	未定	可能不买	肯定不买
概率描述(P)	100%	80%	50%	20%	0
人数 X_i	X_1	X_2	X_3	X_4	X_5

最后，计算购买比例的期望值，再计算参与意愿的预测值。

参与比例的期望值公式如下：

$$E=\frac{\sum P_iX_i}{\sum X_i}$$

P_i：不同购买意向的概率值；

X_i：不同购买意向的人数(户数)。

参与量预测公式如下：

$$Y=E\cdot N$$

E：购买比例的期望值；

N：预测范围内总人数。

[例 3]某市准备举办一大众健身体育节，预测体育节的参与人数。该市居民为 12 万户，样本为 300 户。调查资料显示：肯定参加 4 户，可能参加 10 户，未定 20 户，可能不参加有 110 户，肯定不参加 156 户。

解：A. 计算参与比例期望值：

$$E=\frac{\sum P_iX_i}{\sum X_i}$$

$$=\frac{4\times 100\%+10\times 80\%+20\times 50\%+110\times 20\%+156\times 0}{300}$$

$$=\frac{4+8+10+22}{300}=14.7\%$$

B. 计算该体育节的参与人数预测值：

$$Y=E\times N=14.7\%\times 12=1.764(\text{万人})$$

（2）联测法是指以某一企业的调查资料或某一地区抽样调查资料为基础，进行分析、判断、联测，从而预测举办某一节事活动的规模及活动资金或产品投入的方法。

由于主客观条件的限制，活动举办者不可能对整个市场进行全面普查，只能是局部普查或抽样调查。因此，在许多情况下，运用局部普查资料或抽样调查资料，经过分析、判断，对整个行业或整个市场进行联测，就成为客观需要。运用联测法，关键在于局部普查资料应具有典型性，抽样调查的样本应是总体的缩影，即能反映总体的面貌。

第四节　节事活动可行性研究报告的编写

一、编写节事活动项目可行性研究报告的依据和要求

对一个节事活动项目进行可行性研究，必须以国家有关的规划、政策、法规为依据，还要有相应的资料支持。

（一）可行性研究工作的主要依据

（1）国家经济和社会发展的长期计划，各地区的整体规划，经济建设的方针、产业政策、投资政策和技术经济政策，以及国家和地方法律法规。

（2）批准的活动项目建议书和活动项目建议书批准后的意向协议等。

（3）国家批准的资源报告，国土开发整治规划、区域规划、工业基地规划和交通运输规划。

（4）国家进出口贸易和关税政策。

（5）国家、地区和行业有关的工程技术，经济方面的法令、法规、标准等资料。

（6）举办活动地区的自然、经济、社会等基础资料。

（7）国家颁布的建设活动项目经济评价方法与参数，如社会折现率、行业基准收益率等。

（8）市场调查报告。

（二）可行性研究报告的要求

由于可行性研究报告对于整个节事活动项目的建设乃至整个经济

和社会效益的合理调控都有极其重要的意义，为了确保它的科学性、客观性和公正性，有效防止错误和降低失误，我们对节事活动可行性研究报告有下列要求：

(1) 必须以客观公正的立场进行调查研究，搞好基础资料的收集。从客观实际出发，通过科学的分析，得出最终结论。

(2) 可行性研究报告的内容深度一定要达到国家规定的标准，基本内容要完整，切忌粗制滥造。在做法上要坚持先论证后决策，要掌握好活动项目建议书、可行性研究、评估这三个阶段的关系，不可行就应停止研究，坚持多方案比较，择优选取。

(3) 保证咨询策划单位必需的工作周期，以确保可行性研究的质量，切忌搞突击，草率行事。

二、节事活动可行性报告的编写内容

一个节事活动项目的可行性报告的编写，主要包括以下 10 项内容。

(一) 总论

总论是可行性研究报告的首要部分，它综合叙述了研究报告中各部分的主要问题和研究结论，并对活动项目的可行与否提出最终的建议，为可行性报告的审批提供方便。

总论主要包括以下四个方面：

1. 活动项目的背景

(1) 活动项目名称。

(2) 活动项目的组织单位。

(3) 活动项目的主管单位。

(4) 活动项目的举办地区和地点。

(5) 承担可行性研究工作的单位和法人代表。

(6) 研究工作的依据。

(7) 研究工作的概况。

2. 可行性研究结论

在可行性研究中，对某一节事活动项目的市场预测和举办规模，材料的供应，活动场址的选择，相关活动项目工程技术方案，资金总额及筹措，活动项目的财务和经济评价，环境保护和社会效益等重大问题，都应得出明确的结论。

3. 主要分析资料、技术指标

在总论部分可以将研究报告中各部分的主要分析资料和技术经济指标汇总,列出主要技术经济指标表,使审批和决策者对活动项目全貌有一个综合而明确的了解。

4. 存在的问题和建议

对可行性研究中提出的该项活动项目的主要问题进行说明并提出解决的建议。

（二）该项节事活动项目背景和发展概况

这一部分主要说明该项节事活动项目的创意、立项、发起过程,组织者的意向,活动项目举办或运行的必要性,活动项目发展及可行性研究工作的概况等。在叙述活动项目发展概况的同时,应能清楚地显示出该活动项目可行性研究的重点和问题。

（三）市场分析和举办规模

市场分析在可行性研究中占重要地位,任何一个活动项目立项拟办,都必须在对市场需求情况有了充分了解以后才能做出决定。在节事活动可行性研究报告中,要详细阐述市场需求预测、价格分析,并确定举办规模。

（四）举办条件与活动场址选择

根据市场分析的结果和举办规模的论证与建议,并通过对社会需求、经济和社会效益产出、资金和相关产品投入、资源等供应的可行性、可靠性进行研究,对活动场址进行技术和经济分析。

选择活动场址,要考虑资源、自然条件、基础设施、交通运输、城市化程度、地方文化和环境保护等要素。

（五）环境保护和安全保障

在节事活动项目筹划举办过程中,必须对贯彻执行国家有关环境保护和职业安全卫生方面的法规、法律,对活动项目可能对环境造成的近期和远期的影响,对影响劳动者健康和安全生产的因素,都要在可行性研究阶段进行分析,提出确实有效的防治措施。按照国家现行规定,凡从事对环境有影响的建设活动项目都必须执行环境影响报告书的审批制度。

（六）企业组织和劳动定员

在可行性报告中,根据市场调查、市场预测、活动规模和流程的研究，提出相应的活动组织机构、劳动定员总数、劳动力来源及相应人员的培训计划和激励措施。其中包括：活动筹办、承办组织的组织形式和工作制度，活动项目的劳动定员，总工资和平均工资估算，人员培训及费用估算等。

（七）活动项目实施进度安排

活动项目实施时期的进度安排是节事活动可行性研究报告中的一个重要的组成部分。所谓活动项目实施时期，也就是活动的筹办时期，是指从活动项目正式立项到该活动项目正式举办这段时间。在可行性研究阶段，须将活动项目实施时期各个阶段的各个工作环节进行统一规划、综合平衡，从而做出经济合理又切实可行的安排。

1. 活动项目实施的各阶段

（1）建立活动项目组织管理机构。

（2）资金筹集安排。

（3）创意获得与转让。

（4）相关准备。

（5）彩排与举办准备。

（6）活动正式举办准备。

2. 活动项目实施进度表

（1）横道图。

（2）里程碑计划。

3. 活动项目实施费用

（1）组织单位管理费。

（2）筹备费。

（3）人员培训费。

（4）办公用品和道具购置费。

（5）其他费用支出。

（八）活动项目投资估算与资金筹措

每一个活动项目都必须计算所需要的投资总额，分析投资的筹措方式，并制定用款计划。一个节事活动项目所需要的资金，可以从多种渠道获得。在活动项目可行性研究阶段，资金筹措工作是根据对活动项目固定资产投资估算和流动资金估算的结果，研究落实资金的来源渠道和筹资方式，从中选择条件优惠的资金。在可行性研究报告中，应对每一种来源渠道的资金及其筹措方式逐一论述，并且附带必要的计算表格和附件。在可行性研究报告中，除了资金来源、活动项目筹资方案以外，还应对投资使用计划和借款计划加以详细说明。

（九）财务效益、经济效益和社会效益评价

在举办一个活动项目时，必须对不同的方案进行财务、经济效益评价，判断活动项目是否可行，并比较出优秀方案。本部分的评价结论是举办方案取舍的主要依据之一，也是对活动项目进行投资决策的重要依据。这部分主要内容为：生产成本和销售收入估算、财务评价、国民经济评价、不确定性分析、社会效益和社会影响分析。

（十）活动项目可行性研究结论与建议

1. 结论与建议

根据前面各节的研究分析结果，对活动项目在经济上、社会效益上、技术上进行全面的评价，对活动方案进行总结，提出结论性意见和建议。主要内容包括：

(1) 对推荐的活动方案举办条件、方案、经济效益、社会效益、环境影响的结论性意见。

(2) 对主要的方案进行对比说明。

(3) 对可行性研究中尚未解决的主要问题提出解决办法和建议。

(4) 对应修改的主要问题进行说明，提出修改意见。

(5) 对可行性研究中主要争议问题的结论。

(6) 对不可行的活动项目，说明不可行的主要问题和处理意见。

(7) 可行性研究报告的附件。凡属于活动项目可行性研究范围内，但研究报告以外单独成册的文件，均须列为可行性研究报告的附件，所列附件应注明名称、日期、编号。

2. 附件

(1) 活动项目建议书(初步可行性报告)。

(2) 活动项目立项批文。

(3) 活动场址选择报告书。

(4) 资源勘探报告。

(5) 筹款意向书。

(6) 环境影响报告。

(7) 须单独进行可行性研究的单项活动或配套工程的可行性研究报告。

(8) 需要的市场调查报告。

(9) 引用外资的各类协议书。

(10) 其他主要对比方案说明。

(11) 其他。

3. 附图

(1) 交通路线图和交通位置图。

(2) 场地布置方案图,包括平面图、立体图等。

(3) 其他。

第五章

节事活动的形象策划与品牌管理

节事活动形象和品牌实力一起构成活动品牌的基石，是品牌的基础。节事活动要在市场中具有竞争力，必须有意识地精心策划，在经营管理中，努力提高该项活动的知名度和美誉度，形成有特色的品牌，不但让观众、游客等利益相关者了解和认识它，而且让他们喜爱并忠诚于该品牌。第一个步骤就要从对形象定位进行策划入手，再选择和设置合适的主题，确定活动项目的名称、标志。

第一节　形象定位策划

节事活动形象是节事活动品牌的基础，它表现为节事活动的吸引力，是一个地区、城市或企业的社会交往形象的根本。节事活动产品定位在目标消费者（观众）所偏爱的位置上，并通过一系列策略和营销活动向他们传达这一定位信息，让消费者注意到这一活动并感到它就是自己所需要的，这样才能赢得其青睐。

一、节事活动形象与定位

形象是一个内涵极深、外延又极广的概念。从心理学角度讲，形象指引起人的思想或感情活动的具体意象；从经济学角度讲是一个抽象概念，包括过去的促销、声誉及对两者的评价，还包括消费者的期望。形象是一种综合的感觉，其作用典型地表现为其人们行为的影响。

（一）节事活动形象

节事活动形象是指社会公众和消费者（利益相关者）对节事活动整

体的印象和评价。

1. 分类

按表现形式分类，可分为内在形象和外在形象。内在形象主要包括节事活动产品(服务)形象及文化形象；外在形象则包括节事活动标识系统形象(如口号、吉祥物、会徽、主题歌等)和其在市场、利益相关者中表现的信誉。

按现实性分类，可分为实际形象和期望形象。实际形象是为公众所普遍认同的形象，是形象塑造过程的起点，而且是影响节事活动发展的最现实因素；期望形象是公众心目中树立的形象，是节事活动改善自己形象的努力方向。节事活动的形象定位就是确定节事活动的一个期望形象。

按可见性分类，可分为有形形象和无形形象。有形形象指人们通过感觉器官直接能感觉到的节事活动实体，一般包括有特色的标识、活动的旅游纪念品、花车等；在有形形象的基础上，通过人们的记忆、思维等心理活动在头脑中升华而得到的节事活动称为无形形象，包括节事活动的精神内涵、风格等。

2. 节事活动形象的特征

可识别性：节事活动形象主要强调其个性的一面，通过一定的方式进行区别。

可塑性：节事活动形象可改变、可设计，只要按照市场需求和发展规律去认识它，就可以塑造它。

相对稳定性：公众对某个节事活动的总体印象形成之后，一般来说不会轻易或很快改变，具有相对稳定性的特点。

可传播性：节事活动要在公众心目中树立起特定的良好形象，必须借助广播电视、报纸杂志等传播媒介进行宣传报道，扩大自己的知名度和美誉度。

(二) 节事活动形象的定位

1. 含义

“定位”(positioning)一词是由两位著名广告经理人 A. 里斯(Alries)和 J. 屈特(Jacktrout)于 1972 年在《广告时代》杂志上首先提出的。营销大师科特勒对其下的定义是：对公司的提供物和形象的策划行为，目的是使它在利益相关者的心中占据一个独特的有价值的位置。

2. 形象设计与定位的必要性

(1) 知名度过低。

(2) 缺少统一标志。由于在标志方面没有统一，造成活动的整体形象混乱。

(3) 由于部分活动质量不高，破坏了原有统一的形象。

(4) 由于突发事件或某种不可预见因素，使得形象遭到破坏。尤其是在现场管理中，如果遇到有负面效应的突发事件，很难保证不对活动产生影响，即使及时处理得当，仍然会对消费者心理上留有不良印象。

(5) 不能适应市场经济的发展，形象无法与国际接轨，需要结合现状和发展的趋势进行重新定位。

(6) 市场竞争激烈，需要突出个性和差异。

(7) 形象不好，员工士气低落。

良好的活动形象，不仅能吸引消费者和观众参与，而且对员工的工作积极性也有很大的激励。在这种情况下，工作人员往往有着统一的目标，工作投入，不计较个人得失，士气高昂。

3. 节事活动形象定位的作用

形象定位的目的就是要以差异化战略形成竞争优势，并通过目标受众的感受和评价表现出来。大型活动形象定位是制定各种营销策略的前提和依据，其本质是针对受众的心理实现差异化的传播。主要表现在以下几个方面：

(1) 为节事活动赢得好的发展环境：节事活动通过进行形象宣传，将自己的优势展示给公众，引起公众的兴趣和喜爱，可以为节事活动树立良好形象，赢得较好的发展环境。

(2) 有利于节事活动内部的健康发展：节事活动对外形象宣传，对员工来说无异于一面镜子，可以促使其改进工作，改善内部关系，一方面可以提高工作质量，另一方面可以增强节事活动内部的凝聚力和向心力。

(3) 实现差异化营销：一方面以独特的方式在预期客户(比如赞助商)的心目中占据一席之地，为能拉到大量赞助打下坚实的基础；另一方面可以让游客、观众等消费者增强好感和信任度，把其与其他类似活动区分开来，真正实现差异化营销。

(4) 提高节事活动的知名度和美誉度：由于形象宣传的内容为节事活动的优势，因而可以获得公众的认知和认可，这就很大程度上提高了节事活动的知名度和美誉度。

(5) 有利于吸引人才和资金技术:节事活动的形象宣传能够增强公众的好感和信任度,这就为吸引人才、资金和技术打下了坚实的基础。

总之,节事活动形象的定位是一项复杂的系统工作,在实际操作中应该细分其影响因素,尽可能详细地把握各方面的信息,针对个别案例,进行具体的细分和对待,而决不能流于形式,一蹴而就,延误节事活动宣传和发展自己的良好时机。

4. 节事活动形象定位的特性

节事活动形象的定位,是一项繁杂的、系统性的工程,它具有自己的特性,主要表现在:

(1) 可变性:即节事活动的形象定位不是一成不变的,而是随着时代和具体环境的变化而变化的,一般来说,其周期大约在 4—6 年左右。

(2) 简化性:即节事活动的形象定位不是复杂的、多结构的,它具有单一性,但其含义却要留给公众以想象的空间。

(3) 差异性:这是节事活动定位的目的所在,即要有自己独特的东西,以此吸引消费者。

(4) 整体性:节事活动形象定位如品牌建设一样,是一种长期投资,必须保证其在一段时间内的整体性和稳定性,才能给消费者留下深刻印象,达到宣传的目的。

二、节事活动形象定位的原则

(一) 历史文化和现代气息相结合的原则

文化是节事活动策划的灵魂,从国外节事活动发展的趋势看,文化因素在节事活动发展中起着日趋重要的作用,文化内涵成为节事活动开发的灵魂。节事活动本质就是较高层次的文化活动,在内涵的挖掘和外延的拓展上,都需要文化的指导,不仅要利用和展示历史文化、地方传统,而且要用现代化的手段使之与时尚接轨,保持时代的和谐。

(二) 突出地域特点的原则

地域特点是节事活动形象策划的核心,只有表现出地域特征的节事活动,才能在市场上具有吸引力和竞争力。独特的区位、经济社会发展水平和历史古迹等串联起来,形成具有地域特色的独特策划,才能使节事活动在社会公众心目中留下深刻持久的印象。比如中国历史上的第一个以冰雪活动为内容的节日——哈尔滨冰雪节，就充分利用了哈尔滨的气候特征。到了冬天，哈尔滨就成了冰的世界，哈尔滨人把冰灯这种中国北方的民间艺术品发展成冰花、冰建筑、冰雕等多种表现形式的高雅艺术，把冰雪节发展成为融文化、体育、艺术、经济贸易、科技、旅游等于一体的综合性节日。如今，它已发展成与日本的冰雪节、加拿大的冬令节、挪威的滑雪节并称的世界四大冰雪节。再如，每年 11 月举行的紧张刺激的澳门格兰披治大赛车是赛车盛事，每届赛车期间，来自世界各地的好手云集，分别参加电单车、房车、三级方程式等各项比赛，在著名的“东望洋跑道”上奔驰，竞逐桂冠。举办以来，历届的比赛都吸引大量的游客来澳观赏赛事。

（三）以市场导向为原则

通过细分节事活动市场来发现符合自己的目标市场，分析客源市场的区位条件、客源市场的构成、利益相关者的需求等，并根据分析结果来设计满足目标市场需要的节事活动形象。这一原则尤其表现在赞助商方面，赞助商往往会选择那些知名度高、传播性强的节事活动作为自己的赞助对象，通过冠名、实物赞助、志愿服务等方式将产品的价值与活动的内涵结合起来。

（四）与城市发展规划相协调的原则

节事活动形象定位和传播并不是独立的，作为城市发展的崭新概念，节事活动与城市的社会群体、市民价值观等不断冲突、磨合，与城市的发展紧密结合在一起。在未来城市建设中，把节事活动作为城市管理的手段而逐步规范化，以人为本，把物质与精神、科学与文化有机统一。

三、节事活动形象定位的策略与方法

（一）特色定位

根据节事活动所具有的某一项或某几项鲜明的特色来定位。用来定位的节事活动的特色是观众（消费者）、赞助商等所重视的，并且是他们能感觉到的，能给他们带来某些利益。尤其在没有资源和产业优势的情况下，选择创造性的主题，才能吸引游客。比如 2005 年轰动中国的“超女”活动策划案例，15 万人报名、超过 2 000 万观众热切关注、超过 10%的收视率都充分说明了它的巨大成功。其“平民选秀”和中学生主体消费群体的特色定位，使得这一活动颇有创意。

（二）功能定位

根据节事活动的主要功能来定位。把节事活动功能中符合大众需要的一项或几项特别突出，经过策划进行定位。

（三）优势定位

这种定位方法以活动的人才、技术、质量、管理、成就、资源或产业等优势因素作为定位的基础，以节事活动的规模、品位、质量、技术等表现其实力。其目的在于宣传活动的领先优势，增强公众对节事活动产品的信任度，解除消费者心中存在的顾虑。如连续举办了四年的香港购物节以购物为主题，也是香港旅游发展局主办的节事活动之一。作为每年夏天香港的盛事，为期 10 周的活动把香港精品荟萃、时尚品位和物超所值的购物优势尽情发挥，加倍凸显了“亚洲国际都会”不同凡响的购物诱惑，使全球购物迷趋之若鹜。香港的商家纷纷提供夏日特别推广优惠，餐馆也推出美食优惠，还有各式主题活动，让旅客得到了超值的购物体验。

（四）理念定位

理念是“活动的整体观念、活动宗旨和价值观念”。这种定位方式以活动主题的理念为基础，在定位中阐明活动的宗旨和价值观念。这样有利于使全体项目成员树立共同的价值观念，培养和增强项目成员的凝聚力和向心力，对外在广大社会公众中形成良好印象，得到公众的理解和支持。如海尔集团通过广告策划活动定位于“真诚到永远”，不但凝聚了内部员工的心，更为公众所喜爱。上海国际服装文化节从 2006 年的第十二届起，不仅在规模、质量和档次上都有明显提升，而且改走亲民大众路线，首次采取专业与亲民相结合的设计方案，推出一系列群众参与性强的时尚活动，让时尚与市民走得更近，如嘉年华时尚巡游狂欢，市民投票选最佳设计师等。

（五）逆向定位

逆向定位来自逆向思维的启发，即在定位时，一定要有反其道而想的能力。逆向定位策略可基于大型活动的功用、价位、服务和情感等方面而展开。逆向定位的关键点就在于大家都往大路上挤，而你选择一条小路可能走得更快。做别人不屑一顾或来不及做的事，反而容易找出市场中属于自己品牌的位置。

（六）比附定位

或者叫对比定位、反衬定位、比衬定位等，这是一种借梯上楼的做法，即通过与消费者所熟知的对手进行对比，反衬出自己品牌的地位和价值的做法，达到宣传自己的目的，比附定位大多采用对比的方式进行。而且所选择的比照对象主要是有较好市场业绩和良好声誉的知名品牌。通过对比这些地位根基深厚，难以撼动的品牌，突出自己局部的相对优势和个性区别，提升自己的市场地位与形象，让消费者便于识别，乐于接受。

（七）利益定位

即直接将节事活动能带给观众（消费者）、赞助商、承包商等的主要利益作为节事活动定位的主要内容。这种利益有生理的和心理的，有物质的和精神的。如数百家联盟商家开展促销，共同推出了“免费领取商家促销红包”的活动等，以给消费者带来的实际利益为出发点进行定位，获得了公众的喜爱和青睐。

背景：三八妇女节

口号：一年之计在于春，美丽的皮肤从春天开始，动人从专业的花能护肤系列开始。

目的：营造“喜庆、富贵、亲情”的节日氛围，扩大店知名度，吸引消费者，培养忠实的消费群，派专业的人员根据每一个顾客皮肤不同的属性、消费层次作出最实惠有效的产品搭配，同时进行积分卡制营销活动，建立长期或者短期的各类主顾系统。

活动内容：三八妇女节　白皙女人之约　购买花能产品满500元者，即可获价值298元的水晶项链一条！

工具：联谊会场地，派发用的传单，POP海报，气球等。

主题软文：女人天生要靠男人来宠爱，但女人的美丽，则是要靠女人自己来呵护，花能十天缔造漂亮女人，现在开始，关爱自己，关爱第二生命！白皙女人，多情女人，时间勾起对她的记忆，白皙、光洁、透明的肌肤，是所有女人内心期盼的肤质。白皙女人的一种味道，白亮光洁的水晶有着长久的魅力，白皙自然的女人，有让人琢磨不尽的风情，女人配上这纯洁的项链便如你想象中……

风靡全球的纯简白色水晶，象征女人的清高和优雅，价值298元，愿天下白皙女人灿烂永恒。

资料来源：www.fa-len.com，广州佳韵化妆品公司网站。

(八) 公益定位

即活动通过支持公益事业，倡导精神文明新风，并阐述活动自身的文化理念，以对社会负责任的态度，争取公众的认可。如沿黄九省区保护母亲河"同一条河"系列活动、F1 车队慈善拍卖活动、慈善公益万人行等公益性节事活动等。

四、节事活动形象定位的过程

成功的节事活动形象定位，常常包含以下几个步骤：

(一) 设想阶段

目标是消除公众对节事活动的成见和印象，设计有吸引力的形象，给参与者留下深刻的印象，使他们成为回头客，使潜在的消费者变为现实的参与者，产生良好的口碑。在设想阶段，针对不同情况设定目标：(1)形象模糊——设计鲜明的形象；(2)形象存在负面效应——消除不利因素；(3)形象过时——设计新形象；(4)形象尚可——进一步优化。

(二) 市场分析阶段

节事活动形象定位并非毫无根据，利益相关者对节事活动产生什么样的认识，期望是什么，需要经过分析社会环境和目标市场两个阶段。市场分析要求在节事活动定位之前，做详细的市场调查。

1. 市场调查包括

(1) 该活动的目标观众及利益相关者。

公众调研：包括对已参加者的调研和对潜在参加者的调研。对前者的调研内容涉及参加的次数、参加后的感受、评价和现有形象的特点、不利之处等；对后者的调研包括从哪里获得该活动信息、有没有参加的愿望等。

赞助商调研：该活动是否值得投资赞助、赞助额有无增加、是否愿意再次投资、通过赞助企业的知名度有无提升等。

组织者内部成员调研：组织机构寻找的合作伙伴是否合适、在操作中有何经验和不足、还存在什么问题、怎样解决、对下次活动有何借鉴意义、怎样改进管理方法、宣传推广的措施是否得当、采取何种手段可以提高员工的士气等。

(2) 他们参与该活动的理由。

(3) 市场上同类节事活动竞争者的情况，有什么优缺点。

(4) 竞争者是如何定位的,有什么不足,又有哪些方面值得借鉴。

2. 分析大环境——社会环境

在现代市场经济条件下,利益相关者的需求是多样化的,并且在不断变化发展。由于不同地区有着不同的生活方式、宗教信仰、文化传统等偏好,因而需求也各异,根据消费者的年龄、性别、教育程度、宗教信仰、种族等各方面来分析。

3. 确定子市场——目标市场

在分析社会大环境的基础上,对细分的子市场进行评估,以确定应定位的目标市场。

(三) 设计阶段

定位设计就是对节事活动定位进行初步的规划和筛选。主要包括:

(1) 实施有效的创意—分析。

(2) 从什么角度进行节事活动形象定位,要求举办方和组织者从主题、功效、市场等角度去选择适合于节事活动的定位—思考。

(3) 如何把有限的资金用在定位上。

(4) 如何准确表达节事活动的定位,可设计多种不同方案,然后从中进行优选—评定。

(四) 实施阶段

节事活动形象定位设计完成后,要使活动在利益相关者心目中扎根,建立起该活动的形象,必须借助各种方式进行有效的传播。用文本的形式将设计的内容和操作程序进行编制,做周密的部署和策划安排,并付诸实施,有计划、有目的地利用新闻媒体宣传与该活动相关的信息。

(1) 选择合适的传播媒体。通过报纸杂志、电视网络等媒体在受众中传播,是建立节事活动形象的重要手段。

(2) 市场促销,如公关、推广等活动。

(五) 效果评估和提升阶段

在实施过程完毕后,根据收集实施效果的反馈信息,进行总体评价及总结,并根据反馈的问题,不断修改完善,以达到最好的效果。评估的标准包括知名度、美誉度、市场占有率、销售情况和赞助情况等。

第二节　主题策划

节事活动形象策划的关键是选择和发展标志性的旅游节庆(Hallmark event),其中节事的主题和级别最为重要。确定节事活动的主题,是确定节事活动的核心。主题选择和策划的好坏往往决定着节事活动的成败。

一、主题选择的类型与构成要素

(一) 主题类型

根据节事活动的不同主题类型,可以分为旅游类主题、经贸类主题、花卉类主题、饮食类主题、博览赛事类主题、民俗类主题、人物类主题、物品类主题、文化艺术类主题、自然生态类主题等。

根据节事活动创新程度,分为既有主题和新主题两大类。针对这两种主题策划的不同,可以采取不同的方法。

1. 挖掘与发展既有主题

既有主题多为已有的传统节事活动,它表现出深厚文化的历史沉淀和具有浓郁的民族风格。如西方的圣诞节、复活节等,我国的春节、中秋节等。这些节事经过梳理和策划,在内容上推陈出新,能成为很好的主题节事活动。长达一百多年历史的美国玫瑰花节在发展中经历了内容多次更新,由拔河、赛跑以及一种被称为“戒指竞技”的马术比赛等活动发展到玫瑰橄榄球比赛,由俱乐部内成员发展到普罗大众,由自发行为发展到有独立的组织来管理,由最初的手工花车到计算机动画制作,都体现了不断发展产品的理念。

2. 创造新主题

如格莱美音乐节,有全世界 175 个国家的 200 多家电视台转播,颁奖晚会有 20 亿观众观看,光电视转播收入就达 32 亿美元。

(二) 构成要素①

从以上及“舞林大会”、“Ellet 世界模特精英大奖赛”等目前受消费

---

① 引自李力、崔卫华:《城市旅游节庆的构成要素及牵动效应》,《桂林旅游高等专科学校学报》,1999 年第 10 卷第 2 期。

者欢迎的节事活动的共同点出发，节事活动主题的构成包括以下要素：

1. 兴奋要素

是指节事活动要避免乏味和枯燥。这是成功的节事活动主题应具备的首要要素，能令人兴奋的或狂热的节事活动才能引起广泛关注和参与。美国南部每年一度的南瓜节，当地民众会露出最拿手的绝活儿，制作出一道道令人叫绝的南瓜大餐和精美糕点供游人免费享用。此外，他们还用南瓜雕刻出美轮美奂的南瓜灯和各种艺术造型，举办以南瓜为主题的化装舞会和游行活动，载歌载舞，乐趣无穷。

2. 娱乐要素

节事活动要避免陈旧，参与者关心的是有哪些娱乐项目，他们是为了放松、娱乐而对活动产生兴趣，被其所吸引的，他们对节事活动的经济效益和经济外效益并不关心。

3. 炫耀要素

节事活动要有特色，能成为日后向人夸耀和谈话资料的节事活动对旅游者最有吸引力。像法国波尔多的"葡萄节"，波尔多的葡萄酒闻名世界，节庆期间，各葡萄庄园免费向世界各国游人开放，游客可自由采摘品尝到新鲜的葡萄，并允许为庄园主采收葡萄，还允许用葡萄互相投掷嬉戏取乐或到盛满葡萄的大木桶中跳上几跳，踩碎桶中的葡萄(此为酿造葡萄酒的一道工艺)，帮着一起酿造葡萄酒，更可以品尝到鲜美的葡萄酒，给游客带来无穷的乐趣。

二、策划主题时需考虑的问题

(一) 要具有鲜明的民族特色，切合当地实际和风俗习惯，有较强的娱乐观赏性

美国的内华达州的埃尔科县(Elko Nevada)是其西部一个偏僻的、少人问津的乡村。但当地有一个传统风俗，许多牛仔用所记得的诗歌和即兴创作的旋律来相互取乐。在地方长官的邀请下，民俗学家开始调研当地的牛仔以发现更多的牛仔诗歌。在国家艺术捐赠组织的帮助下，他们经过精心的策划和有效实施，在 1985 年埃尔科进行了第一次集会——这就是后来的年度牛仔诗歌集会。从此，这项事情获得广泛成功，发展成为一种标志性现象，吸引了大量的参观者光临，在一次集会的 4 天内吸引了 2 万多名世界各地的游客，据当地报纸报道："每个

旅馆都住满了旅客,餐馆食物全部卖空。"它给埃尔科每年增加了超过600万美元的收入。

(二)节庆的目标市场定位是成功的基础

首先,节庆的消费对象不同于普通的游客,根据美国的一项调查,节庆旅游者几乎很少是退休的人,节庆旅行者更年轻,愿意接受新事物,逗留的时间更长,收入更高,在旅行上愿意有更多支出。节庆的对象有一半是度假的夫妻,超过三分之一(36%)的是带着孩子,其他的同伴包括:朋友(28%)、其他家庭(17%)、父母(7%)。其次,不同的节庆有不同的消费对象,如艺术节与美食节、宗教节日的消费对象就不一样,节庆策划要采用相应的营销策略。

(三)节庆的整体创新是成功的保障

节庆内容要常办常新,才能不断吸引消费者的眼球,让人耳目一新,让人流连忘返;节庆的招商要有新思路、新突破,才能财源滚滚,形成良性循环;节庆要有新境界,才能高起点、高标准、大手笔。在经济全球化的大背景下,节庆活动要办出特色,就必须有面向世界的眼光和胸襟,要广泛吸收国际同行的经验。

三、主题策划的模式

(一)创新型

的士是一个城市必不可少的交通工具,同样也是城市流动的窗口,它代表了一个城市的文明与发展。为了迎接西博会而举办的杭州市"的士节"成功组织了的士之徽、的士之歌征集评选、十佳的士之星的评选活动,还有整个的士节最高潮活动的——"的士之夜"。这是一场展现杭城出租车司机独特风采的盛大节庆活动,也是展现中国最著名旅游城市美丽风光的特别节庆活动。

(二)改进型

上海旅游节的前身是上海黄浦旅游节,自1990年起已成功举办了六届。1996年升格为上海市旅游节,每年秋季举办,由文化艺术节、民族风情节、美食节、购物节等构成系列活动,从一区牵头、各行业共同参与,发展到各区轮流展示各自旅游特色,到目前形成上海"都市旅游节庆"品牌。1998年改变"领导检阅式"和"综艺晚会式"的开幕式格局,代之以开放的普天同庆、万民同乐的新形式。在不断创新中,保留了上海桂花节、玫瑰婚典、小主人生日游、四川北路欢乐节等传统经典节目，还增加了开幕式花车大巡游，旅游形象大使评选活动，金山农民画旅游节暨枫泾古镇旅游节，上海奉贤旅游风筝节，上海国际音乐烟花节，上海旅游纪念品、礼品、旅游用品博览会，崇明森林旅游节，七宝古镇风情游等主题活动，使得上海旅游节真正体现上海都市风光、都市商业和都市文化。

（三）分裂型

如中国上海国际少年儿童服装及用品博览会已从上海国际服装文化节中分裂出来，形成中国童装行业年度盛事。上海国际服装文化节开始于2001年，以"发展经济，繁荣市场，美化世界，美丽自己"为宗旨，非常注重市民和企业的参与，每年在淮海中路沿线演出多台缤纷多姿的时装秀，在国内外有一定影响。而中国上海国际少年儿童服装及用品博览会作为上海国际服装文化节的主体活动之一，已经成为中国创办最早、规模与影响最大的专业博览会，国内著名的企业将其作为进入国外市场的敲门砖，而国外童装品牌把上海作为重要的战略基地，把童装展当作最好的展示舞台。

（四）融合型

如上海国际音乐节是由已有十八届历史的"上海之春"和已举办七届的"上海国际广播音乐节"合并而成的，由上海市文化广播影视管理局与上海市文学艺术界联合会主办，上海东方广播电台、市音协、市舞协承办，被确立为每年上半年上海文化节庆活动的一个高潮。在为期十天的时间里，音乐节将举办音乐舞蹈新人新作展演、"东方风云榜"十大金曲颁奖演唱会、全国广播音乐节目主持人（DJ）大赛等多项主题活动。

四、主题策划的内容

主题和创新是旅游节事活动永恒不变的话题（表5-1，表5-2）。需要策划的主题内容还有主题物品、主题标志、主题典故与趣闻、主题仪式和主题氛围①。

---

① 主要观点引自《文化型旅游节庆活动的构成要素及其策划分析》，王琼海等著（全国旅游院校协作会2002年学术年会学术交流稿，福州）。

表 5-1　上海世博会的主题和副主题

主题	城市，让生活更美好	Better City, Better Life
副主题	1. 多元文化的融合 2. 城市经济的繁荣 3. 城市科技的创新 4. 城市社区的重塑 5. 城市和乡村的互动	1. Blending of Diverse Cultures in the City 2. Economic Prosperity in the City 3. Innovations of Science and Technology in the City 4. Remodelling of Communities in the City 5. Interactions between Urban and Rural Areas

表 5-2　部分世博会特点与主题

时间(年)	国别	名　称	性质	特点、主题
1851	英国	伦敦万国工业博览会	综合	展馆"水晶宫"获特别奖
1855	法国	巴黎世界博览会	综合	法国第一届世博会
1873	奥地利	维也纳万国博览会	综合	亚洲国家日本首次参展
1876	美国	费城美国独立百年博览会	综合	纪念美国独立 100 周年
1878	法国	第三届巴黎世界博览会	综合	展出汽车、爱迪生发明的留声机等新产品
1883	荷兰	阿姆斯特丹国际博览会	专业	园艺、花卉展出
1889	法国	第四届巴黎世界博览会	综合	纪念法国革命 100 周年
1893	美国	芝加哥哥伦布纪念博览会	综合	纪念哥伦布发现新大陆 100 周年；亚洲国家韩国首次参展
1908	英国	伦敦世界博览会	综合	世博会与第四届奥运会同时举行
1915	美国	旧金山巴拿马太平洋博览会	综合	庆祝巴拿马运河通航
1933	美国	芝加哥万国博览会	综合	首次提出主题："进步的世纪"
1935	比利时	布鲁塞尔世界博览会	综合	主题："通过竞争获取和平"
1937	法国	巴黎艺术世界博览会	专业	主题："现代世界的艺术和技术"
1939—1940	美国	纽约旧金山世界博览会	综合	主题："建设明天的世界"

（续表）

时间(年)	国别	名　　称	性质	特点、主题
1958	比利时	布鲁塞尔世界博览会	综合	主题："科学、文明和人生"
1967	加拿大	蒙特利尔世界博览会	综合	主题："人类与世界"
1970	日本	大阪万国博览会	综合	主题："人类的进步与和谐"
1975	日本	冲绳国际海洋博览会	专业	主题："海洋，未来的希望"
1984	美国	新奥尔良国际河川博览会	专业	主题："河流的世界——水乃世界之源"
1988	澳大利亚	布里斯班休闲博览会	专业	主题："科技时代的休闲生活"
1993	韩国	大田世界博览会	专业	主题："新的起飞之路"
1998	葡萄牙	里斯本海洋博览会	专业	主题："海洋——未来的财富"
1999	中国	昆明世界园艺博览会	专业	主题："人与自然——迈向21世纪"
2000	德国	汉诺威世界博览会	综合	主题：为"人类—自然—科技"
2005	日本	爱知世界博览会	专业	主题："超越发展——大自然智慧的再发现"

1. 主题物品

旅游节庆活动特别是文化节、社会节日庆祝活动，一般应有与活动主题相吻合的具体实物，如潍坊风筝节的"风筝"，大连国际服装文化节的"服装"，上海啤酒文化节的"啤酒"，余姚杨梅节的"杨梅"等，这些物品就是主题物品，它们是整个活动的灵魂与载体，承载着旅游节庆活动的主题和内容。缺乏实实在在的主题物品的旅游节庆活动，不能有效地影响现代公众的心态与行为，公众无法感知、无法"拥有"，就会觉得活动有些抽象、虚幻、因而产生不了参与欲望，活动的影响就比较有限。达不到"以节兴市"的目的。

2. 主题标志

吉祥物或象征图案是表达某种文化主题内容的物品、图案、是经过深思熟虑、理想化设计的活动饰物。吉祥物或象征图案不是一般意义上的艺术作品，而是创作者基于公众审美情趣和思想境界所设计的专题作品，其中的创意构图以及色彩组合都蕴涵着丰富的内容，一经审定通过，一般就不轻易改动，具有相对的稳定性，并可能成为“圣物”。吉祥物或象征图案的主要效用是标示活动、展示活动主题、烘托活动气氛和诱导公众情趣，让公众或心潮澎湃，或庄重肃穆，或兴奋激动。为了形象直观地展示旅游节庆活动的主题，诱发公众的美好心理，在认真审视活动主题的前提下，应该根据公众的审美情趣创作具有文化韵味和形象特色的图案或实物，并将其定为旅游节庆活动吉祥物或象征图像。

3. 主题典故与趣闻

公众对于历史典故或趣闻，一般都比较感兴趣。无论社会节假日还是其他节庆日，都有自己的典故。根据旅游节庆活动的主题，挖掘出相关的典故与趣闻，有利于烘托整个旅游节庆活动的主题，提升活动的文化品位，增强活动的吸引力。如情人节，其典故就妙趣横生，充满了人文色彩和美好情趣。如果在旅游节庆活动中，将这些典故整理成为一个个完整的故事，并形象地展示出来，不仅可以烘托活动主题的文化品位，而且可以满足公众的求知心理，从而更好地实现旅游节庆活动的目标。

任何一种旅游节庆活动都有自己的趣闻，如旅游吸引物与历史人物的关系，旅游吸引物与历史事件的关系，旅游吸引物与历史遗址的关系，旅游吸引物开发历史中的趣闻，等等，这些内容故事性强，能够有效地增强活动的吸引力。如在湖北兴山昭君旅游文化节中，组织者策划香溪河河灯展放会的创意灵感就是来源于“昭君别乡”这个古老的民间传说。

4. 主题仪式

策划节庆活动时，既要重视硬件，又要重视软件。硬件的策划主要是指吸引物形象的展示和吸引物的陈列，往往借助展览、展销的形式来进行。软件的策划则指旅游节庆活动程序、仪式的设计。主题仪式的设计，包括以下两个方面：第一，融合民族文化仪式。用文化眼光来对待活动的程序编排，从仪式上与公众文化融为一体。与民族文化仪式谋求融合，或在活动的开幕典礼、闭幕典礼及其他相关重大事件中，编排一些国家性、民族性、地方性的仪式；或在活动中间有意识地安排一些民族性文化娱乐项目，表现当地的民族文化风采。第二，策划旅游节庆活动文化仪式。一是设计相对稳定、寓意比较深刻、有一整套规范要求的主题仪式，每次活动均要演示，在演示中影响公众的文化心态；二是设计气氛活跃、娱乐性比较强而又符合旅游节庆活动主题要求的节目，以影响公众的休闲性文化心态。

5. 主题氛围

旅游节庆活动的文化性表现于活动氛围，即基于某种文化理念而营造出来的场面特色，包括活动场地的基调、音乐音响和装饰色调等。旅游节庆活动的基调应以欢快喜庆为主旋律，同时突出文化性，以节日文化的魅力与欢庆为突破口，开展旅游促销活动；音乐、音响和装饰色调对于烘托促销活动的现场气氛、影响公众的欢快心态具有重要的作用。因此在策划文化型旅游节庆活动中，应高度重视音乐、音响和色调的选择与策划。

第三节　标志策划

标志包括所有出现在与活动项目有关的物品上的文字、颜色和图案设计，如名称、会徽、会旗、吉祥物、会歌、主题词、口号、登记卡、入场券或商品。形象与标志的设计应紧密联系并应提前得到大家的认可。它们被总的称为“品牌”。当有赞助商参与时，必须征得他们对品牌的赞同，设计必须迎合活动有关各方的利益，同时还要能吸引活动的观众，考虑能否提高商品的知名度。

一、标志策划的原则与标准

（一）原则

1. 营销原则

一个好的标志应该体现出节事活动的理念，使公众通过标志能了解和认知节事活动。

2. 创意原则

标志的本质用意就在于能够识别和宣传节事活动，由于现在活动名目繁多，如果设计出的标志缺乏创意，没有显著个性，就不能体现区别和启迪民众。设计要醒目直观，新颖独特，别出心裁，易于给人留下深刻的印象。还要有冲击力，体现国际化。

3. 设计原则

要求在设计时运用美学、心理学等多方面的知识,图案与名称单纯醒目,寓意深刻,耐人寻味,易于传播,易于理解记忆,各种色彩的运用也要给人带来美的感觉和丰富的联想,体现出强烈的感染力。

4. 情感原则

标志的设计要优美精致,符合美学原理,注意造型的均衡性,保持视觉的均衡,在线、形、大小等方面作造型处理,使图形兼有动感及静态美。要相对稳定,又要富有时代特征,符合人们的审美标准,只有这样才能发挥其宣传作用。

5. 吉祥作用

人们都希望活动举办顺利、成功,往往通过吉祥的图案、吉祥的色彩来寄托这种愿望。在设计时一定要注意所在地的民风民俗,让更多的公众能接受。

6. 传播原则

标志不仅是识别节事活动的品牌、认识节事活动的途径,也是提高节事活动知名度的一种手段。不仅要易于认知、理解和记忆,风格独特,构思新颖,在视觉效果上也要出奇制胜,产生强烈的感染力。

(二) 评价标准

现代标志设计的评价标准是八个字,即:易解、好记、美感、适用。可谓八字方针,离开这一方针,很难说是一个好的标志。

(1) 关于易解,标志作为图形语言,最大的特点就是用图形说话,只要有图形,就有对内涵的表达问题,不管这种表达是直接的还是间接的;是直观的还是曲折的;是明显的还是隐匿的,这本身没有高低之分,只是设计者按设计意图所采取的一种方式。

(2) 关于好记,一般来说,人们对标志的接受往往是在无意中发生的,所以怎样使标志引起观者注意,产生兴趣,印象深刻,有利记忆,很重要的一点是标志必须有明显的形象特征,它应该是新颖的,与众不同的。人们对于自己看惯了的东西表现得习以为常,甚至不屑一顾。更谈不上有什么印象储存了。

(3) 关于美感,组成标志美的元素最基本的是形象、结构和色彩。

(4) 关于适用,任何设计都要通过一定的工艺制作才能体现设计的价值。因此创造一个便于制作的条件,对标志的实际应用有十分重要的作用。为使标志简洁好用,美国几年前把耐克标志的文字省去,只突出了一个“OK”勾。成为一个易解、好记、美感、适用的典型，在生活中展示出它应有的标志价值。

二、名称策划

(一) 基本要求

1. 语言方面，易读、易记、字义吉祥、能启发联想

在节事活动的名称策划上，首先要注意语言艺术，要听起来既简单又易于理解、记忆，并且有一定的震撼力，让人产生愉悦的心理；说起来朗朗上口，不论中文还是英文都容易发音，不存在拗口、发音困难等现象。在用词上要考虑到与时代接轨，富有时代感，不因时间的推移而产生歧义，不会引起不悦、消极甚至淫秽的感觉和联想；拼写上要简洁，既体现个性又易于传播。如上海旅游节的花车大巡游每年一度，为了避免老套，2005 年向广大市民发出邀请，征集旅游节开幕大巡游主题，活动共回收有效征集表 1 400 余份，其中不乏各类奇思妙想以及对旅游节的憧憬。最终“世界的节日，和谐的家园”确定为开幕大巡游的主题名称，充分体现了作为一个知名度较高的节庆品牌的独特魅力。

2. 法律方面，具有法律效力，并且在竞争中独一无二

名称的策划还要考虑到法律问题，要做到保证不侵犯他人的知识产权，也不能让他人来侵犯自己的品牌；对于竞争对手来说，名称要成为市场中独一无二的富有个性的活动，鲜明的独特性不仅便于公众的记忆，也易于被公众接受。

3. 营销方面，具有促销、广告和引导作用

名称往往对节事活动的价值有一定的暗示或明示作用，不仅与组织机构的形象相匹配，和本活动的形象相一致，并支持活动的其他标志，如会徽、吉祥物、口号等。

(二) 案例分析

“超级女声”的命名。由于本次活动的参加对象都是女性，可以有三个可供选择的名称：“超级女声”、“超级女生”、“超级女身”。第三个“超级女身”的提法从词义上显然有些不妥。相比较而言，前两个都可以，但从活动的内容与活动主题来看，“超级女生”的表现可以在演讲、舞蹈、科研等各个方面，究竟是什么类型的活动含糊不清。而“超级女声”就非常明确，仅从名字上就可以让人马上理解到“声音超级好的女

生”，和主题歌“想唱就唱”，完全一致。

三、会徽策划

会徽往往由一些艺术化的图案、符号和文字等构成，经过艺术设计和加工后的象形符号传递着节事活动的形象、特征和信息。作为节事活动的重要标志之一，它也有助于形象的识别和传播，让公众很容易通过其会徽联想到该活动。

（一）基本要求

1. 基于创意

在充分表达该节事活动理念和价值的基础上，能创造性地发挥想象力，不仅能准确地表达主题宗旨，而且在视觉上有较强的冲击力，直观醒目，能符合时代的潮流，有国际化的潜力。第25届巴塞罗那奥运会的会徽设计，打破了历届奥运会标志趋于严谨、理性、规范的传统模式，而采用潇洒地运用随意性很强的笔触，以地中海、阳光、大地为内涵，塑造出一个跳跃式的人形，体现了更高、更新、更强的体育精神。这个会徽乍一看，觉得是想象之外的设计，但它使人耳目一新，具有创新的会徽，定会使公众产生兴趣，也很自然地加强了对它的印象。

当然，创意的灵感不是时常存在的，需要创作者有广博的知识面、丰富的阅历和活跃的思维。既有耳目一新的感觉，又有深奥易懂的内涵，超越“平庸”、具有高超的创意确非易事。

网民吐槽东京奥运会新徽标：太乏味

新华网北京4月26日电 历经剽窃风波和数月甄选，2020年东京奥运会和残奥会组委会25日宣布，以日本传统颜色靛蓝色矩形组合构成的“组市松纹”被选定为新会徽。

专门负责挑选会徽的委员会说，这一设计简单的会徽彰显出和谐性和包容性。不过，不少日本网民并不买账。会徽刚刚公布不久就有人吐槽这款设计“太过平庸”。

【四选一】

东京奥运会组织方说，这一会徽从4个备选方案中脱颖而出。“它由3种不同类别的矩形组成，这一设计代表了不同的国家、文化和思维方式……传递出‘多样性集合’的信息。”

根据东京奥组委公布的图片，会徽色调为日本传统颜色靛蓝色，在由矩形组合构成的圆形下方是"TOKYO 2020（东京 2020）"的英文字样，再往下是奥运五环标志。

东京奥运会徽标（左）和残奥会徽标。（图片来源：新华/路透）

当天，东京残奥会会徽也获公开，其图形与奥运会会徽相似。

东京奥运会会徽委员会委员长在揭晓会徽时说："从现在起，这就是东京奥运会的'门面'。我希望大家喜欢这一会徽，并在 2020 年奥运会到来前支持它。"

这款会徽由 46 岁设计师野老朝雄设计。他在接受媒体记者采访时说："刚发现自己的设计胜出时，我脑子一片空白。我为这款设计投入了大量时间和精力，把它当成自己的孩子（一样倾注心血）。"

【经波折】

设计师佐野研二郎的设计因涉嫌剽窃而被弃用。

东京奥运会会徽的产生可谓一波三折。去年7月，东京奥组委公布东京奥运会和残奥会会徽设计方案，当时的会徽由日本设计师佐野研二郎设计，以简单几何图案组成“T”字形状。这一会徽随后被指与比利时设计师奥利维耶·德比为当地一家剧院设计的标志“惊人地相似”。去年9月，东京奥组委宣布弃用该会徽，并承诺尽早选定新会徽。

共同社报道，日本舆论界曾批评原会徽的甄选过程过于封闭，东京奥组委因而成立了专门甄选会徽的委员会并大幅放宽参选资格，公开征集了14 599幅作品，并邀请公众参与评选。本月初，4幅作品进入最终选拔阶段，19名评委随后投票。

《日本时报》报道，东京奥运会会徽委员会共征集到39 712条网上评论，还收到1 804封明信片评语。

【遭吐槽】

入围的四组设计。

法新社报道，对于新出炉的奥运会会徽，日本网民似乎褒贬不一。

有网友在微博客网站“推特”上留言，称这款会徽“太乏味”，就像“小酒馆的桌布”；还有人写道：“他们选了颜色最不鲜亮的一个。这个设计虽然保险，但给人忧郁的感觉。”

有网友在《日本时报》网站留言吐槽：“这是我最不喜欢的一款（会徽设计）。”

不过,也有人对新会徽表示支持。“推特”上有人留言道,这款设计有日本元素,“我想这是好的选择”;还有网友认为,这款会徽在设计上比先前那款“进步了不少”。(记者杜鹃,编辑李宏,新华国际客户端报道)

资料来源:http://news.sohu.com/20160426/n446207818.shtml.

2. 基于营销

为了扩大节事活动之间的个性差异,设计新颖独特的会徽形象,选择显眼夺目、与众不同的色彩,以期望体现该活动的价值和理念,展现活动的特征和品质,展示组织机构的实力,最终达到识别、突出活动品牌的目的。

3. 基于象征与寓意

以图形或图案作为标志设计的元素,都采用象征寓意的手法,进行高度艺术化的概括提炼,形成具有象征性的形象。图形标识在视觉上容易被接受,因此得到普遍的运用,特别是一些象征物。象征性设计要注意以下三点:具有亲切感,全面考虑综合因素,有的放矢、切忌喧宾夺主。

4. 基于设计

会徽具有强烈的视觉冲击力,一般由文字、色彩和图案构成。会徽上的标准字可使用中文或外文,要求字符之间宽窄适中、线条合理、造型优美,产生强烈的表现力。色彩上鲜明、丰富、奥妙无穷,不但要考虑色彩本身,还要研究色彩反应背后所蕴藏的文化习俗,把握色彩心理的传统习俗和时代的发展趋势,表现该节事活动的内涵,使人产生丰富的联想。要求图案设计富有个性化,能丰富和补充前两者形象的意义,使视觉效果更强烈。

5. 基于传播

符合文化背景,通俗易懂,容易记忆,能很容易引起公众的注意,让人产生深刻的印象,不被时代所淘汰。

6. 基于情感

能很容易让人接受并喜爱,给人以美的感受,并产生积极的联想。

(二) 案例

1. 北京 2008 年奥运会会徽

会徽图形为中国传统印章图形中的一种“肖形印”,其正式名称为“中国印·舞动的北京”。会徽分上中下三个部分,主体为上部大红底色的白色"京"字图形，约占整个会徽的 3/5。"京"字形状酷似汉字的"文"字，取意中国悠久的传统文化。整个"京"字图形为一个向前奔跑、迎接胜利的运动人形。"京"字图形下是黑色的拼音"Beijing 2008"字样，其下是奥运五环标志。

"中国印·舞动的北京"会徽图形一方面是中国特点、北京特点与奥林匹克运动元素的巧妙结合。以印章为主体表现形式，将中国传统的印章和书法等艺术形式与运动特征结合起来，经过艺术手法夸张变形、巧妙地幻化成一个向前奔跑、舞动着迎接胜利的运动人形。人的造型同时形似现代"京"字的神韵，蕴含浓重的中国韵味。以中国传统文化符号——印章（肖形印）作为标志主体图案的表现形式，主体图案基准颜色选择红色，传达和代表了中国文化喜庆、热烈的气氛。印章早在四五千年前就已在中国出现，是渊源深远的中国传统文化艺术形式，并且至今仍是一种广泛使用的社会诚信表现形式，寓意北京将实现"举办历史上最出色一届奥运会的庄严承诺"。

另一方面会徽图形城市加年份的标准字体设计别出心裁、独树一帜。"中国印·舞动的北京"字体部分采用了汉代竹简文字的风格，将这一字体的笔画和韵味有机地融入"Beijing 2008"字体之中，自然、简洁、流畅，与会徽图形和奥运五环浑然一体。

"它体现出来的内涵非常丰富，把中国人含蓄的传统文化和中国人比较稳重的处事态度都展现了出来。"国际奥委会主席罗格则由衷地赞叹，"新会徽青春而富有活力，集中体现了中国的悠久历史和灿烂文化以及中国的未来。这是一个卓越且充满诗意的会徽，这是一个完美的奥运会会徽"。

2. 潍坊风筝会会徽

潍坊风筝宋代开始流行，明代更加普及，清代已是繁荣时期。新中国成立以后，潍坊风筝不断发展，从 1984 年开始到 2012 年已成功地举办了 29 届潍坊国际风筝会，1988 年被推选为"世界风筝都"。1989 年国际风筝联合会正式成立，并将总部设在潍坊，从而确立了潍坊风筝的地位与知名度，使潍坊风筝成为联结世界各地区五彩缤纷的纽带。该会徽用"鲁台"两字的首字母"L、T"为骨架，以中国行书风格将两个字母巧妙连接为一个"交"字，寓意为"交流·合作"，象征着两岸同胞的浓郁亲情、乡情、友情；预示着骨肉兄弟密切合作、共图伟业的美好前景。该会徽内部结构严谨、缜密，像一个中国结，外观线条圆润、洒脱，像一个高高飘飞的风筝，与风筝会徽相互关联，交相辉映，成为具有浓郁地方特色的节会标志。

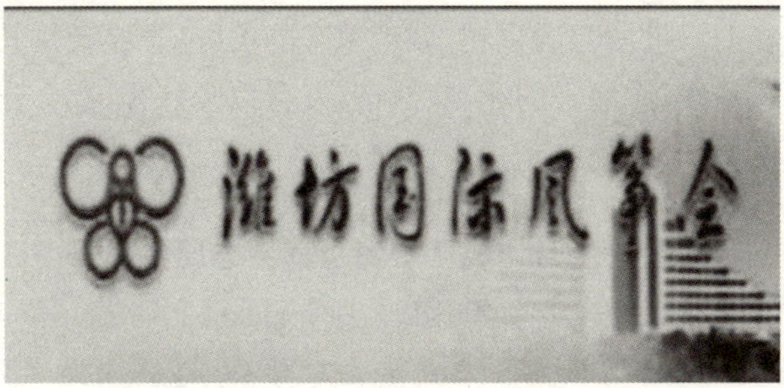

图 5-1　潍坊风筝会会徽

四、口号策划

口号有时是活动的一部分，它贯穿整个活动的始终。

（一）基本要求

（1）简洁，有字数限制；

（2）与名称、会徽一起创意和使用；

（3）反映活动最本质的特性。

（二）案例

2010 年上海世博会志愿者口号

主口号：

世界在你眼前，我们在你身边（At Your Service at EXPO）

世博会是世界各国展示其社会、经济、文化、科技成就和发展前景的盛会，参观者眼前就好像一个浓缩的世界，这个世界将因为有志愿者的陪伴而更精彩！

副口号：

志在，愿在，我在（My Will，My Help，My Joy）

“志”，是“奉献、友爱、互助、进步”的志向；“愿”，是“城市，让生活更美好”的心愿；“我”，则是用自己的奉献，让这些志向和心愿得以达成的志愿者。

2010，心在一起(2010, We're Together as On)

2010这一年，世界属于上海，2010这一年，上海属于世界，2010，我们心灵相通，心手相连，一起在上海见证“城市，让生活更美好”的主题如何实现。

城市有我更可爱(Our City, Your Joy)

围绕着上海世博会的主题，城市未来的美好，志愿者是其中一道不可或缺的风景线，志愿者的无私、热情、友善以及好客，都会让上海这座城市展现更多的可爱一面。

暨大女生习作成了上海世博会志愿者口号

2009年4月1日

3月27日，上海世博会志愿者主口号公布，暨南大学新闻与传播学院广告系三年级的黄源媛创作的“世界在你眼前，我们在你身边”中选。

“世界在你眼前，我们在你身边”，现在这句口号已经无处不在——上海新世界的巨大展板上，各种场合的世博会宣传板上，地铁广告上。黄源媛来到上海领奖时才发现，自己的一句话改变了很多东西。

从全球征集的8 156条口号中脱颖而出，黄源媛坦言有一种幸运伴随自己，“如果觉得自己的作品好，有机会，请投出去，不要闷着、自己独享”。

去年上广告文案课的时候，任课老师杨先顺教授布置了一道小组作业：为上海世博会志愿者创作5条口号。一个星期后，杨老师对全班作业进行点评，并将黄源媛作品“世界在你眼前，我们在你身边”挑出来，鼓励她参加上海世博会志愿者口号征集活动。

黄源媛当时并没在意，距离截至日期还有几天的时间她才投出去，作品投出后一直没有音讯，黄源媛也将此事忘得一干二净。

3月20日中午，正在午睡的黄源媛接到了上海世博会的工作人员的电话，询问她是否能够出席下周在上海的标志和口号颁奖礼。关于是否获奖，对方婉拒回答，只是神秘地表示，“要保密，你来了就知道。”

上海世博会志愿者标志、口号征集活动颁奖仪式定在3月27日下午举行。黄源媛启程前查好了上海旅游路线图，周庄、外滩、思南路、泰康路……面对激烈的竞争，她根本没想过得奖。

然而,幸运女生不期而至。颁奖典礼那天,黄源媛刚刚冒雨来到会场,刚刚从电梯出来就工作人员拉到一边,拿出一大堆文件让她填,还说恭喜获奖!

"坐在那里,往后一看,全是扛着摄像机的记者,有十几二十个。脚开始不停地抖。我想,这下子真的搞大了!"

颁奖仪式只有短短的30分钟,许多记者把黄源媛团团围住,要求采访,"请问这句口号是怎么想出来的?"这是最多提问。

"创意特别简单",黄源媛说,自己当初只用了一个多星期去想口号,当时脑海中一直出现的画面是:一个志愿者站在那里,他看到的是什么,他即将做什么。

作者:张胜波　卢健民

资料来源:http://www.expo2010.cn/a/20090401/000007.htm。

五、其他标志策划

(一) 吉祥物策划

有专家认为:"吉祥物与口号和会徽不同,会徽和口号不密切涉及地方的文化和经济,而吉祥物有形、看得见,与地方文化传统关系密切,更适合参与。"吉祥物的形象适合于造型和与各种活动纪念品搭配及组合,也包括开发不同材质的纪念品。所以放入下一节活动商品和纪念品来详细展开。

(二) 会歌策划

1. 基本要求

会歌应该节奏感好、视野广、时尚、有冲击力,同时具备自己的特点。由于宣传口号表现要求相对直接,又有字数限制,在文学性、艺术性、感情投入和表现理念方面相对较差,不如会歌的感染力强。而会歌的选择要求内涵深刻、主题鲜明、旋律优美、通俗易唱;具有鲜明的时代特征和高水平的艺术表现力、感染力;一般是原创。

2. 案例

澳门一对混血孪生兄弟的作品 *We will shine* 被评为2005年澳门东亚运动会会歌。这对名叫古罗和迪诺的孪生兄弟于1972年出生在澳门,通晓中文、英文、法文、葡萄牙文、西班牙文和意大利文。兄弟俩从13岁起就与音乐结下了不解之缘，他们这次创作的歌曲分为中文版和英文版，歌曲旋律优美，既有时代节奏，又富有澳门特色。

第四节　节事活动商品与纪念品策划

随着人们生活水平和文化素质的不断提高，消费者参与节事活动，追求文化精神满足的要求也越来越高，他们往往把购买具有鲜明特色和丰富文化内涵的高品位的商品和纪念品活动作为参与经历的见证。活动纪念品是消费者在参与节事活动过程之中购买的具有一定审美价值、实用价值、具有当地民俗文化特色和纪念意义的特殊商品。它具有艺术性、实用性、纪念性、礼品性、地方性和民俗性等特点。所有商品与纪念品等促销物品应贯穿统一的主题和颜色设计。

一、活动商品与纪念品的品位

活动商品应当包括消费者在参与整个活动过程中购买的具有区域文化特征的一切商品。购物消费构成了消费者活动经历的重要组成部分，对消费者来说，每当看到自己在活动中购买的具有特色的旅游纪念品，就会回忆起当时的种种经历。如果买不到或者说买到劣质、缺乏特色的纪念品，会感到一种缺憾，满足不了消费者的心理需求。购物商品，从广义上讲是指在整个活动过程中购买的商品，包括日用商品和纪念品。这里所讲的活动商品策划主要指的是活动纪念品策划。

（一）突出的民族文化特色

活动商品与纪念品的开发与设计要充分反映一个国家或一个地区的民族文化特色，要有鲜明的个性。由于历史、风俗的不同，很多地区在长时间里形成了自己的传统文化，并逐渐物化，在人类的制品中体现出来，表现出民族文化的精髓。因此活动商品与纪念品有其很强的生命力。对于活动参与者来说，商品与纪念品是具有特殊意义和价值的，尤其是带有浓郁的民族文化性的纪念品，更能吸引国内外消费者。

（二）高品位的艺术特色

活动商品与纪念品在设计时要考虑活动消费者的审美观念，他们购买的目的或者作为纪念或者作为礼品转赠他人，所以商品与纪念品要有一定的品位和艺术价值。当然这种艺术性应该是大众化的，能被消费者所接受的。

（三）独特的纪念价值

活动商品与纪念品不同于其他商品的一个重要之处就在于其有特殊的纪念意义。由于很多节事活动具有一次性的特征，旅游消费者的经历是独一无二的，不可有第二次的机会，所以活动商品与纪念品需要有鲜明的个性，具有独特的纪念价值。

（四）体积灵巧，携带方便

活动商品与纪念品可以作成装饰品、书画品、日常生活用品，如背包、钥匙链、竹器保健品等，应该充分考虑旅游纪念品的实用性、小巧化和特殊处理包装等，以方便携带。

二、吉祥物策划

吉祥物一词，源于法国普罗旺斯语 Mascotto，直到 19 世纪末才被正式以 Mascotte 的拼写收入法文词典，英文 Mascot 由此衍变而来，意能带来吉祥、好运的人、动物或东西。

（一）基本要求

（1）具有鲜明的地方特色和时代特征，创意及构图新颖独特、色彩明快、清新亮丽。

（2）从名字到形象非常卡通，具有广泛的内涵和代表性，深受人们尤其是儿童的喜爱。如奥运会的吉祥物设计，重视公众特别是少年儿童的广泛参与，吉祥物的设计和产生过程已经成为宣传奥运会的过程。第十一届北京亚运会的吉祥物熊猫“盼盼”，那个手持亚运会奖章的活泼可爱的熊猫，伸张开双臂，鼓励体育健儿创造更多的好成绩，成了中国人家喻户晓的形象。如今，“夸张”正成为国际上吉祥物设计领域的一个潮流，如 2012 年韩日世界杯 3 只造型奇特的太空精灵、伦敦奥运会的独眼卡通怪兽、2014 年南京青奥会吉祥物“砳砳”（lèlè 乐乐）。等，“中国的设计要有民族特色，但在形象上也应该更多地去尝试现代风格”。

南京青奥会吉祥物公布砳砳丑萌引网友竞相“吐槽”

海外网8月16日电 据观察者网综合报道，今天2014年南京青奥会，全称南京青年奥林匹克运动会，就要在江苏南京开幕。青奥会是一个为青少年举办的国际赛事，是青年人全球范围内最高水平的综合体育赛事。

近几日青奥会的形象大使、吉祥物先后公布，引起了众多网友的关注。

南京青奥会吉祥物砳砳（读音：lèlè）是由北京印刷学院学生崔欣晔设计的。“砳砳”以雨花石为创意源泉，用动感、现代的方式对雨花石的自然形态进行了艺术抽象处理，色彩上呼应了南京青奥会的会徽。吉祥物名字中的“砳”指敲击石头发出的声音，象征劈山开路。“砳砳”象征着南京青奥会将在青年奥林匹克运动的探索中奋勇前行，打造青奥会的“南京模式”，为全世界的青少年带来惊喜与快乐。

砳砳超大的眼睛，全身彩色充满喜感，多数网友留言丑萌丑萌、已“笑哭”。

网友@蜗牛e读：路过南京火车站，看到一个怪怪的东西，一个巨大的药丸，据说是今年的青奥会吉祥物，搞不懂设计者是怎么想的，还能不能好好比赛啦！

南京网友@天台种着九重葛：在南京被丑哭无数次，现在已经习惯了！

资料来源：http://opinion.haiwainet.cn/n/2014/0816/c345415-20975461.html.

(3) 体现活动的理念和热情好客的精神风貌：吉祥物成为构成活动形象特征的主要成分。吉祥物以其为人们所喜爱的富有活力的独特形象，体现举办活动的精神，传达活动的举办理念和主办城市的历史文化及人文精神，营造活动的节日氛围，是在民众、特别是在儿童和青少年中文化和体育精神的重要载体，是其他可识别形象所无法比拟的。

(4) 显现活泼可爱、热情亲切、吉祥欢乐的艺术魅力，必须能在不同材料上用不同颜色制作。

(5) 必须有利于用英文表达。

(二) 举例

1. 上海旅游节吉祥物“乐乐”

(a)　　(b)

图 5-2

[图 5-2(a)为南京东路外滩附近活泼可爱的乐乐像，资料来源：news. xinhuanet. com，图 5-2(b)为 2010 年广州亚运会吉祥物，资料来源：http://sports. sohu. com]

2. 2010 年广州亚运会吉祥物“祥和如意乐羊羊”

或许，很多人想到了吉祥物以“羊”为主题，毕竟广州这座城市也被称为是“羊城”。广州亚运会的吉祥物取名乐羊羊，一套 5 种，为历届亚运会中数量最多的吉祥物。形象是运动时尚的五只羊，分别取名“阿祥”、“阿和”、“阿如”、“阿意”、“乐羊羊”，组成“祥和如意乐羊羊”，表达了广州亚运会给亚洲人民带来“吉祥、和谐、幸福、圆满和快乐”的美好祝愿，也同时传达了这届运动会“和谐、激情”的理念。

3. 2008 年北京奥运会吉祥物

图 5-3　2008 年北京奥运会吉祥物福娃系列

福娃是北京2008年第29届奥运会吉祥物,其色彩与灵感来源于奥林匹克五环,来源于中国辽阔的山川大地、江河湖海和人们喜爱的动物形象。福娃向世界各地的孩子们传递着友谊、和平、积极进取的精神和人与自然和谐相处的美好愿望。

福娃是五个可爱的亲密小伙伴,他们的造型融入了鱼、大熊猫、藏羚羊、燕子以及奥林匹克圣火的形象。每个娃娃都有一个琅琅上口的名字:“贝贝”、“晶晶”、“欢欢”、“迎迎”和“妮妮”,在中国,叠音名字是对孩子表达喜爱的一种传统方式。当把五个娃娃的名字连在一起,你会读出北京对世界的盛情邀请“北京欢迎您”。福娃代表了梦想以及中国人民的渴望。他们的原型和头饰蕴含着其与海洋、森林、火、大地和天空的联系,其形象设计运用了中国传统艺术的表现方式,展现了中国的灿烂文化,将祝福带往世界每个角落。

很久以来,中国就有通过符号传递祝福的传统。北京奥运会吉祥物的每个娃娃都代表着一个美好的祝愿:繁荣、欢乐、激情、健康与好运。娃娃们带着北京的盛情,将祝福带往世界各个角落,邀请各国人民共聚北京,欢庆2008奥运盛典。

三、吉祥物商品

图5-4 北京2008奥运会吉祥物商品

(资料来源:北京奥组委官方网站)

吉祥物是奥运会最赚钱的商品,代表悉尼奥运会的澳利、悉德、米利身价为2.13亿美元,雅典奥运会的吉祥物卡通获利2.01亿美元。吉祥物特许商品在全国各地北京奥组委授权的特许商品零售店和零售点销售。特许商品种类扩展到胸章纪念章类、服装服饰及配饰、玩具、文具、工艺品、珠宝首饰、日用品、音像制品及出版物、体育用品、食品及其他,共计11个大类,近40个小类、7 000个品种。其中首期推出的商品类别主要有玩具、胸章(普通纪念章与贵金属纪念章)、服装服饰、箱包、文具、徽章工艺品及日用品等六个大类近三百种商品,尤以长毛绒玩具、吉祥物徽章等为主。其中价格最便宜的是8元一支的吉祥物荧光笔，最昂贵的是重达5公斤的纪念金章，价格约108万元人民币，同时，经北京奥组委授权，国家邮政局还发行了首套北京2008奥运会纪念邮票——会徽和吉祥物纪念邮票。

价格问题，一直是消费者购买特许商品时最为关注的焦点之一。特许商品计划全面推开之后，针对不同商品的不同利润空间，设置差异化的特许权费率，这样价格符合实际、更加科学化。在特许商品试运行阶段，主要推出的是中高端的商品。正式启动之后，奥组委推出了满足大众需要的产品类别，既有馈赠和收藏价值，同时也能满足时尚和实用的需要。

少年儿童是吉祥物的主要销售对象，因此在设计和生产过程中将特别注重安全。

第五节　节事活动品牌的塑造和管理

节事活动品牌管理就是为节事活动出谋划策，谋划如何能够塑造良好的形象，如何加强管理等，通过出计谋、想办法来使节事活动在市场上独占鳌头，获得理想的经济效益。节事活动品牌管理是一个系统工程，只有深入了解它的内部架构，在运作和管理中有针对性、条理性、全面性，才能使节事活动在市场竞争中游刃有余。

一、品牌概述

（一）品牌的含义

1. 法律角度的含义

品牌在生活中被通俗地称作“牌子”，是一个复合概念，是商品或服务的脸谱，是一个名字、词语、符号或设计图章，或者以上几种的组合，用以识别一个出售者的商品或服务，使得其与竞争者的商品或服务相区别。

2. 实践中的含义

从品牌的实践来看，品牌是消费者对商品和服务以至公司的总体概念，这种概念是消费者使用该商品或服务而获得的，它是一种心理上的感受，因此品牌是一个营销学上的概念。

3. 六层具体的涵义

(1) 利益:给购买者带来的物质、精神上的享受;

(2) 个性:和人一样,品牌应该传达出商品或服务的差异化;

(3) 属性:表达出商品特定的属性;

(4) 价值:应体现制造商的某些价值观;

(5) 文化:品牌附加及系统的文化内涵;

(6) 使用者:品牌应体现购买或使用这种产品或服务的消费者的意志。

4. 品牌的构成

从构成来看,品牌主要包括品牌名称(Brand Name)和品牌标志(Brand Mark)两部分。

(1) 品牌名称:指品牌中可以用语言称谓的部分,也称"品名",如香奈尔。

(2) 品牌标志:指品牌中可以被认出,易于记忆但不能用语言称谓的部分,也称"品标",通常由图案、符号或特殊颜色等构成。

5. 品牌的外延

品牌的外延含义还包括品牌识别、品牌联想、品牌形象、品牌营销、品牌广告、品牌公关、品牌 CI、品牌文化、品牌质量、品牌价值等。品牌是体现商品或服务个性、体现消费者认同感、象征生产经营者的信誉、被用来与其他商品或服务区别开来的名称、标志、包装等符号的组合。

(二) 品牌是消费者对产品感受的总和

产品是消费者可以触摸、感觉或看见的,产品是创建品牌的基础。品牌是产品个性的浓缩,消费者通过产品的品牌,能清楚地了解该产品的不同之处,看出生产经营者的信誉、知名度、服务水平的优劣。品牌代表着销售者对交付给买者的产品特征、利益和服务等的一贯承诺。

品牌不仅代表着一系列产品属性,而且还体现着某种附加的利益,如功能性或情感性利益等。这种附加值丰富了品牌的内涵,消费者除可以获得功能享受之外,还可以获得精神上的享受,这种享受是通过消费者使用品牌的感受,以及广告包装而建立起来的。品牌的差别便于消费者选购产品,消费者借助品牌,使自己对处在不断发展变化中的商品信息及其相关资讯能够得到及时的、全面的、动态的了解,也使得消费者选购时实现了从一般的商品选择到品牌选择阶段。

二、节事活动品牌与节事活动品牌的塑造

（一）节事活动品牌

1. 内涵

节事活动品牌的内涵包括活动消费者和活动产品之间的全部体验。它不仅包括物质的体验，更包括精神的体验，它向活动参与者传递一种生活方式。人们在消费节事活动产品时，被赋予一种象征性的意义，最终将改变人们的生活态度以及生活观点；人们参与节事活动，越来越多地取决于精神感受，而非物质产品的物理属性。一个节事活动品牌最持久的含义是它的价值、文化和个性，它们确定了节事活动品牌的基础。

2. 特征

（1）节事活动品牌的无形性。节事活动的品牌本身没有物质实体，不占有空间，它与有形资产不同，不能仅凭人们的感官直接感觉到它的存在与大小，但节事活动的组织者可以凭借品牌资产的优势不断获取利益，比如赞助，可以利用它的市场开拓力、形象扩张力等不断发展，使我们看到节事活动品牌的价值。

（2）节事活动品牌的独特性。节事活动品牌的独特性体现在其个性上，节事活动的个性最初代表一个活动与其他活动的差异性。个性和独特性给节事活动品牌一个脱颖而出的机会，并在消费者脑子里保留自己的位置；它还可能具有强烈的情感方面的感染力，能够抓住潜在消费者的兴趣，不断地保持情感的转换。

（3）节事活动品牌的经济效益具有风险性。节事活动品牌的风险性指节事活动品牌在筹办过程中潜在价值可能很大，也可能很小；即有时可使产品取得很高的附加值，有时则由于社会环境、市场变化，自身在技术和经营服务更新方面竞争不力，未能保持节事活动产品的质量，使得参与者或消费者人数骤减，甚至出现亏损的现象。对于节事活动品牌的风险，有时由于前期策划不够完善，有时由于现场管理出现重大意外事故，有时由于资金周转困难或难以到位，都会给其品牌的维护带来难度。

3. 节事活动品牌的重要意义

（1）节事活动品牌成为国家、地区或城市的代名词。节事活动是经济发展到一定阶段的产物，尤其是大型节事活动品牌需要雄厚的经

济实力作为支柱。一个国家或地区拥有多少在国际上享有较高声誉的节事活动品牌反映了其形象和经济实力，反过来，国家和地区又不断扶持、强化节事活动品牌的国际地位。从某种意义上说，著名的节事活动品牌是一个国家或地区或城市的名片。如会展有“皇冠上的宝石”、“触摸世界的窗口”、“城市的面包和奶酪”等美誉。

(2) 节事活动品牌是保证服务与产品质量、赢得消费者信任的重要手段。品牌在设计和塑造的过程中，能够体现企业和产品(服务)的个性，让消费者从众多的品牌中识别出来，是它最基本的意义。品牌特征个性化，能够使消费者对品牌产生一种“忠诚度”，促使消费者最终形成这一品牌的顾客群。节事活动品牌也不例外，虽然制造技术和产品设计很容易模仿，但品牌形象不易模仿，在市场竞争中形成一种有效的防线。消费者在参与一次较重大的活动之前或之后，都可能感到兴奋和激动，常常会问自己“值”还是“不值”。观众或游客希望通过参与过程在精神上得到彻底放松，达到欢乐和满足。节事活动品牌只要保证了产品质量，满足了消费者的需求心理，必然赢得消费者的信任和认可。因而从长远发展的角度来看，节事活动必须从质量入手，特别是服务档次、表演水准和举办地的居民态度。

(二) 节事活动品牌的塑造

塑造节事活动品牌的意义在于升华节事活动的形象定位，为节事活动产品附加了更多的价值、意义和想象空间，它不是对活动形象的简单重复，而是对节事活动品牌个性的确定，考虑到竞争者特点及自己的具体情况，创造差异化优势。

1. 塑造节事活动品牌战略个性

(1) 注意个性的稳定性。保持节事活动品牌战略个性的稳定性不仅可以给予节事一个视点，能够吸引受众的注意力，而且更能表现保持品牌的信誉度。

(2) 在经营中塑造品牌个性。不管节事活动呈现什么特征，都要看它是否有利于提高品牌的市场竞争力，是否有利于影响和刺激消费者。节事活动的形象讲究个性和特色，这种个性和特色必须通过经营和管理去展示和塑造，在具体操作中进行独具特色的战略设计及决策，从而使其立于不败之地。

2. 塑造品牌的步骤

(1) 从节事活动的形象出发，展望其品牌的个性。节事活动的形象定位是品牌特征个性化的基础，它能够使观众或游客对节事活动品牌产生一种“忠诚度”，促使他们最终成为这一品牌的顾客群。

(2) 从情感出发，考虑其品牌特色。在现代经营中，任何企业总是把品牌当作产品品质的象征，并且把这种影响努力地灌输到消费者心目中，节事活动也不例外。它使消费者形成对该活动强烈、积极、独特的认识，不但可以加深他们对该活动的偏好，而且可以阻止其他活动进入该领域。

(3) 发掘节事活动的潜力，增强消费者的信心。节事活动的一个主题或一个口号，就揭示了该活动的中心宗旨所在，给了人们很多想象的空间，从而对该活动的成功举办信心十足。

(4) 增加再投资。塑造一个节事活动的品牌特征以及它最重要的组成部分——个性，需要培育、投资，这些投资包括时间、才智、能量和金钱。

3. 品牌策划需注意的几个要点

(1) 服务是节事活动品牌的支持者，是节事活动品牌树立的捷径，是品牌宣传、发展的通行证。

(2) 文化是节事活动的依托，地方文化与节事活动密切联系，文化支撑着节事活动的丰富内涵，节事活动展示了当地或其所代表的独特文化魅力。

(3) 管理是节事活动的基础，成功的节事活动是优秀、杰出管理的结果。有了明确的管理，才能使节事活动按部就班地进行，保证节事活动项目的正常运作，满足消费者或观众的需求。

(4) 创新是节事活动的活力，在日趋激烈的市场竞争中，只有通过创新，才能占据一席之地。

(5) 公关与赞助是节事活动的左膀右臂，利用公关活动来吸引媒体关注，达到一种较好的宣传效果，为节事活动带来良好的经济效益和社会效益。

三、节事活动的品牌管理

(一) 品牌管理的意义

1. 提高产品或服务的质量，完善服务体系

节事活动策划的目的之一就是要使节事活动更贴近消费者或观众

的心，更大限度地满足他们的需求。通过管理，可以提高整个节事活动的水平，增强产品或服务的质量，增加其文化韵味，最大限度地满足消费者的需求，实现节事活动的价值。

2. 让节事活动更具文化韵味，更具亲和力

世界著名的节事活动无不以独特的文化魅力吸引着消费者，没有文化，不可能使节事活动有吸引力，更不可能成为知名的节事活动。与其说人们消费节事活动的产品、享受服务，倒不如说他们在消费个性文化。

3. 塑造更完善的形象

节事活动的形象是一个总体概念，分为具体形象和抽象形象。如品牌名称、标志等的策划都可以塑造品牌的具体形象，而品牌的广告策划、公关策划、定位策划等却可以塑造品牌的抽象形象。节事活动的附加值属于品牌的间接价值，通过策划来塑造起良好的形象后才能达到，从而进一步增强节事活动的竞争力，对消费者产生强大的吸引力。

（二）节事活动品牌管理的四个重点要素

1. 建立卓越的信誉

节事活动品牌竞争的起点应该从树立信誉开始，不是依靠政府包办，而要依靠提升管理的水平，控制质量的能力，提高客户满意度的机制和提升团队的素质来建立信誉。研究市场需求的变化，并不断创新出可以满足他们不同需求的有个性化功能的服务产品。

2. 增加情感因素，争取广泛的支持

以往人们在谈论品牌时往往想的是产品或企业的商标。现在，真正的品牌是开始从信誉牌进入到感情牌的阶段。如何使产品从商标上升到信誉最后升华到感情呢？除了消费者包括观众、游客等支持外，来自政府、媒体、专家、权威人士及经销商等的支持也同样重要。甚至有时候，需要名人的支持并利用他们的效应增加节事活动的信誉。另外与消费者保持亲密的关系，只有那些同消费者建立了紧密的长期关系的节事活动才会是最后的胜利者。所以国内外的品牌都不遗余力地想办法同客户建立直接的联系并努力保持客户的忠诚度。

3. 确定与众不同的求异战略

人们喜欢去迪士尼乐园并不是因为它是简单的游乐场所，而是人们可以通过参与各项活动在那里找到童年的梦想和乐趣。所以节事活动品牌不是产品和服务本身，而是它留给人们与众不同的想象和感觉。

悉尼同性恋节始于1978年的悉尼同性恋大游行，是澳大利亚一年一度的大型盛事，每年吸引了众多的海内外游客和悉尼本地居民前往观赏，观摩的观众最多时高达百万人。悉尼同性恋大游行不但在澳洲出名，而且在世界上也享有盛誉，据说这是澳洲最具活力、最滑稽和最华丽的大街游行，其“旷世奇情”可与每年2月底、3月初巴西最盛大的节日——狂欢节媲美。来自澳洲和世界各地的同性恋者，八仙过海，各显神通，表现的主题涉及社会、政治、宗教和文化艺术等各个方面。游行者身着色彩艳丽的奇装异服，边走边舞，招摇过市，不时摆出各种大胆诱人夸张性感的动作，引观众发笑，为悉尼市民和海外游客增添了乐趣，成为与美国旧金山和荷兰的阿姆斯特丹并列的三大同性恋节。

4. 品牌的培育、保护及长期爱护

形成品牌容易但维持是个很艰难的过程。没有很好的品牌维护战略，品牌是无法成长的。很多活动只靠花掉大量的资金做广告来增加客户资源，但由于不知道品牌管理的科学过程，在有了知名度后，不再关注客户需求的变化，不能提供承诺的一流服务，失望的客户只有无奈地选择了新的品牌，致使花掉大把的钱得到的品牌效应昙花一现。所以，品牌管理的重点是品牌的维持。

四、塑造完美的节事活动形象

节事活动形象策划和品牌管理不能脱离节事活动的实际情况而独立进行，也不能偏离节事活动形象定位的主旨而存在，它要遵循节事活动在公众中受到好评的基本方向来进行。

1. 确立品牌运营意识

节事活动的运营，必须在市场经济条件下形成一套完整的节事活动的开发、策划、管理、实施、保护的构架，才能在市场上取得竞争优势。

2. 重视无形品牌资产的有形化

节事活动品牌的含义、价值、个性都是通过无形的理念或概念存在于组织者、举办者、消费者（观众）、赞助商的心目中，要想使这些无形的东西更容易被他们所理解和接受，举办方就要想方设法使它们有形化。通过有形展示来使利益相关者增加对节事活动的记忆和理解，促进他们接受节事活动品牌。

对节事活动品牌的有形展示可以通过举办场所、组织人员、设施设备、使用材料等来表现，但在策划节事活动形象时，对节事活动有形展示最主要还是集中在四个方面：主题名称、标志、标识语、吉祥物及延伸的旅游纪念品。

3. 强化服务意识

节事活动品牌形象是为了提高消费者的品牌忠诚度，提高其反复参与的频率。为了达到这一目标，节事活动组织者必须做好以下几个方面的工作：

树立“顾客至上”观念，营造“顾客至上”的环境；

重视节事活动品牌定位策划；

重视节事活动品牌管理。

4. 注重综合效益

综合效益是节事活动形象策划的目标，也是实现节事活动形象策划的前提。综合效益包括经济效益、社会效益和环境效益，为了使三者平衡，要在满足现代人物质和精神两种需求的基础上，寻求节事活动个性与文化的结合点，提高社会效益和环境效益的认识，坚决杜绝只顾经济效益而忽略社会效益和环境效益的意识。

第六章

节事活动的组织结构策划与人力资源管理

任何类型的节事活动，不管是否有严密的可行性研究，是否拥有雄厚的资金保证或其他物质基础，最终都需要由具有主观能动性的人来组织和实施。所以组建合理的组织结构及根据节事活动的需要和市场供给状况，有效地获取人力资源并且进行系统的开发利用是非常重要的。节事活动的组织结构策划和人力资源管理是通过一定的组织结构和各种人员的作用，把节事活动组织中的资金、物资和信息转化为可供出售的活动产品，使计划由观念形态转化为现实形态的过程。

第一节　节事活动的组织结构

任何项目都有两个基本的要素：一定的项目范围和合理的组织结构。节事活动项目自然也包含这两个要素：一个合理的组织结构除了符合项目环境的结构类型外，还必须有人去承担结构上各个位置的角色。了解节事活动组织结构的类型，选择符合任务环境的组织结构，招聘活动项目所需的人才，将招聘来的人员整合成一个战斗的团队等问题，对于节事活动的管理来说尤为重要。

一、组织与组织结构的概念

（一）组织

1. 组织与节事活动的项目组织

组织是由人员、职位、职责、关系、信息等组织结构要素所构成，由成员的职位或工作部门作为结点连接成的一个系统或结构的网。人员和职位是两个最基本的因素，是构成组织的"硬件"，职责、关系、信息则是构成组织的"软件"。

节事活动的项目组织指为完成特定的项目任务而建立起来的，从事项目具体工作的组织。该组织是在项目生命周期内临时组建的，是暂时的，是为了完成特定的项目目标而组建的。节事活动与其他组织一样，要有良好的领导、计划战略、内外沟通、人员配备、激励机制以及积极向上的组织文化等。

2. 节事活动项目组织的特点

(1) 具有生命周期性。项目组织是在不断更新和变化的。组织的一个基本原则是因事设人，所以应根据项目的任务设置机构，因岗用人，同时活动结束后，项目组织及时调整，甚至撤销。

(2) 具有柔性。节事活动项目有着机动灵活的组织形式和用人机制，即柔性。而且还反映在各个利益相关者之间的联系都是有条件的、松散的；通过合同、协议、法规及其他各种关系结合起来。

(3) 具有适应项目的一次性特点。项目组织具有明显的临时性，一般说来，节事活动完成以后，项目班子就解散了，很少有人视活动组织为长久归宿。

(4) 讲求专业化。专业化可以提高工作效率，提高熟练程度。节事活动的组织内人员必须协调一致，整合组织内个体行为，以求最大效率。

(5) 注重权威和统一指挥。权威有助于贯彻命令和形成组织凝聚力，统一指挥可避免因命令不一而造成的推诿和混乱。

(二) 节事活动的组织结构

1. 节事活动的组织结构

组织结构是组织内部要素相互作用的联系方式或形式，是组织内的构成部分所规定的关系的形式。即系统内的组成部分及其相互之间关系的框架，它是组织根据系统的目标、任务和规模采用的各种组织管理架构形式的统称。

2. 节事活动的组织结构特征

(1) 组织目标明确，工作内容庞杂。节事活动的项目组织既要与上级主管部门保持联系以取得指导和支持，又要通过对下属单位的合理组织，搞好有机协调工作；妥善处理好各项关系，与司法、保卫、安全、绿化等部门打交道。

(2) 项目组织是一个临时性机构。

(3) 项目组织应精干高效。

(4) 项目经理是项目组织的关键。

3. 节事活动设计

组织结构的设计主要包含三方面要素:

一是工作部门的设置,根据组织目标和组织任务合理设置。确定工作部门的同时需要确定这个部门的职权和职责,做到责任与权力相一致。

二是工作部门的等级,在一个组织中,分权和集权是相对的,采取何种形式应根据组织的目标、领导的能力和精力、下属的工作能力、工作经验等综合考虑。

三是管理层次和管理幅度。一般的组织管理层次分为决策层、管理层和执行层等。管理幅度又称管理跨度,主要取决于需要协调的工作量。管理层次和管理幅度取决于特定系统环境下的许多因素:

- 管理人员的工作能力、性格、个人经历、授权程度等
- 工作的复杂性
- 信息传达速度的要求
- 下级的工作能力
- 工作地点的远近

二、组织结构类型

一个系统采用何种组织结构形式需要根据项目的具体情况而定。不同的组织结构形式对活动项目产生的影响各不相同。

(一) 组织结构的类型

1. 直线型

它是上下垂直的组织形式,其优点是结构简洁,职权和任务明确;其缺点是对突发事件处理迟钝和僵化。

2. 职能型

它是在最高决策层下,按专业横向分设管理职能部门。其优点是提高了专业化程度,增强了处理突发事件的能力;其缺点是如果分工过细,容易造成多头领导。

3. 矩阵型

解决了低效和多源命令的问题,关键是部门的协调和明确的分工。

适合产品多、有创新要求、管理复杂的组织。

（二）组织结构的具体形式

1. 直线型

直线型组织结构，为传统的组织结构形式，一般是节事活动机构初创阶段普遍采用的组织结构。它按照节事活动机构经营的要求，在节事活动经理的直接指挥下运行。其特点是，分工明确，便于协调，管理高效。它主要依赖于经理高超的综合专业技能，因此仅适用于处在初期经营阶段的规模较小的节事活动机构（见图 6-1）。

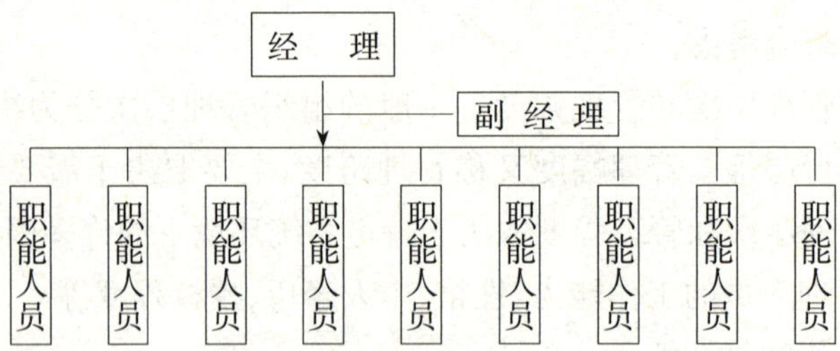

图 6-1　直线型组织结构示意图

2. 职能型

职能型组织结构，是在节事活动经营对系统运行特定要求的基础上形成的。它按照最大程度满足顾客对节事活动环境需要、最大限度降低系统运行成本的特定目标，把组织相应划分为销售与营销、组织经营、人力资源开发等若干职能系统，采用横向组合方式，由部门经理统筹、协调并落实计划。其特点是，有利于实现节事活动经营总目标，便于各部门内部以及与其他部门的相互协作（见图 6-2）。

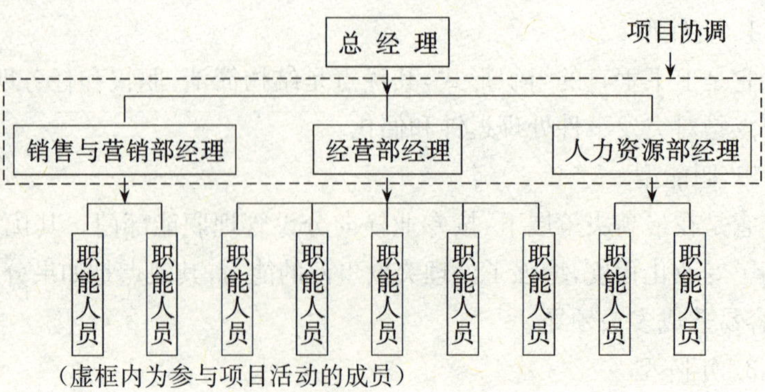

图 6-2　职能型组织结构示意图

3. 矩阵型

矩阵型组织结构把纯职能型组织结构和纯项目型组织结构的优点结合起来，一方面，每个项目都代表一个潜在的权力中心，项目经理直接向总经理负责，而项目经理的职权由总经理直接授予，项目经理对节事活动的项目成功负有全部责任；另一方面，职能部门有责任为活动项目提供最好的技术支持，每个职能单位都由一位部门经理来领导，他的主要职责是确保有一个统一的技术基础而且所有的信息在活动项目之间相互交流，这种结构形式适用于复杂的、信息量大的节事活动（见图 6-3）。

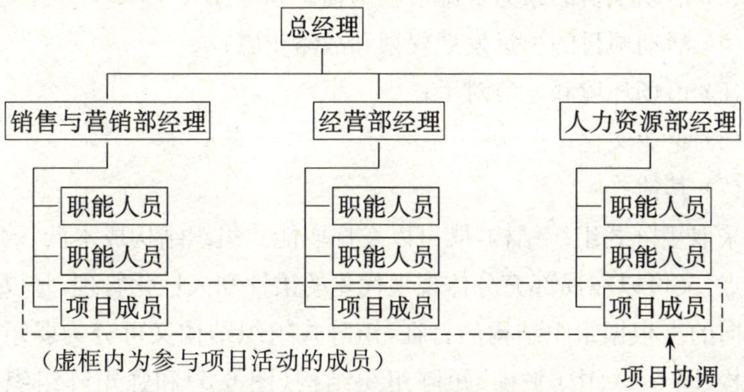

图 6-3　矩阵型组织结构示意图

（三）矩阵组织的特点

在矩阵结构中，职能机构主要对项目起辅助作用，技术骨干可以共享，成本能实现最小化。而且，矩阵型结构对于变化、冲突和其他的项

表 6-1　组织结构形式对项目的影响

项目特征	职能组织结构	矩阵组织结构			项目（线性）组织结构
		弱	中（平衡）	强	
经理的权力	无或几乎无	受限制	小至中等	中等至大	大至几乎全部
参与项目活动的比例(%)	无	0～25	15～60	50～95	85～100
经理的角色	兼职	兼职	全职	全职	全职
负责人的实际角色	项目协调者 项目负责人	项目协调者 项目负责人	项目经理 项目主管	项目经理 计划经理	项目经理 项目经理
项目活动成员角色	兼职	兼职	兼职	全职	全职

目需求能作出快速反应。冲突通常很小，而所需要的答案则可以通过直线命令来解决。这样可以减少冗余的工作程序并较好地平衡时间、成本与任务（表 6-1）。

（四）矩阵式组织结构的类型

一个节事活动项目组采取什么样的组织结构进行管理，需要综合考虑以下几方面因素：

（1）公司的业务特点和发展规模；

（2）活动项目所处的大环境和产权结构；

（3）活动项目的人力资源素质结构；

（4）活动项目的长远发展规划和战略步骤；

（5）市场环境和竞争对手；

（6）企业文化；

（7）其他。

采取矩阵式组织结构，既可以发挥职能式组织结构成本低、效率高的优点，又可以在局部充分体现现代化的柔性和人性化管理，是以客户为导向的。根据组织结构的特征，矩阵式组织结构又可分为弱矩阵组织结构（图 6-4）、中（平衡）矩阵组织结构（图 6-5）和强矩阵组织结构（图 6-6）。这三种矩阵结构的不同主要体现在项目团体的领导责任和权限上。

弱矩阵组织结构并未明确对项目目标负责的项目经理，即使有项目负责人，它的角色只不过是一个项目协调者或项目监督者，而不是一个管理者。项目人员的唯一直接领导仍是各自职能部门的负责人，项目的协调比较困难。

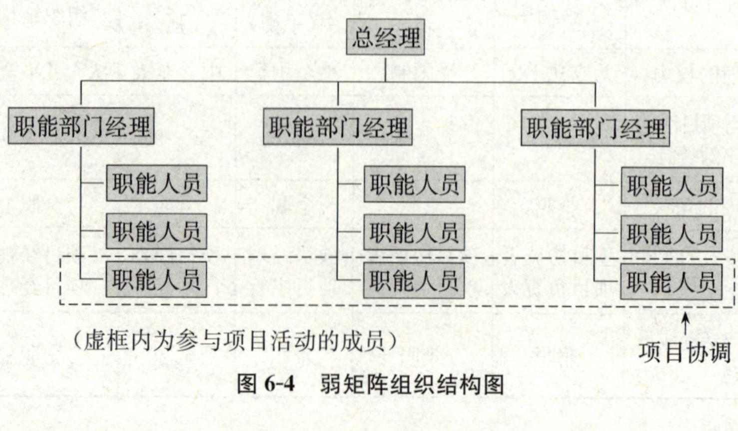

图 6-4　弱矩阵组织结构图

中(平衡)矩阵组织结构强化项目的管理，从职能部门参与本项目活动的成员中任命一名项目经理，项目经理被赋予一定的权力，对项目总体与项目目标负责，但是由于只是某一职能部门的下属成员，得接受本部门经理的直接领导，必然会受本职能部门利益的影响，其权力和工作也必然受到限制和影响，项目协调不充分。

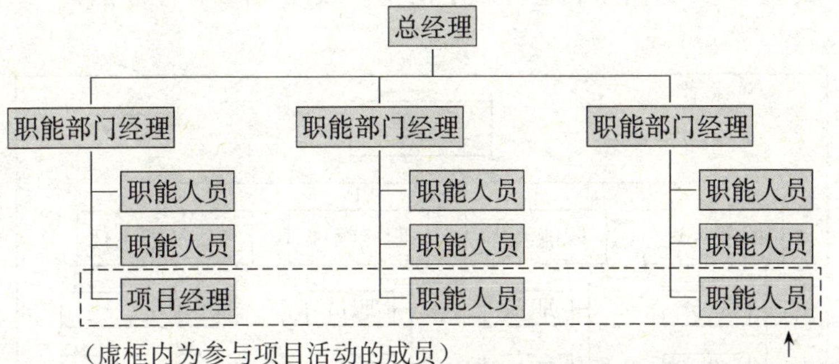

图 6-5　中(平衡)矩阵组织结构图

强矩阵组织结构由系统的最高领导任命对项目全权负责的项目经理，项目经理直接向最高领导负责或者在系统中增设与职能部门同一层次的项目管理部门，直接接受项目最高领导的指令。项目管理部门再按不同的项目，委任相应的项目经理。在这种结构中，项目经理为了实施项目目标，有权联合各个职能部门的力量和协调各部门之间的关系，有效地支配和控制系统的资源。

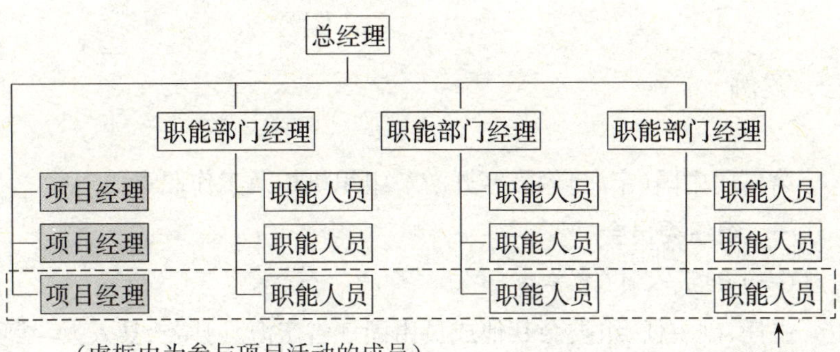

图 6-6　强矩阵组织结构图

除此之外，还有复合式组织结构。所谓复合式项目组织结构有两种含义：一是指在公司的项目组织结构形式中有职能式、项目式或矩阵式两种以上的组织结构形式；二是指在一个项目的组织结构形式中包含上述两种结构以上的模式，例如职能式项目组织结构的子项目采取项目式组织结构等。在一个公司中，可以同时存在职能式组织的项目和纯项目式组织的项目。这种混合式组织结构使公司在建立项目组织时具有较大的灵活性，但也有一定的风险。同一公司的若干项目采取不同的组织形式，由于利益分配上的不一致性，容易产生矛盾。

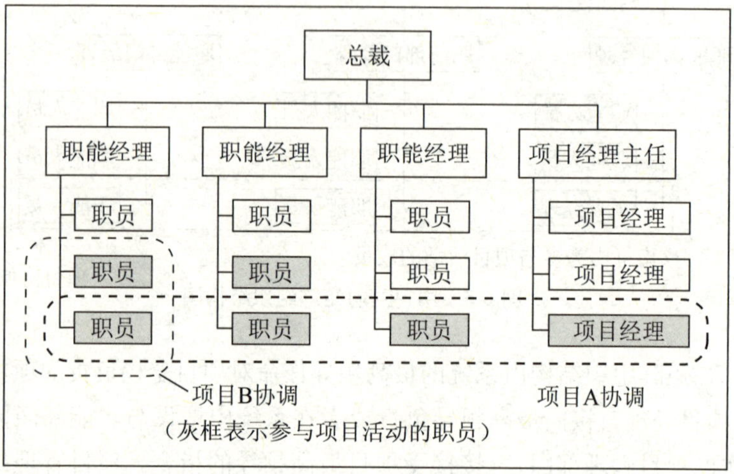

图 6-7　复合式组织结构图

上海博华国际展览有限公司（Shanghai UBM Sinoexpo International Exhibition Co. Ltd）的组织结构就是复合式（图 6-8）。

三、案例

第二届中国（宁海）徐霞客开游节组织机构及工作职责

一、组织委员会

（一）组成人员（名单略）

主任、副主任、组委会其他成员由浙江省宁海县县委、县人大、县政府、县政协有关工作部门、有关镇乡、街道主要负责人组成。

（二）主要职责

主持开游节全面工作；研究决定开游节各类重大事项；检查督促开游节各项工作。

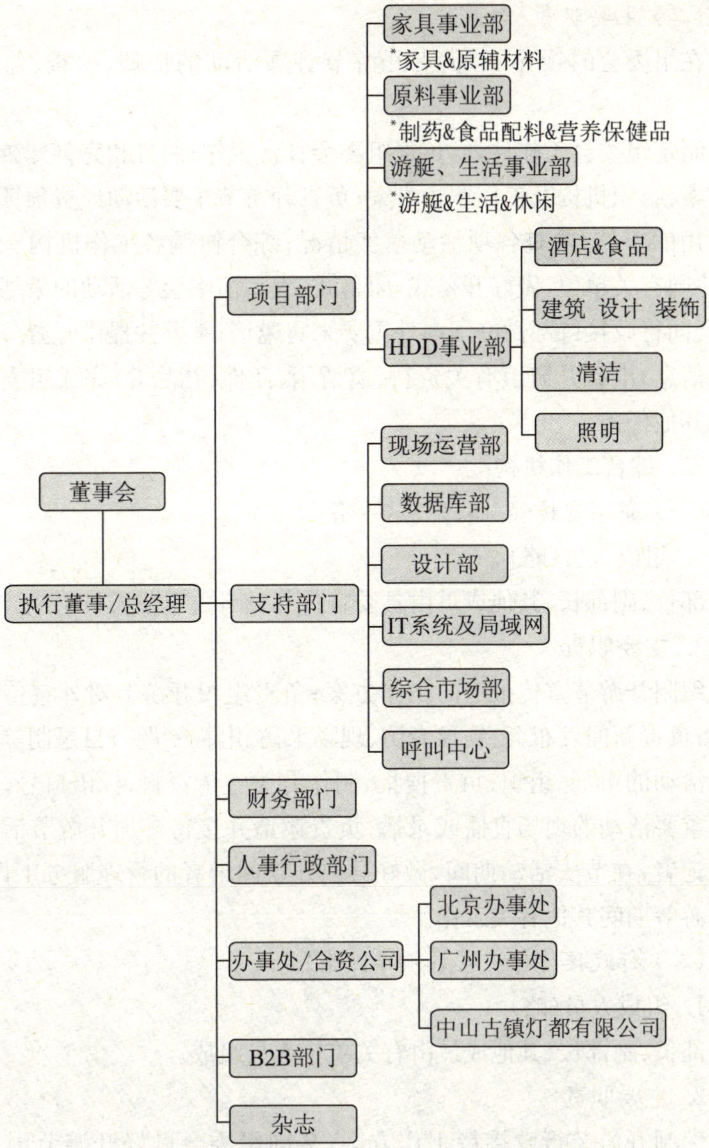

图 6-8　上海博华国际展览有限公司组织结构图

资料来源：http://www.ubmsinoexpo.com/AboutUs/OrganisationChart/tabid/373/language/zh-CN/Default.aspx。

二、组委会办公室

（一）组成人员（略）

主任、常务副主任、副主任、其他工作人员在县级机关有关单位抽调或聘用。

(二) 主要职责

在组委会的领导下,负责开游节各项活动的协调、检查、监督等工作。

制定组委会工作计划,负责组委会日常工作;制订和完善开游节总体方案、组织机构及工作职责方案;负责开游节主要活动经费预算编制及使用的审核;检查各项活动落实情况;综合协调各工作机构有关事项;协同有关单位,做好开幕式、闭幕式、大型演唱会等活动的策划和组织;会同行政接待部做好国内外重要来宾邀请;掌握并提供开游节各类动态信息;准备开游节有关资料、邀请函、证件、礼品等;完成组委会交办的其他任务。

三、综合工作机构

(一) 新闻宣传部　联系领导:略

1. 组成人员(略)

部长、副部长、其他成员由县委宣传部及有关单位人员组成。

2. 主要职责

编制开游节宣传报道的工作方案;负责组织开游节对外宣传报道工作;负责新闻发布会、领导专访、现场采访、电视专题节目录制等各类宣传活动的策划、组织;负责搜集、制作有关宣传资料、标语口号;落实有关重要活动的现场直播或录播;负责邀请并接待参加开游节活动的新闻记者;在节庆活动期间,做好县内外新闻记者的管理服务工作;做好开游节期间其他有关工作。

(二) 行政接待部　联系领导:(略)

1. 组成人员(略)

部长、副部长、其他成员由有关单位人员组成。

2. 主要职责

编制开游节行政接待工作方案;会同组委会做好开游节国内外重要来宾邀请;做好重要来宾接待服务及迎送工作;指导协调县级机关各部门来宾的对口接待;掌握宾客动态,做好信息沟通工作;负责安排好重要来宾的活动及有关事宜;配合会议工作部,做好领导参与各项活动的安排和服务;负责开游节工作用车、重要来宾接待用车安排和调度;做好各项活动场地及重要来宾驻地的现场救护工作;配合各工作部做好外请演艺人员的接待工作;做好开游节期间的其他有关工作。

(三) 安全保卫部 联系领导:(略)

1. 组成人员(略)

部长、副部长、成员由县人武部、县安全办、跃龙街道有关人员,县公安局指挥中心、治安大队、交巡警大队、有关派出所等单位负责人组成。

2. 主要职责

编制开游节及开游节各项活动的安全保卫工作方案及紧急情况预案;负责重要来宾驻地的安全保卫,节前对主要宾馆的治安、消防、电梯等进行检查,确保安全;负责各项活动安全保卫,确保开幕式、民族风情大巡游、文艺晚会、大力士精英赛、焰火晚会等各项活动安全、有序进行;负责交通安全保卫,确保活动车辆进出有序,道路畅通;负责中央领导等重要来宾的安全保卫;结合社会治安综合治理,开展清盲、反扒、扫黄、打假等行动,注意社会动态,确保社会稳定;做好开游节的其他有关工作。

(四) 环境管理部 联系领导:(略)

1. 组成人员(略)

部长、副部长、成员由县建设局、县规划局、县国土资源局、宁波市工商局宁海分局、县旅游局、县交通局、县交巡警大队、县环保局、县供电局、县卫生局、县科技工业园区管理处、县文明办、跃龙街道、桃源街道、梅林街道、前童镇、岔路镇、深田川镇、黄坛镇等有关单位的人员组成。

2. 主要职责

编制开游节环境管理工作方案并组织实施;完善开游节广场功能、配合会议工作部、大型演出工作部完成场地搭建等工作;完成活动场地相关的市政道路及绿化工程建设;加强"门前三包"责任制的监督管理,全面清理城区主要道路环境卫生;做好亮灯工程;整治出租车车容车貌;加强市政道路维护;重点做好有关活动区域的绿化、美化工作;加强交通窗口环境管理;强化建筑工地施工秩序和环境管理;做好通景区道路的环境整治和美化工作;做好开游节的其他有关工作。

(五) 广告票务部 联系领导:(略)

1. 组成人员(略)

部长、副部长、其他成员由县建设局、工商局等单位有关人员组成。

2. 主要职责

制定广告票务工作方案和实施方案；完成广告招商工作；制定环境广告宣传方案并组织实施；负责开幕式、演唱会入场券、节目单等票务的制作、管理及商业运作；负责开幕式、大型演唱会、闭幕式等活动场地的场景布置。

四、各活动项目工作机构

(一) 文具会展工作部　联系领导:(略)

1. 组成人员(略)

部长、副部长、其他成员由县外经贸局、宁波贸促会及有关单位人员组成。

2. 主要职责

负责首届中国(宁海)国际文具产业博览会的活动方案制定、会展组织、客商邀请接待等各项工作。

(二) 会议工作部　联系领导:(略)

1. 组成人员(略)

部长、副部长、其他成员由县委办公室、县政府办公室、组委会办公室等单位有关人员组成。

2. 主要职责

制定开幕式、闭幕式等重要会议实施方案并组织实施；负责领导及重要来宾讲话稿的准备；会同行政接待部，负责领导参加各项活动的安排和服务；指导其他活动项目中有关会议的相关工作。

(三) 民族风情大巡游工作部　联系领导:(略)

1. 组成人员(略)

部长、副部长、其他成员由县公安局、县经贸局、县文广局、县教育局、县建设局、县体育局、县文联及有关街道人员组成。

2. 主要职责

负责“万里霞客路”民族风情大巡游的花车、演出队伍的组织；巡游演出内容、路线、地点的确定并负责现场指挥；在行政接待部的配合下，做好外请演出人员的接待服务。

(四) 大型演唱会工作部　联系领导:(略)

1. 组成人员(略)

部长、副部长、其他人员由县文广局、县公安局等单位有关人员组成。

2. 主要职责

负责大型演唱会的方案制定以及演唱会组织、实施工作；演出人员的接待服务。

（五）全国大力士精英赛工作部　联系领导：（略）

1. 组成人员（略）

部长、副部长

2. 主要职责

负责全国大力士精英赛活动方案制定及组织实施；负责参赛队伍的接待服务等工作。

（六）“十里红妆”开馆、中国旅游日研讨会工作部　联系领导：（略）

1. 组成人员（略）

部长、副部长、其他成员由县旅游局及有关景点人员组成。

2. 主要职责

负责徐霞客与中国旅游日研讨会、“十里红妆”开馆仪式等活动的方案制定、活动组织等工作。

（七）“十城百车”开游仪式暨华东地区越野车挑战赛工作部　联系领导：（略）

1. 组成人员（略）

部长、副部长、其他成员由旅游局、公安局、岔路镇、前童镇、白溪水库、天河景区等单位有关人员组成。

2. 主要职责

负责“十城百车”开游仪式、华东越野车挑战赛活动的方案制定、活动组织、人员接待等工作。

（八）焰火晚会工作部　联系领导：（略）

1. 组成人员（略）

部长、副部长、其他成员由县公安局、县科技工业园区管理处、跃龙街道、桃源街道等有关单位人员组成。

2. 主要职责

负责闭幕式后焰火晚会活动方案的制定；焰火采购，保管；施放场地落实；现场施救，解说及晚会现场管理等工作。

中国（宁海）徐霞客开游节组委会

（资料来源：http://www.nhnews.com.cn　宁海新闻网 2004 年 4 月 26 日）

由于我国现代节事的发展相对较迟，运作管理经验不足，加之现行管理体制的影响，以至于诸多大型节庆的策划组织实施未能完全采用市场化的项目团队化管理。国内节庆的举办多属政府行为，隶属旅游局或组建节庆组委会进行协调、管理和组织。随着当地政府对大型活动的重视度提高，往往通过成立大型活动办公室作为常设机构的方式具体负责相关的连续多年举办的知名节庆，如象山大型活动办公室（象山开渔节）、呼和浩特市大型活动办公室（昭君文化艺术节）、淮南市大型活动办公室（中国豆腐文化节）等。在“政府引导、企业承办、群众参与、市场运作”的办节方针指导下，国内一些品牌节庆逐渐引入企业承办的方式，采用市场化运作模式，如具备独立法人资格的上海国际大型活动办公室，是隶属于上海文化广播影视集团的一个常设机构，办公室下设国际联络部、广告宣传部和行政财务部，主要负责筹备和组织实施上海电视节和上海国际电影节，还致力于参与、组织和策划上海市的大型国际文化活动和体育活动，包括上海国际高尔夫邀请赛、各种大型国际音乐会、大型国际航天知识展等一系列国际性活动；南宁国际民歌艺术节从2002年起改变政府操办的现状，成立“南宁大地飞歌文化传播有限公司”负责资金筹措和活动经营策划，下设行政部、财务部、市场部、企划部、演艺部、票务中心等六个部门，具体实行组委会领导下的专业公司经营与部门负责相结合的运作方式；青岛市从1998年起成立重大节庆活动办公室作为常设机构负责青岛啤酒节的运作，并形成主管市领导、政府相关领导以及大型活动办的三级协调机制，由市级协调机构、啤酒节指挥部、啤酒节办公室支持辅助机构等共同构成组织机构负责啤酒节的协调、策划、筹备和组织工作。

第二节　节事活动项目团队建设

仅仅把一组人员调集在一个项目中一起工作，并不能形成团队。一个有效协作的团队一方面需要项目经理的努力，另一方面也需要团队中每位成员积极投入到团队中去。

一、基本概念

团队是由两个或两个以上的人组成的，通过人们彼此之间的相互影响、相互作用，在行为上有共同规范的一种介于组织与个体之间的形态。项目团队是项目组织的核心。狭义的项目团队是为了实现一个共同的目标而协同工作的一组个体的集合，是一个具备协作精神的成员所构成的临时性组织，一旦项目完成或终止，项目团队的使命即已完成，项目团队即告解散。团队的工作就是团队成员为实现具体的项目目标而进行有效地协调、配合、沟通等方面的努力。

二、项目团队的创建原则

项目团队的组织没有固定的模式，应根据不同活动的特点、不同的外部条件，采用不同的组织形式。但无论何种形式的项目团队，要保证其稳定、高效地运行，都需遵循以下原则：

1. 有限管理宽度原则

管理宽度是指一个主管能够直接有效地管理下属的人数。一个项目经理的管理宽度是有限的，往往要受很多因素的影响。如：问题的复杂程度，项目经理及团队成员的才能高低，授权程度等。

2. 权责对等原则

权是在规定的职位上行使的权力，责是在接受职位、职务后必须履行的义务。变动权力时，必须同时变动与权力相对应的责任。

3. 职才匹配原则

项目团队成员的才智、能力与担任的职务应相匹配。尽可能使才位相称、人尽其才、才得其用、用得其所。理想的团队组织，必须具备修改和调整的可能性和灵活性。

4. 单一指令原则

团队成员只能接受一个上级的命令和指挥，一个成员不能受到多头领导，否则团队成员会不知所从。上下级之间的上传下达按照层次进行，一般情况下不得越级，尽量实行“一元化”管理。

5. 效果与效率统一原则

效果是指项目团队的活动要有成效；效率是指项目团队在单位

时间内取得的速度。在单位时间内取得成果的过程中,各种物质资源的利用程度、团队成员的工作效率,都反映出项目团队的效率。效率不高、反应迟缓,说明这个项目团队的某些方面已经不适应客观要求,需要改进。

三、项目团队的特征

一个有效的强有力的团队具有以下重要特征:

- 合理的分工与协作
- 高度的凝聚力与民主气氛
- 有效的沟通,成员之间相互信赖
- 共同的目标
- 个人需要得到满足

四、项目团队的发展阶段与领导方式

一般来说,项目团队分四个阶段,不同的阶段有着不同的领导方式,四个过程相应的领导风格是指导型、影响型、参与型和授权型。

1. 形成阶段

项目团队的形成阶段是项目团队的初创和组建阶段,是个体成员转变为项目团队成员的过程。每个成员都试图了解项目目标和他们在团队中的角色。团队成员之间急需通过了解,相互交往来增进彼此之间的认识。同时,团队成员渴望展现自己的能力。在这个阶段,团队的工作效率较低,作为项目团队的领导者和沟通者,项目经理应向团队成员介绍项目背景、团队目标和团队与组织内各部门之间的关系,说明成员的岗位职责、承担的角色,指导团队完成项目团队的建立工作,并在团队成员的帮助下确定团队内部的行为准则。

2. 震荡阶段

项目团队成员之间的冲突与不和是此阶段的显著特点。在这一时期,团队开始缓慢地推进工作,每个团队成员所扮演的角色、职责和权限进一步明确,同时各方面的问题逐渐暴露出来,比如团队成员与周围环境之间产生不和谐,主要表现在:成员与组织技术系统之间的不协调，由于对团队采用的信息技术系统或新的制作技术不熟悉，成员经常出差错；成员与组织制度系统之间的不协调。一方面，在团队建设中，组织所建立的与团队运作相适应的制度体系可能是不完善的，加上团队成员对新的体制有一个适应过程，容易产生冲突。另一方面，新制度体系通常与传统体制并存，新旧体制之间会有矛盾。团队在成长过程中，与公司其他部门要发生各种各样的关系，也会产生各种各样的矛盾冲突。面对如此烦杂的情况，项目经理需要对冲突进行妥善引导，使团队成员对冲突有一个正确的认识，促使冲突及时化解，在冲突与合作中寻找理想的平衡。

3. 规范阶段

在经历震荡阶段之后，团队成员之间的关系已经理顺，绝大部分的个人矛盾也得到了解决。团队成员学会了分享信息，相互理解、关心和友爱以及接受不同的观点，熟悉了工作环境。同时，建立了标准的操作方法和工作规范，项目管理的各种制度得以改进，项目团队的凝聚力开始形成，在此阶段，项目经理要始终参与团队成员的活动，注意团队文化的建设，鼓励成员个性的发挥，合理资源配置，营造一个为团队本身成长及目标实现而尽职尽责的工作氛围。

4. 执行阶段

经过前面几个阶段，团队成员的状态达到了最佳水平。成员们积极工作，为实现项目的目标而共同努力，在熟练掌握处理内部冲突技巧的基础上，团队成员之间能够集中集体智慧作出正确的决策，解决各种困难和问题，队员之间能进行真诚、及时、有效的沟通，分工合作。团队成员具有极强的归属感和集体荣誉感。此时，项目经理要对成员授予充分的权力，鼓励队员发挥自己的主动性、积极性和创造性，以形成和谐融洽的气氛。

五、项目团队文化

项目团队文化是在其发展过程中所形成的，为团队成员所共有的思想、作风、价值观念和行为规范，它是一个项目团队所特有的信念和行为模式。团队的文化涉及组织的各个层次，渗透于项目的各项工作中（见表 6-2）。一般来说，团队文化主要包括以下几个方面：

表 6-2 团队文化的开放性

组织文化	封闭的	部分开放的	完全开放的
目　　标	宣布的	经过沟通的	一致同意的
信　　息	是地位的象征	像商品一样交易	大量存在
激　　励	操纵的	关注成员的需要	与目标同一
决　　策	仅由上层做出	部分授权给成员	落实到成员身上
错　　误	只有成员犯错	谁犯错谁负责	允许错误
冲　　突	不受欢迎	能被控制	代表了革新的机会
控　　制	由上层控制	部分授权给成员	自我控制
管理风格	独裁式、家长式	合作式	特殊的管理风格
权　　威	要求服从指挥	希望合作	推崇伙伴关系
管理者	绝对的统治者	解决问题的人、做出决策的人	变革的战略设计者

(1) 团队精神:团队精神是团队文化的表现形式,是支撑项目团队生存和发展的支柱,是在生产、经营、管理的实践活动中形成的一种行为。

(2) 团队的价值观:这是一个团队的基本观念和信念。它是指团队成员参照一定的依据,遵循一定的模式对团队的生产经营行为、提供的服务及社会声望和信用等的总的看法。

(3) 团队目标:是团队文化以团队经营形式表现出来的一种观念形态文化。在实践中,团队目标是作为一种意念、一种符号、一种信息传达给全体成员。团队目标可以划分为三个层次:整体目标、部门目标、小组目标或队员目标。

(4) 团队道德:团队道德是调整队员之间以及项目组织与成员之间关系的思想意识和行为规范的综合,是团队规章的必要补充。

(5) 团队制度:团队制度是项目组织在项目管理的实践活动中所发展起来的一种文化现象。它既是处理成员相互之间工作关系的规章制度、组织形式和行为准则,又是组织为实现其盈利目标而要求队员共同遵守的办事规程。

(6) 团队礼仪:团队礼仪是团队日常已经形成习惯的一系列文化活动的总称。这些礼仪活动体现了组织对成员的期望和要求,包括团队交流和社会礼仪、工作礼仪、管理礼仪等。

在一个具有文化底蕴的项目团队中，成员们有强烈的归属感、一体感。优秀的文化将激励团队成员努力奋斗、积极上进。

六、团队角色

成功的团队是通过将不同性格、不同能力的人组合在一起，使团队的每个成员在团队中扮演不同的角色，从而完成组织的目标（表 6-3）。

表 6-3 团队角色分工及特征

角色	行动	特征
主席	阐明目标和目的 分配任务	稳重、智力水平中等、信任别人、公正、自律、积极思考、自信
左右大局者	寻求群体讨论的模式，促成群体达成一致并作出决策	稳重、智力水平中等、信任别人、公正、自律、积极思考、自信
内线人	提出建议和新观点，为行动过程提出新视点	个人主义、慎重、知识渊博、非正统、聪明
监测/评估者	分析问题和复杂事件 评估其他人的成就	冷静、聪明、言行谨慎、公平客观、理智
公司工人	把谈话和观念更新变成实际行动	吃苦耐劳、实际、宽容
团队工人	为别人提供支持和帮助	喜欢社交、敏感、以团队为导向、不具有决定作用
资源调查者	介绍外部信息，与外部人谈判	有求知欲、多才多艺、喜欢交际、直言不讳、具有创新精神
实施者	强调完成规定程序和目标的必要性，并且完成任务	力求完美、坚持不懈、勤劳、注重细节、充满希望

七、项目团队冲突管理

项目团队的冲突管理是指项目管理者利用现有的技术和方法，对在项目各因素整合过程中出现的不协调现象进行处理或预防的过程。在项目管理中常见的冲突类型包括:人力资源、设备、基本建设费用、成本、技术见解和妥协、优先权、管理程序、时间规划、责任、个性冲突(表 6-4)。

表 6-4 主要的冲突源和减低其不利影响的建议

项目生命周期阶段	冲突源	建议
项目概念阶段	优先级	制定清楚的计划。与相关各方共同作出决策
	流程	制定详细的管理运作程序,用于对项目进行指导。确保取得重要的管理者的认可。制定不成文的规章
	进度	在项目真正开始之前,制定进度计划。对其他部门的优先级和对项目可能产生影响的事情进行预测
项目规划阶段	优先级	通过情况检查会,为支持区域提供关于预计的项目计划和需求方面的有效的反馈信息
	进度	与职能小组协作,安排工作分解包(项目子单元)的时间
	流程	为关键的管理事项准备应变措施
实施阶段	进度	不断对工作进行监控。将情况通报给相关的各方。对问题进行预测,并考虑备选方案。识别出需要密切关注的"故障点"
	技术	对于技术问题,要尽早解决。与技术人员就进度和预算问题进行沟通。注重安排足够的技术测试,及早促成对最终设计的统一认识
	人力	及早对人手问题进行预测和沟通,与职能部门和人事部门一同确定人手需求和优先级
收尾阶段	进度	在项目生命周期对进度进行严密的监控。考虑为容易产生工期延误的关键项目区域重新调配可用的人手。对可能影响进度的技术问题要立即加以解决
	个性和人力	为项目结束制定重新安排人力的计划。与项目班子和支持小组保持融洽的关系。尽力使"高度紧张"的氛围得到缓解

第三节　节事活动项目经理

项目经理是项目团队的灵魂，是决定项目成功与否的关键人物。项目经理负责管理整个项目，他既是项目的领导者、组织者、管理者和决策的制定者，也是项目重大决策的执行者。项目经理受有关方面的委托，对项目实行全面领导和统一指挥，通过严密的组织、详细的计划、有效的沟通、灵活的协调、准确的控制，对项目资金、进度、质量、成本等方面进行管理，从而实现项目的最终目标。

一、项目经理的职责

项目经理的职责就是对项目进行有效的计划、组织、指导和控制，确保全部工作在既定的资源和成本的约束下，按时、按质地完成。以实现项目的目标，在满足客户需求的同时，为本单位实现利润。具体体现在：

（一）计划

项目经理首先必须明确项目的目标，就团队如何实现这一目标进行充分考虑和统一安排，需要做哪些事情，什么时间去做，谁去做，需要什么样的设备、材料和工具，要花多少钱，做这些事情会有哪些风险等，这些都是项目计划的内容。概括为：

- 确定项目目标，并取得管理层与客户的一致同意
- 制定项目计划，并取得管理层的批准
- 确定项目所需要的资源
- 制定项目管理所用的技术、方法、程序与规章
- 建立项目管理的信息管理系统

（二）组织

项目经理的组织工作就是组织精干的项目团队，确定其管理结构、人员配备、制定规章制度、明确岗位责任，建立项目内部、外部的沟通渠道等。组织工作成功的标准是项目组织能够高效率运转和实现有效的领导。

沟通和协调是项目组织工作的重要内容。项目经理既是指令的发

布者，又是外部信息和基层信息的集中者。因此，项目经理有责任建立一个完善的信息管理系统，确保项目组织内部横向和纵向的信息联系，使项目组织和外部信息联系畅通无阻。项目经理组织工作的具体内容包括：

- 开发项目所需人力资源，组建项目小组
- 建立适当的项目管理组织结构图
- 对项目各职位进行描述，制定项目管理责任矩阵
- 确保小组成员理解和接受他们的职责
- 组织小组成员制定项目计划
- 促进项目团队内外的有效沟通
- 根据批准的项目计划，配置各种资源

（三）指导

项目经理需要把握项目的方向，指导小组成员有效地完成活动项目的目标。项目经理指导职能具体体现在：

- 具体指导实施项目计划中的各项活动
- 提供阶段性的项目进展报告及相关信息
- 定期对项目的进展情况进行评价，必要时对项目的计划、组织机构及人员进行变动

- 根据项目计划，评价项目绩效
- 与项目小组及其主管讨论项目表现
- 负责与项目内外部门联系、汇报、沟通与检查
- 处理冲突，化解矛盾，减少风险
- 促进项目小组团队建设
- 协调解决职能部门与项目小组之间的冲突或问题
- 随时了解项目的总体进展，及时解决发生的问题和矛盾
- 确保纠正措施及时实施

（四）控制

项目实施过程中，各种信息、指令、目标、计划都由项目经理决策后发出，来自项目内部和外部的信息也通过项目经理汇总，项目经理需要根据各种反馈信息，不断地对项目计划进行调整与控制，以达到项目有关各方和母体组织的预期目标。具体的控制职能包括：

- 确定项目活动的优先级
- 按照项目变更控制程序的要求，对项目的范围及其他变更进行

评价和沟通

● 对成本、进度和质量进展情况进行控制，及时发现问题并采取整改措施，对分配下去的工作表现进行跟踪，保证这些工作能按要求完成

● 与项目分承包商保持充分有效的沟通，确保合同条款得到有效履行

二、项目经理的权力

一定的权限是确保项目经理承担相应责任的先决条件，也是项目管理取得成功的保证。权力和职责在某种程度上是对等的。为了履行项目经理的职责，必须规范项目经理一定的权限，并用合同的形式具体确定下来。一般来说，项目经理具有以下权力：

（一）行政权力

被授权的项目经理是项目组成员的顶头上司，有权招聘项目组成员，指派岗位，指挥和调动工作，考核业绩和奖惩及解雇项目组成员等。

（二）独立决策权力

除了少数重大决策外，大部分问题由项目经理自行决策，无需经过冗长、费时的请示批准。商业机遇一般都具有时效性，迟缓决策不仅会影响效率，而且可能错过大好时机，甚至造成无法挽回的损失。项目经理应拥有足够的决策权，能对项目利益相关者的要求作出直接的、负责的答复。

（三）支配资源权力

掌管、支配项目资源的权力是项目经理所拥有的最有效的控制手段。如果能控制预算，那就控制了项目；如果能控制项目人力资源，那就能组建高效的项目团队。

（四）工作鉴定权力

这种权力是对项目组成员的工作进行鉴定并发表意见。这一权力是否有效取决于鉴定的结果能否真正与项目组成员的加薪、提拔挂钩。

三、项目经理的素质要求

项目经理素质的高低直接关系到项目管理的成败。项目经理需具

备与活动相适宜的素质。主要有:品德素质、能力素质、知识素质和身体素质四个方面。

1. 品德素质

要求项目经理具备正直、诚实的道德品质,以及认真负责、遵纪守法、锐意进取、造福社会的责任感。

2. 能力素质

一个合格的项目经理应具备多方面的能力,具体包括:

(1) 领导能力。领导能力是项目经理最重要的技能之一。项目经理是通过项目团队来取得工作成果的,有效的项目管理采取参与和顾问式的领导方式。项目经理通过这种方式为项目团队提供导向作用。根据小组成员职业发展的不同阶段,实现有针对性的领导。即所谓的情境领导。

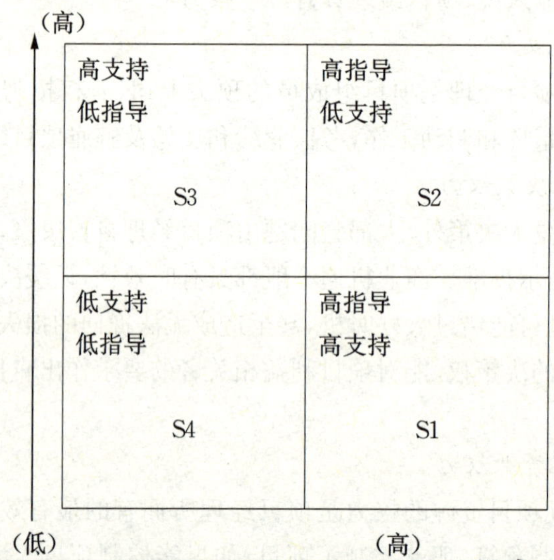

S4 能力强 意愿高	S3 能力中至强 意愿不定	S2 能力弱 意愿低	S1 能力弱 意愿高

图 6-9　项目经理的情境领导图

图 6-9 说明一位称职的项目经理,对于没有什么工作经验(能力弱),又愿意干(意愿高)的员工,应采取 S1 的领导形态——指令,所谓指令,就是很详细地指导他该怎么做(高指导,高支持);而对于具有丰富的工作经验(能力强),又愿意干(意愿高)的员工,你只需要提出要

求，授权让他去干好了，（S4 的领导形态）而不必一步一步地教他怎么做（低指导，低支持），依此类推。

（2）人际交往能力。项目经理与项目团队中的每位成员都要建立一种良好的关系，除此之外，由于项目经理还要与其他非团队成员打交道，包括老板、客户、各职能部门经理、供应商、承包商、政府官员等。如果缺乏人际交往能力，将会遇到许多麻烦。良好的人际关系会影响团队其他成员的思想和行为，同时也是项目经理用来处理成员之间不和与分歧的工具。

（3）决策能力。杰出的项目经理必须具有果断及时的决策能力。决策就是在某项工作的多种方案中作出选择。决策是计划工作的核心，如果没有决策制定，没有对计划进行调配以及对信誉的承诺，那么计划的目的也就不存在了。

（4）管理能力。作为项目经理，除了具备必要的领导才能外，还需要一定的管理能力。掌握必需的管理知识：项目的范围管理、时间管理、进度管理、成本管理、质量管理、人力资源管理、风险管理、沟通管理、采购管理等方面的内容。除此之外，项目经理还必须具备两方面的经验：与项目有关的工作经验和使用项目管理软件的经验。

（5）处理压力和解决冲突能力。当项目陷入困境或因为成本超支、计划延迟及设备和系统的技术问题而无法实现目标，或者当客户要求变更工作范围，团队内就某一问题的解决方案发生争议和冲突时，会对项目经理造成一定的压力，这就要求项目经理具备一定的处理压力的能力，对风险和不确定性进行评估，了解冲突发生的关键并及时采取应对措施。在压力和冲突面前，项目经理要保持冷静，不能急躁，使项目团队、客户和公司上级主管部门因惊慌和挫折而陷入困境。

四、项目经理的选拔与培训

（一）选拔

由于项目经理对于项目管理的成功与否有直接的影响，因此选择合适的项目经理是公司高层领导在组建项目班子时重点考虑的问题。公司高层领导针对某一项目选择合适的项目经理时必须清楚地了解候选人各自的工作能力、特长和不足之处。项目经理的选拔可以通过两条途径进行：外部招聘和内部选拔。

1. 外部招聘

外部招聘就是公开发布招聘信息，规定应聘人员的政治素质、业务水平和领导能力等方面的要求，应聘者先将本人简历送交招聘单位审查，招聘单位从中挑选出初审合格者，再进行面试、考核。这种公开招聘的方法，有利于人才流动，可促使人才更快地成长，达到人尽其才的目的。聘用的前提是工作的需要，在实行择优聘用和竞争聘用的同时，严格按照法定的程序进行：首先，科学地设置岗位；其次，成立选聘机构，规定选聘程序；最后，制定具体的管理办法。

2. 内部选拔

(1) 优点。内部选拔的人员熟悉公司的组织、制度、流程与项目成员，有助于更快更好地完成任务。他们的人事记录比较完整，可以最大程度地授予其项目管理的责任和权力；具有良好记录的项目经理及其团队易受客户欢迎。

目前，许多项目经理是从公司内部的实际工作中选拔出来的。公司对于一些兴趣广泛，有才能的人有意识地更换其工作岗位，让他们熟悉业务。在实践中逐步培养。

(2) 方法。评议法：公司领导人逐个评议有可能被选拔出来担任经理的人员。评议的基础是候选人的历史功绩、学习成绩和日常工作等考核记录。评议既要看学历、专业，更要看实际工作能力。

行动测定法：模拟一些项目实施中的紧急情况，让选拔对象去处理，看他们处理问题是否抓住了要害、是否坚决果断、是否发现了更深层次的问题并注意到各类问题之间的内在联系，最后评定其能否被提升担任项目经理。

评议中心法：将候选人置于一个专门进行人员挑选的评议机构中，由一些专业的评议人员对候选人进行心理测试和实际工作能力的考核，最后作出评价。

(二) 培训

对项目经理的培训应针对两种人：一种是新提拔和新录用的经理，通过培训，使他们适应不断变动的经济技术环境。另一种是有意愿和潜力成为项目经理的人，使其具备成为一个合格的项目经理所必需的技能。

培训可以分为几个步骤，首先是项目管理和综合知识的培训，即理论的学习。包括项目管理过程中的领导、沟通、激励以及冲突的解决等。其次是技能培训。通过实践训练，引导项目经理将项目管理知识和综合知识应用于解决公司的实际问题，以此来丰富和发展项目经理在项目管理、人际关系、情境领导、沟通与谈判、客户关系与咨询、克服风险、创新等方面的技能。最后实现角色转化。

第四节　活动项目沟通和冲突管理

良好的项目沟通和有效的冲突管理对于项目的成功至关重要。

一、项目沟通管理概述

沟通是人与人之间传递和交换信息的过程。在项目组织内，沟通是正式的、非正式的领导与被领导者之间的自上而下或自下而上的交换信息的过程。在项目管理中，沟通管理是进行项目各方面管理的纽带，是在人、思想和信息之间建立的联系，它对于项目取得成功是必不可少的。

无论何种规模及类型的项目都有其特定的周期。项目周期的每一个阶段都是重要的。显而易见，为做好每个阶段的工作，以达到预期标准和效果，必须在项目部门内、部门与部门之间以及项目与外界之间建立沟通渠道，快速、准确地传递和沟通信息，以便项目内各部门达成协调一致，使项目成员明确其工作职责，了解其工作对实现整个组织目标的贡献。通过大量的信息沟通，找出项目管理的问题，制定政策并控制评价结果。如果缺乏良好的沟通，就不可能做好人力资源管理工作，更不可能较好地实现项目目标。

（一）项目沟通管理的含义

（1）是确保项目信息合理收集、传输和处理所需而实施的一系列过程。

（2）是信息的交换、传送信息的行为或实例、口头或书面消息、有效地表达想法的技术、在个人之间通过一般的符号系统交换意见的过程。

（3）合适的沟通对于项目的成功是极其重要的。沟通就是信息交换的过程，沟通的形式有：书面正式的、书面非正式的、口头正式的和口头非正式的（由项目经理提出的）。

口头沟通带来高度的弹性。口头沟通以个人间的接触、小组会议或电话为媒介。书面沟通则比较准确，通常以通信（记录、信件、备忘录、报告）、电子邮件和项目管理信息系统为媒介。一些人把非口头的、视觉的沟通，如手势和身体语言，也作为可接受的形式。

（二）项目沟通管理的特征

（1）复杂性。每一个项目的建立都与大量的公司、企业、居民、政府机构等密切相关。另外，大部分项目都是由特意为其建立的项目班子实施的，具有临时性。因此，项目沟通管理必须协调各部门以及部门与部门之间的关系，以确保项目顺利实施。

（2）系统性。项目是开放复杂的系统。项目的确立将全部或局部地涉及社会政治、经济、文化等诸多方面，对环境、能源产生或大或小的影响，这就决定了项目沟通管理应从整体利益出发，运用系统的思想和分析方法，全过程、全方位地进行有效的管理。

（三）沟通的方式

1. 正式沟通与非正式沟通

正式沟通是组织内部明确的规章制度所规定的沟通方式。它和组织的结构息息相关，主要包括按正式组织系统发布的命令、指示、文件，组合召开的正式会议，组织正式颁布的法令规章、手册、简报、通知、公告，组织内部上下级之间和同事之间因工作需要而进行的正式接触。正式沟通的优点是沟通效果好，比较严肃而且约束力强，易于保密，可以使信息沟通保持权威性。缺点是沟通速度慢。

非正式沟通指在正式沟通渠道之外进行的信息传递和交流，如员工之间的私下交谈、小道消息等，是一种形式及内容等各方面都未经计划和难辨别的。这种沟通的优点是沟通方便，速度快，且能提供一些正式沟通中难以获得的信息。缺点是信息容易失真，往往不是完整的，有些是牵强附会的；主要是有关感情或情绪的问题，常常会带有感情色彩；表现形式具有多变性和动态性，因此它传递的信息随个体的差异、环境的变化而变化；不需要遵循组织结构原则，因此传递较快，而且一旦这种信息与其本人或亲朋好友有关，则传递得更快；大多数在无意中进行，在任何时间和任何地点都可发生。在很多情况下来自非正式沟通的信息反而易于获得接收者的重视。因为这种沟通一般是采取口头方式，不留证据、不负责任，有许多在正式沟通中不便于传递的信息可以在非正式的沟通中透露。

2. 上行沟通、下行沟通和平行沟通

上行沟通是指下级的意见向上级反映，即自下而上的沟通。项目经理应采取某些措施鼓励向上沟通，例如态度调查、征求意见座谈会、意见箱等。只有上行沟通渠道畅通，项目经理才能全面掌握情况，做出符合实际的决策。上行沟通有两种形式：一是层层传递，即依据一定的组织原则和组织程序逐级向上反映；二是越级反映，它指的是减少中间层次，让项目最高决策者与一般员工直接沟通，信息技术的发展为越级反映提供了条件。

下行沟通是指领导者对员工进行的自上而下的信息沟通。一般以命令方式传达上级组织或其上级所决定的政策、计划等信息。这种沟通方式的目的包括：明确项目目标、传达工作方面的指示、提供项目进展情况、回馈自身工作绩效。

平行沟通是指组织中和平行部门之间的信息交流。还有一种所谓"斜向沟通"，是指信息在不同层次的不同部门之间流动时的沟通。这两种沟通都跨越了不同部门、脱离了正式的指挥系统，但只要在进行沟通前先得到直接领导的允许，并在沟通后把任何值得肯定的结果及时和直接领导汇报，这种沟通就值得提倡。

3. 单向沟通与双向沟通

单向沟通是指发送者和接收者之间的地位不变(单向传递)，一方只发送信息，另一方只接收信息。这种沟通方式不能产生平等感和参与感，不利于增加接收者的自信心和责任心，不利于建立双方的感情。

双向沟通与单向沟通相对应，在双向沟通中，发送者和接收者两者之间的位置不断交换，且发送者是以协商和讨论的姿态面对接收者，信息发出以后还需及时听取反馈意见，必要时双方可进行多次重复商谈，直到双方共同明确和满意为止。如交谈、谈判等。双向沟通的优点是沟通信息准确性较高，容易产生平等感和参与感，增加自信心和责任心，有利于建立双方的感情。但是，沟通时速度较慢。

4. 书面沟通和口头沟通

书面沟通是指用通知、文件、报刊、备忘录等书面形式所进行的信息传递的交流。其优点是可以作为资料长期保存，反复查阅，沟通显得正式和严肃。

口头沟通就是运用口头表达，如谈话、游说、演讲等进行信息交流活动。其优点是传送信息较为准确，沟通比较灵活、速度快，双方可以自由交换意见。

5. 言语沟通和体语沟通

言语沟通是利用语言、文字、图画、表格等形式进行的。体语沟通是利用动作、表情和姿态等非语言方式(形体)进行的,一个动作、一个表情、一个姿势都可以给对方发送某种信息。不同形式的丰富复杂的"身体语言"在一定程度上也起着沟通的作用。

(四) 沟通渠道

沟通渠道分为正式与非正式两种,都是在项目组织内部和内外部之间进行信息交流和发送活动的渠道。当项目成员在明确规定的组织系统内为解决某个问题进行沟通协调工作时,会选择和组建项目组织内部不同的信息沟通渠道,即信息网络。沟通主体可以根据沟通的需要选择不同的渠道。

1. 正式沟通渠道

在大多数沟通中,信息发送者并非直接把信息传给接收者,中间要经过某些人的转换,产生不同的沟通渠道。

2. 非正式沟通渠道

在一个组织中,除了正式沟通渠道,还存在着非正式的沟通渠道,有些消息往往是通过非正式渠道传播的,其中包括小道消息的传播。

二、项目冲突管理

项目的冲突即项目中所产生的矛盾,冲突是项目结构的必然产物,项目经理常被描述成一个冲突经理。解决冲突时需要对冲突为何发生有所了解。

(一) 冲突的来源

项目实施过程中,冲突可能来源于不同的方面。它可能来源于项目内部,也有可能来源于组织内的其他项目。常见的冲突来源可归纳如下:

1. 管理程序的冲突

管理程序定义不清楚,如职责定义、工作范围、界面关系等,导致许多冲突。

2. 技术意见和性能权衡的冲突

在面向技术的项目中,如在技术问题、性能要求、技术权衡和实现性能的手段上都可能发生冲突。

3. 资源分配

可能会在决定由谁（项目成员）来承担某项目具体任务以及分配具体任务的资源数量等方面产生冲突，因为项目团队成员有很多是来自其他职能部门或者支持部门，这些人需要接受本部门的调度，而这些部门很有可能为多个项目提供资源支持。因此，在资源的调配和任务的分配上会出现冲突。

4. 进度计划冲突

冲突可能会来源于对完成工作的次序及完成工作所需时间长短的意见不一。进度冲突往往与支持部门有关，项目经理对这些部门只有有限的权力和控制力，但是他们对工作优先权的考虑存在着差异。

5. 费用的冲突

项目实施进程中，经常会由于工作所需费用的多少而产生冲突。

6. 项目优先权的冲突

当人员被同时分配到几个不同的项目组中工作时，可能会产生冲突，项目成员常常会对实现项目目标应该完成的工作或任务的先后次序有不同的看法。优先权冲突不仅发生在项目团队和其他支持团队之间，在项目团队的内部也会发生。这种冲突的发生往往是因为项目团队没有从事过当前项目的类似经验。项目优先权在项目执行过程中与原来的设想发生了很大的变化。需要对关键资源进行重新安排，进度也会因此受到很大影响。

7. 个性冲突

由于项目团队成员在个人价值观及态度上的差异而容易在他们之间产生冲突。

来自项目外的冲突也很常见，这时要确定内外影响因素的优先权。如为了落实北京奥组委关于奥运安保的要求，使大连市人民同全国人民一道尽情参与北京奥运会的相关活动，大连市委、市政府决定，原在2008年8月举办的第20届大连国际服装节延至2009年秋季举办。

（二）冲突因素具体分析

项目中的人是最重要的因素，也是冲突的主要因素。下面通过分析项目中人的利益、价值观、信息、权力、态度和动机来了解冲突的来源。

在考虑人的因素时，以下问题可以帮助思考。

1. 利益团体与个人

(1) 谁是主要的利益团体？

(2) 这些团体中哪些已进入冲突中？

(3) 为什么他们被包含在内？

(4) 其他还有哪些主要团体有利可得？

(5) 在某个问题上哪些团体有次要的利害关系？

(6) 谁是主要团体中的主要发言人？

(7) 在这些团体中，代表人是什么地位？

(8) 其他还有哪些个人已经公然地认同争论点？

(9) 谁是提出意见的人？

2. 价值观

(1) 支撑每位关系人争论点的主要价值标准是什么？

(2) 有主要的意识形态的、文化的、宗教方面的不同吗？

(3) 有个人或团体的价值或意识形态的特定争论点吗？

3. 信息

(1) 什么是关系人所依赖的资讯来源？

(2) 这些信息是相同的还是矛盾的？

(3) 哪些资讯来源是所有关系人重视的？

4. 权力

分析某关系人的权力来源于以下哪个因素：权威、人力资源、技能和知识、无形的因素、物理资源。

5. 态度

对于争论点，什么是当事人一般的态度？

- 对其他关系人有敌意吗？
- 对于争论点，他们的期望是什么？
- 对于其他的关系人，他们的期望是什么？
- 对于解决问题，他们的期望是什么？
- 对于争论点与关系人，还有什么其他的态度出现？
- 对于谈判，关系人的态度是什么？

6. 动机

- 关系人的动机是什么？
- 关系人是受现实或非现实的标的及期望激发的吗？
- 过去的抱怨起了什么作用？

● 冲突是由复仇所激发的吗？

● 关系人害怕扮演什么角色（改变者、新来者、失去个人地位、失去物资财物）？

● 物欲或贪心如何影响关系人的行为？

● 欲望如何使团体与个人卷入冲突中？

（三）同阶段项目冲突的强度比较

项目冲突的平均强度比较是这样的：项目进度冲突强度最大；项目优先权冲突占据第二位；人力资源是第三位的冲突源；第四位的冲突源是技术冲突；管理程序冲突列在第五位；项目成员的个性冲突通常被项目经理认为是较低强度的冲突；费用成本是强度最低的一种冲突源，如图 6-10 所示。

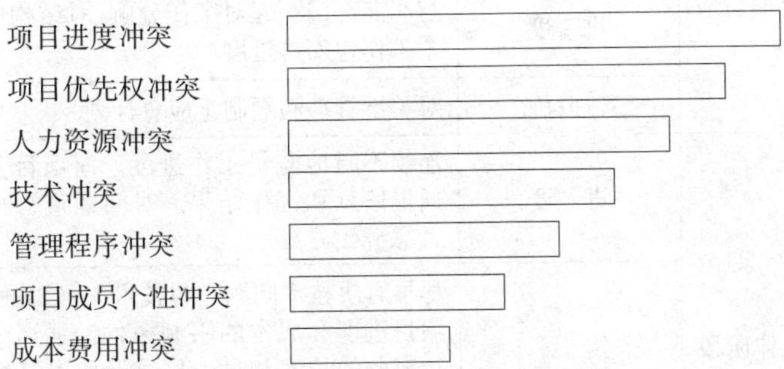

图 6-10　项目冲突的平均强度图

根据调查研究，以上这 7 种冲突在项目生命周期的不同阶段其强度也不尽相同。如果项目经理了解项目冲突的来源和项目不同阶段冲突的主要原因，就很可能避免或者减少冲突潜在的有害方面。

（四）冲突处理

项目通常处于冲突的环境之中。如果处理得当，它能极大地促进项目工作的完成。冲突能将问题及早地暴露出来并引起团队成员的注意；冲突促进项目团队寻找新的解决办法，培养队员的积极性和创造性，从而实现项目创新；它还能引发队员的讨论，形成一种民主氛围，从而促进项目团队的建设。

1. 解决冲突的常见方式

虽然导致冲突的因素多种多样，且同一因素在不同的项目环境及同一项目的不同阶段可能会呈现不同的性质（见表 6-5），但是，解决各式各样的冲突，还是有一些常用的方法和基本的策略。虽然公司的每个项目可能有内在的不同，但可以用同样的方式去解决冲突。下面是四种最普通的方式。

表 6-5 不同项目周期的冲突来源及建议

项目周期阶段	冲突来源	建　议
项目形成阶段	优先权	制定清楚的规划，与相关各方共同作出决策
	管理程序	建立执行项目的详细管理程序，并确保得到关键管理者的批准认可。制定项目宪章或者明确的说明文档资料
	进　度	制定进度计划，预测各部门的优先权考虑，评估对项目进度的影响
项目早期阶段	优先权	通过项目状态评估会议，向支持部门提供预计的项目计划和支持需求
	进　度	与职能部门一起对工作分解，对结构中的各个工作包安排进度
	管理程序	对关键管理问题制定应急计划
项目主体阶段	进　度	连续不断地监督工作进度。向项目参与方通报信息和工作结果。对问题进行预计并考虑替代方案
	技　术	尽早解决技术问题。与技术人员沟通，介绍项目进度和成本的限制条件。强调尽早进行充分的技术测试。尽早促成对最终设计方案的统一认识
	人力资源	及早就人力资源需求进行预测和沟通。与职能部门和人事部门共同确定人力资源需求和优先权
项目收尾阶段	进　度	项目进度监控收尾。考虑重新安排人员到一些关键项目活动上。加快解决技术问题，防止影响项目进度
	个性和人力资源	为项目结束后人力资源再次分配做出计划。保持与项目团队和支持部门的友好合作关系。放松项目中紧张的工作气氛

(1) 在公司范围内建设冲突解决政策和程序；

(2) 在早期计划活动中建立项目冲突解决程序；

(3) 利用上级；

(4) 需要直接接触。

2. 解决冲突的五种基本策略

(1) 回避或撤出。回避或撤出是指卷入冲突的人们从这一情况中撤出来，避免发生实际的争端。但这种方法有时并不是一种积极的解决途径，它可能会使冲突积累起来，而在后来逐步升级。回避常常被当作一种临时解决问题的方法，问题及其引发的冲突还会接连不断地产生。回避的方法应当用于：当你无法获胜的时候；当利害关系不明显的时候；当利害关系很明显，但你尚未做好准备的时候；为了赢得时间；为了消磨对手的意志；为了保持中立或者保持名声；当你认为问题会自行解决的时候；当你认为通过拖延能够获胜的时候。

（2）竞争或强制。这种方法是指一方竭力将自己的方案强加于另一方。当一项决议可能在最低的水平上达成时，强制的方法最能奏效。冲突越厉害，就越容易采取强制的方式，其结果就是一种“赢——输”的局面，一方的获胜以另一方的失败为代价。强制的方法应当用于：当你是正确的时候；正处于一种生死存亡的局面；当利害关系很明显的时候；当基本原则受到威胁的时候；当你占上风的时候（决不要在不能够获胜的情况下挑起争端）；为了获得某个位置或某项权力；短期的一次性交易；当关系并不重要时；当需要尽快做出一项决策的时候。这一策略的实质是“非赢即输”，它认为在冲突中获胜要比“勉强”保持人际关系更为重要。这是一种积极解决冲突的方式。

（3）缓和或调停。这种方法是指努力排除冲突中的不良情绪，它要通过强调意见一致的方面，淡化意见不同的方面才能实现。缓和的一个例子是告诉他人：“五点意见之中的三点我们已经取得了共识，为什么剩下的两点不能达成一致呢？”缓和并不足以解决冲突，但却能够说服双方继续留在谈判桌上，因为还存在解决问题的可能。在缓和的过程中，一方可能会牺牲自己的目标以满足另一方的需求。缓和的方法应当用于：为了达到一个全局目标；为以后的折中先尽义务；当利害关系不明显的时候；当责任有限的时候；为了保持融洽；当任何方案都足以解决问题的时候；为了表示友好；无论如何你都会失败的时候；为了赢得时间。“求同存异”是这种策略的实质，即尽量在冲突中强调意见一致的方面，最大可能地忽视差异。尽管这种方式能缓和冲突，避免一些矛盾，但它并不利于问题的彻底解决。

（4）妥协。妥协是为了做交易，或者说是为了寻求一种解决方案，使得各方在离开的时候都能够得到一定程度的满足。妥协常常是面对面协商的最终结果。有些人认为妥协是一种“平等交换”的方式，能够导致“双赢”结果的产生。另一些人认为妥协是一种“双败”的结果，因为任何一方都没有得到自己希望的全部结果。妥协的方法应当用于:当冲突各方都希望成为赢家的时候;当你无法取胜的时候;当其他人的力量与你相当的时候;为了保持与竞争对手的联系;当你对自己是否正确没有把握的时候;如果你不这么做就什么也得不到的时候;当利害关系一般的时候;为了避免给人一种"好斗"的印象。协商并寻求争论双方在一定程度上都满意的方法是这一策略的实质。这一种冲突解决方法的主要特征要寻求一种折中方案。尤其在两个方案势均力敌、难分优劣时,妥协也许是较为妥当的解决方式。

(5) 正视。这种解决问题的方法是,冲突的各方面对面地会晤,尽力解决争端。此项方法应当侧重于解决问题,而不是变得好斗。这是协作与协同的方法,因为都需要获得成功。这一方法应当用于:当你和冲突的一方都至少能够得到所需要的;为了降低成本时;为了建立共同的权力基础时;为了攻击共同的对手时;当技术较为复杂时;当时间足够时;有信任时;当你相信他人的能力时;最终目标还有待于被认识时。直接面对冲突是克服分歧、解决冲突的有效途径。通过这种方法,团队成员直接正视问题、正视冲突,要求得到一种明确的结局。这种方法是一个积极的冲突解决途径,它既正视问题的结局,也重视团队成员之间的关系。以诚待人、形成民主的氛围是这种方法的关键。它要求成员花更多的时间去理解和把握其他成员的观点和方案,善于处理而不是压制自己的情绪和想法。

第五节 节事活动志愿者的管理

对于许多活动来说,志愿者是维系活动生命的血液。没有志愿者,这些活动就无法生存。事实上,绝大部分的活动完全依赖志愿者的推动。能否有效地招募、培训和奖励志愿者成为许多活动组织管理运作中一个生死攸关的部分。

志愿人员通常参与的工作包括:

引座员、礼仪员、记时员、成绩记录协调员、裁判、行政人员、媒体协调员、礼仪/公共关系助理、后勤协调员、交通运输官员、信息员、客户关系官员、急救员、理疗家/医疗工作者、场地监控/保安员、班次协调员、工服/鉴定员、安全员。

一、招募志愿者

在美国,不少活动组织经理人正通过America公司招募大批活动组织志愿者。一些公司委派身份重要的经理(提供建议或咨询)招募一支由100多人组成的志愿者队伍:管理活动酒水商亭、游艺设备以及其他一些事项作为自己提供赞助的组成部分。通过公司寻找志愿者,领导人最好的渠道是公共事务办公室、公关部或人力资源部。

市民和互助性组织是志愿者来源的另一渠道。这些组织的使命之一是为社区提供服务,因此,这些组织可以满足招募志愿者的要求。另外的相关组织是私立和公立学校。在美国,许多学校所在地区要求高中学生必须完成最低限度的社区服务时间才能毕业。同时,活动组织经理人也不要轻易地放过学院和大学。许多院校的学生组织数目不下几十个,而且这些学生组织都有提供服务的任务,也乐意为活动效犬马之力。吸引这些组织的关键是"我能从中得到什么?"的原则。在与这些组织签订合同时,至少应该了解它们有什么样的要求,然后利用活动的具体目标帮助它们实现自己的要求。服务的层面是自然形成的。只有让社区组织知道它们从志愿者提供中可以获得的东西,活动组织经理人才能迅速地募集到那些站在起跑线上,准备为你的活动取得成功而奋力拼搏的志愿者。

图6-11a为刘淇、罗格与志愿者们合影,b为刘淇与罗格共同用匜(中国古代盛大礼仪活动时的用具)向荷花池浇水,让志愿者标识"盛开"。北京2008年奥运会志愿者标识运用了中国传统的书画艺术风格设计,上面是两个红色的心形双环相扣,象征着志愿者与服务对象心连

a

b

图6-11　北京奥运会志愿者项目启动仪式

着心,志愿者奉献爱心、为奥林匹克运动增添光彩;下面是欢快舞动的人形,代表着志愿者,展现了奉献为乐的志愿精神;还有英文"志愿者"的标识,与北京奥运会会徽相互映衬,形成了统一的整体。

中国2010年上海世界博览会志愿者招募已于2009年5月1日正式启动,计划面向全球公开招募约17万人,其中包括约7万名园区志愿者以及约10万名城市志愿服务站志愿者。志愿者必须能保证在世博会运营期间能累计服务至少14天。上海世博会志愿者分为世博会园区志愿者和世博会城市志愿服务站志愿者两大类。园区志愿者将招募包括园区信息咨询、接待协助、残障人士援助、活动及论坛组织协调、参观者秩序引导协助、语言翻译、媒体服务、志愿者管理协助等8大类岗位,预计招募人数为7万人;城市志愿服务站志愿者将于世博会期间在全市交通枢纽、旅游景点、宾馆饭店、商业中心等地设立的1 000多个服务站点提供文明宣传、信息咨询、语言翻译和应急救援等4类服务,要求对上海城市情况比较熟悉,因此招募主要针对本地居民,预计招募人数为10万人。

青岛啤酒节指挥部在总结往年成功经验的基础上,推出以"弘扬志愿精神　服务啤酒盛会"为主题的青年志愿者服务活动,并首次采用"走动式"服务,主动出击,更好地满足游客需求。志愿服务活动共有六项内容,一是"真情相伴"啤酒节会场服务活动,组织和招募志愿者为广大游客提供景点咨询、义务拍照以及各项会务服务等活动,改变了过去志愿者一直呆在咨询台,等待游客前来咨询的模式,首次采用"走动式"服务,志愿者被分成几个小组,身穿带有"青年志愿者"标志的服装,在啤酒城内来回走动,可以更方便及时地为游客服务;二是"传递友谊"外语导游志愿服务活动,组织和招募有外语特长的大学生青年志愿者,分成英、日、韩等语种的志愿服务小组,为入城外国友人提供翻译和导游服务,宣传青岛、推介青岛;三是"挥洒爱心"志愿服务活动,选派志愿者为"爱心参节团"提供全程接待工作,使"爱心参节团"感受青岛城市精神和啤酒文化;四是"传播文明"志愿服务活动,组织和招募志愿者成立文明志愿者服务队,协助啤酒城指挥部维持啤酒城内外秩序,宣传奥运、环保,对不文明行为进行劝诫等;五是"艺术巡游"志愿者参与活动,组织志愿者组建一支巡游队伍,参与艺术巡游表演,营造节日狂欢氛围;六是"参与互动"开幕式志愿服务活动,组织和招募志愿者,参与开幕式节目互动。来自青岛市志愿者协会的老师为广大志愿者讲授了相关知识，使广大志愿者对“奉献、友爱、互助、进步”的志愿者精神有了更深刻的认识。啤酒城指挥部组织志愿者进行了专题业务培训，使广大志愿者对啤酒节历史、啤酒城内的布局有了更详尽的了解。导游人员由游客服务中心统一管理派遣，凭游客服务中心出具《青年志愿者城内导游安排单》服务，并在完成导游工作后，由游客填写签字后，带回交到服务中心柜台。另外对导游人员的讲解要求、行为举止提出了具体的规范。

二、培训志愿者

每名志愿者都要接受培训。培训的要求不是耗费多少时间，而是看培训的内容是否合理全面。减少培训时间的方法之一是，为每名志愿者提供一份概要说明活动政策和程序的手册。培训的方式包括定期社会性集会活动，以及在活动举行场所进行实地演练等，采用什么样的培训方式无关紧要，因为不同的志愿者群体需要不同的施教方法，但重要的是，必须要对培训的结果进行测验，以考核他们是否掌握所传授的技能，培训结果测验包括：试卷测验、实地考核测验，或是二者结合的综合测验。

三、协调志愿者

对志愿者进行现场管理必然包括对他们的工作表现进行协调，只有通过协调，才能确保活动总体目标的实现。由于志愿者的技能水平参差不齐，因此必须委派小组领导人或足够数量的督导人监督他们的工作表现。一定要记住，对志愿者进行的协调包括辅导和指导两种方式。而小组领导人或督导人必须具备辅导和指导方面的专业技能。

四、对杰出的、工作成绩优异的志愿者进行奖励

不要等到活动结束时才对志愿者说声“谢谢”。有很多组织通过发布志愿者新闻通报向他们表达感谢，另一些组织则举行假日聚会来向志愿者在盛典举办期间所作的贡献表示致敬。给予志愿者及早、经常

和不断的表彰是建立一支强大有力、忠诚可靠的志愿者队伍最重要的因素。活动组织经理人可以为志愿者设立“志愿者年度奖”这样的竞赛项目，以及在志愿者团队成员之间开展类似的正当竞赛。经常和志愿者一起共同探讨如何对他们为活动提供的服务进行表彰和奖励的有效办法。

五、签订临时工合同

把高峰季节雇用临时工的做法纳入成本效率型的人力资源管理中，是控制成本的一种手段。这种做法不仅可以只留用那些有常年需要的员工，也有助于长久地留住那些长期职员。这种策略存在的最大问题是，如何对付招募合格的短期工作人员的挑战。采用雇用合适的人员以及当地院校组织的学生，或者通过与专业人才机构建立长期信任关系的方式，可以最大限度地降低处理非职业行为的风险。为学生提供短期和长期专业实习的机会是与当地学校开展合作的基础。同时，这种做法也有助于挑选有潜质的人才，以及建成未来员工的资源库。

我们在世博　2010 EXPO SHANGHAI CHINA

——重点聚焦城市志愿服务站点志愿者

一、我们的角色

（一）我们的理念（略）

（二）我们的管理制度

1. 中国2010年上海世博会志愿者招募

(1) 志愿者的基本条件：

● 自愿参加上海世博会志愿服务

● 年龄要求：世博会园区志愿者为1992年4月30日前出生，世博会城市志愿服务站志愿者为1994年4月30日前出生；

● 遵守中华人民共和国法律法规；

● 能够参加世博会运营前期的培训及相关活动；

● 具备志愿服务岗位必需的知识和技能；

● 身体健康，能满足相应志愿者岗位工作要求。

(2) 志愿者的权利：

● 了解中国2010年上海世博会志愿者工作政策；

● 在岗位确定之前表达对服务岗位的意愿；

● 获得与所从事的世博会志愿服务活动相关的必要条件或者保障；

● 参加志愿者评比表彰；

● 获得志愿者服务证明；

● 对志愿者工作提出意见和建议；

● 申请退出志愿服务。

(3) 志愿者的义务：

● 遵守中华人民共和国法律法规和组织方制定的相关规定；

● 履行经本人签署的志愿服务承诺；

● 参加组织方统一安排的选拔、培训和相关活动；

● 服从组织方的指挥和调配，服从所在团队的管理，确保规定的岗位最少服务时间；

● 遵守相关工作的保密制度；

● 因特殊原因需提前退出志愿者工作岗位的，应提前三天以书面形式向世博会志愿者管理机构提出申请，征得同意后方可退出；

● 珍惜和维护中国 2010 年上海世博会的声誉，不得利用志愿者身份从事与世博会志愿服务活动宗旨、目的不符的行为。

2. 中国 2010 年上海世博会志愿者培训

志愿者培训的内容包括通用培训、专项培训及岗位培训。通用培训主要通过网络方式进行；专项培训与岗位培训除网络方式外，还将通过课堂面授、现场实践等方式进行。同时，根据实际情况，志愿者也须参加所在地世博会志愿者工作机构组织的其他培训。

(1) 通用培训。通用培训属于最基础培训，针对所有世博会志愿者申请人，主要为帮助世博会志愿者申请人更好地了解世博会知识。内容主要包括世博会常用知识、上海世博会知识和志愿者须知等。

通用培训主要通过上海世博会官方网站以网络方式进行。网上通用培训和测评于 2009 年 7 月 15 日启动网络。测试由计算机从题库中随机抽取 10 道题，每人测试时间约为 20 分钟。测试分阶段、分批次进行，测试合格者方能进入志愿者选拔范围。

(2) 专项培训和岗位培训。针对完成通用培训并通过测试的志愿者申请人，在通过相关选拔后开展的培训，主要为帮助志愿者提高岗位所需相关素养，掌握相应岗位的服务技能、要领和规范。其中包括志愿者角色与使命、应急处置训练、沟通与接待训练、世博外语、园区及片区场馆概览、礼仪训练、岗位基本知识和技能、领导力训练及岗位特殊技能等课程。

专项培训和岗位培训将因材因需施教，分批合理安排，突出实践训练，体现科学高效的原则。每位志愿者将根据自身实际情况，接受 2～18 课时的课堂面授教学，教学中注重互动参与的方式运用，注重实际操作的模拟训练。对于与岗位实践相关的课程，采用由管理岗位志愿者带教综合岗位、专业岗位志愿者的方式进行。志愿者组于 2010 年 1 月下旬开通中国 2010 年上海世博会城市志愿服务站点志愿者培训平台（training. expo2010volunteer. cn），平台将提供包括教学视频播放、多媒体演示、FLASH 互动等形式丰富的在线学习课程，让广大志愿者通过网络学习了解更多的志愿服务知识和技巧。志愿者在完成面授和网上教学后，还将根据上岗时间，分批通过指定岗位实习培训和志愿者服务体验营等形式进行岗位实训。根据不同课程，志愿者组最终将通过面授考核、网上测试、实训考核等方式对志愿者参加培训的成效进行评估考核。

(3) 培训目标。着眼于建立以人为本、科学高效、精益周密的志愿者培训体系，通过全员、分类、简便、有效的培训工作，培养热心志愿服务、通晓世博知识、熟悉上海城市、掌握服务技能、注重团队协作、彰显文明风采的志愿者，实现志愿服务的有序化、专业化、品质化。为举办“成功、精彩、难忘”的世博会，提供一支阳光、快乐、优质的志愿者队伍。

3. 中国 2010 年上海世博会志愿者保障和激励

(1) 法律保障。被录用的世博会志愿者需签署具有法律效力的文件，以明确志愿者的权利和义务，保护志愿者权益，确保服务质量。

(2) 工作保障：

● 工作证件；

● 获得工作制服装备和工作期间的餐饮；

● 获得工作期间的人身意外伤害保险；

● 中国 2010 年上海世博会城市志愿服务站点志愿者心理咨询热线：12355。

(3) 激励机制：

世博会志愿者的激励措施遵循以人为本的激励原则，针对志愿者的共性需求与个性需求，显性激励与隐性激励结合，精神激励与物质激励同步，有效满足并超越志愿者的期待与预期。我们将给予世博会志愿者前所未有的关爱与尊重，志愿者集体团结、友爱、互助、进步的团队氛围，使世博志愿服务成为志愿者实现自我价值的平台。所有服务期满并表现合格的志愿者将获颁纪念证书，并可参评优秀志愿者个人、团队和工作机构，获得荣誉称号。

此外，我们还可以获得更多：

多种渠道、多种形式的宣传；

参评“志愿者之星”、“杰出志愿者”等荣誉称号，并获得相应奖章；

服务时间达到一定标准后可申请“资深志愿者”称号，并获得服装等特别的身份识别标志；

丰富多彩的志愿者专属活动；

短信提示、集体生日等温馨关怀；

个性化的志愿者文化产品；

各志愿者工作站制定的其他政策性优惠。

不断完善的激励机制，表彰和鼓励志愿精神在我们的社会中薪火相传，生生不息。

（三）我们的标志（略）

二、我们的岗位

（一）站点定义与分类

1. 站点定义

上海世博会城市志愿服务站点是指在中国 2010 年上海世博会期间，为确保世博会的顺利筹备、运行和管理，优化城市服务环境，以外来参观者为主要服务对象兼顾上海市民，以志愿者参与管理和服务为途径，在世博园区外围及各重点区域统一设立的服务窗口。

2. 站点分类

（1）外建服务站。外建服务站是指建造在重要景点、商圈、景观道路上，设置统一标志，为游客提供全面志愿服务的独立站体。主要具有信息咨询和查询、文明宣传、语言翻译、应急救护等四大服务功能。

（2）内设服务站。内设服务站是指在重要窗口和门户枢纽内，依托已有场地设施和服务条件，设置统一标志，为游客提供全面志愿服务的室内服务站。主要具有信息咨询和查询、文明宣传、语言翻译、应急救护等四大服务功能。

（3）延伸服务点。延伸服务点是指在进沪航班、列车及连锁性企业，依托已有场地设施和服务条件，设置统一标志，为游客提供全面志愿服务的流动服务点和内设点。主要提供和行业相关的信息咨询以及文明宣传的服务功能。

（二）站点布局

1. 参观旅游点

参观旅游点是指市区重要旅游景点、特色景观道路、重要文化设施、旅游集散中心等。

2. 交通枢纽点

交通枢纽点是指世博园区周边地区及进入园区的出入路口、城际交通入口、城市交通出入口、轨道交通、机场、长途客运站、公交枢纽等。

3. 购物消费点

购物消费点是指市区级商圈、大型商场等。

4. 住宿服务点

住宿服务点是指全市三星级以上宾馆、饭店等。

5. 其他人流密集区域

其他人流密集区域是指由区县根据区域特点和“必须、合理”原则认定的区域。

服务站点在全市各区县实现全覆盖，浦东新区、黄浦区、卢湾区为重点布点区域。

（三）站点管理层级与职责

1. 站点管理层级图

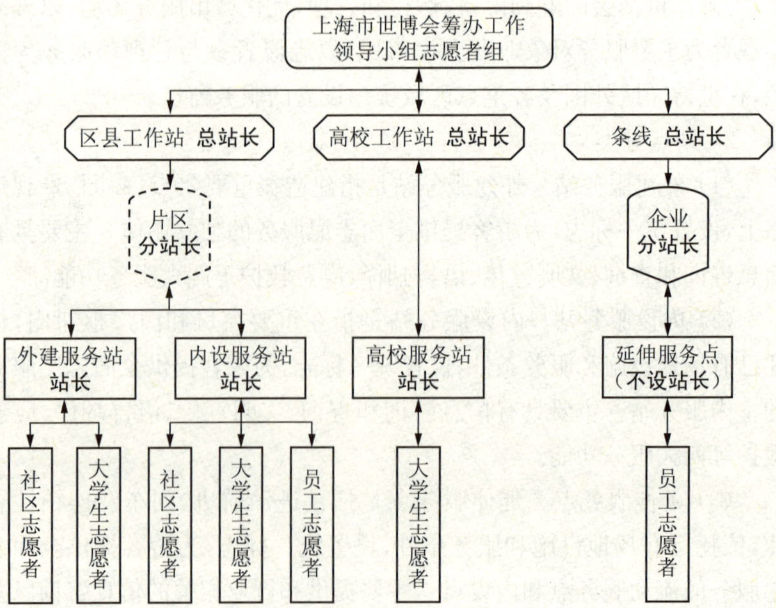

2. 管理职责

(1) 各区县志愿者工作站总站长。各区县志愿者工作站为常设机构,为双站长负责制,总站长由区(县)文明办主任和团区(县)委书记担任。总站长主要负责统筹城市志愿服务站点的建设和管理工作。

◆ 负责区县志愿者工作站的日常管理工作

负责建立完善的日常工作制度、应急处置制度、信息管理制度等,确保工作站各项工作的顺利开展;负责统筹协调本区县站点志愿者工作;根据需要,做好片区分站长的选派、站长团队招募选拔工作。

◆ 负责服务站点整体运行管理工作

负责做好本区域服务站点志愿者的宣传动员、招募选拔、资格认定、岗位匹配、培训演练以及站体维护、信息收集等运营管理工作。

◆ 负责区域内的沟通协调工作

负责与区域内相关委办局、街镇、高校等就站点运行维护、志愿者管理等相关工作进行沟通协调。

各区县根据站点数量,可划分若干区域,设立片区分站长,具体落实总站长的部署与指令。片区分站长具体工作有:负责对片区内服务站点进行走访检查,合理处置相关突发事件;配合总站长做好片区内站长团队的调配及志愿者排班工作,指导站长做好志愿者上岗、考勤、监督和考核工作;负责汇总上报片区内站点运作情况,撰写片区阶段性工作汇报。

(2) 站长。站长是外建服务站和内设服务站的第一责任人。外建服务站站长由各区县工作站安排服务站点所在地的街镇干部担任。内设服务站站长由部门经理以上的员工担任。每个服务站组建一支站长团队,一般配置 3—5 人,负责世博会期间本站点的日常管理工作。

◆ 负责站体硬件维护工作

负责站体外观维护,及时更新服务站点公告栏、字幕屏,保管储存服务站点相关硬件设施及物品。

◆ 负责站点志愿者日常管理工作

负责志愿者岗前培训、考勤及相关考核工作,激励志愿者以饱满的精神、积极的状态投入到站点服务工作中去。

◆ 负责服务站点日常管理工作

负责每天撰写报送服务站点工作日志,妥善处置服务站点发生的突发紧急事件并及时上报情况,就服务站点运行管理工作与区县总站长(及片区分站长)进行沟通协调。

(四) 站点岗位设置原则与功能

1. 岗位设置原则

城市志愿服务站点按照功能设置不同,在岗位配置上体现三大原则。

(1) 梯度原则。按照站点设置的区域重要程度、站点规模大小等,岗位配置呈梯度分布,外建站可配备4—8人,内设站可配备2—4人。

(2) 一人多岗原则。城市志愿服务站点的四大功能无法简单地通过各自岗位体现,应相互配合,在实际操作中,应遵循首问责任制,以配备一人多岗为宜,集约化地发挥服务实效。

(3) 站长责任制原则。以站长为基础管理层级,增强服务能力。

2. 岗位功能

(1) 信息咨询和查询。主要是掌握世博会的相关知识和信息,了解展会期间的实时动态。适用于所有志愿者。

(2) 语言翻译。主要是英语能力达到6级以上,并具有口译中级水平,或者是日语、韩语、西班牙语、德语、法语等小语种的志愿者。

(3) 文明宣传。主要掌握世博会的理念、意义、了解世博会的标志、口号、歌曲等,在岗位上宣传文明世博、绿色世博、和谐世博。适用于所有志愿者。

(4) 特殊服务。主要分为两种:一是医疗救助服务;二是涉及公共安全事务。

(5) 后勤服务。主要从事物资配送、物资管理等事宜。

(6) 信息系统管理。主要从事考勤管理,信息递送、汇总、整理,系统管理等。如有疑问,可拨打后台呼叫中心(号码:962288),由坐席志愿者提供服务。

(五) 志愿者服务周期与工作时间

1. 服务周期

(1) 站长。站长团队(3—5人)的服务周期为2010年4月15日至2010年10月31日,每个站长具体服务周期听从区县志愿者工作站统一安排。

(2) 除站长外的其他志愿者。每轮志愿者要求连续或累计服务两周(14天)。轮换批次为14轮(2010年4月15日至10月31日),其中,员工志愿者轮换情况根据各单位实际自行组织,但必须在展会期间累计满 14 天。

2. 工作时间：

● 各服务站点每天服务班次一般为 2 班，每班服务时间为 4—6 小时。

● 外建服务站根据所在区域游客流向和节点分布，确定上下班时点，内设服务站和延伸服务点根据所在单位的正常运营时间设置班次。

● 部分特殊区域和重要岗位的服务站点（如园区周边），将按照实际需求，增加轮换班次，延长服务时间。

第七章

节事活动的进度策划与时间管理

进度策划和时间管理即时间管理或进度管理，是指在节事活动实施过程中，对各阶段的进展程度和活动项目最终完成的期限所进行的管理，是为了保证节事活动准时进行、如期举办而必须完成的一系列管理活动与工作。在节事活动管理中，时间是最重要的约束条件之一。在活动项目的进行过程中，进度问题是发生最为普遍，同时也是最为突出的问题。

第一节　进度策划的内容与步骤

节事活动策划与管理的主要特点之一就是有严格的期限要求，因此决定了进度策划在活动管理中的重要性。进度策划要说明项目的起止日期、开展顺序及相互衔接的具体实施方案与措施，尤其在前期准备中有大量细致的工作，而且时间上有交叉，必须对每项工作的开始时间、需要时间以及完成时间做出详细的规定。活动项目进度策划是根据项目定义、活动排序、历时估算和所需要资源进行分析并编制活动进度计划的工作，以举办时间为基点，以倒推的方法制定进度计划，其目的是控制活动项目时间和节约时间，是确保活动项目在规定的时间内完成的重要保证。

一、活动的概述

在制定活动进度计划时，首先要确认和描述节事活动的特定范围和内容，把其组成要素加以细分，以便更好地管理和控制。根据立项规划书的活动目的、宗旨，策划方案的主题、范围及可行性，根据方案中的调研信息、活动项目的假设及约束条件等来描述活动项目团队成员和利益相关者为完成项目成果而必须完成的各项具体工作。

节事活动项目描述可以通过表格的方式列出，主要内容包括活动名称、活动目标、交付成果、完成标准、工作内容、工作规范、重大里程碑、估计持续时间等(如表 7-1)。

表 7-1 活动项目描述表

活动名称	
活动目标	
交付成果	
完成标准	
工作内容	
工作规范	
估计持续时间	
重大里程碑	
负责人审核意见	

二、活动排序

活动的细节工作必须正确地加以排序以便今后制定可行的进度计划。活动排序过程包括活动项目之间的关联和依赖关系，并据此对活动的先后次序进行安排，形成相应的文档。要知道完成本次节事活动项目需要执行哪些具体工作，首先必须对活动进行分解，它在很大程度上决定了项目能否成功。

(一) 制定工作分解结构图(WBS)

工作分解是将粗线条的、涵盖面较大的、不能具体操作的任务(或工作)分解成较小的且容易管理、实施和检验的包含具体细节的可操作任务(或工作)，这样做目的是为了提高估算成本、时间和资源的准确性，是编制节事活动进度计划、实施进度控制的基础。

工作分解完成之后，形成的可以交付的成果就是工作分解结构图。工作分解结构图(work breakdown structure, WBS)是将项目按照其内在结构或实施过程进行逐层分解而形成的结构示意图。它是工作分解具体的结构表现，它可以将项目分解到相对独立、内容单一、易于成本核算与检查的工作单位(或工作包)，并能把各工作单元在项目中的地位与构成直观地表示出来(如图 7-1)。

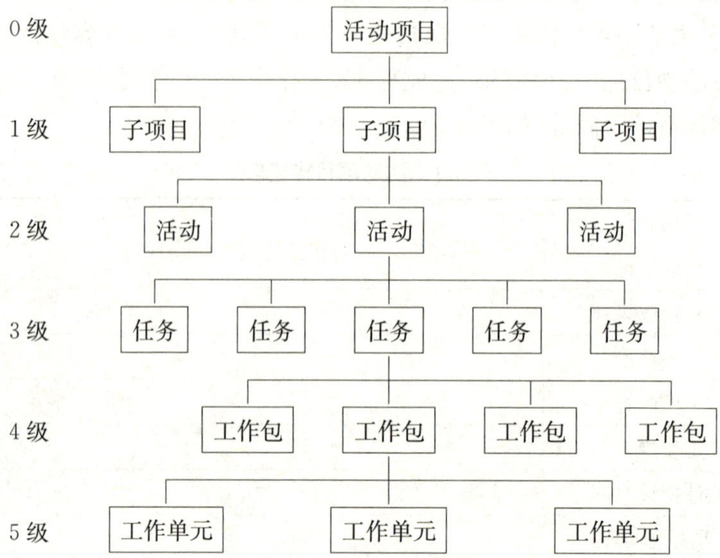

图 7-1　某活动的 6 级工作分解结构模型

1. WBS 的层次分解

由于分解工作可以按内在结构和实施过程两种形式进行,而且项目本身的复杂程度、规模大小也各不相同,从而形成了不同层次的 WBS。

一般来说,项目分解得越细,就越能够准确、恰当地确定各项任务(或工作)所需要的时间、人员和财务资源。在进行项目分解时,一般遵从以下几个步骤:

(1) 先明确本活动项目的主要组成部分和项目主要可交付的成果,即实现项目目标需要完成哪些主要工作。

(2) 确定可交付成果的组成元素,即将第(1)步的各组成部分分成更具体的工作,说明需要取得的结果及完成更具体工作的先后顺序。

(3) 核实分解的正确性。从最底层分解项来看每层、每项的定义是否清晰完整,是否能够恰当地编制进度和预算,是否能够将项目分配给具体的组织单元(如部门、项目团队或个人)并使每个人清楚自己的工作。根据需要,进行必要的添加、删除或扩展等修改工作。

2. WBS 的结构设计

WBS 由等级状或树状图构成,底层代表详细的信息,而且范围最大,是项目经理、工作人员或技术人员管理项目所要求的最低水平,并逐层向上，第二层次的结构比底层项（工作包）要窄，以后依次类推。结构设计的原则首先是必须有效地分等，但结构内的层次不必太多。对于一个较大的项目来说，4～6 个层次就足够了。其次，从上层到下层的信息转移应当是自然状态。此外，还应考虑到可使结构具有能够增加层次的灵活性。

3. WBS 的工作编码

WBS 的工作编码是把工作分解结构中的每一项工作或单元确定为唯一号码，编码设计与结构是有对应关系的，结构的每一层次代表编码的某一位数，有一个分配给它的特定的代码。WBS 编码与结构层次相对应，采用多层多位数字，第 1 位数表示处于 0 级的整个项目，第 2 位数表示处于第 1 级的子工作单元（或子项目）编码，以此类推，最后一位是更详细、更具体的工作单元编码。一般来说，项目越复杂，利用的编码位数越多（图 7-2）。

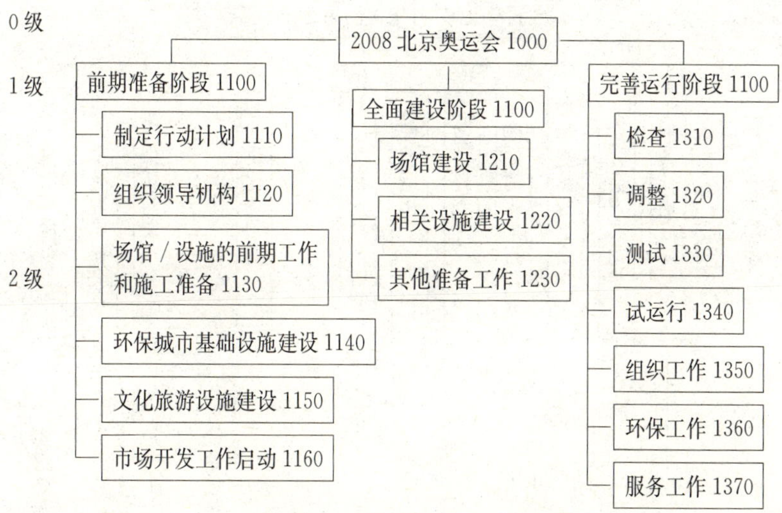

图 7-2　奥运会 WBS 工作编码

4. WBS 的制定

（1）分解节事活动项目的各项工作。如果是反复举办的节事活动，可以以前做过或类似的活动项目的 WBS 作为样板，在项目开始时利用许多特定类型项目的累积经验，减少项目分解的工作量，提高项目分解工作的准确性，而且要根据实际情况进行更新，通过工作分解结构样板进行增删来制定新项目。如果是新开发的节事活动，则应根据节事活动的具体情况来制定新样板。

(2) 将子项目分解成更细、更便于管理的任务，画出相应的树状图，形成初步的 WBS。根据工作的复杂程度，将项目进行分解，直至确定相对独立的工作单元，并对每个工作单元尽可能详细地说明其性质、特点、目标、资源等，进行成本和时间估算，并确定负责人及相应的组织机构。

(3) 召开与项目有关的人员会议，反复讨论和严格论证 WBS 的客观性、科学性和准确性，验证项目分解是否详细、到位，是否有遗漏。对 WBS 作进一步修改。

(4) 验证正确之后，建立一套编码系统。

(5) 随着其他计划的进行，对 WBS 进行系统地综合，并按实践要求，不断修改、补充和完善 WBS。

在节事活动项目中，一般在第一层次上按活动的工作流程划分，而第二层次和更低层次则按工作内容划分。下面是"'我与上海'外国人征文、演讲比赛"的 WBS 举例(图 7-3)。

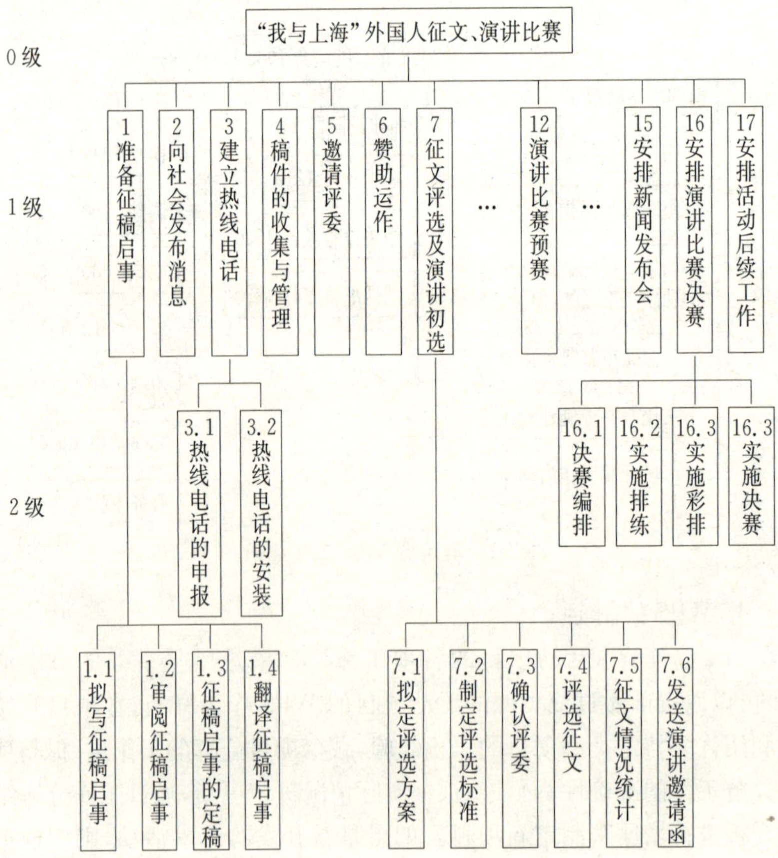

图 7-3 "'我与上海'外国人征文、演讲比赛"WBS 工作编码

工作分解结构除了用图的形式表示以外，还可以用列表的形式表示(表 7-2)。

表 7-2 “我与上海”外国人征文、演讲比赛

工作序号			工作名称
			“我与上海”外国人征文、演讲比赛
1			准备征稿启事
	1.1		拟写征稿启事
	1.2		审阅征稿启事
	1.3		征稿启事的定稿
	1.4		翻译征稿启事
2			向社会发布消息
	2.1		拟定新闻稿
		2.1.1	修改新闻稿
		2.1.2	新闻稿的确定
	2.2 ……		
3			建立热线电话
	3.1		热线电话的申报
	3.2		热线电话的安装
……	……		

(二) 绘制线性责任图(LRC)

将工作分解结构图与项目的有关组织机构对照，可用于将能分解的工作落实到有关部门或个人，形成线性责任图(LRC 图)，并明确表示出有关部门(或个人)对各项工作的关系、责任和地位。LRC 图除可用于明确项目组织中的各部门或个人的职责，还可用于系统地阐明项目组织内部门与部门之间、个人与个人之间的相互关系。LRC 图使得各部门或个人不仅能认识到自己在项目中的基本职责，而且能充分认识到自己在与他人的配合中应承担的责任，有利于项目组织成员之间以及部门之间的协调。根据每项工作的任务描述和性质特点以及部门每个成员应承担的责任分配任务，形成责任分配矩阵。图 7-4 是"'我与上海'外国人征文、演讲比赛"的 LRC 图。

WBS 编码		任务名称	策划部	营销部	外联部	财务部	办公室
1	1.1	拟写征稿启事	▲		●		◆
	1.2	审阅征稿启事	●		▲		◆
	1.3	征稿启事的定稿	▲		◆		●
	1.4	翻译征稿启事	◆		▲		●
2		向社会发布信息	◆		▲	◆	●
3		建立热线电话		▲	◆	◆	●
……	……						

注：▲—负责　◆—参与　●—监督

图 7-4　"我与上海"外国人征文、演讲比赛的 LRC 图

（三）确定工作先后顺序

通过工作分解结构，我们知道完成项目需要执行哪些具体的工作，不过这些工作之间必然存在一个先后顺序，即逻辑关系，或称时序关系。当然，在节事活动项目中，也有很多工作是同时进行的，具有一定的交叉关系，这使得活动项目各任务的排序工作显得相对复杂。确定工作先后顺序是制定进度计划的前提，项目管理人员必须知道每项工作的先后顺序，再结合完成每项工作所需要的时间，才能制定具体的进度计划。

1. 确定节事活动项目各工作先后顺序的依据

(1) 节事活动项目工作列表中各项目，如任务描述、考核标准、假设条件、约束、输入和输出等。

(2) 各任务之间的必然联系。指各项任务或工作之间按照客观需要所必然出现的前后排列顺序。如 2008 北京奥运会的举办，必须先进行前期准备阶段，才能进入全面建设阶段，最后才是完善运行阶段，这种发展的自然运作流程是不可更改的，同时也决定了这三项工作的前后顺序。这种活动之间的必然联系也被称为项目活动排序的"硬逻辑"关系，是一种不可违背的先后顺序关系，是节事活动项目排序的重要依据。

(3) 节事活动项目任务之间人为的依存关系。节事活动中有很多工作并没有严格的先后顺序，有些活动可以交叉进行，对于这些活动，不同的项目管理者根据不同的具体节事活动项目，可以有不同的顺序安排，由于这种安排带有明显的人为性和主观性，因此也被称为“软逻辑”关系。

(4) 节事活动项目的约束条件。节事活动项目的工作顺序可以使用图形表示，也可以使用文字表示，不管以什么方式来表示，对于每项工作何时开始、何时结束，哪些工作可以同时进行等要表述明确，经过反复的论证和优化，才能合理地安排项目活动顺序并绘制项目顺序图，从而描述各项工作间的逻辑关系和顺序。

2. 确定活动顺序的方法

借助网络图对项目进行过程及内在逻辑关系的综合描述是网络技术的一个显著特点。一个项目对应一个网络图并且定义了唯一的始点和终点，分别用来表示项目总开工和总完工。箭线总是由总开工节点开始，沿箭线方向，通过一系列工作和任务到达终点所形成的一条通路，组成网络图的几何元素都为箭线和节点。

(1) 节点式网络图(以节点表示活动)。一般用单代号的、方框形式的节点表示，故又称单代号网络图，或前导图。在节点式网络图中，活动间的联系用箭线表示，如图 7-5 是有四个活动 A、B、C、D 的简单节点式网络图，其中，活动 B 和 C 在活动 A 之后，D 在 B、C 之后。

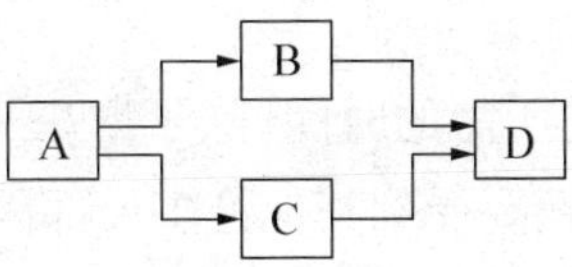

图 7-5　简单的节点式网络

在节点式网络图中，可以表示这样几种活动间的关系(如图 7-6)。

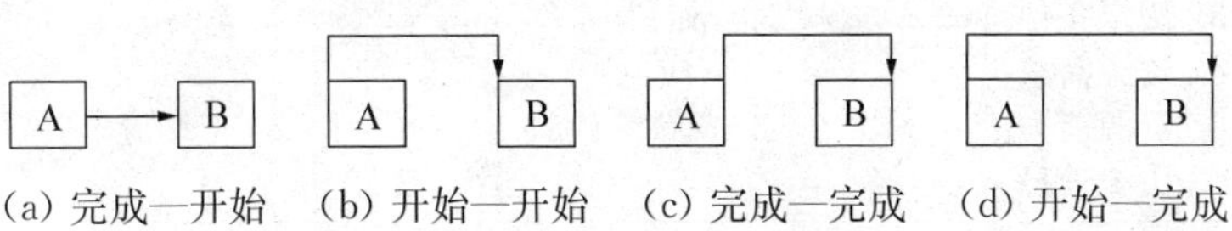

图 7-6　四种类型的逻辑依存关系

(2) 箭线式网络图——以箭线表示活动，每个活动都由两个数字 (i, j)(开始—结束)来定义，所以又称双代号网络图，在箭线式网络图中，节点表示事件，有关这一活动的描述(或命名)写在箭线上方(图 7-7)，箭线下方标明活动的持续时间，箭头节点和箭尾节点分别表示活动的结束和开始。

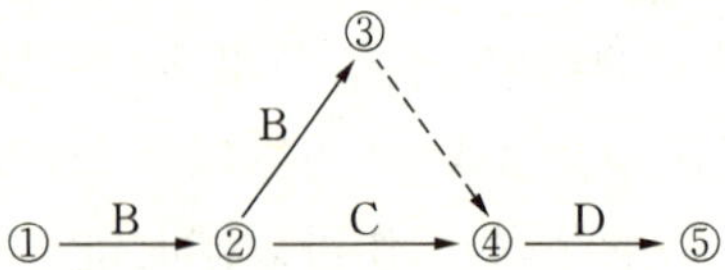

图 7-7　简单的箭线式网络

有一点值得注意，由于在节事活动项目中，很多任务之间并没有严格的先后顺序，每个任务之间也没有非常清晰的界限，许多工作是交叉进行的，这是节事活动项目区别于其他项目的一个重要特征。因此，节事活动项目的进度计划与控制有一定的难度。

三、时间(历时)估算

节事活动项目的持续时间(历时)估算是根据现有条件估算出完成这一活动所需要的时间。工作时间的估计是节事活动项目进度计划中非常重要的基础工作，直接关系到各项任务起止时间的确定以及整个项目完成时间的确定。

(一) 影响估计的因素

完成一项节事活动所需的时间，除了取决于活动本身所包含的任务的难度和分量之外，还要受到其他许多外部因素的影响：(如图 7-8)

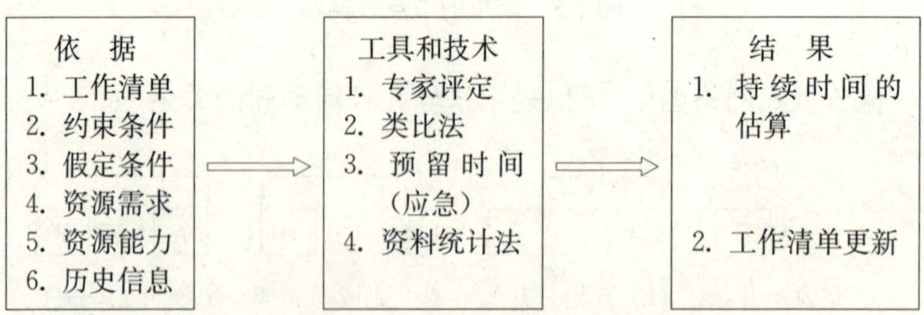

图 7-8　持续时间估算的主要工作

(1) 项目活动清单，即工作分解结构的结果，列举节事活动所需开展的全部活动；

(2) 节事活动项目的约束和假定条件；

(3) 项目资源的数量要求；

(4) 项目资源的质量要求；

(5) 历史信息。

(二) 工作持续时间的估算方法

1. 类比法

又叫经验比较法，经验在节事活动项目管理中非常重要，一般来说，对于节事活动的工作时间估计都是由节事活动项目负责人或具有丰富的活动组织经验的人员完成的。根据以前类似的实际项目的工作时间来推测当前项目大致工作时间，是一种非常有效的方法。

2. 专家判断法

通过计算机项目管理信息系统给出估算，再由活动专家审查并确认估算，这时专家的历史经验和记录尤为重要，但也具有不确定性和一定的风险。

3. 资料统计法

根据行业部门颁布的行业标准成交额，计算出工作持续时间(如表 7-3)。

表 7-3　某征文、演讲比赛活动项目工作时间(历时)估算

编号	工作名称	完成标准	开始日期	完成日期	工作负责人	工作执行人
1	准备征稿启事	得到中英文的征稿启事文稿	20××/11/20	20××/2/10		
1.1	拟写征稿启事	拟写启事全文	20××/11/20	20××/11/28		
1.2	审阅征稿启事	得到主办单位签批	20××/11/29	20××/12/25		
1.3	征稿启事的定稿	电子文件，内容严谨、文字准确无误	20××/12/26	20××/1/25		
1.4	翻译征稿启事	英文本得到外联部门	20××/1/26	20××/2/10		
2	向社会发布消息	使上海、国内及世界都对本次活动有所了解	20××/2/28	20××/3		
……	……					

四、制定进度计划

（一）进度计划的分类与要求

进度计划是在确定活动目标时间的基础上，根据相应完成的活动量，对各项过程的顺序、起止时间和工艺衔接关系以及所需的劳动力和各种技术物资的供应所进行的具体策划和统筹安排。编制一份科学合理的进度计划，协调好时间和配置关系，是进度计划贯彻实施的首要条件。

1. 进度计划的分类

根据不同的划分标准，进度计划可以分为不同的种类。它们组成了一个相互关联、相互制约的计划系统。

（1）按计划内容来分。按照这种方法计划可以分为目标性时间计划与支持性资源进度计划。针对项目本身的时间进度计划，是最基本的目标性计划，它确定了该项目的时间目标。为了实现这个目标，还需要有一系列支持性的资源进度计划，如劳动力使用计划、机械设备使用计划、材料配件和半成品供应计划等。

（2）按计划时间长短来分。按照这种分法有总进度计划与阶段性计划。总进度计划是控制项目全过程的；阶段性计划包括项目年、季、月进度计划，以及旬、周作业计划等。

（3）按计划的表现形式分。按照这种分法有文字说明计划与图表形式计划。前者用文字说明各阶段的任务，以及要达到的形象进度要求；后者用图表形式表达进度的安排，有横道图、斜线图、网络计划等。

（4）按计划的整体和局部分。按照这种分法有总体进度计划与分项进度计划。总体进度计划是针对项目全局性的部署，一般比较简略；分项进度计划是针对项目中某一部分（子项目）的进度计划，一般比较详细。

2. 编制计划的基本原则

（1）保证项目按目标时间规定的期限完成，尽快发挥投资效益；

（2）在合理的范围内，尽可能缩小现场各种临时设施的规模；

（3）充分发挥人力、物力、财力等资源的生产效率，减少影响施工项目进度的因素。

（二）影响活动项目进度的因素

为了有效地控制活动项目的进度，必须在进度计划实施之前对影响活动项目进度的因素进行分析，进而提出保证进度计划实施成功的措施，以实现对活动项目进度的主动控制。影响活动项目进度的因素有很多，归纳起来，主要有以下几个方面：

1. 资金的影响

活动项目的顺利进行必须有足够的资金作保障。一般来说，资金的影响主要来自政府拨款、企业赞助等，或者是由于没有及时给足活动预付款，或者是由于拖欠了进度款，这些都会影响到承办单位流动资金的周转，进而殃及进度。项目进度控制人员应根据资金的供应能力，安排好进度计划，并督促及时拨付活动预付款和进度款，以免因资金供应不足而拖延进度，导致时间延误，甚至索赔。

2. 利益相关者的影响

影响活动项目进度的元素不只是资金。事实上，只要是与活动进展有关的利益相关者（如政府有关部门、设计单位、供应商、银行等资金贷款单位，以及运输、通讯、供电等部门），其工作进度的延后都必将对进度产生影响。因此，控制进度必须充分发挥监督的作用，协调各相关单位之间的进度关系。而对于那些无法进行协调控制的进度关系，在进度计划的安排中应留有足够的机动时间。

3. 物资供应进度的影响

活动举办过程中需要的食物、酒水、饮料和必要的设施设备等，如果不能按期运抵活动现场或者运抵活动现场后发现其质量不符合有关标准的要求，都会对进度产生影响。因此，项目进度控制人员应严格把关，采取有效措施控制好物资供应进度。

4. 情况变更的影响

在施工过程中，出现变更是难免的，或者是由于客户要求的变化，或者是出现了意外情况。项目进度控制人员应加强审查，严格控制随意变更，特别对客户的变更要求应引起重视。

5. 各种风险因素的影响

风险因素包括政治、经济、技术及自然等方面的各种不可预见的因素。政治方面的有战争、内乱、罢工、拒付债务、制裁等；经济方面的有延迟付款、汇率浮动、换汇控制、通货膨胀、分包单位违约等；技术方面的有活动事故、标准变化等；自然方面的有地震、洪水、疾病等。

6. 承办单位自身管理水平的影响

现场的情况千变万化，承包单位的施工方案不当，计划不周，管理不善，解决问题不及时等，都会影响活动项目的进度。

正是由于上述各种因素的影响，进度计划的执行过程难免会产生偏差，一旦发现进度偏差，就应及时分析产生的原因，采取必要的纠偏措施或调整原进度计划，这种调整过程是一种动态控制的过程。

第二节　时间管理的工具与控制

时间管理，就是对时间进行有效的管理，使时间利用达到最好的效果，用最短的时间达成最多的目标，实现成功的人生。

制定项目进度计划是项目管理者的重要职责，项目各负责人员都应该参加项目进度计划的制定工作，项目进度计划可以以详细描述的形式表示，但图形描述更直观易懂，横道图（甘特图）、里程碑、日程表等是时间管理实施和控制的重要工具。

一、时间管理的工具

（一）甘特图

又称横道图、条形图或棒状图等，它是进度计划最常用的一种工具，最早于1917年提出。由于简单、明了、直观和易于编制，它成为节事活动及各类项目进度计划的主要工具和高层管理者了解全局、基层安排进度计划时的有用工具。横道图是一个二维平面图，横轴表示进度或工作时间，纵轴表示项目工作内容，它在坐标轴的位置表示了活动项目的各项任务的开始时间、结束时间和各工作的先后顺序（如图7-9）。

任务编码	任务名称	1月	2月	3月	4月	5月	6月	7月	8月
1110	制定目标								
1120	制定营销计划								
1150	确定赞助商								
1210	数据库管理								
1220	印刷资料								
1230	广告宣传								

图7-9　甘特图

（二）里程碑

节事活动项目中的里程碑事件是对整个项目有重大影响，决定项目成功与否，并对其他工作有重要参考价值的重大事件。这种方法在管理层中用得最多，只是对节事活动进度计划的宏观安排，不能代替包括每一项任务起止时间的进度安排（如图 7-10）。

里程碑的编制一般按以下步骤进行：

（1）从达到项目的最后一个里程碑，即项目的最终成果开始反向进行。

（2）里程碑设置：哪些事件可以作为里程碑事件，最常用的方法是"头脑风暴法"。

（3）里程碑复查：通过复查增设或删除某些事件，确定里程碑。

（4）用里程碑图或表的形式表达。

一般来说，里程碑工具在持续时间较长的节事活动项目中使用得更广泛，比如奥运会、世博会的进度计划中首先要做的就是里程碑事件计划，在此基础上再做更细的进度安排。

里程碑事件	一月十五日	二月二十日	五月三十日	七月一日
审批完成	◆			
筹备工作开始		◆		
开幕式			◆	
闭幕式				◆

图 7-10　里程碑图

2008 北京奥运会吉祥物诞生六个阶段（据新华社电）

第一个阶段是 2004 年 8 月 5 日到 12 月 1 日，这是吉祥物的征集阶段。

第二阶段是评选。聘请国内外专家 24 人组成艺术评审委员会，对作品进行了初评。

第三阶段是修改。这一阶段从 2004 年底到 2005 年 6 月。由评审委员会推荐的著名艺术家韩美林担任组长的 9 人专家组，承担了修改和重新创作的任务。他们修改和创作了 108 件作品，在征求了大量专家、少年儿童、奥运会冠军等代表和北京奥组委执委会执委们的意见后，新创作的5件作品组成的“福娃”系列成为主攻方向。

第四阶段是审定。4月29日，北京奥组委执委会进行了审定。6月9日，北京奥组委执委会审定通过了修改后的设计方案，并报国际奥委会批准。8月18日，国际奥委会正式同意这一设计方案。

第五阶段是全球注册保护。10月底，北京奥运会吉祥物的国内、国际法律注册保护工作完成。

第六阶段是公布。北京奥组委执委会于2005年11月11日正式发布吉祥物。

(资料来源：www. sport. org. cn，体总网，2005-11-11)

(三) 日程表

大多数节事活动项目的管理者都离不开日程表，它是活动项目的日程或时间表。在计划的初期阶段，日程表的内容极为简单，时间的分配只局限于活动项目的具体因素构成，随着计划的推进，日程表会变得更为详细，如准确的舞蹈演员、表演模特、技术人员或其他员工的工作时间安排等。最后制订更为详细的日程表来确定每个人的任务和责任。

第十四届中国开渔节活动安排

(一) 主体活动

1. 2011中国海洋经济峰会

时间：2011年9月15日—16日；

地点：石浦半岛酒店；

责任单位：县委办、县府办、县发改局、县海洋与渔业局、县大活动办。

2. 开幕式暨开船仪式

时间：2011年9月16日上午；

地点：石浦渔港观景平台；

责任单位：县委办、县府办、石浦镇政府、县文广新闻出版局、县海洋与渔业局、象山海事处。

3. 祭海仪式

时间：2011年9月15日上午；

地点：石浦东门渔村；

责任单位：石浦镇政府、县台办、县文广新闻出版局。

4. 妈祖巡安仪式

时间:2011 年 9 月 15 日晚上;

地点:石浦渔港;

责任单位:石浦镇政府、县文广新闻出版局、县海洋与渔业局、象山海事处、县台办。

5. 青年护海行动之中华凤头燕鸥保护活动启动仪式

时间:2011 年 9 月 13 日上午;

地点:石浦渔港;

责任单位:团县委、县海洋与渔业局。

6. 象山·台东海洋经济合作交流会

时间:2011 年 9 月 16 日下午;

地点:石浦半岛酒店;

责任单位:县府办、县台办。

(二) 配套活动

7. 第二届宁波九分钟原创电影大赛

时间:2011 年 6 月—9 月;

地点:宁波、象山各地;

责任单位:县委宣传部。

8. 妈祖如意省亲迎亲仪式

时间:2011 年 9 月 6 日上午;

地点:石浦东门渔村;

责任单位:县台办、县文广新闻出版局、石浦镇政府。

9. 两岸石浦人中秋联谊活动

时间:2011 年 9 月 12 日晚上;

地点:中国渔村;

责任单位:县台办、县广播电视台。

10. 群众文化活动

(1) 广场文化活动:

◆ 群众文艺会演;

◆ 大型《异域经典》歌舞晚会;

◆ “唱响文明赞歌”戏曲晚会。

时间:2011 年 9 月 8 日—10 日;

地点:县人民广场;

责任部门：县文广新闻出版局。

(2) 戏曲进渔区活动：

◆ 浙江省戏曲名家进渔区活动；

◆ “欢乐渔港”戏曲展演；

时间：2011 年 9 月 10 日—16 日；

地点：石浦镇、鹤浦镇、高塘岛乡；

责任单位：县文广新闻出版局、石浦镇政府、鹤浦镇政府、高塘岛乡政府。

11. “开渔之旅”系列活动

时间：2011 年 9 月 10 日—18 日；

地点：象山各地；

责任单位：县风景旅游管理局。

12. 民族作家象山采风活动

时间：2011 年 9 月 15 日—17 日；

地点：象山各地；

责任单位：县文联。

13. “大目湾杯”中国(象山)海峡两岸及香港地区攀岩挑战赛

时间：2011 年 9 月 19 日—20 日；

地点：泗洲头镇灵岩山；

责任单位：县体育局、泗洲头镇政府。

14. “3・15”上渔船活动

时间：2011 年 9 月 14 日—16 日；

地点：石浦海景观景台；

责任单位：县海洋与渔业局。

日程表对于所有相关部门和参与者，不论是场地管理组还是分包商，都是十分重要的管理工具。

(四) 网络计划技术

在节事活动项目进度的控制中利用网络计划技术原理编制进度计划，根据收集的实际进度信息，比较和分析进度计划，又利用网络计划的时间与成本优化和资源优化的理论调整计划。网络计划技术原理是节事活动项目进度控制的计划管理和分析计算的理论基础。

(五) 项目管理软件的应用

使用合适的项目管理软件，可以规划和优化开发过程的组织和控制，随时向用户提供各种数据。在项目投标时使用，它可以非常容易地反复推敲、优化计划，最后生成条理清楚、逻辑关系正确、绘制精良的网络图、横道图和各种数据表格，展现企业的风采，体现一定的经济效益。在项目执行过程中发生争议时判定谁是责任方及向责任方进行索赔都必须以事实为依据，使用项目管理软件可以把项目数据全部量化，容易解决判定和索赔的问题。有效地进行项目动态跟踪是保证项目目标实现的关键。项目管理软件按照项目进展客观规律设置了许多跟踪措施，使长期困扰项目经理的跟踪难题得以顺利解决。动态跟踪使活动的经理们减少了盲目性，提高了效率，保证了目标实现。如一个为了全国城市运动会而兴建的公寓项目，按国家定额，标准工期应为 720 天，项目开工时实际只有 400 天。施工方通过使用项目管理软件反复优化，最后制定出一个可行的计划，按时完成了项目。在项目初期，有些任务进展很快，项目经理认为一定能够提前完工。但是使用项目管理软件进行计算，结果显示出不仅不能提前，反而项目完成时间要推迟。查其原因，那些进展快的任务都是非关键任务，而几个关键任务推迟了，导致整个项目延期，这使得项目经理的头脑清醒起来，紧抓关键，最后，项目在 360 天完工，获得了优质工程的荣誉。

二、控制

（一）项目进度控制的概念

节事活动项目进度控制与投资控制、质量控制一样，都是项目管理中的重点控制内容之一。它是保证节事活动项目按期完成，合理安排资源供应、节约成本的重要措施。

节事活动项目进度控制是指在既定的时间内，编制出最优的进度计划，在执行该计划的过程中，经常检查实际进度情况，并将其与计划进度相比较，若出现偏差，便分析产生的原因和对时间的影响程度，找出必要的调整措施，修改原计划，不断地如此循环，直至竣工验收。节事活动项目进度控制的总目标是确保节事活动项目在既定目标时间实现，或者在保证质量和不因此而增加实际成本的条件下，适当缩短时间。

（二）节事活动项目进度控制原理

1. 动态控制原理

节事活动项目进度控制是一个不断进行的动态过程，也是一个循环进行的过程。项目的进度控制的全过程是计划、实施、检查、比较分析、确定调整措施、再计划。从编制项目进度计划开始，经过实施过程中的跟踪检查，收集有关实际进度的信息，比较和分析实际进度与计划进度之间的偏差，找出产生原因和解决办法，确定调整措施，再修改原进度计划，形成一个封闭的循环系统。

2. 系统原理

为了保证节事活动项目进度实施，自公司经理、项目经理，一直到项目班组都设有专门职能部门或人员负责检查汇报，统计整理实际进度的资料，并与计划进度分析比较和进行调整。当然不同层次人员负有不同进度控制的职责，分工协作，形成一个纵横连接的节事活动项目控制组织系统。实施是计划控制的落实，控制能保证计划按期实施。

3. 信息反馈原理

信息反馈是节事活动项目进度控制的主要环节，实际进度通过信息反馈给基层节事活动项目进度控制的工作人员，在分工的职责范围内，经过对其加工，再将信息逐级向上反馈，项目团队经比较分析做出决策，调整进度计划，使其仍符合预定时间目标。节事活动项目进度控制的过程就是信息反馈的过程。

4. 弹性原理

编制节事活动项目进度计划时出于经验和风险的考虑会留有余地，即使进度计划具有弹性。在进行节事活动项目进度控制时，便可以利用这些弹性安排，缩短有关工作的时间，或者改变它们之间的搭接关系，即使检查之前拖延了时间，通过缩短剩余计划时间的方法，仍然达到预期的计划目标。这就是节事活动项目进度控制中对弹性原理的应用。

（三）影响节事活动项目进度的因素

由于项目的特点，尤其是较大和复杂的节事活动项目时间较长，影响进度的因素较多。编制计划和执行控制进度计划时必须充分认识和估计这些因素，才能克服其不良影响，使进度尽可能按计划进行，当出现偏差时，应考虑有关影响因素，分析这些因素产生的原因。其主要影响因素有：

1. 有关单位的影响

节事活动项目的承办单位对进度起决定性作用，但是银行信贷部门、设施设备供应部门、运输部门及政府的有关主管部门都可能给某些方面造成困难而影响进度。设施和设备不能按期供应，或质量、规格不符合要求，都将使进度停顿。资金不能保证也会使进度中断或速度减慢等。

2. 条件的变化

如恶劣的气候、暴雨、高温和洪水等都对进度产生影响，造成临时停工或破坏。

3. 组织管理不利

组织结构不合理、人力资源调配不当、项目经理的突然离岗等将影响进度计划的执行。

4. 意外事件的出现

节事活动实施中如果出现意外的事件，如战争、严重自然灾害、火灾、重大事故等都会影响进度计划。

（四）节事活动项目进度控制方法和措施

1. 节事活动项目进度控制方法

节事活动项目进度控制方法主要是跟踪和协调。跟踪是指在节事活动项目实施的全过程中，进行实际进度与计划进度的比较，出现偏差及时采取措施调整。协调是指协调与进度有关的单位、部门和项目团队之间的进度关系。

对项目进展进行跟踪的方法有日常观测跟踪和定期观测跟踪：

(1) 日常观测跟踪。日常观测进度计划中对所包含的每一项工作的实际开始时间、实际完成时间、实际持续时间、目前状况等内容加以记录，以此作为进度控制的依据。记录的方法有实际进度前锋线法、图上记录法、报告表法等。实际进度前锋线法是一种在时间坐标网络中记录实际进度情况的曲线，它是某一时刻正在进行的各工作的实际进度前锋的连线；当采用非时标网络计划时，可直接在图上用文字或符号记录。若计划进度是横道图，可在图中用不同的线条分别表示计划进度和实际进度。通过绘制实际进度网络图，反映实际开工时间、完工时间，出现的问题和影响因素，显示与计划不相符的情况，有助于计划工作的总结和资料的积累；报告表法是将实际进度情况反映在表上，具体表现形式及其内容根据报告表的形式而定。

(2) 定期观测跟踪。定期观测跟踪是指每隔一定时间对项目进度的实施情况进行一次较为全面、系统的观测、检查。间隔时间因类型、规模、特点和要求的不同而异，可以日、周、旬、半月、月、季、半年等为一个观测周期,内容包括:观测和检查关键、非关键工作的进度和关键线路的变化情况、检查工作之间的逻辑关系变化情况及变更信息,及时调整,保证计划的实现。

2. 节事活动项目进度控制的措施

节事活动项目进度控制采取的主要措施有组织措施、技术措施、合同措施、经济措施和信息管理措施等。

组织措施主要是指落实各层次的进度控制的人员,具体任务和工作责任;建立进度控制的组织系统;按照节事活动项目的结构、进展的阶段或合同结构等进行项目分解,确定其进度目标,建立控制目标体系;确定进度控制工作制度,如检查时间、方法、协调会议时间、参加人员等;对影响进度的因素进行分析和预测。技术措施主要是采取加快进度的技术方法。合同措施是指对分包单位签订合同的合同时间与有关进度计划目标相协调。经济措施是指实现进度计划的资金保证措施。信息管理措施是指不断地收集实际进度的有关资料进行整理统计与计划进度比较,定期地向组织单位提供比较报告。

第八章

节事活动的市场营销策划与实施

节事营销策划，是节事活动组织者的重要活动之一，它不仅要回答在现实的市场营销活动中提出的各种问题，而且更重要的是如何开辟市场、营造市场以及在激烈的市场竞争中获取丰厚的利润。它以消费者满意为目标，整合各类资源，使节事活动以崭新的面貌出现在市场上，并在特定的时空条件下具有唯一性、排他性，为实现节事活动的经济效益最大化的目标而进行促销。

第一节　市场营销策划概述

市场营销是节事活动经营管理的重中之重，抓好营销这一环节是节事活动创造效益的有利砝码。在市场经济大潮中，组织者只有以不断创新的营销观念为导向，才能在竞争激烈的经济浪潮中领航率先。而营销策划是设计其他一些促销活动的前提。

一、节事营销策划的内涵

（一）节事营销的内容

近几年，节事带来的丰厚的回报吸引了越来越多的企业，各级政府也对此事乐此不疲。但是，很多企业和部门在对节事活动营销的一些基本问题的认识上还存在误区，因此特别需要正本清源。传统市场营销经典理论在提及市场营销的基本问题时，概括为“5W1H”（即 Why，Who，Whom，What，Where，How）。本章试图从这六个方面论述节事活动市场营销的基本问题。

1. Why(为什么)

为什么要进行节事的市场营销活动？可以很简单地说："吸引消费者，获得收益。"由于节事活动本身特殊的性质决定了节事活动需要吸引大量的参加者、消费者。处于现在这个竞争日趋激烈的大环境下，要怎么样才能让一个节事活动引起众多消费者的注意，并让他们选择参加以及赞助这个节事活动？这就是要进行节事的市场营销活动的原因。

2. Who(谁参加)

首先，我们要确定一个节事活动的性质：是全国的？还是区域内的？又或是省市的，地方性的？这就决定了需要进行营销对象的范围。

其次，我们要了解受众群体。他们对什么样的节事活动有兴趣，什么样的节事活动能吸引他们进行投资赞助。

再次，我们要按照受众群体是否是第一次参加此类节事活动而分别对待。如果是第一次参加，则需要对他们详细地解释整个节事过程的起源以及它的大致情况。如果不是第一次参加，则需要对本次节事活动与众不同的地方强调解释。

3. When(什么时候举办)

节事活动的举办时间需要进行特别的分析，因为时间定得是否科学准确，将影响到参加者的数量以及节事活动本身的质量。当然一些宗教性质的节日如普陀山观世音文化节，因为其本身的特性则不需要对举办的时间进行分析。

节事的举办时间可以根据节事本身的性质以及它的目标市场消费群体的性质不同进行分析。以浙江省国际黄大仙旅游节为例，它的受众群体主要是东南亚一带信仰黄大仙的信徒们，他们来参加黄大仙旅游节，不光是参拜黄大仙，还将游玩与黄大仙有关的一些景点——双龙洞等，由于双龙洞是一个适合春夏季游玩的景点，所以黄大仙旅游节往往放在春夏季节。

4. What(营销什么)

从节事活动营销的角度来分析，节事营销应根据特定的目标和对象来确定内容。如果面向节事活动的赞助商，应大力宣传本节事活动给他提供的各项优惠或超值政策，让他感觉自己的赞助会得到期望的回报；如果面向节事活动的消费者，应宣传介绍本节事活动所具有的极强的参与性，并突出本节事活动独具特色的地方，吸引消费者来参加。

5. Where(在哪里举办)

一个节事活动,大到举办的国家、城市,小到主要位置的区、道路,都要进行周密的考虑。就像世博会每次的申办,国际展览局对每次世博会的举办城市都进行了周密的考虑。一般应包括是不是具有旅行的可到达性、方便性以及地方支持的可获得性。

6. How(怎么营销)

在确定了节事营销的主体、对象和内容后,便是选择适合恰当的营销策略,究竟采取怎么一个方式去进行营销。

(二) 节事营销策划的内涵

节事营销策划是节事活动组织者对将要举办的活动进行营销设计,以提供一套系统的有关节事营销的方案,这套方案是围绕组织者实现某一营销目标的具体行动措施。这种策划以对市场环境的分析和充分占有市场竞争的信息为基础,综合考虑节事活动的机会与风险、自身资源条件及优劣势、竞争对手的谋略和市场变化趋势等因素,编制出富有创意的行动方案,包括促销方案策划、推广策划、公共关系策划及商业赞助策划。商业赞助是节事活动营销环节中非常重要的一步,本书将其作为单独的一章,在下章展开详细论述。

二、节事营销策划的原则

(一) 独创原则

无论节事活动项目的定位、活动设计的理念、策划方案的创意、营销推广的策略,没有独创、毫无新意,要在市场竞争中赢得主动地位是不可能的。独创应贯穿节事项目营销的各个环节,使其在众多的竞争项目中脱颖而出。不仅观念要独创,而且手段也要独创。

(二) 系统原则

节事营销是一个系统的工作,其策划则不容易想到,也不容易做到。做任何策划一切都要从系统的概念出发,注意每一个因素的变化所引起的其他因素的变化及产生的影响。坚持系统原则,就是要把节事营销策划作为一个整体来考察,系统综合地分析,抉择最优方案,以实现决策目标。过于倚重一两个突现的灵感,没有系统的配套措施,对节事活动的发展有害无益。强调系统原则,就是强调节事活动的广告策划的整体性、全局性、效益性。

（三）可行性原则

可行性原则是指节事营销策划运行的方案是否达到并符合切实可行的策划目标和效果。可行性原则就是要求节事的营销策划行为应时刻体现科学性、可操作性，在实施过程中能合理有效地利用人力、物力、财力和时间，实施效果能达到甚至超过该方案设计的具体要求。策划方案要达到有效、可行，一是要用最小的消耗和代价争取最大的利益；二是所冒的风险最小，失败的可能性最小，经过努力基本上有成功的把握；三是要能完满地实现策划的预定目标。

（四）人文原则

人文原则是强调在节事营销策划中要认真把握社会人文精神，并把它贯穿到策划的每一个环节中去。人文精神包括人口及文化的意识：人口意识是指人口的数量和质量水平、年龄结构、家庭婚姻等表现出的社会思想；文化意识包括人们在特定社会中形成的特定习惯、观念、风俗及宗教信仰等表现出的社会思想。把文化因素渗透到节事项目的各个方面，才能迅速占领市场，建立自己的项目个性。通过民族文化的积累，促进产品开发及企业品牌的形成。

（五）应变原则

所谓应变就是随机应变，它要求节事营销策划在动态变化的复杂环境中，及时准确地把握发展变化的目标、信息，预测事物可能发展变化的方向、轨迹，并以此为依据来调整策划目标和修改策划方案。预测活动对象的变化趋势，掌握随机应变的主动性；及时调整策划目标，修正策划方案。当客观情况发生变化影响到策划目标的基本方面或主要方面时，要对目标作必要的调整，自然也就要对节事策划方案进行修正，以保证营销策划方案与调整后的营销目标相一致。

（六）心理原则

在节事营销策划中，要注意运用心理因素，动之以情。心理学认为，人情，为人类所独具，人非草木，孰能无情？情感在人的生活和实践活动中起着重要的作用。消费者的任何购买活动，都是在一定的情感推动下完成的。因此，广告内容只有与消费者有了情感沟通，才能诱发消费者的购买行为。关注消费者真实的心理需求，就是关注市场。对消费者的真实的心理需求把握得准确与否，决定着营销策划的成败。

三、制定营销战略

(一) 深入分析目标市场消费者的需求，开发多层次、多品种的节事活动产品

新产品的开发重点应从单纯寻求新的娱乐项目、新的宣传方式方面转向对已有产品的“包装”和“组合”；利用同质性和差异性不断创新来完善节事活动产品、不断开发自已的名牌产品，要努力改变已老化、形式单一的节事活动产品；加强节事活动产品配套服务的完善，对现有产品进行包装组合，重视开发突出本地特色、消费者参与性强的产品。

(二) 加大对节事活动促销的投入，采取多种形式灵活进行促销

对目标市场的促销必须结合开发新客源层的特点，有针对性地开展促销活动，研究树立新形象；海外促销不但要面向中间商，还要更多地利用当地媒体广告，利用网上销售，加大直接面向目标市场的消费者促销；紧紧围绕产品进行联合促销，如与附近要举行和自己节事活动时间相近的节事活动的省份对外进行联合促销(见图 8-1)。

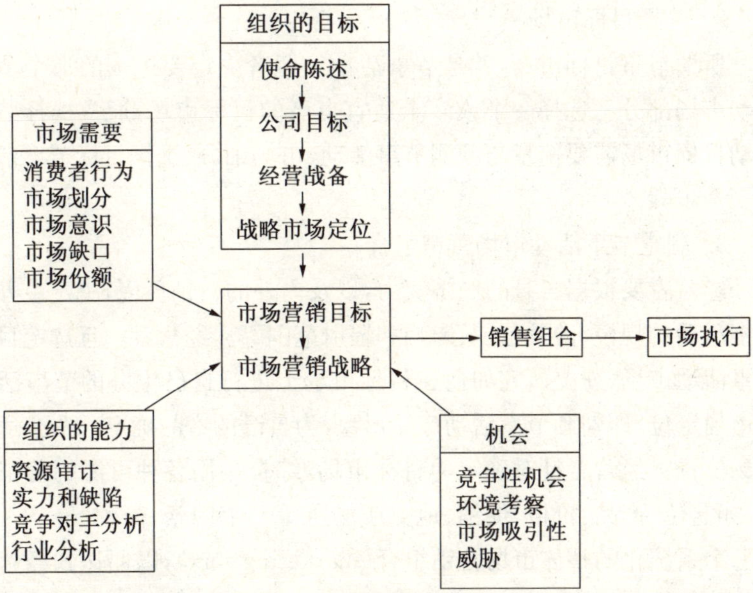

图 8-1　市场营销战略的发展

资料来源：〔澳〕约翰尼・艾伦(Johnny Allen)等著，王增东、杨磊译：《大型活动项目管理》，机械工业出版社 2002 年版，第 219 页。

四、节事活动营销的实施步骤与具体过程

（一）实施步骤

1. 发现和分析市场机会

市场机会是指市场上存在的未被满足的消费需求。当今时代，没有一项节事活动可以依赖目前的市场和产品长盛不衰。所以，节事活动的经营者都必须不断地寻找、发现和分析新的市场机会，为自己的生存和发展寻找出路。

经营者要随时注意获取市场情报，了解消费者希望参加什么样的节事活动，赞助商希望赞助什么样的节事活动，以寻找新的市场机会，产生许多节事活动市场开发的新构想。发现市场机会的途径：一是可以在现有市场上挖掘潜力，在原有的节事活动的基础上，增加新的节目，新的内容；二是可以在现有的节事活动无潜力可挖的情况下，以现有的节事活动产品和另一个节事活动同质相结合，并以一个整体推出；三是在原有的节事活动市场开发无潜力可挖时，考虑进行新的节事活动开发。

2. 选择目标市场

所谓节事目标市场，就是节事活动经营者决定要进入的那个节事活动市场部分。选择一个或多个适宜自己的目标市场，通常选择节事活动目标市场需要衡量与预测节事活动、市场细分、选择目标节事活动等三个步骤。

3. 制定节事活动市场营销组合

经营者要根据自身的经济实力，以及内外的营销环境，决定主办的节事活动的规模、涉及范围、影响和辐射范围等。经营者一旦选定目标节事活动市场，就要研究如何在目标市场上进行自己主办的节事活动的市场定位，即勾画节事活动产品形象，为自己的产品确定一个合适的市场位置。经营者针对确定的目标市场，综合运用各种可能的营销手段，如定位、产品、价格、促销、地点或场所等 5 个因素，简称“5P'S”，形成一个系统化的整体市场营销组合(marketing mix)，以便达到经营者的经营目标。

4. 节事活动市场营销预算

设计和发展节事活动市场营销组合是与市场营销预算相关联的。

经营者在设计和发展营销组合时，要考虑两个基本问题：第一，这次举办的节事活动，准备将多少资金用于市场营销活动；第二，根据自身的情况和所举办节事活动的特点，决定如何在各个营销方式和工具中合理分配节事活动的市场营销预算。

5. 组织、执行和控制市场营销

为了贯彻落实营销工作，必须对每一个节事活动设置一个营销组织，由项目经理负责组织实施。项目经理的任务：一是协调所有营销人员的工作；二是与财务、工程等部门密切配合，同舟共济；三是善于督导、激励下属并适时关注确定的参加人数和企业赞助情况。关于节事活动定位详见第四章。

（二）具体过程

具体过程见图 8-2。

确定产品的特色
↓
确定客户（市场细分）
↓
设计满足客户的需求
↓
分析消费者的决策过程
↓
确定价格和入场券计划
↓
推销活动项目
↓
评估市场营销效果

图 8-2　活动项目市场营销过程

资料来源：〔澳〕林恩・范・德・瓦根（Lynn Van Der Wagen）著，宿荣江等译：《活动项目策划与管理》，旅游教育出版社 2004 年版，第 58 页。

五、节事营销的 5P 要素

在节事活动营销中，市场营销战略应采用大市场营销观念，除了传统的 4P（产品/服务 Product、价格 Price、地点/场所 Place/Location、促销 Promotion）之外还必须加上 1P，即“定位 Position”。

（一）定位

内容参见本书第五章。

（二）产品/服务

节事活动可能是会议、朋友聚会或某公司产品的新闻发布会，也可能是筹集资金的慈善活动，它们向客户提供的是以服务为特征的产品。对于节事活动消费来说，把一次快乐的、满足了某些需要的休闲经历作为核心收益，把活动的地点、座位、装饰、活动的现场管理秩序等作为有形的收益来传递核心收益，把服务质量、参加活动的消费者类型、停车场和运输设施、出入的便捷性等作为引申产品，区分本活动与其他竞争活动。由于节事产品具有无形性、不可分割性和可变性的特点，活动经营者首先必须熟知本活动的发展历史、提供给目标市场的节事活动产品价值是什么、其产品和服务有何独特性，然后才能对节事活动的项目做出详细规划，才能进一步安排日程，保证娱乐节目质量、食品质量、场地管理的有序性。

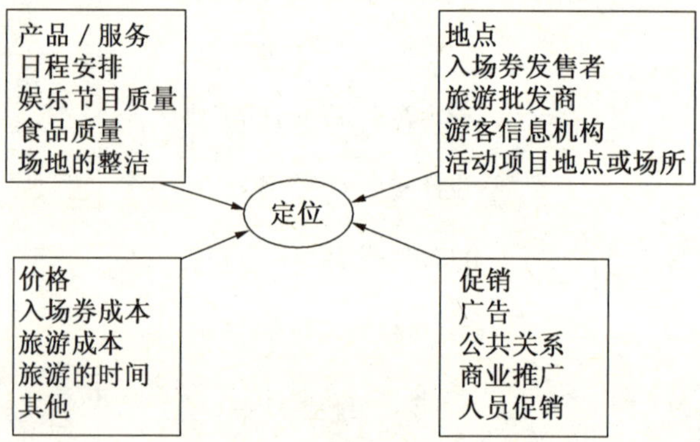

图 8-3　节事营销组合 5 要素

资料来源：〔澳〕林恩·范·德·瓦根(Lynn Van Der Wagen)著，宿荣江等译：《活动项目策划与管理》，旅游教育出版社 2004 年版，第 63 页。

（三）价格

节事活动的价格是节事营销中的最重要的因素之一，是完成节事营销目标的重要工具。当然，定价也不是一个简单的过程。有些活动是免费的，有些活动只收取一定的成本费，而有些活动的入场门票价格昂贵。定价不能盲从，跟着别人跑，要根据节事的举办目的来决定。定价取决于潜在客人的数目和选择场地的规模。如果门票价格、餐饮价格等不合理，会影响决定观看或参加的人数。定价不能过低，也不能过高，过低的价格往往会影响活动的形象与声誉，因为人们相信物有所值，“一分价钱一分货”；过高，又会造成大量空闲座位而导致亏损。

应该收取的费用

应该包括哪些成本？

消费者对不同的价格的敏感程度如何？

竞争对手的价格是多少？

对于选定的目标市场，进行多少折扣比较适合？

是否应该使用心理定价法（如采用 10.99 美元，而非 11 美元）。

定价的基础是什么

是否应该对各个要素分别收费？

是否应该收取入场费？

是否对消费者所消费的资源进行收费？

是否收取单一的一揽子价格？

谁来收款

活动的主办者

售票代理机构

在哪里进行支付

在活动地点支付

在售票机构支付

在消费者家中使用互联网或电话支付

什么时候进行支付

在售票时

在活动当天

怎样进行支付

现金—自备零钱

信用卡

POS 机

代币

图 8-4　定价问题

资料来源：〔澳〕约翰尼·艾伦（Johnny Allen）等著，王增东、杨磊译：《大型活动项目管理》，机械工业出版社 2002 年版，第 191 页。

2015 上海桃花节花展时间为 3 月下旬到四月中旬。与往年票价相比，今年桃花节门票价格更便宜、更亲民，从 18 元至 53 元不等。各大桃园门票定价依据为：1. 各桃园特色主题活动数量和规模；2. 各桃园投入的软硬件设施等级；3. 各桃园上报最高安全限制人流数等。最后由政府牵头物价部门统一定价。桃花节期间，在各桃园主要交通站点还将有免费班车接送，方便游客赏花、购物、游览。

南汇桃花村“2015 上海桃花节”

南汇桃花村历经四年的开发、重建，如今以全新的面貌迎接八方来客。桃花村是集赏花、休闲、娱乐、餐饮、购物等于一体的独家休闲景点。阳春三月，桃花村的百亩桃园为你争奇斗艳，可谓“不到桃花村，哪知桃花艳”。让你享尽天人合一，回归自然的乐趣。2015 年南汇桃花节依托自身优势，引入自贸区概念，推出2015上海自贸区桃花节特别通票，整合南汇桃花村和自贸区进口商品直销中心、五角世贸商场进口直销优质商品与美食资源，让观赏桃花的同时游客真正得到进口直销商品的优质与实惠。南汇桃花村2015上海桃花节活动时间为3月27日—4月25日，单人票50元，双人票95元/2人，三人票135元/3人。购买通票，免费乘坐巴士接送往返于自贸商城与桃花村之间，个人自驾车免费停车，旅游团大巴车免费停车。

大团桃园"2015上海桃花节"

上海大团桃园桃花节期间主要挖掘桃文化，展示民俗情，以此体现出一种民俗意象与文化视觉相融合的节庆新印象、新氛围。活动时间初定于3月27日—4月25日，门票价格分为成人票55元通票/张。大团桃园2015上海桃花节活动项目包括：踏青赏花、特色民俗巡演、农家婚礼及地方小戏、踩水车、青少年拓展区、桃花许愿树、桃园寻宝活动垂钓（收费）、游船（收费）、水上小游戏（收费）、嘉年华游艺（收费），还有桃园农家菜、自助烧烤、地方特色小吃、桃园茶庄各种美食等。

滨海世外桃源"2015上海桃花节"

2015年上海南汇桃花节滨海世外桃源为您推出湖面高空走钢丝、高空摩托车、天女散桃花等惊险表演，狗头寨魔术、杂技等民间艺术表演。农耕文化体验展示让您身临其境，真枪实弹双管猎枪射击比赛新颖、奇特、刺激。休闲垂钓不但可以让您心旷神怡还可以修身养性。滨海世外桃源2015上海桃花节时间为3月27日—4月25日，门票票价36元/人、1.3米以下儿童免费，活动项目包括乐在农家、登塔观海、桃文化展览、飞碟射击大奖赛、垂钓等特色活动。

资料来源：http://www.cityticket.cn/news/4478/.

（四）地点/场所

这里的地点既包括活动的举办地点或场所，也包括消费者可以买到票的地方。在不同地点举办活动，因考虑的因素不同（见表8-1），其营销重点也应有所不同。如在一家世界著名的高档度假饭店举办的活动，对场地的布置应是营销的关键；而在一家新开业的公众场所举办的颁奖晚会，新场所里的新体验应该是这个活动的营销亮点。

表 8-1　对地点营销时应考虑的因素

对地点营销时应考虑的因素
地点便于潜在参加者到达并且便于旅行
对于本地观众可提供泊车位
举办地的环境和创意
筹备一场特殊节事的物流保障
附加活动的环境吸引物或基础设施
拥有与此相关的观众与组织
符合节事参加者的身份特点
节事参加者的安全性
便利的公共交通(机场和市内交通)
参加者过多时可提供补充(可放置会议室)

而节事活动经营者为了增加参加这个节事活动的人数,往往采取利用批发商和代理机构的方法,方便消费者购票。是否使用代理商取决于活动的类型、其他可用的购票设施、目标市场是否愿意交付购票服务费以及目标市场相对的消费承受能力①。

(五) 促销

节事促销的目的通过一定的促销手段促进节事产品或服务的销售,通过经营者为宣传自己主办的节事活动的优点及说服人们来参加和企业、社会组织来赞助等所采取的,包括广告、人员推销、商业推广及公共关系等一系列活动。以盱眙国际龙虾节为例,除了在本土,盱眙龙虾节在南京、北京、淮安、上海、无锡、大连、宁波、深圳、香港等地联袂举行的相关活动,让全国各地“虾迷”品尝了正宗的盱眙龙虾,吃出了“盱眙”味道,加深了盱眙情缘。2016 年龙虾节期间,盱眙县共接待游客 49 万余人,比 2015 年同期增长了 13.6%。对于相关产业带动,也达到历史最高点。盱眙的知名龙虾店和农家乐,翻台率达到三次以上,其中较著名的龙虾店,日销龙虾都在 750 公斤以上。2016 年 6 月 18 日,“盱眙国际龙虾节”走进上海系列活动在上海农展馆盛大举行。活动首先围绕盱眙现代农业、乡村旅游为主题召开推介会,介绍盱眙淳厚的历史文化、丰富的山水资源、便捷的交通区位、优越的投资环境,向上海客商展现一座充满活力、潜力无限的创业福地、投资宝地。其次,举办农副产品展销会,将盱眙优良而独特的农副产品一一向上海市民展示,彰显

① 〔澳〕约翰尼·艾伦(Johnny Allen)等著,王增东、杨磊译:《大型活动项目管理》,机械工业出版社 2002 年版,第 195、196 页。

盱眙丰饶的物产。另外，举办纳凉晚会，采用在馆外与上海市民“零距离”互动的方式，吃龙虾、喝啤酒、听黄梅戏、赏越剧、看民间绝活，在轻松、愉快的氛围中宣传盱眙龙虾节，传播盱眙龙虾文化，提高盱眙的知名度。

值得注意的是，节事活动市场营销组合不是“5P'S”的简单相加，而是对定位、产品、价格、分销和促销等五个因素的优化组合。此外，节事活动的市场营销组合是一个动态的组合，所以经营者在实际营销过程中必须根据各个因素的变化情况并考虑到外部环境因素，适时调整营销组合的内容及结构。

六、树立现代营销观念

节事旅游的组织者要从营销观念上树立以顾客需求为中心的导向，并关注旅游节事活动的开展给目的地带来的各种积极和消极影响，权衡利弊，适当开发；在营销实践上，则是要通过市场调查或其他获取市场信息的任何手段去分析客源市场的构成、重要程度和需求特点以及客源市场到目的地的交通条件，努力提供适合客源市场的产品并增加目的地的可进入性。随着营销活动的深入，节事营销者还需要进行营销观念的创新，把满足顾客需求的传统营销观念转变为“不仅满足顾客需求、还要创造顾客需求”的新的营销观念。创新的方向包括以下几点：

（一）亲情营销观念

传统市场营销观念强调顾客至上，顾客就是“上帝”。亲情营销观念强调把节事消费者当作“朋友”或“亲人”而不仅仅是“上帝”，通过建立一种新型的亲情关系，把与节事消费者之间的距离最大限度地缩短，通过与节事消费者做“朋友”，而使之成为永远的“朋友”。

（二）绿色营销观念

树立绿色营销观念，开发绿色产品，开拓绿色市场，已成为21世纪营销发展的新趋势。节事旅游作为一种可选择性的旅游形式，与传统旅游相比，可以最大限度地减少对资源、环境的污染，因此节事旅游营销时可在将消费者利益、企业利益与社会利益三者有机结合的基础上，进一步强调生态环境利益，将生态环境利益的保证看作是前三者利益持久地得以保证的关键所在。

（三）体验营销观念

体验营销，是企业以商品为载体，以服务为舞台，以满足消费者的体验需求为目的而开展的一系列营销活动。体验营销自始至终都把为顾客营造难忘的、值得回忆的体验作为其工作重点，通过满足消费者的体验需求来实现其利润目标，节事旅游参与性强的特点决定了体验营销观念在节事旅游营销中的适用性。

（四）品牌营销观念

节事活动的主办者必须树立明确的品牌营销观念，要立足于打造节事旅游精品，创立节事名牌。能否成为精品和名牌，关键是看节事活动本身是否具有深厚的文化底蕴，鲜明的地方特色和民族特色。文化是灵魂，没有灵魂是断然成不了精品和名牌的。

第二节　消费者行为分析和目标市场分析

在进行节事活动营销的时候，我们经常会思考这样一些问题，消费者究竟对什么样的节事活动感兴趣？他们会参加什么样的节事活动？他们为什么会成为我们活动的目标市场，而非其他活动的客户呢？

一、消费者行为分析

欲解决上述问题，我们必须对消费者行为（consumer behavior）有所了解。消费者行为是指人们购买和使用产品或服务时相关的决策行为。

（一）消费者行为分析

对消费者行为的分析，有两点基本假设：一是消费者行为的连贯一致性，认为消费者对商品消费偏好的排列是有序的，也就是对商品或劳务偏好的比较可以传递，比如认为 A 商品的效用优于 B 商品，B 商品优于 C 商品，那么偏好的排列次序就是 A、B、C。二是消费者有充足的理性追求自身满足程度最大化，能够对购买行为做出正确的选择。

1. 马斯洛需求理论与消费欲望

根据马斯洛的需求理论，消费欲望可以分为满足生理需要、满足安全需要、满足归属和爱的需要、满足尊重需要、满足自我实现需要等五个层次。

欲望的一个重要特点是层次递进性，低层次欲望满足以后就不再是行为的推动力，但会在此基础上产生新的欲望，不同的消费者对满足不同层次欲望的商品选择的次序有所不同，对于大多数消费者来说，基本上是遵循在满足低层次欲望后才产生高一层次欲望这一基本的欲望发展规律。

2. 效用和效用的衡量指标

效用是消费者从消费某种物品中所得到的满足程度。效用和欲望都是消费者对商品的主观感觉，但效用和欲望不同之处在于，欲望产生在商品消费之前，而效用是消费者对商品进行消费后的主观评价。消费者消费某种商品满足程度的高低主要是通过总效用与边际效用两个指标进行衡量。总效用是指消费一定量某种物品中所得到的总满足程度。边际效用是指对某种物品的消费量每增加一单位所增加的满足程度。如果用 TU 表示总效用，用 MU 表示边际效用，Q 为消费的物品数量，可以用图 8-5 来说明总效用与边际效用之间的数量关系。

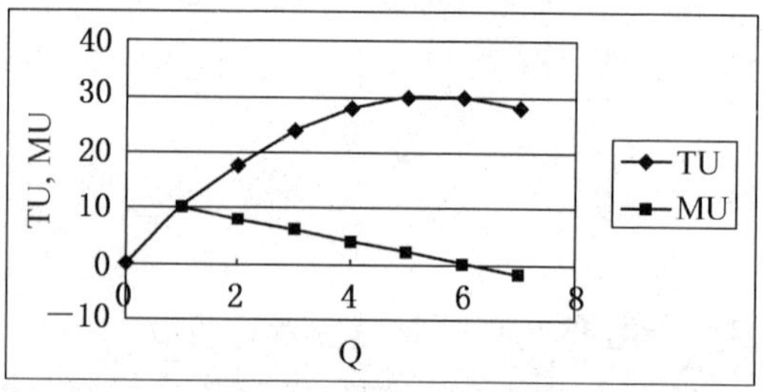

图 8-5　总效用与边际效用关系示意图

（二）节事活动消费者行为分析

1. 确认需求

消费者只有认识到自己需要某种商品的功能之后才能选择购买。而让消费者产生对节事活动的需求主要有内部和外部的刺激，内部的刺激如：看见电视上播出的各地的啤酒节，希望去参加一个这样的活动来尝尝各种类型的啤酒。外部的刺激如看见宗教节日如观音文化节、黄大仙文化节的宣传，产生了去体会宗教文化或是朝拜的欲望。

2. 收集信息

一位被唤起需求的消费者，可能会去寻求更多的信息，消费者的信息来源可以分为四种：

(1) 个人来源：指家庭成员、朋友、邻居或同事等提供的。

(2) 商业来源：指从一些旅行社、旅游交易会等方面获得的信息。

(3) 公共来源：指从大众传播媒体如：电视、广播、杂志等获得的信息。

(4) 经验来源：是指从自己以前参加过某种节事活动获得的知觉。

在以上四种渠道中，消费者最多的信息来源是商业来源，也就是节事营销人员可以控制的来源。另一方面最有效的信息来源是个人来源。

3. 选择参加或购买的决策

消费者得到的各种有关信息，可能是重复繁杂，甚至可能互相矛盾，因此还要进行分析、评估和选择。参加或购买前的评价，这是决策过程的决定性一环。影响消费者购买的因素很多(见图 8-6)，消费者往往会考虑品牌、效用函数等因素。在正常情况下，消费者会按照自己的意图做决策，但是在意图和决策之间，他人态度和意外情况也会对消费者产生影响。

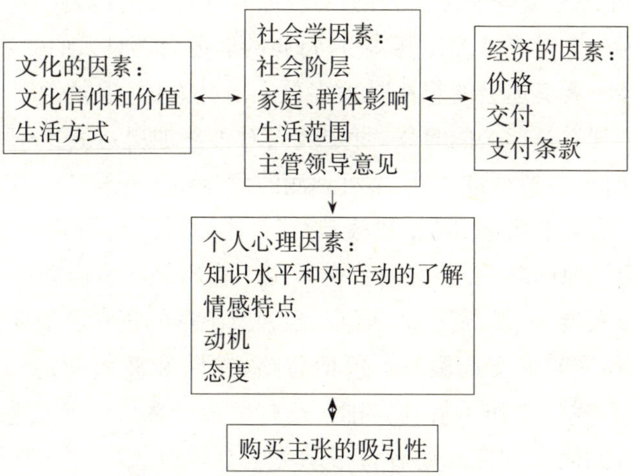

图 8-6　影响消费者购买的因素

资料来源：〔澳〕约翰尼·艾伦(Johnny Allen)等著，王增东、杨磊译：《大型活动项目管理》，机械工业出版社 2002 年版，第 216 页。

4. 选择参加或购买后的行为

参加或购买后的行为主要有两种，即参加或购买后满意程度和参加或购买后行动。

(1) 参加或购买后满意度。消费者根据自己从主办方、朋友以及其他信息来源所获得的消息来形成他们的期望。如果主办方夸大其活动的优点,消费者将会感受到不能证实这些期望。这种不能证实的期望会导致消费者的不满意感。所以主办方应使其节事活动体现真实的一面,以便使消费者满意。事实上,那些有保留地宣传的节事活动产品,反倒使消费者产生了高于期望的满意感。

(2) 参加或购买后行动。消费者对节事活动的满意感或不满意感会影响以后是否再次参加此活动。如果对此次活动满意,则下一次他们仍会参加这个活动,并且向他人给本活动做免费并高效的宣传。但是如果对本活动不满意的消费者不但下次的活动不会参加,而且会处处为本活动做反面宣传。

资料显示,洛杉矶、汉城、巴塞罗那、亚特兰大奥运会期间,入境的游客分别达到 23 万人次、22 万人次、30 万人次、29 万人次。而悉尼奥运会,在旅游与奥运的结合上,比以往任何一届都做得更好。比赛期间共接待国外消费者达 50 万人次。澳大利亚旅游局(ATC)所开创的奥运旅游促销战略被国际奥委会推荐为"今后主办国的角色模式"。下面以 2000 年悉尼夏季奥运会为例,对参加者的行为进行分析:

作为一个世界性的比赛盛事,每届的奥运会都是人们的焦点,可以说想去亲眼看奥运会的想法是大多数人所共有的,但是消费者在决定要不要去观看奥运会的时候,肯定会先对去参加奥运会这个举动进行分析和评价:包括可进入性、不可预测的危险和不安全性、内部交通、住宿、语言、必要的服务、附加利益,等等。比如说悉尼被选中主办 2000 年奥运会的原因之一:良好的公交系统。悉尼保证为运动员、官员、奥运会工作人员、传媒、赞助商、观众、游客及悉尼的正常流动人口提供安全、可靠和准时的交通服务。包括公路、铁路和渡船交通,还为自行车、行人和残疾人作了特殊安排。还有奥运会客人需要信息和指点,成千上万的澳大利亚志愿者将帮助奥运会取得成功。另外在悉尼这个举世闻名的海港城市,街道上和海滨的观众将有幸免费观看马拉松、帆船和自行车路赛的比赛。当然,还有很关键的一点就是许多奥运会客人将在他们的亲戚朋友处投宿,这个非正式的网络将为这座居民来自世界各地的多元文化城市——悉尼容纳下数以万计的访客,从而缓解了奥运会期间发生住宿紧张的问题,吸引了更多的游客,而世界各地的运动员和来宾将会发现在悉尼有人跟他们讲同样的语言、吃同样的膳食。

而正是悉尼的这些优势，让消费者在选择参加或购买前的评价阶段，对去悉尼观看奥运会给出很高的评价指数，而如果有足够的可自由分配资金和充足的时间，消费者则会选择去悉尼观看奥运会。

二、目标市场分析

市场细分不是简单分解，而是一个分类组合的过程。市场细分，从某种意义上可以说是主办单位从更具体的角度寻找和选择市场机会，以使主办单位能够将具有特定需要的顾客群与主办单位的营销组合对策有机地衔接起来。

（一）市场细分的意义

任何一个节事活动，即使规模很大的主办单位也难以满足节事活动全体买主互有差异的各种要求。因此，在主办单位获得了市场机会，进一步明确了节事活动主题和形式的具体方向以及需要什么样的服务之后，还要从提高经营效率和效益的角度出发，根据自己的能力，进一步明确为哪些人服务，即确定为节事活动全体买主中的哪类或哪几类买主服务，选择主办单位为之服务的目标市场。

由于各个不同的市场部分在消费需求上必然存在着明显的不同点，因此组织者在实施市场细分时，就应以影响消费者需要、欲望与购买行为的有关因素为基本线索和依据进行。不同的细分市场在需求倾向上的差异性，不仅可以表现在对产品的要求上，而且可以表现在对市场营销组合等其他构成因素的要求上，甚至综合表现在对主办单位整个市场营销组合要求的异同上。因此，主办单位在选择某一细分市场为目标市场之后，需要注意从整体营销活动和整个营销组合的角度与其保持适应性。

（二）市场细分的方法

市场细分，是主办单位选择目标市场实行目标市场营销的前提和基础，同时也是主办单位进入市场的有效途径和策略。节事活动的市场细分可以根据地理环境、社会人口环境或生活方式（消费心理）来进行。

1. 地理环境因素

由于地理位置的不同，其文化、气候和生态环境也不相同。节事营销者可以开发不同特征的消费区域，使消费者的特征具体化、形象化。地理因素的细分主要考虑活动参加者的居住地点。节事活动潜在的地理分布包括该地区的居民、附近地区的观光者、省内的游客、外省市游客、国外的游客等。

2. 社会人口环境因素

年龄、性别、职业、收入、教育、民族、语言、宗教、居住情况和职业现状等都是社会人口环境细分市场最常用的方法。职业(一般指家庭中收入的主要提供者)的划分是营销人员经常用到的一种市场细分工具。表 8-2 详细列出了发达国家在活动环境中的社会经济等级。表 8-3 列出了零售业活动类型及其目标客户市场。

表 8-2 社会经济市场中群体的分类

组	社会经济团体	典型的职业	可能参加的节事活动	所占人口比例(%)
A	中上阶层	高级管理者或高级行政人员，职业：律师、医生、牙医、行业主管、高级公务员、高级军官、教授	募集歌剧演出、传统音乐节等活动	3
B	中等阶层	中级管理者和中级行政人员，职业：大学讲师、药剂师、中层经理、记者、建筑师	购买便宜座位票的节事活动、饮食节、历史节日、艺术和工艺节、社区节日	15
C	中下阶层	主管、职员、基层管理者、基层行政人员、店员、销售代表、护士、教师、店铺管理者	大多数流行的演出活动、体育活动、社区节日	24
D	技术工人	有技术的蓝领工人：建筑工人、装配工、码头工人、警察、巡警、个体户	汽车节、体育活动、社区节日	28
E	工人	半技术工人和无技术工人、体力施工人员、工厂工人、清洁工、货运司机	体育节日、宗教节日	17
F	接受社会保障的人群	生活水平最低、领取补助金、临时工或业余工作	几乎没有，偶尔参加免费的社区活动	13

资料来源：〔澳〕约翰尼·艾伦(Johnny Allen)等著，王增东、杨磊译：《大型活动项目管理》，机械工业出版社 2002 年版，第 180 页。

表 8-3　零售业活动类型及其目标客户市场

活 动 类 型	目 标 客 户
儿童娱乐活动	儿童
马戏表演和宠物动物园	年轻夫妇家庭
计算机展示会	男人
食品展示会/品尝会	妇女
时装表演	妇女和少女
美术展	男人和女人
魔术表演	青少年
木偶剧	少年儿童
肥皂剧明星见面会	妇女和少女
体育明星见面会	男人和男孩
著名体育事件纪念盛会	男人和青少年

资料来源:〔美〕戈德布拉特著,陈加丰、王新译:《国际性大型活动管理》,机械工业出版社 2003 年版,第 283 页。

3. 生活方式(消费心理)因素

购买者的心理消费因素是按购买者心理细分,与价值、观念直接相联系的分析方式。一般与个性或与生活方式有关。

第三节　宣传推广与公共关系策划

宣传推广与公共关系策划是市场营销中最重要的一环。宣传推广指经营者运用各种短期诱因鼓励购买以促进产品或服务的销售的一种方式,有赠送优待券、折扣优待、付费赠送、陈列、演示、展览等形式,是人员推销、广告和公共关系等各种促销手段的总和。其中公共关系促销是让公众了解节事活动,树立节事形象,增强公众的好感和信任,包括得到政府的支持。

一、宣传推广策划

宣传推广策划是节事活动策划和营销工作中的一个重要环节,对节事活动的发展有着重要的影响。通过采用各种方法宣传主办方和节事的任何内容，抓住任何可以提高信誉和获取正面影响的机会，这些都需要有一个整体的、系统的推广策划方案。

（一）宣传推广的特点

节事活动宣传推广是一项十分复杂的工作，一般的节事活动组织者都会指定专门的人员来负责节事活动的宣传与推广，因为公众和潜在客户都是通过宣传推广才开始认识和了解该活动的。

1. 整体性

节事活动进行市场宣传推广的目的是为了提高节事的整体利益，它是服务于整体节事活动的，而不是节事中的某项活动。

2. 阶段性

节事活动从筹备到举办的各个不同阶段，工作的任务不同，需要宣传的内容和重点也不相同。宣传推广不是在某个阶段集中完成的，而是随着节事的进展和实际需要而分步骤和分阶段逐步实现。

3. 计划性

由于节事活动具有阶段性的特点，在进行推广时必须做好一整套的宣传计划，按照具体情况来实施市场促销活动。

（二）宣传推广计划的内容

1. 新闻发布会计划

雅歌丹新闻发布会策划案

这是雅歌丹代理商组织的一次新闻发布会，对其他的代理商和加盟店具有一定的参考价值和借鉴作用。

一、雅歌丹新闻发布会主题

这个冬天因您而芬芳

芬芳从这个冬季开始

拒绝诱惑和侵蚀

有了雅歌丹

空气就健康！

香草的天空

植物精华弥漫的是香草芬芳

量子医学带来的是爽洁健康

因为愉悦

所以心旷神怡

冬天

花也会开

从这个冬季开始

有了雅歌丹

空气就健康

二、雅歌丹公关发布会剧本框架

时间背景：一个昏昏欲睡的炎炎夏日

场景：某刚装修完毕交付使用的写字楼

道具：一台办公桌、一张椅子、一台电脑、背景音乐、小演员的病毒、细菌标志

服装：病毒、细菌、天使的服装

1. 仪态优雅的中年白领正在电脑前操作。

(画外音)轻松的钢琴曲缓缓响起。

2. 一群装扮成细菌、病毒的小演员随着音乐翩翩起舞次第上场，围绕在女性白领身边，忽而远离女白领，忽而(中年白领全无知晓)上前对白领做亲昵状。

(画外音)它们伪装得很巧妙/它们粉饰得很成功/所以很难察觉它们的存在/然而它们却无端地弥散……/侵蚀您和您家人的躯体/吞噬您和您家人的健康。

(细菌、病毒的小演员着黑色、灰色等代表阴暗色彩的服装，头戴面具，上面分别写上 CO、CO_2、CH_4 等)

3. 中年白领在侵蚀中渐渐昏睡过去。病毒依旧在猖獗地舞动着。

(画外音)人类在经历了工业革命带来的“煤烟型污染”和“光化学烟雾型污染”后，现代人正进入以“室内空气污染”为标志的第三污染时期……

4. 装扮成天使的小演员上场(小演员身披天使羽翼，头上插一漂亮羽翎，羽翎上可以看到品牌的 LOGO)。

(画外音)她天生优雅/她轻启浪漫的羽翼/以自己的善良抵制邪恶的扩张。

(背景音乐从紧张激烈中趋于舒缓)

5. 扮演天使的小演员勇敢地与扮演细菌、病毒的小演员搏斗，

将病毒一一击倒。

(背景音乐紧张激烈)

6. 病毒、细菌逐一倒在白领周围，天使提起其中一病毒的耳朵，简明阐述该病毒的侵蚀和危害。(文案撰写中)

其他病毒听到天使叫到自己时，做痛苦状战栗起来，迅疾消失在舞台上。

7. 天使在白领周围缓缓起舞。

(背景音乐舒缓悠扬)

8. 白领醒来，看看周围，轻轻拥吻天使："当然爱她/因为……"

(画外音)有了雅歌丹/空气就健康!

结束。

三、雅歌丹邀请卡文案(略)

四、香草天空 BEL'AIR 法国雅歌丹薰香量子医学发表会(略)

资料来源：www. yongna. net。

2. 媒体组合计划

在节事活动实施的不同阶段，对外的宣传推广侧重点也应有所不同。根据推广需要来邀请媒体，形成完整的媒体组合计划。

3. 宣传推广预算计划

根据实际情况做出科学合理的预算。

4. 宣传推广进度计划

按照节事活动进展的需要，分阶段进行宣传推广。

(三) 宣传推广的方法

1. 广告

广告是企业的一种促销手段，也是宣传节事活动、打出品牌的有效方法。广告诉求方式有理性和感性两种，前者重在以理服人，强调对受众的承诺和利益保证；后者重在以情动人，强调产品的附加值。随着节事市场的逐渐发展，同类节事产品的竞争日趋激烈。同时，广大消费者的文化水平和审美能力不断提高，他们已不满足于物质追求，而是越来越注重精神层面的心理需求，在消费行为中，也越来越能体现出个人的喜好、价值观和需要特征。所以，只有符合消费者心理需求的广告，讲究广告的感性诉求，才能产生更好的广告效应，达到商品促销的目的。

2. 直邮或派发

向客户直接邮寄节事宣传资料如宣传样单、节事活动说明、观众邀请函以及声像磁带等。派发是一种直接向公众散发宣传资料的形式，数量大，但有效性差。

3. 人员推广

包括节事活动组织者对各机构和客户的直接拜访，如电话营销、传真、上门拜访等。人员推广可以实现组织方与客户之间的沟通，能很好地联络客户的感情。

4. 新闻发布会

新闻发布会是节事活动主办方与新闻界加强联系的有效方法，由于新闻采访和报道一般是免费的，而新闻报道的可信度又比较高，效果也不错。新闻发布会是节事活动举办前后十分重要的发布会，需要精心组织，广泛邀请记者与会。青岛啤酒节在举办前夕在呼和浩特、上海、南京等城市相继举办了“相约崂山　畅享激情——青岛国际啤酒节暨崂山旅游推介会”，向上海及更多内陆游客介绍啤酒节，旨在吸引更多游客参与体验青岛国际啤酒节，提升国际啤酒节在海内外的知名度。

5. 媒体传播

媒体主要指大众传媒，如广播电视、报刊、电影、网络等载体，信息是指具备新闻性质的内容，即新近发生的、公众关心的、具有社会意义的事实，传播是指根据一定的目的而通过各种信息传达方法以影响他人意识和行为的社会活动。媒体传播的策略与原则包括明确传播目的和目标、了解传播对象情况、准确选择目标媒体、确定媒体使用的重点、科学合理地进行媒介组合（整合）、从实际出发制定传播策略等。在节事活动宣传时，要正确处理与大众媒体的关系，要有计划地针对目标记者，视工作需要增加双方见面的机会；为媒介提供有用的新闻素材和信息源，千方百计满足记者对信息的需求。提供吸引媒介的新闻，使自己成为可靠的消息来源；巩固、加深与媒介的沟通和合作，与目标媒介、业界重要媒介开展内容合作，力争成为业界权威内容的提供者，如人物采访、业界分析等；与目标媒介开展会务、会展、论坛的合作，充分发挥媒介的优势，为自己所开展的活动营造氛围。借助组织本身开展的活动，力争将各主要媒介作为支持单位，以此建立各种深入合作的模式。

媒体传播和媒介关系是新闻策划的关键，新闻策划是借助于新闻媒介，协调政府、团体、相关机构等公众的关系，遵守新闻规律，站在企业(组织)整合营销的高度，整合企业(组织)优势资源，通过蓄势、借势、造势这一系统工程，树立企业(组织)、产品形象，引导并创造消费需求，为企业(组织)营造良好的外部环境。

活动一般是社会活动为主，这类活动的传播出发点和落脚点都是公众利益最大化，传播都具有社会性，传播的内容和方法都有一定的艺术性，是在事件和时代背景下提炼出来的新闻，一般具有较强的传播性和转发性，较容易受到大众的关注和参与，因此与其他新闻策划又有不同之处。新闻策划的过程有：

■ 新闻策划的创意(新闻点的提炼)：新闻价值的判断与分析，蓄势、借势、造势(第一、新奇)(影响力、时效性、相关性)

■ 拟定新闻活动方案：实施方案、传播方案、预算、工作制度(财务)、报批件、请示件等文案

■ 确定新闻活动的目标媒介：研究分析活动与媒介的充分结合并做出计划

■ 召开新闻活动工作会议：分工安排

■ 新闻写作：新闻稿、领导讲话稿的撰写、活动流程、背景资料、组织简介、活动手册等

■ 邀请记者：确定重点，按需邀请

■ 接待记者：会前沟通、会中实际接待与服务、会后沟通(如遇重要媒介未到应及时联系，补上稿件和礼品)

■ 现场管理：营造氛围，安全有序，气氛热烈、隆重

■ 新闻传播：广播电视、报刊、网络，并进行传播过程中的有效跟踪和控制

不成功的新闻策划案例分析：

2004 北京马拉松事件

据媒体现场报道："20 岁的北方交通大学学生×××在倒地 7 分钟以后，才被救护车送到医院。显然，组织方缺乏这方面的思想准备，没有制定紧急救护等方面的相关预案。"

"之所以马拉松参赛人数不断增加，与长期以来的社会舆论有关，很多人受社会舆论影响把跑马拉松看得很容易，缺乏基本的科学常识。一些从来没有锻炼习惯的人也来凑热闹，无形中增加了伤病的发生率。专家认为，任何运动都有适宜对象，组织者不应该以参与人数多少作为

一个赛事成功与否的重要指标，在进行宣传时应明确适宜人群，并且应加强比赛过程中监察劝阻的工作力度”，等等。

此次事件一出，各类媒体针对此事对活动组织、宣传、人员、危机协调等各方面提出了质疑，对主办单位和政府的作为提出挑战。我认为此事的发生，一方面与活动的现场组织、人员培训、现场指挥、协调机制有关外，另一个方面与主办方的宣传机制和应急能力也有很大关系，如果主办单位在危急时间内可以作出合理的解释和实际的表现，如果主办单位可以给媒介传达准确的信息，建立新闻发言人解答各类问题，此事不会造成如此严重的后果。

虽然，主办单位在短时间内发表了声明，但是出了如此恶劣的事件，仅仅是表态是不够的。我认为可以在当时的情况下做如下处理：

接到有人死亡和当场休克的指令时，立即启动最有效的应急机制。第一时间请医务人员、警务人员、工作人员到达现场，请示领导赶到现场指挥协调。

10 分钟后，应急指挥人员现场处理危重病人的抢救，同时协调最近的医院及时救治，并安排人员到达医院。此时，请示相关领导，协调、检查现场其他人员的安全情况，并做好现场运动的继续开展工作。

20 分钟后，主办单位法定代表人到现场，与市府、公安、体育管理部门、医务部门、文化部门等领导召开现场会。处理现场、抢救病人，安排专人对病(死)者同学(同事)或最易联系的朋友进行联络，通报情况、表态和实际行动。同时，现场工作、善后工作、应急工作分别指定领导人员参加，保证各方面工作有条不紊地进行。

1 小时后，确定接下来的工作步骤。确定新闻发言人、准备开通记者提问专线、及时关注病(死)者进展情况、准备草拟主办方的对外声明(表态和实际做法)、通过中央权威媒介发布声明、进一步与政府各职能部门沟通，配合其工作。

12 小时后，成立家属(亲人、同学)接待组、新闻记者接待组(尽量不接受现场采访)、领导接待组(最好现场接待、现场请示、现场解决问题)。

24 小时后，视情况和领导指示，决定是否举办新闻发布会。

48 小时后，按计划关注媒体报道、关注事件发展，及时做出相应的战略、战术调整，力争将事件的影响缩小到最低，将损失减少到最低。

说明：

● 每天向政府主管部门汇报事情进展情况。一周后书面向政府主管部门和领导汇报事件进展和处理情况。

以上所指是在正常大型活动中的常规处理办法，在有预案、有应急处理机制的情况下进行。

● 如在此次事件中，媒介在 3 天左右报道的各种情况，有的报道是有根据的，有的报道也是没有根据的。因此，如果我们在媒体方面能主动一点，能够从事实的本身出发，尽量从有利于自己的角度出发去接受采访或发表意见，我想最后的媒体报道不至于黑白颠倒。

● 大型活动往往现场就有记者采访，因此更要做好现场的控制工作。比如，现场谁也不知道选手是否死亡，只有医生才知道，何况医生现场也不能马上下决断就是死亡，就算是已经死亡，主办单位的现场人员也不能让这个消息在现场出现（这就要求主办方与医务、公安方面之前的配合），目的也是为了控制现场情绪。在现场中，公安、保卫人员也要发挥积极的主观能动性作用，现场有人倒下时，第一时间控制无关的人员、记者、群众有意接近看热闹，应及时通知医务人员和主办单位人员。

● 也许有关 2004 年北京国际马拉松赛参赛者猝死的事件，将随着双方最终的和解而渐渐被人们淡忘，但这个悲剧留给后人的教训不会随着逝者而逝去，今天我们有勇气正视问题，明天才能避免相同的悲剧再发生。之所以我用这个惨痛的教训来结束我的文章，就是想时刻提醒自己和同行们，在组织大型活动时一定要安全放第一，细节在心中。

资料来源：www.chw.cn，中国策划网，作者：吴元兵，中国公关网，发布时间：2005-9-16 14:19:43。

6. 网络营销

网络营销即是利用互联网络（Internet）作为手段，从而达到营销的目的。网络营销不单纯是网上销售，而是企业现有营销体系的有利补充；网络营销是 4C（整合营销）营销理论的必然产物。网络营销包含的内容很广，主要有：网上市场调查、网上消费者行为分析、网络营销策略制定、网上产品和服务策略、网上价格营销策略、网上渠道选择与直销、网上促销与网络广告、网络营销管理与控制等等。网络营销并不单纯指网络技术，而是更侧重于市场营销，服务于产品及企业的营销体验。

网络营销首先是用互联网来替代或部分替代(补充)传统营销的中介媒体如报刊、邮件、电话、电视等,其实质是利用互联网对产品的售前、售中、售后各环节进行跟踪服务,它自始至终贯穿在企业经营全过程,包括寻找新客户、服务老客户,是企业以现代营销理论为基础,利用互联网技术和功能,最大限度地满足客户需求,从而达到开拓市场、增加盈利为目标的企业经营过程。它是直接市场营销的最新形式,是由网络客户、市场调查、客户分析、产品开发、销售策略、反馈信息等环节组成的强有力的营销方法之一。美国半月湾南瓜艺术节从网站网页制作到现场氛围,都非常突出南瓜主题。在南瓜节的网页和宣传海报的形象设计上以南瓜作为标识,采用南瓜黄为主色调,配以大海蓝作为辅助色调,充分体现了南瓜节氛围的热情和海湾举办地的宁静。在为期两天的南瓜节里,几乎所有的美食都是南瓜做的,有南瓜冰激凌、南瓜派、炸南瓜条、南瓜丸子,即使是炸鸡串,也配上一块南瓜饼,甚至水果摊也由南瓜装饰着。

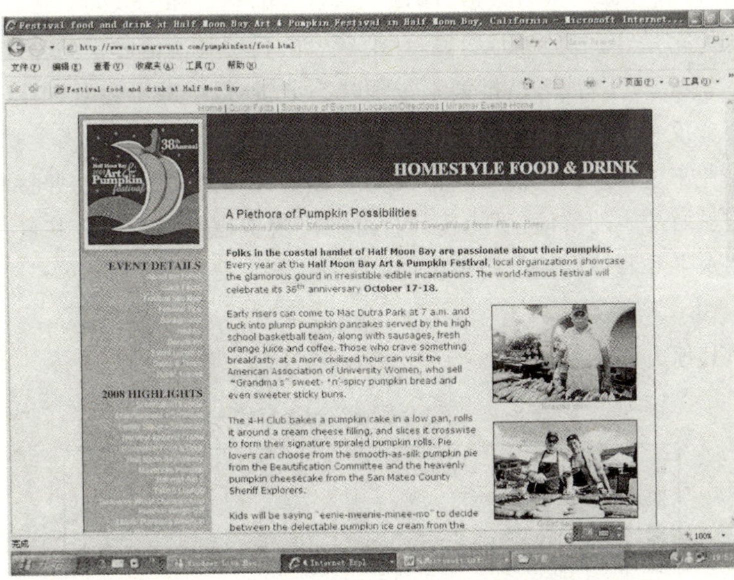

图 8-7 美国半月湾南瓜艺术节网页截图

7. 代理销售

通过代理商如委托国外代理商的销售来提高节事的知名度,不仅吸引大量国外游客前往,而且吸引有一定知名度的演出团体参与活动。

8. 宣传册等印刷品

这些宣传品在从设计到印刷，都要求字迹清晰、颜色醒目、图案与文字比例适中。

9. 公共宣传

公共宣传是最便宜的宣传手段。公共宣传是指企业为实现销售指标，以非付费的方式从报刊、电台、电视等各种媒体获得编排的版面和播放时间，供节事活动消费者和潜在消费者读到、看到、听到的各种活动。公共宣传作为一种营销手段具有如下作用：企业可以利用公共宣传来介绍新节事产品，从而使新节事产品迅速打开市场；企业可以利用公共宣传来恢复人们对新鲜度和渴求度下降的节事活动的兴趣；企业可以利用公共宣传来引起人们的注意，提高节事活动的知名度。企业的公共宣传必须借助某种媒介或公开展示的机构来实现，所以使用次数是有限的，而且是突发性的，但其作用是十分显著的。它和其他促销工具相比，具有如下特点：可信度很高，由于公共宣传是第三者写出来的，在新闻媒体里进行报道，体现了消费者的利益和公众的看法，消费者认为它是客观真实的，所以，在消费者心目中其可信度很高、影响面较广。对于广告或人员推销不予理睬的消费者，一般不会对企业的新闻报道反感，因为它是一种新闻活动、在心理上不必担心上当受骗；对于企业来说，宣传费用水平低，无需花钱购买媒介的版面或时间；而新闻报道所产生的价值，可能花几百万的广告费也得不到。公共宣传的费用水平和其他促销工具相比是最低的。

10. 其他方法

其他方法参见表 8-4。

表 8-4　吸引参加者留到最后的方法

- ■ 荣誉
- ■ 奖项
- ■ 抽奖销售
- ■ 节事的精彩录像，包括访问和摄影
- ■ 抽选出下次节事的免费参加者
- ■ 无声拍卖
- ■ 主要的组织战略或变化的申明
- ■ 特殊的“奥林匹克”竞赛
- ■ “童年照片”比赛（从放大的童年照片中识别活动组织者）

资料来源：《会展与节事营销》，〔美〕小伦纳德 · 霍伊尔著，陈怡宁等译，电子工业出版社 2003 年版，第 32 页。

二、公共关系策划

(一) 定义和区分

1. 公共关系的定义

“公共关系”简称“公关”，英文缩写为 PR。现在对什么是公关，什么不是公关还存在着很多的分歧。美国公关协会(The Public Relations Society of America's，简称：PRSA)对公关的定义是：公关是帮助组织和所处的社会群体达到互利的一种手段。[①]在徐鼎亚先生主编的《市场营销学》(2004 年版)中，对公共关系的定义是：公共关系是企业通过公共传播和对特殊事件的处理，使自己与公众保持良好关系的活动。从徐鼎亚先生给出的定义中可以得出，公共关系进行的手段就是公共传播和对特殊事件的处理两种。

2. 公共关系的区分

如何区分宣传、促销、广告和公共关系呢?“假设你是一个杂耍团的老板，而你的杂耍团将去一个小城镇表演。如果你贴一个单子在公众场合，上面写着：‘××杂耍团将于星期六在本镇的露天广场表演’，这就是广告。如果你把这张单子贴在大象的背上并且让它走入城镇，这就是促销。如果这头背上贴了单子的大象穿过市政花坛，这就是宣传。如果你能够邀请镇长来观看杂耍，这就是公关。”

下面将通过一个表格对公关和广告进行对比，让读者对公关和广告的区别有更深刻的认识：

公　关	广　告
不关注消息的控制	全程控制消息发布的时间、地点、形式等
通过第三方来表现信誉	缺少信誉
相对花费很少	花费很多
必须招聘一个熟悉目标受众宣传的人才	对受众宣传更具选择性
使用平实的语句，如实反映事物	使用吸引人的，花哨的词句来反映事物

① 摘自 *Event Management Certificate Program—Event Marketing*，乔治・华盛顿大学 2004 年 7 月版，第 33 页。

（二）节事活动的主要公关方法

1. 与媒体建立关系（以新闻为主）

通过新闻和各种媒介传播节事活动的信息，以吸引大众的注意。

2. 沟通活动

通过沟通活动，增加内部工作人员和经销商等对主办单位和所举办的节事活动的理解和了解。

3. 游说

与政府保持好关系，让其制定的政策、下达的文件，有利于节事活动的成功举办。

（三）节事活动公共关系的对象

1. 消费者

在市场经济条件下，满足顾客的需求是企业一切活动的出发点。因此，作为节事活动的主办单位，首先要让消费者对节事活动产生良好的印象。以良好的形象来吸引消费者。消费者对节事活动的印象来源主要有两个：第一是参加前几届此节事活动的感受，第二就是对这次节事活动宣传的印象，所以要求主办单位在举办每次节事活动时都要特别注意处理与消费者的纠纷，始终坚持为消费者提供满意的服务。在对节事活动的宣传上，要求工作人员能针对不同类型的消费者提供服务，站在他们的角度来分析参加本次节事活动的益处，以真诚的态度和良好的服务来打动消费者的心。

2. 经销商

节事活动产品的销售经常是通过经销商即旅行社来进行的。因此，与经销商关系的好坏，是节事活动产品销售的一个关键。作为节事活动的主办单位，应该给旅行社提供适销的、服务好、口碑好的产品，并且给予定量的回扣和不定量的奖励提成，保证经销商的积极性和利益。

3. 赞助商

对赞助商的公关主要是分为两部分：说服其赞助节事活动和在节事活动举办中协调赞助商的各种活动。在说服赞助商时，要求公关人员要把赞助商现在的状况摸清，知道其现在最需要的是什么，然后再对症下药，在游说中有所侧重。在节事活动的举办中，公关人员要配合好赞助商进行各种宣传活动，增加赞助商对主办单位的好感，搞好关系，争取获得他对下一届节事活动的赞助。

4. 城市

一个节事活动的举办，尤其是大型的节事活动的举办，作为节事活动的主办单位，在城市的公关方面，提出了很高的要求。因为随着节事活动的举办，必然会给城市的居民带来交通等的不便，对于住在节事活动核心及基地附近的居民，必然会造成很多的困扰，如：不能很好的休息等。因此一个节事活动的成功也离不开节事活动举办地的居民的支持，所以节事活动的主办单位一定要做好市民的公关解释工作，对于造成的不便和困扰，尽量得到市民的谅解，并请求市民对本次节事活动给予支持。上海市黄浦区在策划旅游节开幕大联欢活动时，把“不扰民”放在首位——既保证中外游人和上海市民尽情享受旅游节开幕大联欢的快乐与激情，又减少给周边居民、酒店和商家带来的不便。特地将旅游节开幕大联欢活动提前至 19 点 30 分开始，与淮海路上的开幕式花车大巡游同步进行，并且将时间长度压缩至 2 个小时，把对周边居民和宾馆住宿游客的影响降至最低。在场地安排上，将以往封闭南京路，改为留出步行街行人通道，更多地兼顾商家的正常营业，不影响行人通行。

5. 政府

政府也是一种公众，一个节事活动举办得成功与否，离不开政府的支持和帮助，政府的各个部门所制定的政策、法规以及临时下达的各种文件都会直接或间接地影响节事活动的顺利举办。因此，作为节事活动的主办单位，必须经常与政府部门，特别是主管城市节事活动的职能部门和节事活动举办的辅助部分涉及的职能部门进行沟通，及时了解有关政策、法规及计划，并使他们能尽量帮自己成功地举办各种节事活动。

6. 媒介

媒介是一种特殊的工种，节事活动的公共关系活动通常要借助媒介工具来进行，通过媒介向外发布信息，以扩大节事活动的影响。因此，主办单位的公共关系部门要与媒介保持良好的关系，最好公关人员能与媒介工作人员建立良好的私人关系。主办单位要特别注意媒介对节事活动的负面报道，既不应该盲目接受批评，更不应该拒不接受批评，而要采取冷静的态度进行调查和分析，以求重新树立节事活动在人们心目中的形象。

此外，通常认为同行是冤家，故而竞争对手间经常是拼得你死我活。时代在变，社会在变，这种观念应该被时代所遗弃，公共关系部门应协调好同类节事活动的主办单位举办节事活动的时间、地点等，选择最优方案，或是分时进行，或是联合举办，各取所长，达到最佳效果，竞争的理想状态是双赢。

（四）公共关系策划的步骤

公共关系策划的步骤首先要明确公共关系活动的目标，确定目标是公共关系策划的前提，没有明确的目标，公共关系策划就无从谈起。确定公共关系目标时，应当注意所策划的目标明确、具体并具有可行性。其次，要确定公共关系活动的对象，公共关系活动的方式很多，在公关策划时要考虑不同的目标对象，然后根据不同的目标对象选择不同的活动方式。因为目标对象的不同，所以要针对不同的对象制定最有利的公共关系活动，以达到预期的目标。紧接着就是实施阶段，在这个阶段企业可以利用一些特殊时间或是突发事件来实施公共关系方案，实施的一个很重要的方面就是要选择最佳时机。最后就是评价和调查，公共关系部门及工作人员要总结这次公关活动的成功点和失败点，并做出相应的修改方案；以期在下次的公关活动中能做得更好。

（五）公共关系策划方案的内容①

公共关系计划在经过充分的策划论证后，最终是以策划方案的形式表现出来，是条理化、系统化的书面材料。公共关系策划人员的构思和创意，都在策划方案中被具体化，成为可供具体实施的方法和步骤，并将公共关系活动的最后结果，预先在策划方案中展示出来。公共关系策划方案是策划人员思维水平的具体体现，也是公共关系活动的说明书和实施指南，它将最终在实践中检验策划人员的创造性劳动。公共关系的策划方案应包括以下内容：

1. 封面

封面应注明策划的形式和名称；策划的主体（策划者及所在公司或部门）；策划日期；文件编号。此外，还可考虑在封面简洁地附上兼有说明的内容简介。

2. 序文

序文是指把策划书所讲的内容加以提炼概括，要点简明扼要，使人一目了然，一般400字左右即可。

3. 目录

目录要对内容提纲挈领，务求让人读过后能了解策划的全貌，目标

① 引自《公共关系和现代礼仪》，宋常桐主编，清华大学出版社2004年版。

与标题应协调统一。

4. 宗旨

宗旨是策划的大纲。应该将策划的重要性、公共关系的目标、社会意义、操作实施的可能性等问题加以具体说明，展示策划的合理性和重要性。

5. 内容

内容是策划书的主体和最重要的部分。内容因策划种类不同而有所变化，内容必须以让读者一目了然为原则，要层次分明、逻辑性强，切忌过分详尽冗长。

6. 预算

预算是按照策划确定的目标（包括总目标和分目标），列出每项开支细目，计算出所需经费。在预算经费时，最好绘出表格，列出总目和细目的支出内容，既方便核算，又便于以后查对。

7. 策划进度表

策划进度是把策划活动的全部过程拟成时间表，何月何日要做什么，指示清楚，作为策划进程的指导。进度表最好在一张纸上拟出，以作一览表之用。

8. 有关人员目标责任分配表

有关人员目标责任分配表是根据目标管理原则，明确各项目标，各项任务由何人负责和所有相关人员的责、权、利等，避免由于责任不清、权利交叉而造成的混乱。

9. 策划所需的物品和活动场地安排

对活动中所需要的各种物品、设施、场地，包括停车场地等也要做出细致的安排。

10. 与策划相关的资料

与策划相关的资料一般是指有关的背景材料、前期调查结果、类似项目及竞争对手的情况等，给策划的参与者和审查者提供决策参考，该部分资料不能太多，不能喧宾夺主，应择其要点而附之。

第四节　营销的实施和评估

市场营销的实施是一个复杂的过程，需要经过周全细密的考虑。

它的实施过程同市场营销规划一样具有长期性、战略性、可行性和应变性的特点。

一、节事营销控制

节事营销控制有三种类型：

1. 年度计划控制

其任务是确保经营者能完成一个节事活动的最少来访人数和其他目标。为此，第一，必须在营销年度计划中设定每周、每月的明确目标；第二，必须采用能衡量节事活动营销实际成效和进度的方法；第三，必须找出执行计划中存在严重偏差的原因；第四，必须及时解决问题，消除目标与成效间的差距。可能需要改进计划执行方式，甚至改变原定的目标。

2. 利润控制

经营者必须定期分析节事活动的参加者、赞助商等的实际获利情况。尽管经营者的会计系统很少能真正及时反映出营销活动的盈利情况，但项目经理还是要想尽办法完成和超额完成利润计划任务。

3. 策略控制

由于市场营销的内外环境是不断变化的，经营者的目标、计划和策略有极易过时的可能性，很多经营者都因没有注意瞬息万变的节事活动市场变化而招致困境。因此，经营者需定期检查市场营销环境、策略、系统运行、组织功能等情况，以加强实施控制。为此需要通过经营者营销四大系统——营销情报、营销策划、营销组织和营销控制系统的彼此关联、密切合作的工作，来实行计划执行过程中的及时控制。

二、节事活动营销的评估

节事活动营销的评估是经营者对内外环境与节事活动市场的分析；经营者营销策略的制定；企业营销计划、组织、实施与控制等三大方面的工作进行系统、深入地考核和评价，是节事活动营销管理中的一个重要环节。

对经营者而言，在举办一个节事活动前，一般都会制定他们的营销目标，即争取有多少来访者、有多少赞助商、有多少赞助金额等。而经营者为节事活动的营销所付出的营销成本，如资金、时间、精力等是否就与举办此次节事活动实际取得的成果相符呢？所以进行节事活动营销的评估是十分必要的，比如对营销的总成本、活动取得的效果、赞助的金额、参加者的反应等多个层面进行综合、详细的评估，这样既能帮助经营者面对形形色色的节事活动市场作出一个切合实际需要的选择，又能帮助经营者以尽可能小的成本取得最大的期望效果。

下面介绍一种节事活动经营者进行市场营销自我评估的方法，仅供参考。

（一）关于经验主办者对市场营销环境分析的评估

任何经验主办者都是在一定的环境中生存和发展的。经验主办者的一切营销活动都要受到各种外部条件的制约和影响，这些外部条件，一方面为经验主办者的发展带来许多机会；另一方面也为经验主办者的营销活动带来环境威胁。分析经验主办者营销环境的特点及变化趋势，有助于经验主办者发掘市场机会，回避不利因素，同时也是经验主办者制定市场营销战略计划及调整营销策略的前提。对此，可从四个方面进行评价。

1. 宏观总体环境

(1) 政治、经济与社会文化等因素对此节事活动的成功举办，都有哪些影响？

(2) 是否在决定举办此节事活动时对宏观环境因素进行了充分的分析，以发掘机会，避免威胁？

2. 市场

(1) 此节事活动的市场都在哪里，覆盖面有多大？

(2) 在举办此节事活动的同时有无建立起市场调查与预测及信息反馈的网络系统。

3. 消费者

(1) 赞助商是如何做出赞助本节事活动的决定的？

(2) 这次节事活动的参加者是如何决定来参加本节事活动的？

(3) 赞助商对此次赞助的主办方配合度的评价及提出的改进建议。

(4) 对潜在的赞助商和参加者采取了哪些措施？

4. 竞争者

(1) 目前及将来与此节事活动有相似主题的节事活动有哪些?

(2) 它们的营销目标、策略及市场占有率如何?

(二) 关于市场营销组合策略的评价

市场营销组合策略是节事活动市场营销体系中非常重要的内容,是经营主办者针对选定的目标市场,综合运用各种可能的市场营销手段,组合成一个系统化的、与动态市场营销环境相适应的整体策略。一个节事活动的市场营销优势在较大程度上取决于市场营销组合策略的优势,而不是单个策略的优势,一个节事活动的优势和特色也正是通过营销组合策略的特点充分地体现出来的。可从以下五个方面加以评价。

1. 节事活动产品

(1) 节事活动本身的特点,以及消费者对节事活动的反映情况如何?

(2) 节事活动有哪些部分需要改进?

(3) 节事活动的各个活动项目的组合是否为最佳组合?

2. 价格

(1) 在提供同等回报的节事活动的赞助中,在价格上此节事活动有无优势?

(2) 参加者对参加这次节事活动总体的花费有何反映?

(3) 主办方是否对每个等级的赞助都定有价格策略?

3. 渠道

(1) 就目前消费者市场和赞助商市场的需求来看,此节事活动产品的了解以及参加赞助的渠道是否开辟到最大限度?

(2) 经营主办者对渠道及中间代理商的选择是否科学、高效?

(3) 经营主办者与中间商合作是否愉快?

4. 人员推销与公关

(1) 经营主办者采取过引入赞助资金的手段吗,效果如何?

(2) 节事活动的资金筹集员的素质及绩效如何?

5. 广告与营业推广

(1) 此节事活动有无明确的广告目标?

(2) 广告的媒体及费用是否经过适当的选择?

(3) 广告的主题内容是否突出,效果怎样?

(4) 营业推广具有短期诱导性，经营主办者能否抓住有利时机，采取必要的方式进行营业推广？

(5) 经营主办者采取过什么方式进行营业推广，效果如何？

(6) 经验主办者是否把各种方法有目的地配合起来，综合运用，而不是仅用其中某种方法？

第九章

节事活动的赞助

赞助已经成为节事活动行销的一种普遍形式，其双赢的结局吸引着无数赞助商和节事活动组织者趋之若鹜。对于赞助商来说，赞助是一个绝佳的投资机会，通过赞助过程获得潜在的商机和利润，运用标志、促销手册和媒体策略等向尽可能多的潜在消费者宣传企业或产品，并将品牌与观众等消费者最喜欢的节事活动相联系，建立、提升或改变品牌的形象与名誉；而对于节事活动组织者来说，赞助已经成为为达到特定目的与目标群体进行的沟通工作，是资金流的关键部分。但是，如何了解赞助商，选择合适的赞助商是活动策划者们十分关注的问题。

第一节　赞助的概念

赞助一词随处可见，诸多电视剧的播出、各种文艺活动的演出、各类体育赛事的频繁出现等都离不开赞助。可以毫不夸张地说，许多节事活动项目如果没有赞助收入是根本无法进行的。就拿奥运会来说，早期的奥林匹克运动经济来源主要依靠非商业性的社会投入，如政府拨款、社会捐助等，付出昂贵代价，结果却产生巨大的财政赤字，甚至许多居民投票反对在当地举办奥运会。而 1984 年洛杉矶奥运会依靠富有创意的赞助计划获得了 2.227 亿美元的盈利而轰动全世界，成为奥运史上的一个里程碑。

一、赞助的定义

赞助，通常是指某一单位或某一个人拿出自己的钱财、物品，来对其他单位或个人进行帮助和支持。确切地说，是指企业为了实现自己的目标而向某些活动或组织（这些活动包括：体育、艺术、娱乐、有益的事业、博览会和节目庆典活动）提供资金支持的一种行为。赞助还是企业（赞助者）和公益组织、机构及个人之间投入（资金、实物、技术、服务等）和回报（冠名、广告、专利和促销等权利）互惠的交换关系，是平等合作、互利双赢的商业行为。

对于节事活动的组织者来说，赞助是一种新兴的营销沟通工具。赞助可以获得巨额资金，是节事活动得以顺利进行的重要保障之一。

二、赞助的分类

根据不同的标准，赞助可有各种不同的划分。按内容可分为现金赞助、实物赞助、现金和实物两者相结合；按形式可分为独家赞助和联合赞助；按对象可分为单项赞助、多项赞助、冠名权赞助等。除此之外，还可以根据赞助单位或个人向受赞助者提供的金额的多少，将赞助的类型分为全额赞助或部分赞助；或者根据赞助单位或个人的具体数量的多少，分为单方赞助与多方赞助。赞助的类型选择得当与否，大都对赞助的效果直接产生着影响。

（一）赞助的主题类型

按照主题赞助的类型可分为体育赛事、重大节庆活动和公益活动等。

1. 体育运动赞助

体育赞助指对各类体育比赛活动的赞助，包括资助重大体育赛事、体育活动、资助体育运动中心、比赛场馆设施的建造等。体育比赛是当今的社会热点之一，对其进行赞助，往往可使本单位名利双收，一举两得。它涉及包括广告、公共关系、营业推广等营销沟通工具。因此，在进行体育运动营销时，要进行周密计划，将这些沟通工具组装起来，以达到最大效果。

2. 重大节庆活动赞助

重大节庆活动赞助是通过向社会某些特别事件提供赞助，支持其顺利进行，并以这些事件作为载体向社会传播企业和产品，从而获得高水平的知晓。通过对群众性娱乐休闲活动的赞助，表达了赞助商对广大群众的关怀与诚意，可提高对方对赞助商的认同感。同时，企业通过提供资助，把社会事件与企业和企业产品联系在一起，从而利用其社会的广泛关注和巨大影响，获得对企业的知晓。这种赞助活动有助于促进社会精神文明建设，提高其文化修养与精神境界。

重大节庆活动赞助有以下几个特点：

(1) 重大节庆活动赞助作为一种营销沟通工具，不能独立存在。它是广告、公共关系和营业推广结合的产物。也就是说，这种赞助活动并不是一种新的营销沟通工具，而是把重大节庆活动作为载体，综合运用传统营销沟通工具把社会事件与企业和企业产品联系在一起，从而影响广大公众。

(2) 是一种跨职能部门的行为。现在许多企业成立专门部门来处理重大节庆活动，因此节事活动主办方需要及时与这些专门部门进行洽谈和沟通。最近几年来，对重大节庆活动的赞助发展很快，一方面由于其他营销沟通工具如广告效果越来越差，对受众产生的影响越来越小，而重大的节庆活动能引起相关群体的广泛关注，从而在短时间内获得很好的效果；另一方面对重大节庆活动的赞助能够突破其他沟通工具的限制，如在旅游节上，为烟草赞助商作烟草广告，成为建立企业或品牌形象的重要工具。这些因素对于主办方得到巨额赞助是十分有利的。

但是，重大节庆活动赞助有其局限性。第一，节庆活动不一定能与赞助商的产品、赞助企业的使命很好地联系起来，运动饮料能与运动会赛事联系起来，但农药很难与环保展览会联系起来；第二，节庆活动的受众不一定与赞助商的公众或目标消费者完全重合，因此，可能达不到预期效果；第三，节庆活动受许多不可控因素的影响，节庆活动本身也不是赞助商所能控制的。因此，节事活动主办方要获得合适赞助商的赞助有一定的困难。

3. 公益活动赞助

公益活动赞助指对社会的公共设施、公共活动进行赞助，直接地造福于社会、造福于人民，并可赢得公众与舆论的赞赏。通过对社会慈善福利组织或慈善福利活动的赞助，既可以向社会表明赞助商勇于承担自己的社会义务、社会责任，又有助于获得政府与社会的好感。同样，节事活动的主办方也可以利用这种社会效应来说服赞助商对活动进行赞助。

当企业和慈善组织一起进行促销活动，并把其中的部分收入捐给这一组织，这种活动又称公益事业营销。与传统的营销推广、广告相比，公益事业营销只需要少量投资，就可增加企业产品销售，并可得到免费宣传（对公益事业支持会被媒体报道）。但是，公益活动赞助也有其局限性。公益活动所支持和帮助的事业必须与赞助商在某一方面有关联时才会有效，称"事业相关营销"，如药品与红十字会事业、食品与健康、出版与文化教育事业等。

（二）赞助物分类

赞助物，指赞助单位或个人向受赞助者提供的赞助物品。它往往取决于赞助单位或个人的实力与受赞助者的实际需求。通常，赞助物可以分为如下四类：

（1）现金。即赞助单位以现金或支票的形式，向受赞助者所提供的赞助。它可使受赞助者根据自己的客观需要，对其进行受一定限制的支配。

（2）实物。即赞助单位或个人以一种或数种具有实用性的物资的形式，向受赞助者所提供的赞助。它不仅可以及时地满足受赞助者的需要，而且不易被对方挪作他用。

（3）义卖。即赞助单位或个人将自己所拥有的某件物品进行拍卖。或是划定某段时间将本单位或个人的商品向社会出售，然后将全部所得，以现金的形式，再捐赠给受赞助者。此种赞助的赞助额事先难以确定，但其影响较大，并且易于赢得社会各界的支持。

（4）义工。即赞助单位或个人派出一定数量的员工，前往受赞助者所在单位或其他场所，进行义务劳动或有偿劳动，然后以劳务的形式或以劳务所得，向受赞助者提供赞助。它可以使有关方面有钱出钱、有力出力，更好地调动其积极性，并获得更为广泛的参与。

三、赞助与其他营销手段的比较

（一）赞助与广告

广告是一种公开地利用谋略劝服公众或是改变公众态度的已付费的信息。显然它对于人们的生活有一定的侵入性。相比而言，赞助则可以成为人们生活中的一部分。赞助除了表现产品的外在特征，在拓展品牌方面也十分有效，因为赞助强调的是使人们能够更深层次地、更彻底地了解品牌，强调品牌的现代感以及品牌与消费者之间的联系。

由此说明，赞助不仅仅是借助它的广告传播作用，运用于品牌创建中有其更独特的优点。

即便如此，赞助却出人意料地不被人们重视。大多数公司都有通过广告及促销活动接触媒介的基础设施；对于广告创建品牌的作用也认识深刻，即使媒介选择也已为人们所熟知，虽然中国的企业也已经基本认同了赞助的作用，但对于赞助的运作却十分陌生，因为赞助策略的选择和运行已经成为一门艺术，它需要某些破除常规的新思路，这对大多数组织来说并不是一件容易的事。

（二）赞助与宣传

宣传的主要特性：高度真实感；没有防御；戏剧化的表现。赞助不仅具有以上特点而且更为直接地增加品牌展示，提升销售量，还可以通过赞助一系列节事活动增加对特定的、新的目标观众的接触面，这一方面有利于观众充分参与各类节事活动，另一方面有利于扩大赞助商的影响。然而，在实际操作中，赞助与宣传是密不可分的，节事活动组织者在决定赞助策略时，必须综合考虑并使赞助组合的各个方面都发挥作用。

（三）赞助与人员销售

人员销售是一种说服顾客购买产品的人际沟通工具。赞助是通过被赞助者或被赞助的活动来获得社会的积极反应，从而间接增加企业的货币选票的沟通工具。

四、明确赞助的程序

赞助的程序，指的是赞助活动运作过程之中的各个主要程序。任何一家商界单位意欲进行赞助活动时，均须按部就班地依照相应的步骤来进行认真地运作。一般情况包括四个重要步骤：

1. 前期的研究

在正式决定争取赞助之前，节事活动组织者首先有必要进行前期的研究，并且对赞助活动的必要性与可能性进行详尽地论证。

在正常情况下，一次赞助活动往往发端于两种情景。其一，是某一商界单位主动向节事活动提出赞助。其二，是某一商界单位接到节事活动的赞助请求后，经过研究，再酌情给予对方一定程度的赞助。在实际生活里后一种情景往往更加多见。通常，商界的单位在接到节事活动的赞助请求后，对于是否应当进行赞助、在赞助时应当采取何种具体形式、具体赞助的财物的数量等，都要进行认真的研究。因此我们必须事先考虑好赞助商可能会提出的问题。

2. 赞助的计划

通过前期研究、论证，当赞助单位一旦决定进行赞助活动之后，即应着手制定详尽的赞助计划，以确保其成功。

细而言之，赞助的计划实际上是前期研究、论证的成果的具体化。它应当是由专司其职的工作部门，在进行前期研究、论证的基础上，根据节事活动以及赞助商既定的赞助政策和赞助方向，认真制定而成。一般来讲，企业中负责赞助计划的工作部门主要是其公关部。在某些情况下，办公室、财务部亦应介入。因此，节事活动组织者应及时与这些部门进行联络和沟通。

制定赞助的计划，必须要树立正确的指导思想。其核心之处应为赞助活动必须同赞助单位的经营策略、公共关系目标相一致，赞助活动的终极目标应当是赞助单位、受赞助者和社会三方同时受益。赞助政策的制定、赞助方向的选择，均应以此作为指南。在一般情况下，赞助计划需要专人草拟，并经赞助单位的决策机构批准。大致来看，赞助的计划又可分为以下两大类：一类是年度性的赞助计划。业已指出，赞助是商务活动的主要形式之一，因此商界单位一定会将其列入自己的议事日程。另一类则是临时性的赞助计划。它主要是针对临时性、突发性的事件所制定的赞助计划。制定此类计划，仍然必须坚持深入进行调查研究，并且不得有悖于赞助单位的大政方针。从根本上讲，它只能算是对上一类计划的补充。

3. 项目的审核

在进行正式的赞助活动之前，对于既定的赞助项目进行审核，往往是极其必要的。赞助项目的审核，在此主要是指赞助单位事先对自己所参与的赞助项目所进行的核定与审查。在正常的情况下，它是赞助单位专门负责赞助活动的工作部门负责进行的。经过综合审核之后，假定赞助项目得大于失，即可将其付诸实施。假如赞助项目失大于得，尤其是其毫无任何社会效益可言时，则应当坚决让其下马。

在具体对赞助项目进行审查核定时，重点应当放在如下十个方面：一是要看赞助项目是否符合赞助单位的经营策略与公共关系目标；二是要看赞助商的口碑如何；三是要看赞助能否真正取得成功；四是要看赞助的具体方式是不是合适；五是要看赞助单位的承受力如何；六是要看赞助的时机是否得当；七是要看赞助将会产生多大的社会作用；八是要看社会舆论与社会公众将会如何评价此次赞助活动；九是要看进行赞助之后对赞助单位和节事活动会有多大的积极作用；十是要看此次进行赞助会给赞助单位和节事活动造成多大的负面影响。

4. 承诺的兑现

赞助活动一经正式决定，即应择机将其付诸实施。在实施过程之中，特别有以下三项必须要注意：

（1）必须有约在先。为了确保赞助活动取得成功，防止其发生种种变故，一般而言，凡重大的赞助活动在正式实施以前，赞助单位与节事活动组织者双方均应正式签订赞助合同或赞助协议，并且经公证机关公证。这样一来，双方各自承担的权利与义务便被正式规定下来。任何一方如有违反，便可被依约追究其法律责任。

（2）必须审慎行事。在赞助的实施过程中，活动组织者必须处处审慎而行。既要认真履约，又要争取社会的理解与支持，有些环节避免过分商业化。对于赞助者一定要平等相待。不要为此而觉得有求于对方，处处妥协，而令对方产生逆反心理，好心办了坏事。必须明确的是，赞助绝非一种单方面的赏赐。在赞助活动中，双方往往都是有利可图的。

（3）必须严守承诺。进行赞助时，要求赞助单位务必要言而有信，兑现承诺，在指定的时间内，将自己拟赞助的财物如数全部到位。不论发生了什么情况，都不允许赞助单位拖延时间，取消赞助。削减数额、以次充好、以假充真、以物抵款等等，也是不许可的。赞助单位如果采取了上述行为，不但是一种单方面的毁约，而且还表明自己原先的承诺仅仅是为了沽名钓誉。同时，节事活动组织者也应认真履约，全心全意为赞助商提供好的服务。

五、赞助的意义

在现代社会中，赞助乃是社会慈善事业的重要组成部分之一。它不仅可以扶危济贫，向社会奉献自己的爱心，体现出自己对于社会的高度责任感，以自己的实际行动报效社会，而且也有助于获得社会对自己的好感，提高自己在社会上的知名度、美誉度，为自己塑造良好的公众形象。对于商界而言，积极地、力所能及地参与赞助活动，本身就是自己进行商务活动的一种常规的形式，而且也是自己协调本单位与政府、社会各界的公共关系的一种重要的手段。所以，赞助一向颇受商界的重视。

赞助担负着品牌与特定事物之间的商业联系，是通过出资保证活动正常运行的一种商业行为，如运动赛事、一支球队、一项事业、艺术、文化活动、公益、道德行为或是娱乐等。因此，它不仅限于对体育赛事的赞助，也不仅仅是冠名那么简单，还包括其他很多方面，例如：波导对辽宁足球队的赞助，或是农夫山泉对希望工程的赞助。

节事活动与赞助相互推动，实现共同繁荣，这样，才能实现可持续发展。节事活动的赞助在经济上给节事活动以财力资源，在社会上领导塑造文化；而节事活动是节事活动赞助之本。因此，只有实现两者共同繁荣，才能实现可持续发展。

案例

奥迪在全球对经典艺术盛事的赞助已经成为奥迪企业独特文化的一个重要部分，作为世界级的高档汽车品牌，奥迪曾多次赞助慕尼黑爱乐乐团出国巡回演出等，现在主要赞助奥地利著名的萨尔斯堡音乐节、歌德堡音乐节、哈雷的亨德尔音乐节、波兹达姆·桑索西音乐节、意大利米兰音乐节、西班牙塞巴斯坦昆塞纳音乐节，以及其他一些国家级和国际级音乐节。在中国，奥迪连续 3 年冠名赞助上海国际时装周。作为北京国际音乐节的长期合作伙伴，奥迪品牌已连续四年支持北京国际音乐节这一音乐盛事，通过精心设计的独特体验，将高雅音乐与高品质生活完美结合起来，很好地展示了奥迪“进取、尊贵、动感”的品牌价值。在 2008 年北京国际音乐节上，一汽—大众奥迪销售事业部公关部部长表示：“在全球范围内，奥迪品牌始终致力于音乐艺术的交流、普及、教育与创新。对高雅音乐艺术的追求一直深深地渗透在奥迪品牌百年的血统和基因之中。通过连续四年赞助北京国际音乐节，我们为国内的高雅音乐爱好者提供了一个了解和欣赏世界顶级音乐艺术的绝佳平台。”中国爱乐乐团艺术总监、北京国际音乐节艺术委员会主席对奥迪品牌给予音乐节的长期支持也表示了高度赞赏，他说道：“奥迪品牌对高雅音乐艺术的长期投入令我感动，这是一项漫长且没有直接商业回报的工作。奥迪与中国高雅音乐活动的紧密合作有力地促进了中西方高雅音乐的交流和传播。我们为与奥迪这样的高档汽车品牌合作而感到高兴。”

第二节　如何获得赞助商支持

节事活动的赞助公司不会把赞助费的支付当成其义务，节事活动的赞助商都在寻求提高广告和赞助权的附加值，将赞助权益纳入系统的节事活动的行销战略计划中。赞助商对节事活动的要求是“要所有东西”，希望控制、拥有和操纵整个节事活动，用强大的行销计划对自己进行宣传。赞助商们很想知道他们的目标群体有多大，赢得了多少媒体的注意力，对促销的作用有多大。投资回报分析，可以判断节事活动带来的好处，并继续强化市场地位。因此，节事活动的组织者一定要作出详尽的投资回报分析表，让赞助商明白赞助这项活动可以给自己带来多少好处。

一、赞助商重视整合行销

许多情况下，传统电视媒体广告费越来越高，赞助成为对大小公司都更有吸引力的传播方式。成功的赞助意味着让产品和服务以良好的性价比与目标市场相适应。如果想通过开发赞助项目来吸引潜在的赞助商，就应该明白这些赞助商的真正动机是什么，赞助商不是银行也不是慈善机构。

我们要考虑到赞助商需要能够驱动市场、与众不同的行销组合，因此我们应考虑为赞助商提供多种行销手段，包括报纸广告、广播、直接递送、交叉促销，以及在现场进行捆绑销售，例如彩票与比赛。整合行销已成为节事活动赞助商常用的词语(图 9-1)。越来越多的公司将行销预算投向节事活动赞助；广告代理商最终意识到节事活动行销管理的重要性。节事活动行销成了广告代理商收入的主要来源。

推销、销售规划	赞助权	公关
广播电视	节事活动	热情
促销	广告	销售

图 9-1　节事活动的整合营销的模式

二、说服投资者

在就某次赞助活动研究、论证时，赞助单位一定会充分考虑下列四点：一是它必须符合宪法和法律，绝对不允许从事违法乱纪活动；二是它必须与本单位的经营策略、公共关系目标相适应，而不是与其背道而驰；三是它必须真正地有利于受赞助者，同时也有利于整个社会；四是它必须是本单位力所能及之事，至少也不应当半途而废，甚至劳而无功。

赞助商通常出于以下四个原因赞助节事活动：一是品牌认知，通过赞助节事活动来增加品牌展示，或改变消费者对该品牌的理解和态度；二是销售促进，提升销售量；三是消费者研究，通过赞助体育比赛等节事活动增加对特定的、新的目标观众的接触面；四是让公司职员或客户以贵宾身份参加节事活动，以此作为对销售人员和顾客的激励和奖赏。因此，作为节事活动的组织者就必须站在赞助单位的角度细致、周密地考虑赞助的各个环节，制订出多个可供选择的可行性赞助方案。

值得注意的是：在投资者谈判中，不要直接回答对方提出的"你需要多少投资"这个问题，而应当向节事活动的投资者展示商业计划书，明确每一项支出需要的赞助数目，然后逐条仔细地解释各项要点，最后说明目标是要找到有实际预期收益的投资者。若投资者爱好某项体育运动，就可能成为这项体育活动未来的投资者。

此外，在与投资者商谈过程中不能表现出绝望的情绪，这样会让投资者感到对组织和节事活动的投资不安全，任何一位投资者都是在对活动组织者的管理能力充分信任的情况下才会投资。

三、激励因素

除了能够得到投资回报外，节事的赞助商还希望能有其他激励措施，提高他们在节事中的曝光率，并有利于实施他们的整体营销计划。节事活动的组织者可以采取一些非常有效的营销手段来吸引赞助商，以获得他们的支持，从而达到双赢。这些营销手段主要包括：购买媒体、交互营销、答谢会、产品样本、消费者调查。

(1) 通过购买媒体，节事活动组织者让赞助商通过广告来宣传他们与节事的联盟关系以及与节事有关的促销活动。对赞助商来讲，吸引力更大的是由节事活动组织者买断某一时段，然后再以优惠价卖给赞助商。对节事活动组织者来说，还可以利用这种方式来赚取差价，有利于降低成本，提高收入。

(2) 通过交互营销，节事活动组织者事先对潜在的赞助商进行调查，看其是否有向新的市场开拓的意向。然后将这种意向与节事活动的相关内容进行有效的结合，建议和引导赞助商通过赞助节事活动的形式进入新的市场。比如某体育用品公司和某体育饮料用品公司联盟起来进行促销，消费者在购买体育用品时可以得到一罐体育饮料的免费优惠券。这说明了调查的重要性，尤其对潜在的赞助商进行调查时，营销人员更需要关注这样的机会。

(3) 答谢会对潜在的赞助商来讲可能是最有吸引力的。活动的主办方可以举办答谢会来款待赞助商的客户和员工，一方面使赞助商通过答谢会建立新的伙伴关系或者向雇员和分销商致谢。另一方面通过节事活动的重大影响来提高赞助商的知名度，从而增加赞助商产品的市场份额。这种答谢会的具体形式多种多样，包括私人帐篷聚会、鸡尾酒会、贵宾会，或者可以以赞助商的名义向参加节事活动的贵宾提供专用的停车通道或专门的更衣室等。总而言之，任何让赞助商看起来新奇的活动都能够让赞助商和他的客户从中得到更多的乐趣，也就让活动组织者获得赞助的几率增大。

(4) 利用宣传节事活动的方式派发赞助商的产品样本，不管是对现有产品还是对新产品，都是一种能够带来产品附加值的激励方式。

(5) 获得积极的可视性，通过节事活动的大力宣传使赞助商产品的销售额获得提高，已成为对赞助商具有吸引力的机制。

比如，奥运会赞助商可得到以下回报：良好的公众形象；奥运会期间的款待；广告与促销机会；奥运会电视转播中的广告优先权、网点经营权；隐性的行销保护；知名度。总之，激励可以为赞助商提供附加价值。

四、帮助赞助商避免隐蔽式市场营销

隐蔽式市场营销被定义为一种促销战略，通过给出虚假印象，以为非赞助商是赞助商，为此非赞助商试图利用赛事所有者的声望。这一战术经常被一些赞助商的竞争者采用，试图将自己与并不是由他们赞助的活动联系起来。这样竞争品牌就得到了本应属于赞助品牌的好处。隐蔽型销售的一种方法是通过传播媒介进行与活动相关的广告。例如，耐克公司于1992年和1996年奥运会期间，分别在巴塞罗那和亚特兰大举行了大胆的公告牌广告活动。这些工作十分成功，以致给公众留下了耐克是赞助商之一的间接印象，为此，奥运组委会决定要求雅典——耐克公司公告牌运动的下一站，将耐克所有的户外广告设施于2000年奥运会的6个星期前移至委员会来。与此相似的是，联邦快递公司于1992年在法国阿尔贝维尔举办的冬季奥运会期间发布了一系列的广告，使得61%的观众认为联邦快递公司是指定的赞助商，而其真正的赞助商美国邮递服务公司（仅有13%的观众认定它为赞助商）却没有引起人们的注意。另一种隐蔽型策略是赞助一个层次较低的项目，如柯达公司为1988年奥运会提供了全球赞助，富士公司为了与之相抗衡，投资赞助了美国游泳项目代表队。

因此，节事活动的主办方要关注市场动态，尤其要关注赞助商的竞争对手的市场营销行为，及时阻止隐蔽性的市场营销行为，以维护赞助商的利益。我们可以在品牌与节事活动的联系中投入更多的精力来确保赞助商的利益，抵御竞争对手的隐蔽型营销。

五、精心策划，建立节事活动风险机制，避免活动失败

赞助活动失败后，赞助就成了浪费，甚至还可能使赞助商的名誉受损。柯达公司曾赞助了“柯达自由骑车节”，来自100个城市的人们只要支付23美元，就可以在柯达公司安排的场所骑自行车、野餐，还可以看 Huey Lewis 音乐会的实况转播。问题是组织者提供的服务仅仅能满足他们原先保证的50万人中的很小一部分；而且薄弱的组织和淡薄的经营理念在一开始就出了问题。再如高尔夫球比赛以及其他活动如果过分关注个人技术表演，一旦顶级选手不参加比赛或提前退出比赛（既不是因为失败也不是因为受伤），活动就受到威胁了。

最糟糕的情况莫过于出现不良的联想损害了品牌形象。如IBM公司想通过赞助1996年的亚特兰大奥运会，展示公司及时传递最新信息的技术水平，但IBM的系统出现了问题，致使公司在全世界的名誉受损。

由此可见，节事活动的主办方必须精心策划活动，建立完善的风险管理机制，打消赞助商害怕活动一旦失败给自己带来负面影响的顾虑。

六、让有资质的潜在赞助商获得长期赞助权

在赞助商看来，如果公司与所赞助的活动建立了长期的联系，那么放弃该活动的赞助权是一种浪费。坚持长期稳定的赞助，从逻辑上讲，可以使品牌与活动的结合更为紧密，可以用较少的投资在长时间内取得良好的效果。如果因为没有任何约定（无论是法律上的或是道德上的）来维系活动与赞助商之间的关系而丧失赞助权的话，那么所做的投资就浪费了。而更为糟糕的是，有些活动会继续寻找新的赞助商，而新的赞助权很可能会落入赞助商的竞争者之手。因此，主办方可以利用赞助商的这种患得患失的心态允许赞助商在随后的几年里长期拥有赞助权。这种让赞助商获得长期赞助权的方法对主办方获得有效及时的赞助是很有好处的。美国运通卡在 1988 年奥运会之前丧失了赞助权，使其落入 Visa 卡之手，目前美国运通卡仍在花费大笔的钱以弥补这一损失；而认为 Visa 卡是国际旅行中最好的信用卡的人数百分比从这之前的 11.5%上升至此后的 27%。

总之，你能够为潜在的赞助商提供的好处越多，那么你得到赞助的概率也就越大。正像所有的产业往来一样，每一方都在寻求最大的优势。

中国企业缺席欧洲杯赞助商：顶级赛事太烧钱

“欧洲杯不仅是欧洲的事”

2012 欧洲杯有 9 个全球赞助商，分别是可口可乐、麦当劳、阿迪达斯、嘉士伯啤酒、现代起亚汽车、嘉实多润滑油、ORANGE（橙）电信、夏普、佳能。

“欧洲杯已经不仅是欧洲的赛事。”作为三个亚洲赞助商之一，夏普公司的工作人员接受记者采访时表示，公司通过与欧足联签署赞助 2012 欧锦赛合作协议，已经在全球开展营销活动。“除了在所有比赛场馆滚动展示企业形象广告，夏普相关产品的广告也将在 2012 年欧锦赛的官方广告横幅和网站上展示。我们希望能提升全球品牌知名度和美誉度。”

与夏普一样，欧洲杯的赞助商们都相信，在全球都有很高人气的欧洲杯，影响可以辐射到包括亚洲在内的一些急速变化的新兴市场。

一位广告界人士表示，从体育营销的角度说，真正的顶级赛事目前仍然是稀缺资源。除夏普和橙电信外，本届欧洲杯的赞助商都是继上届之后再次赞助欧洲杯的，可以从侧面说明欧洲杯的商业价值。有数据统计，2008 年大赛播出时，累计有 66 亿观看人次，覆盖 231 个国家和地区，“这是名副其实的世界级体育赛事。”上述人士表示。

“高门槛”致中国企业缺席？

不过，成为顶级赛事的 TOP 赞助商是一件“烧钱”的事。今年，中国企业缺席欧洲杯全球赞助商，“高门槛”被视为中国企业们“捂紧钱袋”的重要原因。

英国《金融时报》中文网专栏作家颜强曾表示，一些顶级赛事的赞助金额并不是中国企业所能承受的，欧冠单个赛季的赞助金额就能达到 5 000 万欧元。捉襟见肘的经济形势，可能迫使一些欧洲赛事调低赞助门槛，但与中国公司的心理价位仍然相去甚远。

而在体育营销领域摸爬滚打了多年以后，越来越多的中国公司更加理性，不愿再盲目地一掷千金。“他们可能更愿意选择与一些具体的球队或者球星合作，更有针对性，投入要小得多。”一位广告业人士表示。最近，C 罗的疑似代言联想手机事件，就被不少球迷津津乐道。不久前，这位足球明星在其中国的官方微博上，手持一部写有“2012 欧洲杯将全力以赴！拼到底！”的联想手机，表达了对广大中国球迷的谢意。

与伦敦奥运会时间过于接近，也在一定程度上影响了中国企业赞助欧洲杯的热情。业内人士表示，因为 7 月 28 日开幕的伦敦奥运会将分散各个企业的营销预算，在两个相距不足一个月的国际重大赛事上做营销功课，中国企业势必有所取舍。

资料来源：《北京晨报》。

第三节 如何选择赞助商

节事赞助的选择需要多种因素，本节将介绍以下几种节事赞助选择的要素：

一、研究赞助商

许多节事活动市场营销人员在拉赞助时，因没有充分地进行市场调查，做好准备而失败。拉赞助成功的关键是有能力对潜在的目标公司进行调查研究，将赞助因素与赞助公司的目标紧密结合，赞助建议将会变得更加有效。另外，必须对公司原来赞助的经历进行调查。如果口碑很好，获得赞助的机会将很大。

二、为赞助定价

价值的交换形式是定价的重要因素。产业数据表明：47％的赞助是以现金方式由赞助商交给所有者（节事活动组织者）的，28％是实物作价（产品捐赠），25％是以上两种方式的结合。采用何种方式要从活动的具体情况出发。如体育运动会上接受葡萄酒厂捐赠成千上万瓶的葡萄酒，这些酒除了在一些宴会上有用场，毫无利用价值。如此赞助并没有降低组织者的开销，而且也没有达到赞助商要得到的正面效果，可以说是不成功的赞助活动。

评估是定价中的关键因素。比如，你可以在一项赛事的贵宾席向一家汽车租赁公司提供座位，作为套票服务中的一部分，但是票值是多少？50 美元、100 美元，还是更多？因为这些座位是不可能被卖出的，所以就印上 100 美元，这虽然完全是合法的，但在市场上不会获得赞助。

三、谁是赞助商

我们要让赞助商知道赞助后还有另外两个优点，第一，以赞助单位名称命名的节事活动的宣传活动可以借助大量的新闻报道，更有助于达到创建品牌的目标；第二，与成为活动的赞助商之一相比较，在以品牌名称命名的活动中，品牌与该项活动之间的联系则更为紧密。将名称与赞助项目联系起来还有一个优点，那就是很难中断它们之间的联系；赞助商及接受赞助的项目都迫切需要并鼓励这种联系继续维持下去。但是在这类赞助活动中，由于很多原因，赞助商们经常会中途退出，他们可能还未完全意识到品牌创建的影响力。比如中国甲 A 联赛开展了九年,某一个甲 A 队的赞助商都换了不知道多少次,这就使最初赞助的影响力大大减弱。

不同的公司、不同的部门负责处理赞助事宜的方式都不相同,但无论如何,赞助都是一项行销投资,因此,负责人都会对赞助计划感兴趣。公司的人力资源部、公关部、广告部、品牌规划部等都是应该考虑的部门。

1. 选择赞助商的五大标准

以奥运赞助商的选择为例,2008 年北京奥运会组委会制定了选择赞助商的五大标准,北京奥运会组委会市场开发部负责人袁斌于 2003 年 9 月 1 日在接受新华社记者采访时表示,最终选择和确定北京奥组委赞助商参照下列 5 个标准进行。

(1) 资质因素。赞助企业必须是具有相当实力的国内或国际知名企业,为行业内的领先者;具备较强的经济实力,发展前景良好,财务状况健康,有充足的现金流来支付赞助费用。

(2) 保障因素。企业应能提供保障奥运会顺利举办所需的成熟稳定、先进可靠、充足的产品、技术、服务。

(3) 价格因素。所报价格应是同行业竞争者中出价最高或次高的。(作为节事活动的组织者还应对赞助商提供的报价进行审核。)

(4) 品牌因素。企业具有良好的社会形象和企业信誉;其品牌形象与奥运会的品牌形象相得益彰,体现“绿色”“人文”等理念。

(5) 推广因素。企业市场营销、广告投放量应达到一定规模,以充分利用奥林匹克市场营销平台,同时帮助宣传和推广奥运会。

2. 2008 年北京奥运会国内赞助商重点从 19 个行业选择

中新网于 2002 年 12 月 14 日电:北京奥组委秘书长王伟透露,根据中国企业评价协会的调研结果,北京奥组委确定了 19 个行业作为国内赞助商的重点考察范围,从中选择 2008 年奥运会的国内赞助商、特许经营商和供应商。

据中央电视台报道,2008 年奥运会国内赞助商重点考察行业:(1)汽车和汽车零部件(2)通讯设备制造(3)网络设备(4)计算机制造(5)日用家化(6)白色家电(7)石油化工(8)制药(9)啤酒(10)服装(11)零售(12)电信运营(13)软件(14)银行(15)保险(16)航空运输(17)货运(18)快递(19)旅游。

3. 奥林匹克赞助商的类别

奥林匹克赞助商包括以下 6 类:

（1）奥运会全球赞助商(Worldwide sponsors of the Olympic Game)；

（2）国际奥委会赞助商(Sponsors of the IOC)；

（3）冬季奥委会赞助商(Sponsors of the Olympic Winter Game)；

（4）夏季奥运会赞助商(Sponsors of the Game of the Olympic)；

（5）国际奥委会赞助商(Sponsors of the NOCs)；

（6）奥林匹克代表团赞助商(Sponsors of the Olympic Teams)。

所有赞助商希望看到足以支持这个主意的详细行销计划，因为赞助是一项很复杂的活动，涉及冠名权、招待、票务、商品销售、采样、终端促销、名人见面会、优待权、新闻录制和播放等一系列帮助赞助商提高投资收益的措施。

四、区分赞助级别

为有效地行销赞助权，成功的节事活动组织者通常将赞助商的级别分为：黄金赞助商、白银赞助商、青铜赞助商、总统俱乐部、内场赞助

图 9-2 北京国际音乐节赞助商

商、主要联盟成员、最优秀选手、白金赞助商、钻石赞助商等类别，通过这些名称来表现不同赞助商的价值。不论什么名称，重要的是要详细描述赞助商获得的具体利益。以北京国际音乐节为例，它将赞助商分为首席赞助商、金弦赞助商和银弦赞助商三个级别(图 9-2)。

冠名权赞助商是头等地位的赞助商，有权将名字包含在节事活动名称中，并且享有在该产品类别中的专有权，从而排除了竞争公司或竞争产品赞助同一活动的权利。产品种类赞助商在先进、产品、服务商的赞助数额要小于冠名权赞助商。单项赞助商赞助节事活动节目表中的某一特定项目，如火炬传递、颁奖仪式、娱乐表演舞台、开幕式、闭幕式、节事活动的其中一天。官方供应商通过捐赠或提供活动必需的产品或服务来对活动给予财力和物力支持(如场地设施、舞台设备)。

一、冠名赞助方案

选择冠名赞助“寻访中国游历英雄活动”，意味着贵单位将在本次活动前中后的各阶段活动中占有绝对优先的地位，目的就是要使赞助商成为本次活动中最显赫的卓越领先者，彰显其行业领域中的至尊地位。

冠名赞助商将得到以下回报：

1. 荣誉权回报

获得本次活动独家冠名荣誉，将出现在活动的各个阶段，在以下方面明确标示：

(1) 获得活动主办资格，即由“××××××”与“吉尼斯纪录(中国)申报中心”、“同济文化”、“SOHU 网”等联合主办。

(2) 一切与本次活动相关的对外宣传新闻稿。

(3) 本次活动的相关宣传文件及有关宣传品中。

2. 媒体广告回报

(1) 广告回报：在搜狐网网页(www. sohu. com)回报等值广告。

(2) 专栏和公告：本次活动的平面与网站宣传推广的专栏和公告中出现冠名单位名称或单位介绍。

(3) logo 链接：在搜狐网(www. sohu. com)利用包括旅游频道、生活频道、女人频道、汽车频道、新闻中心在内的网络资源对活动专题进行全面宣传推广，并在显要位置链接冠名单位 logo。

(4) 主题专栏：在本次推选活动网站的二级页面中设置冠名单位的主题专栏，用于发布冠名单位产品和服务。

3. 现场回报

为冠名单位开办的新闻发布会等活动的现场布置中如背板、宣传板等处出现冠名单位荣誉、名称和企业标志，并在现场资料中发放冠名单位的宣传材料或礼品。邀请冠名单位领导出席活动并安排媒体采访。

4. 客户资源回报

活动结束后大量的参与者数据资料将由主办单位免费提供给冠名单位，冠名单位可直接准确有效地面对目标客户群体，拓展更多市场份额。

5. 图书回报

(1) 列为同济文化与世界知识出版社、各驻华使馆联合编辑出版的《图说世界》画册主编单位，并邀请出席画册的系列宣传活动，派发宣传资料。

(2) 在画册中刊登冠名单位领导致辞、冠名单位联系方式与网址。

(3) 赠送100本画册。

6. 展览活动回报

列为同济文化在全国各地正在推进的“世界各国风情大型展览”协办单位，可利用展览派送冠名单位宣传资料（资料需冠名单位提供），每年不少于10个城市。

7. 赞助项目

赞助形式为提供款项20万元人民币。

二、特别协办赞助方案

选择以特别协办赞助方案参与“寻访中国游历英雄活动”，能够尽显赞助商形象，树立赞助商在业内的品牌知名度，提高企业整体美誉度。

特别协办赞助商将得到以下回报：

1. 荣誉权回报

获得本次活动特别协办单位荣誉，将出现在活动的各个阶段，在以下方面明确标示：

(1) 获得活动协办资格，即由“××××××”与“各国驻华使馆”等联合协办。

(2) 本次活动的相关宣传文件及有关宣传品中。

2. 平面媒体宣传回报

(1) 新闻报道：随活动在新闻报道中适时出现协办单位名称，尤其在《旅游中国》周刊中。

(2) 专栏和公告：本次活动宣传推广的专栏和公告中出现协办单位名称、标识或单位介绍。

3. 网络媒体宣传回报

(1) 广告回报：在搜狐网网页(www.sohu.com)回报等值广告。

(2) logo链接：在搜狐网(www.sohu.com)旅游频道对活动专题进行全面宣传推广，并在活动专题首页及其他合适网页显示赞助单位logo或文字。

4. 其他方式的回报

活动结束后，部分参与者数据资料将由主办单位免费提供给赞助单位，赞助单位可直接面对准确有效的目标客户群体，拓展更多市场份额。

5. 赞助项目

赞助形式为提供以下具体奖项或折合相应款项支付赞助款。

项目	数量	奖励内容	备注
"游历英雄"特等奖	1	价值2万元出国游；现金1万元 《图说世界》精装画册1套	特等奖经过吉尼斯申报中心认证产生
"各路英雄"大奖	5	每人价值5 000元出国游 《图说世界》精装画册1套	大奖由网友、读者根据各路英雄故事投票评选
"梦想英雄"一等幸运奖	1	价值1万元出国游 《图说世界》精装画册1套	幸运奖从活动参与者中抽奖产生
"梦想英雄"二等幸运奖	5	价值2 000元国内游或免费机票 《图说世界》精装画册1套	幸运奖从活动参与者中抽奖产生
"梦想英雄"三等幸运奖	30	《图说世界》精装画册1套	幸运奖从活动参与者中抽奖产生
参与纪念奖	若干	商旅会员卡	由青年旅社、艺龙卡提供

注：赞助商可选择以上奖项的一项或多项进行赞助，折合赞助金额不少于1万元

三、说　明

以上仅为基本框架，具体赞助方案可根据企业特点商定，以合同形式确认。

资料来源：www.travel.sohu.com。

第四节　赞助的其他重要环节

一、签署赞助协议

在赞助协议书中，要首先站在赞助商的角度考虑问题，要向赞助商详细说明如何才能让目标顾客了解赞助活动，了解赞助商的相关经营活动。在构思赞助协议时应该请教法律顾问，用法律来维护自己的权益。一份典型的赞助协议应包括以下几个关键部分。概述：包括节事活动、管理组织以及受益者；节事活动历史与现状；名称、日期、地点、参与者；参加者和观众的人口特征；赞助产品或服务种类描述及独家赞助权；双方各自承担的责任；双方在财务方面的义务；支付条款；风险管理；商标（标识）特许权；终止日期；签署人；签署日期；赞助商可以获得的利益；赞助费：注意确定哪些费用不包括在赞助费用中；总结：目标市场（节事活动针对的观众）；受益者；公司的利益与机会。

一般而言，有三种情况可能使赞助计划遭到拒绝：将重点放在自己的利益而不是赞助商的利益上；将重点放在自己需要多少资金上，而不是放在赞助商的价值上；协议书毫无条理，难以执行。

体育赛事赞助商协议样本①

本协议系：（赞助公司）与（赛事组织者）之间达成的（赛事名称）（以下简称"赛事"）赞助协议。本协议中的"公司产品"仅指赞助公司生产的，双方就其达成协议的那一种产品类别（即产品类别名称），对赞助公司生产的其他产品本协议无效。

协议双方

甲方：（赞助公司）	乙方：（赛事组织方）
地址：	地址：
电话：	电话：
传真：	传真：

① 资料来源：纪宁、巫宁编著：《体育赛事的经营与管理》，电子工业出版社2004年版，第379—383页。

邮箱：	邮箱：
Party A：	Party B：
Add：	Add：
Tel：	Tel：
Fax：	Fax：
Email：	Email：

1. 甲方将成为预定于________年________月________日举行的________（赛事名称）的冠名赞助商。此赞助商资格具有排他权，如无特殊协定，任何其他公司、机构不得同时成为该赛事冠名赞助商或以类似名义来宣传。

2. 作为对享受本协议所规定的权利和服务的报偿，甲方应向乙方交纳总数为________元（人民币）的赞助费。赞助费分三次付清，付款时期不得迟于________年________月________日，________年________月________日和________年________月________日。

3. 在________（赛事名称）举办期间，每场比赛乙方均向甲方赠送________张门票，观赛座位位于VIP区域。此外，甲方还可按票面价格向乙方购买不超过体育场馆座位总数________%的门票，座位将被安排在优越的观赛区域，乙方将尽可能早的将门票交予甲方。

4. 乙方确定标准赛事名称及标志时，须将甲方公司名称冠于赛事名之前。所确定的赛事名称须经甲方同意。

5. 在同类产品中，只有甲方产品的广告可出现在举办赛事的体育场馆内。在举办赛事的体育场馆内，不得公开销售甲方同业竞争者的产品或利用这些产品提供服务。

6. 在不与体育场馆的规定及原先所定合同相冲突的情况下，乙方应尽量为甲方创造条件，维护甲方在体育场馆内设置广告牌幅，销售商品的同类排他权。

7. 甲方将于________年________月________日（或相近日期）召开赛事新闻发布会。届时，除非另经双方同意，除了提及甲方的赞助商身份外，不得对甲方作另外的宣传。

8. 本协议条款自甲乙双方签字确认之日起生效，有效期至________年________月________日。

9. 协议双方应负责对本协议进行保密。除非有特别规定，协议的任何一方不得将本协议的内容、条款向第三方泄漏。

10. 如该协议的执行涉及甲乙双方代理人的参与，乙方代理人的佣金应完全由乙方负责支付，甲方无义务支付。同样，甲方代理人的佣金完全由甲方负责支付。

11. 在履行协议过程中，如发生争议，双方应友好协商解决。协商不成的，按本协议约定的下列方法之一进行解决：(A)提交________（仲裁委员会名称），根据该会仲裁程序暂行规定进行仲裁。该委员会的决定是终局的，对双方均具有约束力。仲裁费用，除另有规定外，由败诉一方负担。(B)向签订协议所在法院提起诉讼。

12. 协议双方可本着真诚合作的原则就办理保险、免责、行为准则、商标保护等事宜商谈更详细的协议条款，列为本协议附件。本协议履行期间，甲乙双方因履行本合同而签署的补充协议及其他书面文件，均为本协议不可分割的一部分。但协议正本的生效不以附件生效为前提。

本协议一式两份，甲乙双方各执一份，经由甲乙双方签字，盖章后生效。

甲方名称：	乙方名称：
法人代表：	法人代表：
盖章单位：	盖章单位：
____年____月____日	____年____月____日

二、与赞助商合作

节事活动组织者在实施节事活动行销计划时，必须得到赞助商的指导，包括日程安排设计手册、对各种服务和捐赠的要求。如果组委会总是改变计划、设置障碍，则会失去信誉，减少将来的赞助者。赞助商不应该被看作“必须的魔鬼”，而应被看作伙伴。组委会和赞助商应该通力合作以消除行销陷阱，并和举办城市的政府建立良好的关系以取得其支持。

节事活动组织者应让赞助公司尽可能早地介入赞助活动。如果节事活动的主体及设计都已经制定好了，公司只能适应已经定好的主题。理想的时间是提前12—18个月签订赞助协议，在活动举办之前的3—4个月签订协议的赞助公司几乎都会面临很多困难。

三、注意细节，会对最终成功产生重要影响

“细节决定成败”，赞助要成功，需要做好每一个细节。

比如，在一项节事中，最主要赞助商之一是一家酿酒公司。节事组织者在一家宾馆的商务套间准备了一次赞助商接待会，负责接待会的人员计划并安排了每一细节，邀请已发出，房间已装饰，姓名标签已做好，酒吧及时把服务员也安排好。然而，宾馆酒吧却没有赞助公司出产的啤酒，只存有竞争对手的啤酒。那一刻，节事组织者尴尬无比。

还有一个相反的例子，当某一冲浪系列赛的几个经理在寻找赞助商时，尤其是在与可口可乐和百事可乐这两家最可能成为赞助商的公司谈判时，他们的工作人员将会议室冰箱内的可口可乐和百事可乐不断地进行调换。尽管这件事看上去很琐碎，但人们不愿在确保可口可乐公司成为百万美元的合作伙伴时，从冰箱里取出的却是百事可乐！

四、组织好赞助会

在赞助活动正式实施之际，为了扩大影响，商界在公开进行赞助活动时，往往会专门为此而举行一次大规模的正式会议。它主要是为了向全社会公告赞助活动正式启动，是赞助活动中作用巨大的一项重要环节。

根据商务礼仪的规范，赞助会通常应由受赞助者出面承办，而由赞助单位给予其适当的支持。赞助会的举行地点，一般可选择受赞助者所在单位的会议厅，也可租用社会上的会议厅。会议厅的灯光应当亮度适宜，在主席台的正上方，或是面对会议厅正门之处的墙壁上，还需悬挂一条大红横幅。以金色或黑色的楷书书写着“某某单位赞助某某项目大会”，或者“某某赞助仪式”的字样。前一种写法，意在突出赞助单位；后一种写法，则主要是为了强调接受赞助的具体项目。参加赞助会的人士，既要有充分的代表性，又不必在数量上过多。除了赞助单位、受赞助者双方的主要负责人及员工代表之外，赞助会应当重点邀请政府代表、社区代表、群众代表以及新闻界人士参加。在邀请新闻界人士时，特别要注意邀请那些在全国或当地具有较大影响力的电视、报纸、广播等媒体人员与会。

依照常规，一次赞助会的全部时间，不应当长于一个小时。因此赞

助会的具体会议过程,必须既周密,又紧凑。赞助会的具体会议过程,大致上共有如下六项:宣布赞助会正式开始、奏国歌、赞助单位正式实施赞助、赞助单位代表发言、受赞助单位代表发言、来宾代表发言。在赞助会正式结束后,赞助单位、受赞助单位双方的主要代表以及会议的主要来宾,通常应当合影留念。此后,宾主双方可稍事晤谈,然后来宾即应一一告辞。在一般情况下,在赞助会结束后,东道主大都不为来宾安排膳食。如确有必要,则至多略备便餐,而绝对不宜设宴待客。

五、重视赞助评估,计算赞助投资的回报

赞助商想要看到的是他们在节事活动上的投资能够得到量化的回报。作为节事活动的策划者,同样也需要这些信息吸引更多的、更大规模的赞助。国际会议机构(IEG)的《赞助完全指南》(*Complete Guide to Sponsorship*)中指出,主要有三种评估投资回报的方法:一是评估人们对赞助商品和服务的认知程度和态度的转变;二是评估赞助商品或服务销售的增长;三是比较在覆盖范围相似的媒体做广告的价格/成本。

尤其是在整个一项赞助活动告一段落之后,赞助单位有必要对其进行一次认真而系统的评估。进行赞助活动的评估工作,一般应由赞助单位的公关部牵头负责。在评估工作完成之后,应形成书面报告,提交本单位的决策机构以及各位主要负责人,以供对方参考,并掌握具体的情况。

进行赞助活动的评估工作,大致上要抓住如下四个方面的重点问题:其一,要将实施效果与先期计划相比照。重点研究一下赞助单位是否真正地实现了自己的赞助意图,赞助活动的预定目标是否业已达到。其二,要掌握社会各界对赞助活动的认同程度。可通过各类调查,了解各类公众,包括受赞助单位、地方政府、新闻媒介对此次活动的真实评价与看法。其三,要及时发现赞助活动的所长与所短。要认真总结赞助活动因何而成功,或者因何而受挫。其四,要了解赞助活动在实施过程中出现的问题。不管这些问题是否已在意料之中,原因在于何方,均应被认真看待,并引起重视。

第十章

节事活动的财务成本管理

对于节事活动项目的投资者来说，除了社会效益以外，费用和利润是他们最关心的问题。如果缺少严格的项目成本管理，节事活动的开支会远远超出预算，最终造成项目无法按照计划实施，甚至亏本，何谈利润呢？所以，进行活动项目的财务成本管理十分重要。

项目经理和团队必须确定本活动需要什么样的资源，并统一支配所有资源，确保在批准的预算内完成项目，尽可能地减少和控制费用。成本即费用，成本管理包括成本估计、成本预算和成本控制三个基本过程。

第一节　节事活动的财务成本估计

节事活动的成本估计是节事活动成本管理的一项核心内容，是根据某一节事活动的资源需求计划以及各种资源的价格信息，估计和确定各项活动成本的行为。

一、节事活动成本的类型

节事活动成本是指在节事活动从立项到举办结束整个过程中所耗费的各种费用的总和。按不同的划分方法划分成本，所得到的结果不同。根据费用发生的阶段及用途，节事活动成本一般可分为以下几个部分：

1. 节事活动的创意和决策成本

节事活动的创意和决策对节事活动的经济效益、社会效益都有很大的影响，为了对某一节事活动进行科学的创意、定义和决策，在节事活动的策划阶段前，必须做好市场调查研究、技术经济分析、社会效益分析、可行性研究等前期工作，这些工作所花的费用就构成了节事活动的创意和决策成本。

2. 节事活动的设计成本

通过了可行性研究的节事活动，还必须进行项目的进一步设计、策划、计划和活动创意的完善，这些工作所花的费用就构成了节事活动的设计成本。

3. 节事活动的获取成本

若某项节事活动不是组织者原创，而是承办或分包，为了获得举办权，如各国为了争取奥运会的举办权、为了争取世博会的举办权、为了争取国际网球公开赛的举办权等必须开展的设计、公关、广告、招投标等一系列工作，这些工作所花费用就是某项节事活动的获取成本。

4. 节事活动的实施成本

在节事活动的举办或实施过程中，为实现某项节事活动“最终目标”而耗费的各种资源所构成的费用统称节事活动的实施成本。具体包括：人工成本、材料成本、设施设备成本、其他费用和不可预见费用等。

二、节事活动成本估计的类型

节事活动成本估计有下列三种类型：

1. 概念估计

概念估计是指在可行性研究后所作的估计，也叫初步估计，其估计依据就是节事活动项目组的可行性研究报告。估计的精确程度为80%，精确系数为1.60。

通过概念估计，连同对费用支出和未来收入的预测，提供给某项节事活动上级管理部门一个初步的经济情况，并为筹措资金提供依据。根据概念估计的情况，如果认为节事活动有经济价值或社会价值，就要转入计划阶段。

进行概念估计时，如果没有诸如节事活动程序的甘特图、活动场址平面图、辅助设备结构图之类的详细资料，通常用流程示意图等表示节事活动的组织、举办情况。因此，这时所进行的估计是比较粗略的，可运用经验估计法或趋势估计法进行估计。如果一些主要费用,如工作人员的工资定额、场地的租金、一些已经确定的资源规格如宴会的档次与价格等,也可作一些详细估计。

2. 控制估计

控制估计是在节事活动筹措阶段、伴随节事活动内容的详细度确定进行的。在这一阶段,节事活动的主题和内容已经初步确定,控制估计要求比较精确。通常,控制估计的精确系数为 1.15,进行这一估计的准确率为 90%。进行控制估计所使用的价格是市场价格。这样,可以使成本估计更接近现实情况。

制定控制成本的同时,要进行正式的风险分析,风险分析是节事活动组织者在考虑到可能影响节事活动的各种因素的情况下,正确地确定节事活动成本的可能范围。

通过控制估计可以比较精确地估计出某项节事活动的财务成本,既可以作为筹措资金的依据,也可以用于明确责任和实施成本控制。控制估计是由节事活动组织者全面负责决定的,但其中的某些部分可在节事活动组织者的协助下委托财务部门拟定,也可请专业咨询部门完成。

3. 最终估计

在节事活动正式举办或运行阶段,对节事活动中一些重大活动或者重要辅助工程项目作出详细估计,并把它作为节事活动成本报告和执行情况监控的基础,将详细估计与最新的估计和预测相结合,就可编制出最终估计。这时,估计的精确度系数为 1.08。

进行最终估计的方法是,各项主要费用按照实际价格详细估计,投资少且不易确定的部分采用类比法预测。最终估计并不是对整个节事活动的事前估计,而是组织者对节事活动剩余时间的最终估计。最终估计是节事活动的项目主管控制剩余时间内的财务成本的依据。

进行最终估计时,节事活动组织者再评估剩余时间内相关的一些不确定因素,采用风险分析来测定最终估计的精确度以及不确定因素。

三、节事活动成本估计的目的

节事活动成本估计的主要目的是根据不同阶段的情况为节事活动

管理提供精确信息，并作为一种工具来控制节事活动的成本，使之不超过预算范围。所以，在节事活动不同阶段所作的不同类型的估计是与节事活动管理的任务相适应的，是为了满足管理工作而进行的，上述三种估计与节事活动建设阶段的对应关系如图 10-1 所示：

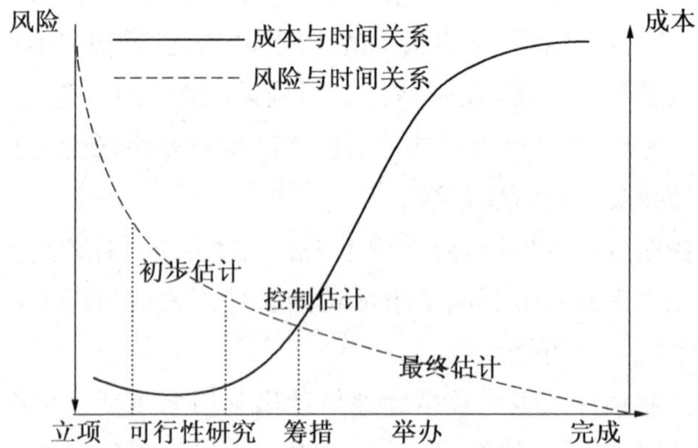

图 10-1　三种估计与建设阶段的对应关系

在一些大型节事活动的成本管理中，都是分阶段作出不同精度的成本估计，然后再逐步细化和提高精度。节事活动成本估计的类型及精度见表 10-1：

表 10-1　节事活动成本估计的类型

估计类型	估计时间	估计目的	估计精度
概念估计	可行性研究阶段	提供决策依据	－2.5%—75%
控制估计	筹措阶段	资金拨入预算	－10%—25%
最终估计	举办运行阶段	提供实际成本	－5%—10%

四、节事活动成本估计的内容

节事活动的成本管理从节事活动项目建议书开始，在节事活动组织者或承办商制定节事活动建议书期间就要估计节事活动成本。在某些情况下，建议书只对简易的活动说明总成本下限。在其他情况下，组织者可能需要详细分解各种成本。节事活动项目建议书的成本部分可以是由组织者估计的成本报表，它包括下列内容：

1. 劳动力

这部分给出的估计成本包括预计在节事活动中工作的各类人员，

如设计师、工作人员和管理人员等。它包括每人的或者分类的工时数工时率。

2. 场地、设备租金

这部分是对某一节事活动的场址、相关设备如同声翻译设备、数字会议网络(DCN)会议系统和主席发言机、多媒体演示设备等的租金的成本估计，因为场地和设备的租金有许多种确认方法，可以按时间给付，也可以按活动次数给付，甚至一次性给付，所以在进行成本估计时，既要考虑成本节约，又要考虑到意外事件。

3. 原材料

这部分也是节事活动成本的主体之一，一方面包括举办节事活动所需建设工程的原料，比如在场馆建设过程中需要的油漆、木料、墙纸、毛毯，另一方面也包括举办节事活动时所需的物品，如纸、艺术品、纪念品、食品等。

4. 分包商和顾问

当节事活动的组织者缺少某项专门技术或没有完成整个节事活动的资源时，他们可以雇用分包商或者顾问执行这项任务。比如设计小册子、编制培训手册或者举办招待会等。

5. 广告宣传

一项节事活动要成功举办，广告宣传起了很大的作用，这部分成本的估计不能单单考虑费用的多少，而且要分析“质量”的好坏。

6. 能源动力

一项大型节事活动的举办，能源动力费用往往也要考虑在内。

除此之外，节事活动的组织者还应准备一定量的意外费用准备金，以便在节事活动期内发生意外事件时使用，这包括在节事活动估计完成之后所遗漏的费用、相关工程由于第一次没做好需返工的费用，或者在长期的节事活动期间人工工资或者材料上涨而增加的成本。

成本估计应是积极的和符合现实的，把所有想象得到要发生的或搞糟的事情都包括在意外开支准备金里的“虚报”是不现实的。一方面，要是成本估计过于保守，节事活动的全部估计成本可能超过立项时所确定的资金。另一方面，要是成本估计过分乐观且有些意外费用必须支付的话，企业举办的商业性质的节事活动就可能赔钱(对于限价合同来说)，或者不得不尴尬地要求增加费用来弥补超出的资金。

五、节事活动成本估计的方法

在进行节事活动设计和决策的时候,有许多问题需要利用科学的方法或手段进行估计和预测,成本估计只是各种估计和预测手段中的一种。对节事活动进行成本估计通常可以运用以下方法:

1. 因素估计法

因素估计法又称外推估计法。它是一种比较科学的方法,它立足于过去对成本产生影响的各种因素在现在和将来仍然起作用这一前提,把根据这种作用的延续趋势作为成本估计的依据。这种方法的具体做法是,以过去举办的同类节事活动作为基础,运用一定的数学方法进行加工、处理和推理,借以估计节事活动成本。

影响节事活动成本的因素很多,大致可分为场地、设备、材料、人力、管理、利息和其他因素。这些因素与节事活动的规模有着一定的关系,当节事活动的规模一定时,就可确定出每个因素的估计值,然后加以汇总,就可以得到整个节事活动的成本估计。

利用趋势估计成本,必须考虑两个方面:一是要有充分的历史资料,如果同类节事活动的历史资料较少,既不能反映各因素和节事活动的规模间的真正变化趋势,据此而作的成本估算也会失去意义;二是各个因素和节事活动规模之间关系的确定,要用可比价格计算,以消除价格变动的影响。另外,如果节事活动的地区已经确定或者要在几个地区进行抉择,那么,在成本估计时还要将当地的自然和社会条件影响因素考虑进去。

2. 类比法

类比法就是利用类似节事活动的成本估计节事活动的成本。譬如,计划的节事活动是在甲城市举办一次广场音乐会,而同样规模的广场音乐会在乙城市刚举办,那么,举办乙城市这次广场音乐会的成本数据就可作为甲城市广场音乐会的基础,以此并结合甲城市的实际情况就可估计出拟办这次节事活动的成本。按这一方法估计成本,要求作估计的人有丰富的专业知识和节事活动组织经验,以保证所作的估计有足够的参考价值。利用经验进行估计,可以在很短时间内获得大致的成本数据,但是由于影响节事活动的成本的因素很多,同类节事活动在不同实践或不同地点投资额可能会有大差别,所以,这种估计误差较大，只能是一种近似的猜测。因此，根据经验估计主要适用于集会研究，作为提出节事活动任务考虑投资的参考。

3. 自下而上法

自下而上法，是根据节事活动的程序分解结构，即整个节事活动被逐级分解而得到的程序或子项目，由节事活动主管为每个程序或子项目分配专人负责，让他为那个程序或子项目估计成本，然后，将所有的估计加起来，得到更高一级的成本估计，依照此法，就可以得到整个节事活动的成本估计。这种方法可以克服将节事活动作为一个整体来计算成本所带来的误差，因为较小的相对独立的程序或子项目的成本估计比较细致、准确和快捷。但是，这种方法同时存在花费时间长、代价高的缺点。

4. 自上而下法

自上而下法的基础是收集上层和中层管理人员的经验和判断，以及可以获得的关于以往类似活动的历史数据。上层和中层管理人员估计节事活动整体的成本和构成节事活动的子节事活动的成本，这些估计结果给予低层的管理人员，在此基础之上他们对组成节事活动的任务和子任务的成本进行估计。然后继续向下一层传递他们的估计，直到最低的基层。

这种估计的缺点是，当上层的管理人员根据他们的经验赋予成本估计时，分解到下层时可能会出现下层人员认为不足以完成相应的任务的情况。这时，下层人员不一定会表达出自己的观点，从而和上层人士理智地讨论以得出更加合理的预算分配方案，而现实中往往出现的是，由于下层人员很难提出上层人员的判断不合理的看法，而往往只能沉默地等待上层人员自行发现其中的问题而进行纠正，这有时会使得节事活动的进行出现困难，甚至于失败。

自上而下估计的优点是总体预算往往比较准确，上中层人员的丰富经验往往使得他们能够比较准确地把握节事活动整体的资源需要，从而使得节事活动的预算能够控制在有效率的水平之内。就一般而言，同一类节事活动的需要往往是比较稳定的，而且即使是看上去相差很大的节事活动实际上有很多方面也是相似的，这也使得有经验的人士做出比较准的估计是可能的。这种方法的另一个优点是，由于在过程中总是将一定的预算在一系列任务之间进行分配，这就避免有些任务被过分重视而获得过多的预算，同时由于涉及任务的比较，所以也不会出现重要的任务被忽视的情况。

六、意外费用的估计

估计由风险构成的意外费用时，需要进行风险分析。风险分析是预测不确定因素对成本影响情况时经常使用的工具，制定控制估计和最终估计都需要进行正式的风险分析。对于大型复杂的节事活动，风险分析可帮助人们认识不确定因素的范围以及一些意外事件发生的可能性。

进行风险分析，首先要确定影响节事活动成本的不确定因素。影响节事活动成本的因素很多，在进行风险分析时，主要应考虑以下内容：

1. 节事活动目标的确定

节事活动目标是成本估计的基础。在进行成本估计时，节事活动内容详细程度不够，就很难把成本估计准确，就有很大的不确定性。比如文化交流类的节事活动，在节事活动初期，甚至过了一段时间之后，仍有许多内容无法确切知道，需要边研究、边探索、边实践，也就是有很大的风险。

2. 估计成本的方法

估计成本时采用的方法不同，面临的风险也不同。根据经验估计法或趋势估计法，所得成本估计与实际情况可能有较大的差距，风险也很大；根据详细估计法，估计的成本比较准确，比较而言，风险也较小。

3. 节事活动的复杂程度和规模

对于大规模的节事活动，涉及的范围广，需要协调的环节很多，容易出现配合不好、指挥失灵等问题，从而延长节事活动的预定周期，增加成本。尤其是那些规模大、活动环节关系复杂的节事活动，更容易出现效率低的情况。这些节事活动的风险程度一般较高。

4. 新技术的应用

如果在节事活动中采用了只在实验室或少量节事活动中运用过的新技术，这些技术还有一定的不稳定性或有待进一步观察，但活动组织者为了抢占市场而要求迅速运用。这样的节事活动风险就较大。因为，对这一新技术来说，在这一次活动上运用有可能只是一次试验。

从整个节事活动生命周期来看，它的风险程度是逐渐降低的，在节事活动设计初期风险最大，此后逐渐降低，但无论是在节事活动举办，还是节事活动完成之前，都时刻有风险。因此，在整个节事活动建设期间，要进行多次成本估计，也要进行多次风险分析。

七、应急费用的估计

应急费用又称不可预见费用。它是为应付未能预见的事件或变化而准备的费用。这种费用主要是用于防备因失误或疏忽而造成的成本增加。同类节事活动的经验表明：对于不确定事件以及可能发生的环节，都需要留足应急费用。

应急费用的数额是根据风险分析、类似节事活动的经验以及节事活动组织者的评估来确定的。应急费用在节事活动成本中所占的比例一般为10%。但是，如果是个特殊节事活动，没有经验，情况不同，不确定性因素多，风险很大，通常可预提20%；反之，如果有丰富经验，各种资料齐全，把握较大，风险较小，5%也可以。预提多少不可预见费用，完全取决于实际情况，不能一概而论。

应急费用主要是应付在节事活动管理之中，作估计或预测时未能预见到的一切可能变动，这些变动没有超过既定的节事活动范围。如果估计或与策划的重大变更、重大进度变动等可能导致成本增加，需要重新估计，追加投资，而不能利用应急费用。

随着节事活动的逐渐展开，许多不确定性的问题逐渐明朗，不确定的因素也逐渐减少。所以，要定期对剩余时间内的不可预见性进行正式的评估。这时，人们会进一步加深对未来工作的认识，可以预见的范围是会进一步扩大的，因而，在再评估不可预见性时，通过综合风险分析的结果、过去经验的评估，要重新调整剩余时间内应急费用，调整要依据应急费用缩减的原则进行。可以采用直线下降法确定，即从控制估计的不可预见费用水平开始，酌量地减少到节事活动目标实现，通常在节事活动完成时仍要留占节事活动总成本的0.5%的不可预见费用，以备意外开支。

第二节　节事活动的财务成本预算

节事活动成本预算是建立在节事活动成本估计基础之上，对节事活动及其成本估计的合理性进行进一步的分析，采用更加合理的估计方法对节事活动的总成本进行估计，得到更高精度的结果，并且将总成本分摊到各项活动上。节事活动成本预算的主要依据是：节事活动成本估计文件、节事活动分解结构和节事活动进度计划等。

一、节事活动成本预算的作用

节事活动成本预算是指在节事活动成本估计完成之后的预算阶段，为节事活动成本管理制定基准计划的成本管理工作。它负责为节事活动分配预算、确定成本定额和活动总预算，规定节事活动应急费用的划分与使用规则等。

1. 项目约束的重要手段

为了完成一个节事活动计划，首要的是获取完成计划所需的资源，活动的上级管理人员对节事活动的批复保证了这一点。预算则是一种分配资源的计划，预算分配结果可能并不能满足所涉及的各项活动组织者的利益要求，而是表现为一种约束，所涉及的人员只能在这一约束范围内行动。而且，也正是预算约束的模式，体现活动上级部门的政策倾向，对节事活动所包含活动的支持力度反映对该项活动重要性的认识。

2. 项目控制的重要依据

节事活动预算的另一个作用是控制机制。预算可以作为一种比较标准，一种度量资源实际使用量和计划用量之间的基线标准。由于节事活动的组织者的任务不仅是完成预定的目标，而且也必须使节事活动的完成具有效率，即尽可能地在完成目标的前提下节省资源，这样才能获得最大的经济效益，所以节事活动组织者必须小心谨慎地控制资源的使用。由于进行预算时不可能完全预计到实际工作中所遇到的问题和所处的环境，所以对预算计划的偏离总是难免的，这就需要在节事活动进行中不断根据进度来检查所使用的资源量，如果出现了对预算的偏离，就需要对相应偏离的模式进行考察，以确定是否会突破预算的约束和相应的对策，这样节事活动组织者就可以更为清楚地掌握节事活动的进展和资源使用情况，避免出现措手不及的情况，造成节事活动失败或者效益低下的后果。

3. 弹性预算

预算在整个计划和举办过程中起到的重要的作用，预算和节事活动进展中资源的使用相联系，根据预算，节事活动组织者可以实时掌握节事活动进度。如果预算和节事活动进度没有联系，那么节事活动组织者就可能会忽视一些危险情况，例如费用已经超过了节事活动进度所对应的预算但没有突破总预算约束的情形。在节事活动的实施中，应该不断收集和报告有关进度和费用的数据，以及对未来问题和相应费用的预计，从而可以对比预算进行控制，必要时对预算进行修正。

二、节事活动成本预算的流程

节事活动成本预算的过程包括两个步骤：第一，将节事活动成本估计分摊到活动分解结构中的各个程序或子项目。第二，在整个活动期间进行每个程序或子项目的预算分配，这才可能在任何时点及时地确定预算支出是多少。

1. 分摊总预算成本

分摊节事活动总成本到各成本要素中去，如租金、人工、原材料和分包商——使之成为工作分解结构中适当的程序或子项目，并为每个程序或子项目建立总预算成本（total budgeted cost，TBC）。为每个程序或子项目建立 TBC 的方法有两种：一种是自上而下法，即在总节事活动成本之内按照每一个程序或子项目的相关工作范围来考察，以总成本的一定比例分摊到各个程序或子项目中；另一种方法是自下而上法，它是依据与每一个程序或子项目有关的具体活动而作成本估计的方法。在提交节事活动建议书时通常估计了节事活动的成本，但是那时并没有作具体的计划。可是，在节事活动开始之后，就要详细说明具体活动并制订计划。一旦对具体的活动作了详细说明，那么就能对每一活动进行时间、资源和成本的估计了。每一程序或子项目的 TBC 就是组成各个程序或子项目的所有活动的成本的加总。

分摊到各个程序或子项目的数字表示为完成与各程序或子项目有关的所有活动的 TBC。无论是自上而下法还是自下而上法都被用来建立每一个程序或子项目的总预算成本，所以，在把所有程序或子项目的预算加总时，它们不能超出节事活动的总预算成本（图 10-2）。

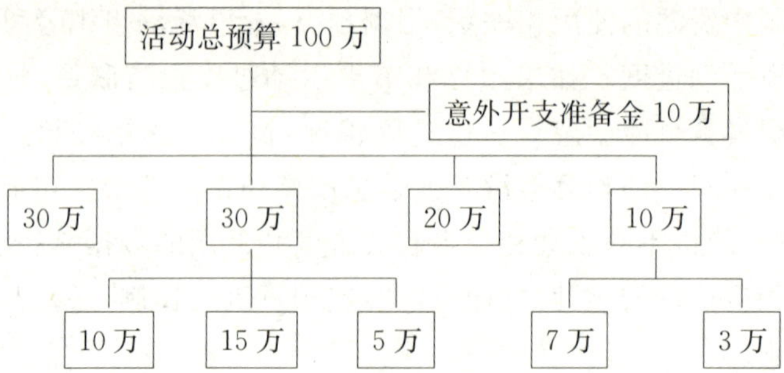

图 10-2　总预算与子项目预算

2. 制定累计预算成本

一旦为每一程序或子项目建立了总预算成本，节事活动预算的第二步就是分配每一 TBC 到各个程序或子项目的整个工期中去。每期的成本估计是根据组成该程序或子项目的各个活动进度确定的。当每一程序或子项目的 TBC 分摊到活动的各个区间，就能确定在任何时候有了多少预算。这个数字是通过截止到某期的每期预算成本加总而算出的。这一合计数，称作累计预算成本(cumulative budgeted cost, CBC)(见图 10-3)，是直到某期为止按进度完成的工程预算值。CBC 将作为分析节事活动成本绩效的基准。

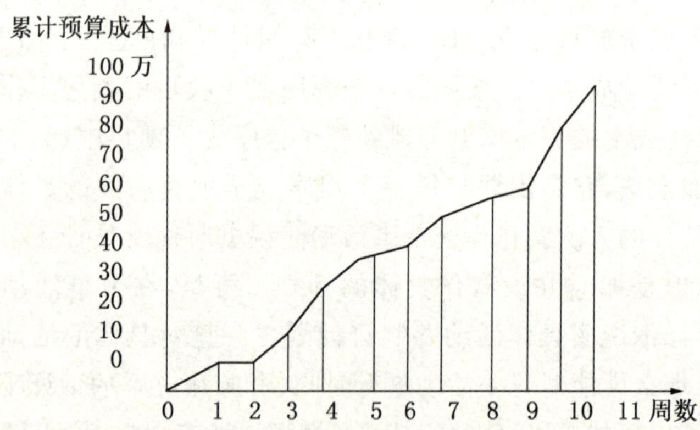

图 10-3　累计预算成本与时间进度

整个节事活动的 CBC 或每一个程序或子项目的 CBC 在节事活动的任何时候都能与实际成本和工作绩效作对比。对节事活动或程序或子项目来说，仅仅将消耗的实际成本与总预算成本作比较容易引起误解。因为只要是实际成本低于 TBC，成本绩效看起来就是好的。但是，在节事活动进行过程中，无法预知到节事活动结束时的实际成本是否小于 TBC,到了节事活动预算已经超出而仍有剩余的活动要做的时候,要完成整个节事活动就必须增加更多的费用,此时再打算在预算内完成节事活动,进行成本控制就太晚了。

为了避免这样的情况发生,重要的是利用 CBC 而不是 TBC 作为标准来与实际成本作比较。这样的话,如果实际成本开始超过 CBC 时,就可以及时采取改正措施。

对于那些包括很多程序或子项目的大型节事活动,可使用项目管理软件来帮助进行节事活动的预算。

三、节事活动成本预算的编制

节事活动成本预算计划的编制包括确定某项节事活动的总预算、节事活动各项活动的预算、各项活动预算的投入时间。

1. 确定总预算

节事活动总预算的确定是在节事活动成本估算的基础之上,根据更详细、更深入的设计方案和预算定额对节事活动整个成本做再次估算的工作。总预算确定的目的是为了将资金拨入预算计划,它的精度提高到了－10％—25％。

2. 成本预算的方法

确定节事活动各项活动的预算是采用“自上而下”的方法。按照节事活动的划分工作分解结构,将节事活动总成本逐级分摊到节事活动的各个程序或子项目,然后,再根据各个程序或子项目的活动构成,将每一个程序或子项目的成本分摊到各项活动。在分摊过程中,既可以采用“自上而下”的分解法,也可以采取“自下而上”的汇总法。也就是说,可以先根据每项活动的规模,套用相应的预算定额计算出活动的工作量,并进一步计算出所需要的资源种类和数量,每种资源的数量与单价相乘即可得到活动的成本。然后,再将活动的成本逐级向上汇总为程序或子项目的成本,各程序或子项目的成本再向上汇总为整个节事活动的总成本。

3. 确定预算投入的时间

确定各项活动的预算投入的时间、要根据节事活动的进度安排和节事活动的资源供应计划来进行。

四、建立节事活动预算

(一) 预算的过程

预算的过程包括成本计算、收入估算以及分配财政及财务来源[①]。

1. 成本计算

下面是大多数活动预算的一般支出费用项目:

市场营销费用:广告费、专项广告费、宣传手册设计费、宣传手册邮寄费、宣传手册印刷费、公共关系费等;

日常管理费用:装饰费用、保险费用、现场电话费、法律咨询费、执照费、许可费、复印费、摄影费、邮费、活动节目单编辑设计和印刷费、报告编制与出版费、按比例分摊的日常管理费用等;

职员/志愿者费用:职员住宿费、志愿者住宿费、志愿者表彰和奖品费用、合同工注册费等;

劳务费:视听人员劳务费、音响人员劳务费、照明人员劳务费等;

租赁费:视听设备租赁费、汽车租赁费、照明设备租赁费、音响设备租赁费、现场办公家具租赁费、场地租赁费等;

运输费:汽车里程补助费、材料运输费、杂费、宾客交通费、职员交通费等;

评估费:咨询师聘用费、评估费等;

注册费:注册材料费、补充注册和入场费等。

2. 收入估算

节事活动项目大多数预算中包括了如下收入项目:

广告收入、优惠销售收入、捐款、赞助收入(常见于艺术与体育活动)、投资利息收入、注册费收入、商业销售收入(如体育活动的转播权)、大型活动票房收入、经销商佣金收入(酒店支付)、集资(常见于社区活动)、客户(常见于公司活动)、拨款(常来源于政府)等。

例如对于一个运动会来说,其现金流有门票收入、电视转播收入、广告收入、纪念品收入、企业赞助、政府拨款以及其他收入,支出有人力费用、设备费用、管理费用、宣传费用、交通费用以及其他各种费用。

---

① 〔美〕戈德布拉特(Goldblatt)著,陈加丰、王新译:《国际性大型活动管理》,机械工业出版社 2003 年版,第 135、136 页。

（二）成本—效益分析

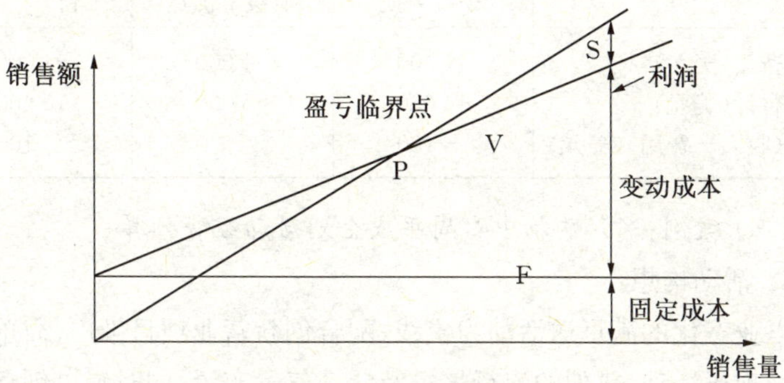

图 10-4 损益平衡图

利润是节事活动投资人最关心的一个指标。利润等于总收入减去总成本，利润率是利润与收入的比值，它表示的是每单位的收入得到的收益。图 10-4 反映出成本、销量和利润三者之间的关系。F 代表固定成本线，V 代表总成本线，S 代表销售收入线。在 P 点，销售收入等于总成本，该项目不亏损，也不盈利，利润为零，又称为盈亏临界点。只有当销售量大于 P 点时，才能获得利润。

盈亏临界点销售量＝固定成本／单位边际贡献

＝固定成本／(单价－单位变动成本)

如表 10-2 为某活动的损益平衡点分析。如果出席活动的人数少于 300 人，这项活动就是亏本，只有出席活动的人超过 300 人，这项活动才有利可赚。因此，损益平衡点的基准点是收入 15 000 美金。

表 10-2 某活动的损益平衡点分析

	亏 损	损益平衡点	利 润
人数(人)	290	300	310
收入：			
每人 50 美元	14 500	15 000	15 500
费用(美元)：			
可变成本(美元)			
食品每人 25 美元	7 250	7 500	7 750
酒水每人 15 美元	4 350	4 500	4 650
固定成本(美元)			
租金费用(美元)	2 000	2 000	2 000

（续表）

	亏　损	损益平衡点	利　润
娱乐费用(美元)	1 000	1 000	1 000
费用合计(美元)	14 600	15 000	15 400
利润(收入－费用)(美元)	－100	0	100

（三）案例：××购物中心周年庆企划活动经费预算

1. 活动构想：

以业态化的满百送活动为主线，配合创新营业项目推广、简单有效的多样现场活动，热烈的流行气氛及活动气氛布置，同时辅以创意性的媒体选择以小搏大倍增传播效果，达成销售目标。

2. 活动时间：

20××/10/01—20××/10/14

3. 活动名称：

名动金陵周年庆，灵机妙趣奖不停

4. 活动构架(略)

5. 活动内容(略)

6. 活动费用预算：

(1) 活动道具费用：

A. 主力营业推广活动：

创新家居馆抵用券：10 000 份 × 0.1 = 1 000 元

防风门上方周年庆标志雕刻：5 000 元

墙面喷绘周年庆标志雕刻图案：4 000 元

观光电梯楼层图：1 000 元

周年庆流行气氛布置：8 000 元

B. 场外活动：

舞狮表演：3 500 × 3 = 10 500 元

音乐会：2 800 × 2 = 5 600 元

厂家品牌推广 SHOW：背景板 1 000 元

C. 主顾客特别企划：

VIP 卡：10 000 张 × 1.5 = 15 000 元

VIP 申请表：10 000 × 0.2 = 2 000 元

VIP 章程说明：10 000 × 0.3 = 3 000 元

公交 IC 卡卡套：30 000 份 ×0.3 = 9 000 元

其他费用：65 100 元

上述费用因设计细节变化另案呈报，原则上以不超出上述费用为主。

（2）媒体费用：

报纸：

20××/09/27 周末彩色半版：6 300 元

20××/09/28 东方文化周刊：6 000 元

20××/09/30 晨报 10.5 彩通：2 × 6 588 = 13 176 元

20××/09/30 快报 10.5 彩通：2 × 10 500 = 21 000 元

20××/10/02 晨报 10.5 彩通：10 500 元

20××/10/04 周末彩色半版：6 300 元

20××/10/05 东方文化周刊：6 000 元

电视、广播：

缤纷都市：20××/09/30—2001/10/07　8 240 元

城市物语：20××/09/30—2001/10/08　10 000 元

电台：（20××/09/30 起）600 元/天×10 天×2 家=12 000 元

DM 海报：

30 000 份 ×0.4 元 = 12 000 元（含派送费）

软广告：2 000 元

媒体费用合计：113 516 元

总费用：178 616 元（广告费用视具体营业状况调整）

资料来源：www.chaoshiren.com.cn/bbs，发布时间：2003-6-19。

第三节　节事活动的财务成本控制

节事活动成本控制是运用以成本会计为主的各种方法，预定成本限额，按限额开支成本费用，以实际成本和成本限额比较，衡量活动的绩效和效果，并以例外管理原则纠正不利差异，以提高工作效率，实现以至超过预期的成本限额。

节事活动成本控制的关键是经常及时地分析成本绩效。至关重要的是尽早发觉成本差异和无效率的节事活动，以便在情况变坏之前能够采取纠正措施。一旦成本失控，要在预算内完成节事活动是非常困难的。据报道，2004 年 8 月雅典奥运会的费用可能导致希腊出现 360 亿欧元的赤字，而这将花费希腊大约 10 年时间才能还清。其借贷需求已经超出预算目标至少 60 亿欧元，而希腊原计划是花费大约 40 亿欧元。

一、节事活动成本控制的依据

节事活动成本控制的主要依据有如下几个方面：

1. 节事活动成本基准计划

节事活动成本的基准计划是一个按时间分布的、节事活动管理人员用于测量和监控成本实施情况的预算，是节事活动成本控制的基础。

2. 节事活动成本管理绩效报告

节事活动成本管理绩效报告反映了节事活动预算的实际执行情况，其中包括哪个阶段或哪些活动的成本超出了预算，哪些没有超出，问题出在什么地方，等等。这些信息对于节事活动成本控制是十分有用的。这种绩效报告通常要给出节事活动成本预算数额、实际执行数额和差异数额。“差异数额”是评价、考核节事活动成本管理绩效好坏的重要标志。编制节事活动成本管理绩效报告是一件细致而严肃的工作，在编制时，要注意可控性、及时性和适用性。

3. 节事活动的变更要求

节事活动成本的变化主要由于节事活动的变更造成的。通常，节事活动的变更请求是通过口头或书面方式提出的，既可以是节事活动策划者提出的，也可以是节事活动组织者或者其他方面提出的。节事活动成本控制的一个主要工作就是要审查这些请求哪些是合理的、必需的，如节事活动所需的某种资源的价格大幅度提高了；哪些是不必要的。并且要报给上级主管部门审批。只有取得同意的节事活动变更，才予以补偿。如果节事活动组织者不经过上级主管部门同意，或者仅仅获得节事活动主管部门中非权威人士的口头赞同，就做了节事活动变更，那么就可能面临着其变更活动不能收到付款的风险。

4. 节事活动成本管理计划

这是关于如何管理好节事活动成本变动的说明文件，是节事活动计划管理文件的一个组成部分。在这一文件中，重点给出了有关节事活动成本事前控制的计划和安排，所以，对于节事活动成本控制工作具有非常重要的指导意义。

二、节事活动成本控制的原因和方法

（一）节事活动成本控制的原因

节事活动成本控制往往是由于节事活动成本失控而引起的。与节事活动成本有关联的因素很多，如节事活动的目标、进度、规模、范围、工作量等。所以节事活动成本失控可能是由于下列原因造成的：

（1）节事活动目标标准的提高，由此而引起的效益是相应原材料价格的提高，管理工作量加大，工作人员素质的提高等。

（2）节事活动进度的调整，为了调整进度而引起的加班、增加人员、增加工资等。

（3）节事活动实际工作量比计划工作量有所增加，节事活动按实际工作量和合同单价付款。

（4）由于节事活动管理失误而造成的索赔。

（5）市场物价的变化、汇率变化、通货膨胀等因素。

（6）不可抗力的影响。

综上所述，对成本失控的情况应综合考虑合同、技术、管理、外部环境等方面因素来加以解决。

（二）节事活动成本控制的内容

进行有效的成本控制关键是要经常及时地分析成本的实际数与计划数的差别。尽早发现成本差异和低效率，以便及时采取纠正措施。

（1）分析实际成本与计划成本的差异，确定要采取纠正措施的工序。

（2）决定要采取何种特别措施纠正成本差异。

（3）修订节事活动计划，包括日期和成本估计，综合筹划纠正措施。

（三）节事活动成本控制的重点区域

在评估成本失控的活动时，应集中在下面两点活动上采取措施以减少成本。

（1）近期就要进行的活动。应在近期就对成本超支的活动采取控制措施，并及时地反馈其效果。如果延迟到未来的某一时间再采取纠正措施的话，成本差异会进一步扩大，并随着节事活动的进行，留待采取纠正措施的实践会越来越少。

（2）具有较大估计成本的活动。采取措施减少一个20万元的活动项目的10%的成本比砍掉一个总值5 000元的活动影响要大得多。一个活动的估计成本越大，取得成本大幅减少的机会也就越多。

（四）降低成本、增加收入的方法

有许多种降低节事活动成本、增加收入的方法。

1. 售票策略

根据座位位置、已经售出的门票数量以及销售时间等变动票价，并给提前预订者一定的折扣。

2. 商业推广

（1）代价券或优惠券：是给持有人一个证明，证明他在参加节事活动时可以免付一定金额的金钱或享受到某种特别待遇或者得到某种特别体验。

（2）展览活动：主办单位选择一个适宜的场地，在那里举办一个节事活动的宣传会，会上提供各种宣传资料和图片，在宣传资料里面大概介绍本次节事活动的各种安排以及在本次活动中吸引消费者来参加的卖点和热点，并且还可以让消费者有所选择地参加自己感兴趣的活动。但是，也要注意一点：办展览活动的时间最好安排在节事活动即将开始前的两个月到一个月，如果时间节点过早，会让参加者对节事活动的注意力不高，因为，太早的宣传不仅参加者不能确定自己到时是不是会有时间参加，而且还会产生一种“到时候再说，反正还早”的心理，然后在时间的推移中淡忘。展览活动的宣传作用可以说为零。而对一些收取一定费用的节事活动也可以在这个时候举办预售票活动，并给予8.5—9折的优惠。

（3）与本次节事活动有关的演出活动：即在举办本次节事活动之前，通过调查和分析，选定一个人流较多，有或是本次节事活动的目标顾客常去的区域，举办一些与本次节事活动主题相关的小型表演，如果是收费的节事活动，还可以举行现场即兴发行一定数量的折价券或是在节事活动中消费的优惠券等。

3. 赞助

赞助收入是节事活动项目重要的资金流入。在赞助过程中，主办方也要充分考虑赞助商的利益，配合赞助商进行一定的宣传活动。而赞助商在选择了赞助的项目或事物后，就会根据自己的实际情况以及自己希望通过赞助所要达到的目的决定是以物赞助还是资金赞助。通常来说，对一些小型的节事如上海市冬季长跑马拉松大赛等，赞助商特别是体育用品厂商大都会选择以物赞助。而像奥运会等大型的体育运动节事，赞助商则大多以资金的形式进行赞助，他们认为这是一种免费推广的机会，以期达到双赢的目的。

4. 特殊活动

如印制宣传单页或海报，在一些居民点或商场门口发放或张贴；赞助商家的 DM 传单，利用商场的活动来加强品牌的传播效果；或者到所在的社区进行上门咨询活动或服务活动；在一些人流量较大的公共场所进行节前策划宣传等；在终端进行主题布展与生动化陈列。围绕策划活动主题，根据一些终端的条件在其门口、商场内、展区内等进行装饰和美化，通过 POP(point of purchase 购买点广告)、海报、宣传页、条幅、样机演示等内容，全面展示产品策划活动，塑造良好的气氛，还可以通过各种策划资源实现终端策划拦截，使策划信息传播到位。主要指在大卖场门口或大型公共场所进行的抽奖活动、新闻发布活动及文娱演出活动。

在很多情况下，需要交替使用减少成本差异的方法。即有时减少节事活动范围，有时推迟节事活动的进度。如果成本差异很大，可能要求活动的规模或目标锐减才能使节事活动回到预算以内。但整个节事活动的规模、范围、预算、进度和目标会处于一种矛盾的危险之中。在某些情况之下，主管部门与节事活动组织者或分包商必须承认上述因素中的一个或几个做不到。这将造成提供额外资金来弥补预算的超出部分，否则将会引起合同争议：谁造成了成本的超出？谁负担这笔费用——上级主管部门还是组织活动分包商？

三、控制现金流量

控制节事活动的现金流量是很重要的。控制现金流量包括：确保及时地从客户、企业或者上级主办部门那里收到足够的现款以便支付节事活动进行的各种费用，如员工的工资、原材料费、分包商的发票和差旅费等。

控制现金流量的关键是保证现金的流入要比流出更快。如果得不到足够的现金来支付各种费用，就必须借款。借款会增加节事活动的成本，因为任何借款都必须连同借款费用——利息一起返还给借款人。通过合同支付条款可以掌握从客户流入的现金，依照节事活动组织者的观点，期望在节事活动的早期而不是后期得到现款。节事活动组织者谈判支付条款时，可以要求客户、企业或上级部门做到以下一项或几项要求：

1. 在节事活动筹措时要预付订金

这项要求是合理的，因为节事活动组织者需要在节事活动开始阶段购买一定数量的原材料和必需品。

2. 根据节事活动的期望活动期定期支付一定的等量现金

在节事活动早期阶段现金的流出一般较小。如果在节事活动早期阶段现金流入比流出的要多，节事活动组织者就能把多出的现金放到银行里来获取利息。取出这笔省下来的资金以满足节事活动后期更大现金流出的要求。

3. 提供经常的支付，如每周、每月支付一次

对于节事活动组织者来说，最坏的情况是只在节事活动结束时一次性支付。在这种情况下，节事活动组将必须通过借款来得到满足节事活动费用的现金。

第十一章

节事活动的法律与风险管理

如何采取措施防止观众及演出或参赛人员意外伤害？如何保管物资，防止偷窃？如何在激烈的促销竞争中使商业风险最小化？如何防御不可抗的天灾人祸对赛事的威胁？在节事活动的经营管理中，这些问题都是组织方需要考虑的。而且在节事活动运作中，往往涉及政府与企业、政府与其他主体、企业与企业等民事关系，如何解决活动的资金，如何处理举办活动过程中政府与企业、企业与企业、个人与企业等的关系，如何制定有关活动的规范性文件、如何把握合同条款等都离不开法律法规的支撑。因此，掌握法律和风险管理的有关原理和应对措施是节事活动成功举办的最基础而且是最重要的环节之一。

第一节　节事活动涉及的法律问题

目前，大型节事活动大多采取市场化运作的模式，由企业进行投资并取得回报，目前我国仍没有明确的法律来规范这一法律关系，这使得节事活动的举办过程更加复杂。但是，不管是企业还是政府举办的节事活动，只要政府与企业的关系、企业与企业的关系、政府与群众的关系、企业与群众的关系、政府与相关部门的关系中涉及了法律方面的问题，只要各项工作涉及了法律程序、涉及了规范性的文件，都必须依法办事，依法开展一切活动。

一、商务谈判与法律谈判

（一）商务谈判

商务谈判是为了获得盈利，比如为了满足客户的需求而签订一份合同，就交货的时间、服务的范围、产品质量的要求、价格等达成共识。这类谈判由公司内部的人员、厂商、客户，甚至政府和法律顾问等参与。

（二）法律谈判

法律谈判通常比较正式，并且具有法律约束力。法律谈判主要就一些问题进行讨论和争辩，比如就某一个地方或者国家的既定法规，与主管部门进行的沟通等，都是法律谈判的内容，参与对象包括政府、国家、主管部门以及管理人员。

（三）如何谈判

在谈判的开始阶段，首先要具备成功谈判者的素质。如果在某些方面不足，就要加强培养和学习，不断地提高。在设定谈判目标时，不仅要设定自己的目标，还要设定对手的目标。要全面地了解和评估谈判对手，做到“知己知彼，百战不殆”，这样才能够在谈判中如鱼得水，应用自如，真正地控制整个谈判局面，达到双赢。

1. 成功谈判者需要的核心技能：

◆ 善于界定目标范围，而且能够灵活变通

◆ 善于探索扩大选择范围的可能性

◆ 充满准备的能力

◆ 沟通能力，即善于倾听对方又能向对方提问

◆ 分清轻重缓急的能力

◆ 成功的谈判者要善于界定目标范围，并且能够灵活地变通，在谈判的过程中可以作灵活的调整和变通

2. 如何确定谈判的目标

(1) 分清重要目标和次要目标。谈判之前一定要把目标写下来，并根据优先等级来做相应的排序。要分清轻重缓急，哪个是最重要的目标，哪个是次要目标，把最终目标、现实目标和最低限度目标一一排列。另外，谈判时，是否应该留有余地，在准备时要制定一个最低限度目标。

(2) 分清哪些可以让步，哪些不能让步。列出目标的优先顺序之

后，还要分清哪些是可以让步的，哪些是不能让步的，必须明确，同时要简要、清楚地用一句话来描述。因为谈判是一个混乱的过程，如果写得很长、很多就需要花很多的时间去理解，比较麻烦，也容易出错，在不应该让步的地方，做了相应的让步，而该让的地方却没让步，使谈判陷入僵局。

(3) 设定谈判对手的需求。明确什么是自己想要的、需要的之后，接下来要明确谈判对手想要和需要的内容。谈判中有很多常见的问题都会出现，包括价格、数量、质量、交货期、付款、折扣、培训、售后服务，等等。在谈判前，先列出自己谈判的目标，一二三四按优先级分出来，再列一个竞争对手的目标，考虑对方可能关心的内容，把它一一地列出来。

设定目标时，作为卖方，可能最关注的首先是价格、时间，然后是能够卖多少东西，卖何种质量、档次的产品给客户。

客户买东西时，最关注的不一定是价格，也可能是售后服务、产品质量。不同的客户，不同的谈判对手，所列出的目标是有差别的，但不管怎么样，谈判对手所列出的目标，和自己所列出的目标一定是有差距的。这就需要通过双方的交流和谈判，使各自的目标趋于一致。作为卖方希望买方能够按照自己的目标来做，买方肯定也希望卖方按照他的要求来做，怎样才能达成共识呢？这需要双方沟通和交流，在沟通和交流之前，一定要设定谈判的目标。

3. 谈判准备

谈判是与竞争对手或谈判对象沟通的过程。因此，对于谈判对手的评估是非常重要的。一般在谈判之前，要做以下几方面的工作：

(1) 给予充分的准备时间。了解一个人，可以先了解他的生活习惯，知道他的需求，通过了解他的需求去说服他，最好知道他的弱点，让他有所畏惧。另外，还要知道对方的喜好、特点，这是我们在评估对手的时候需要做的，而要做到这些必须有充分的时间。

(2) 调查和了解对方公司的情况。对谈判对手的公司进行全面了解，调查其是在盈利还是在亏损，是一个问题型的公司，还是一个发展型的公司，同时还要了解他们想通过谈判得到什么。

(3) 谈判者的个人情况及谈判风格。要对谈判者的个人情况以及谈判风格做如下了解：

- ◆ 对手曾经参加过谈判吗？
- ◆ 对手之间有什么分歧？

◆ 对手是否有取得谈判目标所需的见识和事实?

◆ 他们所准备的资料是否充分?

◆ 对手是否有能力和威信达成他们的目标?

◆ 来参加的人是否有做出决定的能力?

◆ 对手在压力下是否会速战速决?

◆ 如果给他足够的压力,他会不会在压力下跟自己签合同等。

(4) 评估对方的实力。尽可能取得谈判对手更多的资料,这些资料包括:对方的谈判参与人员,参与人员的层次、职位,以及他们退出的余地有多大等。

(5) 猜测对手的目标,分析对手弱点。对手想通过谈判达到什么目标,对手的优先级是什么,在谈判之前要仔细分析。当然,猜测不一定准确,但谈判者心中要有这一概念。然后再分析谈判对手的弱点,包括他的需求弱点,谈判人的弱点,谈判队伍之间的弱点等,要对谈判对手进行全面的分析,以获得最准确的资料。

谈判是一个逐步从分歧走向一致或妥协的过程,所以要全面收集信息,整体评估谈判对手。"双赢"谈判是把谈判当作一个合作过程,能和对手像伙伴一样,共同去找到满足双方需要的方案,使费用更合理,风险更小。"双赢"谈判强调的是,通过谈判,不仅是要找到最好的方法去满足双方的需要,而是要解决责任和任务的分配问题,如成本、风险和利润的分配。"双赢"谈判的结果是,你赢了,但我也没有输。

二、合同拟制

合同,也叫契约。它是指当事人之间设立、变更、终止民事关系的协议,是指民法上的债权合同、物权合同和身份合同。狭义的合同是指平等主体的自然人、法人和其他组织之间设立、变更、终止债权债务关系的协议。

(一) 合同的构成内容

合同的内容,从合同关系角度讲,是指合同权利义务。合同权利义务,除少数系由法律直接规定产生之外,绝大部分是由合同规定的,准确地说,是通过合同条款固定的。从这个意义上讲,合同的内容又指合同条款。合同条款因在合同中所处的地位、所起的作用、所表现的形式等不同而不同,需分别介绍和讨论。

1. 一般条款

合同的一般条款又称为普通条款，是指合同主要条款以外的条款。一般条款又分为通常条款和偶尔条款。通常条款是根据法律和交易习惯所确定的合同条款。这些条款无需双方当事人协商而自动成为合同条款，也不必写入合同中去。

2. 合同的主要条款

合同的主要条款是合同应该具备的条款，这些条款是合同的主要内容和核心，没有它合同则难以成立。因而，这些条款又称为合同的必要条款。合同的主要条款是确定双方权利义务的依据。

合同的主要条款可由当事人双方约定产生。何种合同含有何种主要条款，应视具体情况而定。不过，有些条款常常扮演着主要条款的角色。合同法对此作了规定：

合同的主要条款中包括当事人的名称或者姓名和住所、标的、质量和数量、价款或报酬、履行期限、履行地点和方式、违约责任、解决争议的方法等。

(二) 节事活动合同的类型

1. 设备合同

在活动举办前，组织者需要与某些设备商签订租赁或买卖合同，如同声翻译设备、音响设备、录像设备等，必须明确陈述全部当事人的具体责任，如设备的数量、安装、调试与使用、服务人员与方式、付款方式、可能出现的冲突等，保证全部当事人的利益。

2. 场地使用合同

活动举办方必须熟悉场地各方面的条件和情况，通过签订一定的使用合同，保证场地设施设备的安全性。

3. 赞助合同

通过明确双方的责任和义务来体现双赢。

4. 比赛合同

一般由参赛的双方或多方签订，合同内容包括地点、日期、时间、报酬、转播权、赠券、故意不履行的终止条款与补偿等。而且比赛合同牵涉的内容比较多，如设备租赁合同、赞助协议等。

5. 演出合同

对演出节目和时间、地点安排、甲乙双方责任、承担费用、违约责任等做出明确描述。

6. 商品合同

对商品的交货时间、质量、数量、包装、安全使用的方式、保质期等明确责任。

7. 分包管理合同

涉及食品供应、卫生的清洁、物品的运输等方面的合同。

（三）合同范文

1. 新疆杂技团演出协议书

甲方：

乙方：新疆杂技团（以下简称乙方）

年　期间，甲方定于　年　月　日在　举办达瓦孜表演活动，乙方特派"高空王"阿迪力一行　人前去表演。为了明确甲乙双方的权利和义务，确保本次活动顺利进行，经双方友好平等磋商，达成如下协议：

A. 甲方责任

（1）负责本次活动的组织和实施工作，为活动提供服务和安全保卫工作。

（2）负责该项目基础设施的勘察、测算工作，所有数据必须如实提供给乙方。

（3）负责钢丝两端的土建工程和钢丝材料的购置等工作。

（4）负责组织钢丝的安装、架设工作，在此期间乙方将派出　名技术人员参与指导施工，施工过程中，要确保质量第一、安全第一。

（5）负责做好提前一个半月前施工的准备工作，并负责在施工期间乙方的　名技术人员的食宿，在主钢丝安装完毕后，最后　天乙方再派　名技术人员前往，做钢丝架设的收尾工作。在演出前一天，阿迪力一行　人抵达演出地做试表演工作，以适应环境。

（6）负责乙方　名人员的往返接送及食宿，其标准为，每人每天　元。

（7）负责付给乙方出场费为人民币　万元整，其中　万元在签订协议开始施工后支付，剩余部分在正式表演前一次付清。

（8）负责为乙方"高空王"办理意外人生保险金额为　万元的保险，甲方只负责缴纳该保险金额的投保费用。

（9）甲方有权无偿使用阿迪力本人及达瓦孜表演的照片及音像资料，用于健康的宣传活动。

（10）负责为乙方施工人员和领导等提供工作用车。

B. 乙方责任

(1) 负责阿迪力在甲方指定的时间地点进行跨越表演一次。

(2) 负责在甲方施工中派 名技术人员作现场指导,具体到达时间,在接到甲方通知后,到达现场。

(3) 根据工程进度需要,负责先后派 名技术人员配合架设钢丝工作,承担建设工作指导失误造成的一切责任。承担钢丝架设完毕验收后至活动结束期间所发生问题的一切责任。

(4) 负责安排阿迪力无偿参加甲方安排的宣传推介活动。

(5) 负责架设钢丝期间技术人员因失误造成的一切责任。

C. 违约责任

(1) 甲方在施工中必须接受乙方的技术指导,未经乙方同意擅自改变设计而导致事故发生,概由甲方负责。

(2) 甲乙双方在施工过程中,必须确保施工技术人员的安全,必须将安全放在首位。

(3) 甲乙双方必须守约,若一方违约,造成的一切损失概由违约方负责,并追加10%的违约金。

(4) 本协议一式两份,甲乙双方各执一份,双方签字后生效。

甲方代表人(签字):　　　　　　乙方代表人(签字):

2003 年　月　日

资料来源:www.xjzajituan.com。

2. 文艺巡回演出合同

订立合同双方:

演出方:________(艺术表演团体),以下简称甲方;

受演方:____________,以下简称乙方。

为了促进艺术交流,繁荣社会主义文艺,满足人民文化生活的需要,同时努力增加收入,减轻国家的财政负担,甲乙双方根据以上精神,经协商一致,签订本合同,共同信守。

第一条　演出剧目和主要演员________________________。

第二条　演出时间和场次自____年____月____日起至____年____月____日止,由____至____演出,计____天,演出____场。

第三条　乙方应为甲方提供剧场现有设备____________及联系好宿舍(住宿费由__________承担),并给予一定装台时间,负责组织观众,作好宣传工作。

第四条　票价____。

第五条　分账方法：每天所售票款，扣除公提费用外，甲方得________%，乙方得________%。

第六条　公提费用、旅运费（是指演职员的旅费和演出用品的运费）和宣传费（包括报纸广告海报及其他双方协商同意的宣传品）。

第七条　甲方应事先将上演计划及有关宣传资料于演出____日前寄给乙方。

第八条　甲方在____________演出，应接受当地文化主管部门的安排和领导，办理有关演出手续。

第九条　在演出期间，双方均应注意防止发生意外事故。要注意节约水电、爱护公物，如果甲乙双方损坏对方的设备或演出物品时应照价赔偿。

第十条　违约责任

(1) 一方由于无故违约使对方遭受损失，应赔偿对方的实际损失，并偿付违约金________元。

(2) 一方因不可抗力的原因，不能履行合同时，应尽快用电话、电报、电传通知对方，双方均应设法补救。如仍无法履行合同，可协商延缓或撤销合同。

(3) 一方接受出国、接待外国贵宾或中央指定特殊的政治任务时，应由接受任务一方协同主办单位在一个月前通知对方，双方应积极设法安排补救，如实在无法补救者，应由主办单位根据对方实际损失进行补偿。

甲方：________（签名盖章）

联系人姓名：________

谈判代表：________

通讯地址：________

电话：________

乙方：________（签名盖章）

联系人姓名：________

谈判代表：________

通讯地址：________

电话：________

____年____月____日

资料来源：常年法律顾问网，http://www.plconsul.com。

三、规章制度的制定

（一）北京大型社会活动安全管理条例

第一章　总　　则

第一条　为了加强大型社会活动安全管理，维护首都社会秩序、公共安全和社会稳定，保护国家、集体财产和公民生命、财产安全，促进经济和社会协调发展，根据本市实际情况，制定本条例。

第二条　本条例适用于在本市行政区域内举办大型社会活动的安全管理。安全生产、消防、集会游行示威以及其他法律、法规另有规定的，从其规定。前款所称大型社会活动（以下简称大型活动），是指主办者租用、借用或者以其他形式临时占用场所、场地，面向社会公众举办的文艺演出、体育比赛、展览展销、招聘会、庙会、灯会、游园会等群体性活动。

第三条　大型活动的安全工作，坚持安全第一、预防为主的方针，按照谁主办、谁负责的原则，由主办者对安全工作全面负责。

第四条　本市对单场次参加人数一千以上的大型活动实行安全许可。

第五条　本市各级人民政府应当加强对大型活动安全工作的领导，督促政府有关部门依法履行对大型活动安全工作的监督管理职责，及时协调、解决大型活动安全管理中的重大问题。本市公安机关是大型活动安全许可的实施机关，对大型活动的安全工作实施监督管理。

本市安全生产、公安消防、公共交通、质量技术监督、商务、文化、体育、教育、旅游、园林等政府有关部门，按照有关法律、法规的规定和市人民政府确定的职责，对大型活动安全工作实施监督管理。

第六条　市和区、县人民政府及其有关部门应当采取多种形式，加强与大型活动安全有关的法律、法规和安全知识的宣传，增强有关单位、个人以及社会公众的安全意识和安全防范能力。

第二章　安全职责（略）

第三章　安全许可（略）

第四章　安全规范（略）

第五章　法律责任（略）

（二）大型活动审批制度

办事程序：需要申请的集会、游行、示威，其负责人必须在举行日期的五日前向公安机关递交书面申请，公安机关接到其申请书后，应当在申请举行日期的二日前将许可或不许可的决定书通知其负责人。其他大型活动应在活动开展的二十日前书面申请至公安机关，公安机关接到书面申请后的二十日内作出许可或不予许可的决定。

申报材料

(1) 主办单位申请报告；

(2) 主管部门的批准文件；

(3) 法人资格、场地出租的证明材料；

(4) 内容与形式、参与人数；

(5) 实施方案、负责人及有关证明材料；

(6) 现场平面图或线路图；

(7) 房屋安全鉴定报告；

(8) 建筑部门安全鉴定报告及施工单位的资质证书；

(9) 供电部门出具的用电安全报告；

(10) 公安部门安全保卫方案；

表 11-1　大型活动审批表

<table>
<tr><td>活动内容</td><td colspan="6"></td></tr>
<tr><td>起止时间</td><td colspan="2">活动地点(场所)</td><td colspan="2">参加单位</td><td>出车单位</td><td>交通工具(数量)</td></tr>
<tr><td></td><td colspan="2"></td><td colspan="2"></td><td></td><td></td></tr>
<tr><td rowspan="2">参加人数</td><td>总数</td><td>教工</td><td></td><td>负责人签字</td><td>联系电话</td><td>医护人员</td></tr>
<tr><td></td><td>学生</td><td></td><td></td><td></td><td></td></tr>
<tr><td>安全预防措施</td><td colspan="6"></td></tr>
<tr><td>应急预案</td><td colspan="6"></td></tr>
<tr><td>安全管理责任人</td><td colspan="6"></td></tr>
<tr><td>主办单位负责人
意见签署(章)</td><td colspan="6">年　月　日</td></tr>
<tr><td>综治办主任
批复(章)</td><td colspan="6">年　月　日</td></tr>
<tr><td>备　　注</td><td colspan="6"></td></tr>
</table>

(11) 消防安全检查意见书、消防安全责任书、灭火和紧急疏散预案。

承诺时限　　一般大型活动为二十个工作日，集会、游行、示威在申请举行日期的二日前。

收费标准　　不收费

办件类别　　承诺件

联系电话

四、其他法律问题

(一)《营业性演出许可证》的申领

《营业性演出许可证》的申领

一、办事依据

国务院令第 229 号《营业性演出管理条例》，文化部令第 25 号《营业性演出管理条例实施细则》、《浙江省文化市场管理条例》等法律法规规章。

二、申领范围

(1) 设立营业性文艺表演团体；

(2) 设立营业性演出场所(含举办营业性演出的歌舞娱乐场所、宾馆、饭店、餐饮场所等)；

说明：设立演出公司和演出经纪公司的，按国家规定的审批权限应向省地级文化行政部门申请。

三、申领条件

1. 设立营业性文艺表演团体的条件

(1) 有单位名称、组织机构和章程，并有确定的文艺表演门类；

(2) 有 5 名以上具有表演技能的演职人员，并经过县级以上文化行政部门业务考试或考核合格取得《个人演出证》；

(3) 有固定的地址和与演出需要相适应的器材设备；

(4) 注册资本 10 万元以上。

2. 设立营业性演出场所的条件

(1) 有单位的名称、组织机构和章程；

(2) 有适合演出的建筑物和售票窗口，必要的器材设备和与之相适应的专业管理人员；

(3) 安全设施、卫生条件符合国家规定标准;

(4) 注册资本10万元以上。

四、申领程序

(1) 申请。申请单位持申请报告,经所在地乡镇政府(文化市场管理小组)签署同意设立的意见后报送我局;或到所在地工商部门办理企业注册网上并联审批手续。

(2) 受理。我局依照有关规定,在5个工作日内做出许可或不许可的决定,许可的发给《受理通知》,不许可的做出书面说明。

(3) 申报。同意受理的单位应填写有关申请表一式三份,经单位主管部门或当地乡镇政府(文化市场管理小组)签署意见,连同符合申领条件的有关材料报送我局。

(4) 审核。我局根据有关规定,在60日内完成设立材料审核和现场勘察。

(5) 发证。审核合格的演出单位或演出场所,发给《营业性演出许可证》,取得《营业性演出许可证》后,应持证到公安、卫生、工商等部门申领相关证照,取得《工商营业执照》和《消防安全合格证》并报我局备案后,方可从事营业性演出活动。

五、年度审验

《营业性演出许可证》实行年度检验制度,持证单位应按照我局规定的时间提交年检报告。经对其上年经营行为审查后,确认是否具备继续经营的资格,具备的加贴年检标志。未办理年检从事经营的,视作无证经营;年度审验不合格的,我局将注销其有关许可证。

杭州市余杭区文化体育局

资料来源:余杭文体信息网。

(二) 商标与标志的使用

为商业目的使用奥林匹克标志,应当获得权利人许可,是广告业界的法律基本常识。由于不同的标志其权利人并不相同,具体应当向哪一个权利人获得许可和使用过程中应当注意的问题,必须要清楚。我们可以参考下列案例。

1. 案件的背景情况

某广告公司接受某旅游公司的委托为其策划一次宣传活动。该活动由100名人力三轮车师傅身着“文化衫”脚蹬人力三轮,20人一组持续一周每日沿该城市主要的街道骑行。三轮车师傅身着的“文化衫”上印“Beijing2008”和第 29 届奥林匹克运动会标志以及“××旅游公司与奥运同行”的字样。本次活动被工商行政管理机关认定为商业目的使用而受到处罚。

事后，广告公司和旅游公司均表示已经意识到举办这次活动需要获得有关权利人的许可，但是，应当向谁申请，能否获得许可。即便获得了许可，应当如何使用等具体环节却不甚清楚。

2. 奥林匹克标志、权利人及许可合同

应当说当事人事后的陈述具有一定的代表性。在很多的情况下，行为人并不是不愿意向权利人获得许可，而是所掌握的信息不全面或者相关的途径不够通畅所致。所以，让广告界熟练地把握奥林匹克标志与权利人的对应关系，显得很有必要。

A. 使用哪些标志应当向国际奥委会获得许可

首先，如果使用国际奥林匹克委员会的奥林匹克五环图案标志、奥林匹克旗、奥林匹克格言、奥林匹克徽记、奥林匹克会歌等，应当获得国际奥林匹克委员会的许可。其次，奥林匹克、奥林匹亚、奥林匹克运动会及其简称等专有名称，在获得许可订立许可使用合同时，既可以直接与国际奥林匹克委员会签订，也可以与国际奥林匹克委员会授权或者批准的机构签订。但是值得注意的是，如果使用中国奥林匹克委员会的名称、徽记、标志，其许可人不再是国际奥林匹克委员会，而应当与中国奥林匹克委员会订立合同。

B. “第 29 届奥组委”有权许可他人使用的标志

在 2008 年 12 月 31 日以前，使用北京 2008 年奥林匹克运动会申办委员会的名称、徽记、标志的，或者使用第 29 届奥林匹克运动会组织委员会的名称、徽记，第 29 届奥林匹克运动会的吉祥物、会歌、口号，“北京 2008”、第 29 届奥林匹克运动会及其简称等标志的，以及《奥林匹克宪章》和《第 29 届奥林匹克运动会主办城市合同》中规定的其他与第 29 届奥林匹克运动会有关的标志，都应当同第 29 届奥林匹克运动会组织委员会订立合同。

C. 奥林匹克标志使用许可合同的主要内容

国家工商行政管理总局于 2002 年 4 月 22 日颁布并于 2002 年 6 月 1 日实施了《奥林匹克标志备案及管理办法》。该办法第七条明确规定，奥林匹克标志使用许可合同应当包括许可使用的奥林匹克标志及其备案号，许可使用的商品或服务范围，许可使用的地域范围以及许可使用的期限，等等。

3. 使用奥林匹克标志还应当注意的其他事项

使用奥林匹克标志，除了要获得不同权利人的许可，按照相关的规定与其签订使用许可合同以外，还应当注意使用行为的规范性。

A. 使用许可合同应当备案并规范地使用备案号

《奥林匹克标志备案及管理办法》规定，奥林匹克标志权利人应当自签订使用许可合同之日起一个月内，将使用许可合同副本报商标局备案。经许可使用奥林匹克标志的，应当在使用时标明许可备案号。对于违反这一规定的，由县级以上工商行政管理机关责令限期改正；对于逾期不改的，处以一万元以下的罚款。

B. 使用行为还要遵守其他法律和行政法规的规定

奥林匹克标志除了依照《奥林匹克标志保护条例》的规定进行保护之外，还可以按照《中华人民共和国著作权法》、《中华人民共和国商标法》、《中华人民共和国专利法》和《特殊标志管理条例》等法律、行政法规的规定获得保护。上述规定显得很复杂，但是只要使用之前按照规定向权利人获得了许可，这个问题也就相对简单了许多。而希望通过"绕"和"规避"的形式实现商业使用目的，其难度就可想而知了。

C. 侵犯奥林匹克标志专有权的赔偿数额

侵犯奥林匹克标志专有权的赔偿数额，按照权利人因被侵权所受到的损失或者侵权人因侵权所获得的利益确定，包括为制止侵权行为所支付的合理开支；被侵权人的损失或者侵权人获得的利益难以确定的，参照该奥林匹克标志许可使用费用合理确定。但是，销售不知道是侵犯奥林匹克标志专有权的商品，能证明该商品是自己合法取得并说明提供者的，不承担赔偿责任。

资料来源：www. sctrademark. com，四川商标网。

第二节　节事活动的风险管理

节事项目风险管理的作用在于识别、分析风险以及对节事项目风险做出响应，具体的管理过程有：确定风险管理活动，制定风险管理计划；辨识可能影响项目目标的风险，并将每种风险的特征整理成文档；对已辨识出的风险评估其影响和发生可能性，并进行风险排序；对每种风险量化其对项目目标的影响和发生可能性，并据此得到整个节事项目风险的数量指标；采取避免、转移、减缓、接受等相应的风险措施；并对整个风险管理的过程进行监控。

一、节事活动风险管理概述

风险管理是一个较新的课题，如今已经发展成为一门独立的学科。任何项目的重要风险处理失当都可能导致节事活动项目经营的失败，造成巨大的经济损失。

(一) 风险与风险管理

1. 风险

在市场经济的环境里，风险时刻伴随左右，使得人们都有危机感。因为危机这个词可以理解成危险威胁和机会机遇的结合，所以商界人士普遍相信高风险与高回报是相互联系的。按照美国PMI(美国项目管理协会)对风险的定义，风险是指具有不确定性的事件或情况，一旦发生就会对项目目标产生积极的或消极的影响，认为风险只是偏离我们预计的可能性，所以有好的和坏的两方面影响。然而，在实际运用中，风险多用于强调负偏离或消极影响。如风险指有害后果发生的可能性，是对潜在的、未来可能发生损害的一种度量；是一定时间和空间、在冒险和弱点交互过程中产生的一种预期损失；是损失发生的不确定性，是不利事件或损失发生的概率及其后果的函数，等等。

总之，风险与人的行为相联系，与人的决策有关。虽然强调危险性，但也促使人们发现机会，尽量避免或减轻损失。

2. 风险管理

风险管理包括六个部分：风险管理计划、风险识别、风险定性分析、风险定量分析、风险应对计划、风险监控。风险管理是通过计划、组织、协调、控制等过程，综合、合理地运用各种科学方法来实现目标的过程。

(二) 节事活动风险管理

1. 节事活动风险管理的定义

节事活动尤其是大型节事活动因其社会化程度高、参与人数众多而形成大量的风险，节事活动风险管理就是对这些风险进行管理。也就是说，风险管理是对由于突发的、非预期的特殊事件或故意侵权事件所造成的人员、财务的风险的不确定性进行预测、识别、分析、评估和有效处理和控制，以最低成本为活动的顺利完成提供最大安全保障的科学管理方法。

2. 特性

(1) 必须分析承担风险的活动项目关系人。对于不同的活动利益相关者，他们承担的风险也不同。例如在狂欢现场出现混乱，这种活动一般都必须马上停止，对于主办者来说面临信誉和财产的损失；而对于游客们而言，最大的风险则是丢失他们的生命。

(2) 风险具有阶段性。不同的风险可能只存在于活动进行的某一阶段，同样，风险的承担者也只有在特定的时间内才承担这些风险。如延期或停办的风险只存在于活动的前期，而在举办现场，风险则主要是火灾、食物中毒、意外伤害等。而且风险的大小随着活动的目标、时间、场地、费用等约束条件的重大变化，需要重新评估和完善。

(3) 风险管理的重点在于预测与避免。风险管理的目的不是用来追查和推卸责任的，而是在合理分配资源的基础上减轻或预防未来可能出现的问题。通过制定合理的风险管理计划使团队在信息畅通、相互信任的环境中工作，尽量使得风险管理的投入在将来抵消甚至多于风险造成的损失。2004 年 2 月 5 日，北京市密云县在举办迎春灯展过程中，由于领导和管理责任不落实，导致云虹桥上人员拥挤、踩踏，造成 37 人死亡、37 人受伤的重大责任事故。经查，导致事故发生的直接原因是：灯展安全保卫方案没有落实，负责云虹桥安全保卫的值勤人员没有到岗，现场缺乏对人流的疏导控制。主要原因：一是担任重点部位云虹桥保卫工作的密云县城关派出所没有履行安全保卫职责，有关人员擅自压缩值勤人员、推迟上岗时间，工作失职渎职。二是灯展主办单位、承办单位安全保卫方案不落实，有关部门职责落实不到位。三是灯展活动安全保卫小组没有要求负有安全工作责任的成员单位制定细化的安全保卫方案或防范措施；未设立现场指挥协调机构监督检查各部门工作落实情况。

3. 意义

(1) 加深对活动风险的认识与理解，使大家意识到风险对活动的影响。例如 2003 年国际足联女子足球世界杯原计划在中国举行，但由于中国一些城市出现“非典”疫情不得不改变赛址移师美国。我国的赛事组织单位由于对国际赛事的风险管理认识不足，以至于遭受到重大的损失，而且无法按照国际惯例获得保险赔偿等应该获得的利益。

(2) 减少或分散风险，使一切工作在管理过程中减少被动性，增加主动性，并对无法避免的风险有所了解，明确可能的损失或损害有多大。

(3) 通过深入研究，明确各有关前提和假设，提高各种计划的可信度，总体上减少风险，保证项目目标的实现。

(4) 为各种可能涉及的合同形式和指定的应急计划提供依据。

(5) 为以后的管理提供资料，以便改进将来的策划与管理。

(三) 风险管理中的范式转换

风险管理中的各种范式转换可参见图 11-1。①

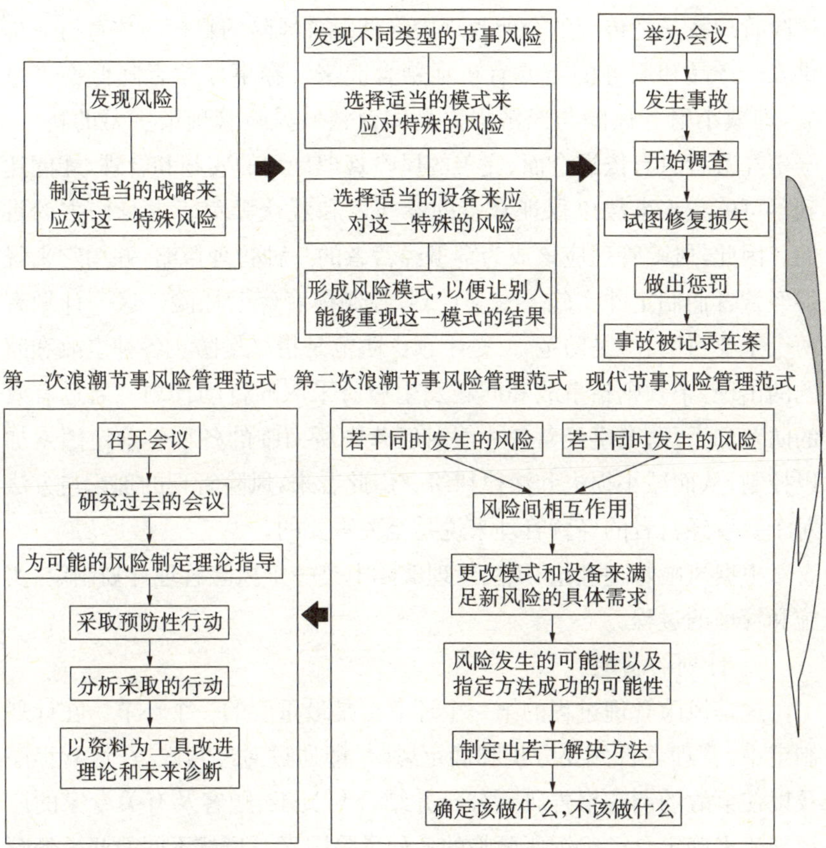

图 11-1　风险管理中的范式转换

① 〔美〕彼得·塔洛著，李巧兰译：《会展与节事的风险和安全管理》，电子工业出版社 2004 年版，第 159—162 页。

二、节事活动风险管理计划

本文以巫宁等编著的《体育赛事的经营与管理》中提到的体育赛事风险管理为例，从制定风险管理计划到 13 项具体的风险管理措施，来说明节事活动风险管理的有关计划①。

（一）制定体育赛事风险管理计划

由于体育行业和体育经营风险高事故、高伤害的特殊性，使体育经营中的风险管理有着更特殊的内涵与方法。在体育经营管理活动中，风险管理就是把传统的企业管理中降低财务风险的目标与体育行业提供安全产品和服务的需要有机地结合起来。赛事经营者降低伤害事故，即减小财务风险与经济损失是体育领域风险管理最主要的特征。赛事经营者只有依靠全面、完善的风险管理计划的实施和管理，才能达到尽可能减少事故以保证众多的参与者和观众等免于人身伤害的目的。因此，风险管理应该成为赛事经营者的一种管理策略，并用它来督促经营者们制定并实施一整套计划，控制体育经营风险。这一计划有两个主要目的：一是防范，二是干预。防范是指尽量防止各种事故和问题的出现，干预则指事故和问题发生后所采取的行动计划。通过有效的防范和干预，赛事经营者才能对经营中所面临的各种不确定因素加以控制，从而减小损失和法律纠纷。由此看来，风险管理的理论与方法对于赛事经营者的经营管理来说是至关重要的。

根据风险管理理论，风险管理实际上是一个风险管理计划制定、实施和管理的过程。

1. 计划的制定

这是风险管理过程的第一个环节也是最重要的一个环节。在计划制定中，管理者首先要分析和确定风险，即通过对经营政策、运营程序及以往事故的调查报告研究分析并结合与员工、顾客及有关专家的广泛交流来确定自己组织所面临的各种风险因素。虽然不同的赛事经营者所面临的风险是不完全相同的，但体育经营活动中一般常见的风险因素既有管理方面的，如运动项目选择、应急计划、员工培训、安全监

① 纪宁、巫宁编著：《体育赛事的经营与管理》，电子工业出版社 2004 年版，第 122—144 页。

督、旅行交通、运动员身体状况等，又有场地器材方面的，如设计、安装、检修、分配、保养等。

当风险确定后应将其进行分类，以有利于管理者能有针对性地选择预防和处理不同风险的方法。在对风险分类时，应注意两个方面的问题：一是决定风险所引起事故的严重程度，以及将对赛事经营者所造成影响的大小；二是分析事故发生的可能性和频率。对严重程度不同和发生频率不同的事故，其预防措施和处理方法是有所区别的。

对风险进行预防和处理的方法有许多，根据赛事经营的特点，特将其归纳为以下三种：

风险回避法：即在组织任何体育活动前分析该活动是否存在有重大事故的隐患和发生的可能性。如果答案是肯定的而且活动组织者不能或不愿意承担相关事故责任，就应该取消该活动或采用其他活动代替。这种方法适合于易产生严重后果并且发生频率较高的风险类型中。

风险转移法：指赛事经营者通过购买保险、签署合同等方式将风险尽可能转移给其他组织与个人的方法。前者指赛事经营者或体育活动举办者支付一定的保险费用给保险公司，保险公司负责承担事故发生后的经济赔偿。后者则包括两种不同的情况，一是赛事经营者同有关责任人员如教练、医护人员等签署合同，由他们对自己的过失行为所造成的损失负责；二是通过让某项体育活动的参与者签署免除责任协议，使伤害事故的可能受害者放弃追究赛事经营者法律责任。但在签署这类合同时，一定要遵守有关法律规定。

减小风险法：这种方法是赛事经营中风险管理的核心。人们应充分认识到风险的存在，并采取各种有效的、合法的预防措施和处理方法，从而减小伤害事故发生的可能性和因事故造成的负面影响和损失。具体内容包括加强员工的安全教育与培训、全面检修、维护场地器材、加强安全监督与管理等。

2. 计划的实施

赛事经营者风险管理计划的实施过程就是管理者就风险管理计划同员工交流、沟通的过程。赛事经营者中的每一个人都同风险管理有关，都要为组织承担一定的后果与责任。任何一个风险管理计划也只有在全体员工的通力合作下才能得以实施并获得成功。因此组织内负责风险管理的人员除了要将有关场地平面图、设施操作方法、人事组织管理结构、规章制度、员工工作职责、文献报告与记录的管理、应急措施的操作程序等编印成指南性文件发给员工外，还应对全体员工进行脱产或在岗培训，以增强员工的风险意识，帮助他们熟悉各种政策和操作程序及方法。

3. 计划的管理

对风险管理计划实行有效管理的首要一点就是选派或指定有关人员组成风险管理委员会或指导小组。各级领导应大力支持这一委员会的工作并赋予它一定的权力以有利于工作的开展。风险管理委员会的组成一定要有员工代表的参与，要让全体员工有一定的发言权和主人翁感，这样才有利于培养员工安全第一的工作态度并使他们自觉遵守有关规章制度。除此之外，委员会还应多听取如保险、场地、设备、旅行、医务、法律等各方面专家的意见和建议，并对场地、设施、器材的维护，事故调查，员工培训考核等实行有效监督。

（二）体育赛事风险管理的 13 项举措

1. 培训：预防风险的第一措施

如今，许多机构正在开设风险管理的相关培训课程。国际集会活动管理协会（International Association of Assembly）举办过拥挤人群管理研讨会，国际特殊活动协会（International Special Event Society）每年举办风险管理培训计划，介绍国际上风险管理领域的最新研究成果。在美国，许多大学开设体育管理培训项目时，将风险管理的内容归在“设施管理”课程中做介绍；

2. 风险评估

《大型活动风险管理手册》(1990)一书的作者 Alexander Berlonghi 认为，做详细的风险评估能帮助我们找出赛事潜在的风险隐患。风险评估可聘请外部顾问来做，也可以由组织方内部的专业人员进行。如果组织方自行开展风险评估，记住不要只让中、高层管理人员参与，而要广泛听取检票人员、草坪工人、保安人员、停车场管理员等基层工作人员的意见。从上到下各层都应积极参与到风险评估中来。下面介绍了如何组织风险评估会议；

3. 保护运动员的安全

网球球星 Monica Seles 遇刺、奥运会滑冰运动员 Nancy Kerrigan 遭遇袭击等事件发生后，运动员安全问题开始引起体育赛事经理们的极大注意。国际管理集团(International Management Group)高级副总裁 Barbara Perry 认为，组织方的安全管理人员应事先模拟运动员在场馆内的活动路线，如从衣帽间至比赛场，再到住处或新闻发布会场等，找出活动路线有哪些地点较易发生危险。Perry 强调这项工作是十分重要的，“比如，一些有很多隐蔽处的老房子就是袭击事件的多发地点”；

4. 保护财产安全

钱物盗窃等财产安全问题也是赛事管理者所应关心的。我们将抢劫售票亭、偷窃纪念品、小偷小摸和伪造门票等都归为财产安全管理的内容；

中国运动员里约遭盗抢　巴西奥运会事故频发

记者了解到，中国领事服务网今日发布安全提醒称，近期，巴西盗抢案件频发，已发生多起包括中国运动员、代表团成员、媒体工作人员、游客在内的中国公民遭盗窃、持枪抢劫事件。

外交部领事司和中国驻巴西使领馆提醒赴巴西中国公民提高安全意识、加强安全防范。避免前往贫民窟和僻静去处，避免独行；尽量不要背包，不要佩戴首饰名表，行走时不要使用手机；对异常情况保持警觉，发现有陌生人或成群流浪少年尾随逼近时应尽量靠近人群集中区域或进入商店等公共场所暂避。如遇盗抢，应保持冷静，不与劫匪争执或发生肢体冲突，在确保自身安全前提下尽量记住劫匪特征，确认无安全威胁后立即报警求助。如护照遭盗抢，应尽快报警并与中国驻巴西使领馆联系。

资料来源：http://news.k618.cn/society/bxms/201607/t20160730_8384623.html。

5. 出入证办理

为赛事工作人员、志愿者、媒体记者、运动员、教练员、裁判、随同参赛人员、VIP 客人和赞助商制作出入证是安全管理的重要措施；

6. 现场人员出入管理

在赛事规划的前期阶段就应该考虑采取何种现场出入管理措施，确保只有相关人员才能进入安全区域。入口处的保安人员应严格出入证检查制度，按出入证上写明的出入权限放人。可对照下列内容了解体育赛事人员出入管理的主要工作内容；

7. 工作人员的选聘

聘用诚信可靠的工作人员对组织方非常重要。涉及现金及有价物品的岗位尤其要选聘可靠的工作人员。这些岗位包括售票、特许经营商品管理、有价物品保管、运送、销售等。选聘保安人员时要询问其受过何种培训。在有的地区，地方法规并不要求为私营机构服务的保安人员必须受过专业训练。尽管如今用于财物保管的安全技术已十分发达，工作人员的诚信程度仍是防止财产损失的最关键因素。下面提供了选聘、监督财产管理员的一些有效措施；

8. 有价物品的运送

有丰富大型赛事管理经验的美国专家 Lisa Delpy Neirotti 认为，为商品及有价物品设计流畅的运送程序，从而防范延误或物品丢失带来的损失是十分重要的；

9. 赛事结束后的物品处理

赛事结束后的清场工作常常不像前期准备工作那样受人重视，但从避免经济损失和法律纠纷的角度来看确实不能掉以轻心。首先，当闭幕式结束，人群散去，赛事现场留下的各种设备、器具还等待赛事组织方处理。这些设备和器具类型多样、价值不一，从计算机、电话、传真机、复印机、精确计时器、电视录制设备、照相机、录音机，到普通办公设备，都需要物归原主，或在无需再次使用时出售/拍卖给别的公司、学校或个人。也可以将不用的设备无偿捐赠给公益机构，增进赛事组织方与当地社区的关系。赛事现场法律顾问或高层管理人员也须继续督促工作人员将组织方对比赛场馆所做的变更还原，保证将场馆以令人满意的状态交还其管理部门；

10. “安全第一”原则

许多成功的赛事管理者都信奉“安全第一”的原则，将安全措施放在重中之重。美国芝加哥公牛俱乐部营销及媒体事务副总裁曾说：“我们的重要队员参加比赛，从下车到进场都有人护送，赛场各处都设置了保安岗位。我们认为运动员和观众的安全是最重要的，对任何隐患都须采取预防措施，切忌视而不见。”

11. 协同当地执法部门防范犯罪风险

举办大型赛事时，组织方应与当地执法部门共同协调赛事计划。1994 年美国华盛顿举行世界杯足球赛期间，警方在 RFK 体育场内外共设了 214 个巡逻哨岗，哨岗警察的值班时间从开赛前三个半小时一直持续到比赛结束后两小时，直到人群散去。每个警察都有指定的岗位分工，如进场人流控制、管理商品摊点、预防犯罪及寻人等。组织方拥有值勤警察的名单和分工记录。赛事带来的拥挤的人流提高了风险发生的可能性，制定拥挤、骚乱及意外危险情况的应急处理方案是赛事组织方和当地治安管理部门的共同责任；

12. 事故报告

应教会赛事全体工作人员和志愿者在遇到事故时何时报告和如何报告；

13. 办理必要的保险

由于存在各种人力难以控制的因素，尽管事先指定了应急方案，事故造成的损失还是很难完全避免的。因此，办理保险就变得十分必要。如今在西方国家，许多体育场馆都要求赛事的组织方、促销商、赞助商办理不低于某一级别的保险。保险费或投保额则取决于风险程度。

三、节事活动风险识别与分析

（一）风险识别

1. 风险类型

节事活动项目的管理中一般存在以下几种风险：

（1）政治文化和宗教民俗约束风险。此类风险是与活动的内容和形式的选择密切相关的。在选择活动主题时，一定要考虑举办地和目标观众的社会意识形态、社会道德规范、宗教民俗习惯等，否则，就会出现民族矛盾、民族争端、政治对抗、局部战争等风险。

（2）法律政策约束风险。组织和实施一个节事活动，在法律允许的范围内和得到相关部门的授权和许可是必须的。在我国，根据活动和规模的不同，活动管理涉及地方文化部门、公安部门、环卫部门、消防部门等多个部门。还有涉及行业不正当竞争、行业相关的法律法规不健全等方面的风险。

（3）商业运作风险。这种风险是在市场运作过程中，履行主办方义务、合同义务时，产生的资源风险、技术风险、人员风险、时间风险、财务风险、经营风险、信用风险、销售风险、品牌风险等多种风险。

（4）健康和安全风险。这是所有活动风险中出现频率最高的风险类型。在节事活动过程中，任何自然灾害或意外事故都可能引发组织者、临时工作人员、嘉宾、演出人员和观众的人身伤害，发生危及健康和生命的安全风险。尤其是集体管理，要求管理者对参与人数进行正确的估计，而后根据人数安排合适的通道、走向和服务设施，做好适当的约束和管制。如2006年上海豫园元宵灯会,为保证游园安全,布下严密的“安全网”。当天恰逢双休日,又遇上个大晴天,使得当天赏花灯的观灯大军如潮水般涌进了豫园,达到春节以来的最高潮——一整天豫园入园人数超过去年的35万人次,几乎每地都处在“饱和”状态,游园人数也是创下了历年之最。为避免人流过多带来的安全隐患,对九曲桥实行南向北单向行走,桥上的每个拐角处,都有纠察或保安,高举喇叭疏散人群,并且从当天下午两点就开始实行“入园买票”、必要时停止售票等措施限制入园人次。

(5) 不可抗力风险。如战争、恐怖袭击、疾病爆发等灾难性事件,导致活动取消或延期,给组织者造成极大的损失,包括前期筹备所支付的人员工资、场地预定、部分制作、市场推广等一系列开支。

表 11-2 面对风险的节庆现场管理

名　称	现　场　管　理
御堂筋列队游行	1. 警务人员搭建临时帐篷,设立走失儿童中心、救护中心、确保游行顺利进行的指挥站、沿街广播员的麦克风、小卖店等设施 2. 由关西吹奏乐联盟干部、职员及离职职员负责参赛队的确认、集合、出发报名及发标语牌 3. 运营协力团体(义工)负责御堂筋6段区域的清洁用具、盒饭等东西的分发及走失儿童中心和救护设施的管理 4. 青年会议所、儿童联合会、体育指导员协议会的1 000多名义工负责垃圾箱的设置、沿道游客的纠察、散发导游书和游行道路及附近的清洁工作 5. 相关的6处警察署派1 000人的制服警察进行交通管制,防止事故发生。游行街道沿道及地下街道,自备1 000名保安员保证游行安全进行
泰国水灯节	1. 泰国政府相关机构成立联合信息指挥中心,指定专人负责节庆期间的安全 2. 在水灯节高潮日当晚,曼谷市发动了4 000多名清洁工、246辆大型垃圾车、412艘清洁船来收拾全市公园、河道内的水灯
吴桥杂技艺术节	1. 各区城管分别组成40人的突击小分队,对重要路段、重要部位不间断巡查 2. 60名青年志愿者为艺术节提供沟通联络、礼宾接待、会议讲解、随团翻译、场务服务、外宾引领、导游疏导等支援服务项目 3. 交警整顿9条道路的交通秩序,重点整治7项违章行为,以保障杂技艺术节期间道路的安全畅通

2. 风险识别

风险识别就是要系统地、连续地识别以上所有可能出现的风险，它是管理风险的第一步。一般是根据活动项目的性质，从潜在的事件及其产生的后果和潜在的后果及其产生的原因来检查风险，收集、整理活动可能存在的风险并充分征求各方意见形成项目的风险列表，列出所有与活动相关的过程、客户及存在的问题和确定风险的来源、产生的条件等。

（二）风险分析

风险分析的目的是确定每个风险对项目影响的大小，一般是对已经识别出来的项目风险进行量化估计。

1. 三个概念

(1) 风险影响：它是指一旦风险发生可能对活动项目造成影响的大小。如果损失的大小不容易直接估计，可以将损失分解为更小的部分再评估它们。风险影响可用相对数值表示，建议将损失大小折算成对计划影响的时间表示。

(2) 风险概率：它用风险发生可能性的百分比表示，是一种主观判断。

(3) 风险值：它是评估风险的重要参数。"风险值"＝"风险概率"×"风险影响"。如：某一风险概率是25%，一旦发生会导致项目计划延长4周，因而，风险值＝25%×4周＝1周。

2. 定性分析

根据已有的风险管理计划、已经识别出的节事活动风险、假设数据的精确度和活动的已进展状态，可以进行风险定性分析。对于常见的活动项目或经常性举办的项目，其风险和后果往往容易被理解和认识。

定性分析的工具和技术有风险概率和后果、假设测试、数据精确度评价等，定性分析输出结果包括节事活动项目风险综合评价、重点节事活动风险清单、需进一步分析和管理的清单、定性风险分析结果中的趋势，了解趋势可有助于进一步加强节事活动风险管理。

3. 定量分析

定量分析一般是在定性分析之后进行，但也有识别之后直接进行的。其分析过程与定性分析基本相同，但要补充定量分析特殊需要的条件和专家判断。一般的工具和技术有面谈或专访、敏感性分析、决策树分析、模拟。定量分析的输出包括一个量化了的、明确重要性大小的节事活动风险清单、项目的概率分析，包括项目潜在的进度费用的预测，列出项目完成日期和费用、达到时间和费用目标的概率，根据当前计划及面临节事活动风险的了解，可以估算项目时间、费用目标实现的概率、定量节事活动风险分析结果中的趋势。在多次定量分析中会发现某种趋势可提供重要信息、制定节事活动风险应对计划。

四、节事活动风险管理的应对措施

（一）风险应对的概念

节事活动风险应对指为项目目标增加实现机会，减少失败威胁而制订方案，决定应采取对策的过程。它包括确认与指派相关个人或集体对已得到认可的节事活动风险应对措施担负起职责。节事活动风险应对规划要求切合于节事活动风险的严重程度，迎接挑战时具有的成本效益，行动要及时以保证成功，在项目的具体环境中要切实可行，要得到所有参与者的一致同意，并落实到具体负责人员身上，通常需要在若干方案中选择最佳节事活动风险应对方案。

（二）应对的方法和策略

根据风险性质和活动对风险的承受能力，并依据风险管理计划、风险排序、风险认知、风险主体等制定相应的防范计划，即风险应对策略。制定风险应对策略主要考虑以下四个方面的因素：可规避性、可转移性、可缓解性、可接受性。确定风险的应对策略后，就可编制风险应对计划，它主要包括：已识别的风险及其描述、风险发生的概率、风险应对的责任人、风险对应策略及行动计划、应急计划，等等。

1. 回避

回避节事活动风险指改变项目计划，以排除节事活动风险或条件，或者保护项目目标，使其不受影响。虽然项目班子永远不可能排除所有的节事活动风险事件，但某些具体节事活动风险则是可以回避的。出现于项目早期的某些节事活动风险事件可以通过澄清要求、取得信息、改善沟通，或获取技术专长而获得解决。诸如缩小范围以避免高风险活动、增加资源或时间、采用熟悉的方法而不是采用别出心裁的创新方法、避免使用不熟悉的分包商等都是回避的具体例子。

2. 转嫁

转嫁节事活动风险指设法将节事活动风险的后果连同应对的责任转移到第三方身上。转嫁节事活动风险实际只是把节事活动风险管理责任推给另一方，而并非将其排除。它包括利用保险、履约保证书、担保书和保证书。可以利用合同将具体节事活动风险的责任转嫁给另一方。如果项目的设计是稳定的，可以用固定总价合同把节事活动风险转嫁给卖方。虽然成本报销合同把较多的节事活动风险留给了顾客或赞助人，但如果项目中途发生变化，它有助于降低成本。

"一念之差飞了一千万"

"法兰西巡逻兵"北京飞行表演由于天气原因被取消；"中国陵川2004年户外运动邀请赛"因参赛选手死伤而紧急停赛；"上海金茂大厦国际跳伞表演"发生运动员摔伤……最近接连发生的事故，向人们敲响了警钟：加强大型体育活动的安全防范和风险管理刻不容缓。原定于2004年10月6日、7日在京举行的"法兰西巡逻兵"飞行表演活动因雾取消，令本次活动的承办单位——北京国方科技会展有限公司损失惨重。然而，事实上，这一损失本来是可以通过保险而避免的。

据悉，国方公司曾授权国内惟一专业从事体育保险的经纪公司——中体保险经纪有限公司作他们的保险代理，而中体保险也为主办方设计了包括"表演取消、推迟险"在内的保险项目。其中，"表演取消、推迟险"的赔付额高达1 000万元。但主办方最终因一念之差没有购买此险。正所谓"一念之差飞了一千万"，据估计，此次国方公司因演出取消造成的损失将在800万元左右。

国方公司一位张姓负责人在接受记者采访时用"深感惋惜"来形容。"对运作此类大型活动我们还是经验不足，风险意识也不够。不过我们会'吃一堑长一智'，在今后举办活动时首先进行充分的风险评估，再具体安排有关事宜。"

资料来源：sports. sohu. com。

3. 减轻

减轻指设法把不利的节事活动风险事件的概率或后果降低至一个可接受的临界值。提前采取行动减少节事活动风险发生的概率或者减少其对项目所造成的影响，比在风险发生后亡羊补牢地进行补救要有效得多。减轻节事活动风险的成本应估算得当，要与节事活动风险发生的可能概率及其后果相称。

4. 预防

事先从制度、文化、决策、组织和控制上，从培育核心能力上提高组织者的防御节事活动风险的能力。诺丁山狂欢节为了保障狂欢活动的顺利进行，主要是动用了专业的保安公司，而不是靠志愿者维持秩序；每一个乐队还都有自己的保安力量。据伦敦警方的通报，警方事先做了很多工作，提前给150名挂号人员发出警告，让他们待在家里，还抓获了16名嫌疑犯，而且警方在得到情报后，对一些流窜到狂欢节现场的帮派势力进行了阻止搜查行动，保证了狂欢节活动的顺利开展。

5. 接受

采取此项措施表明项目班子已经决定不打算为处置某项节事活动风险而改变项目计划，或者表明他们无法找到任何其他应对良策。主动地接受风险可以制订一套万一发生节事活动风险时所准备实施的应变计划；被动地接受风险则不要求采取任何行动，将其留给项目班子，待节事活动风险发生时相机处理。最常见的接受风险的应对措施为预留应急储备，或者简称储备，包括为已知的节事活动风险留出时间、资金，或者资源。为所接受的节事活动风险所预留的储备取决于按可接受节事活动风险水平计算所得影响的大小。

6. 应变计划

应变计划应用于项目进行期间发生的已识别节事活动风险。事先制订应变计划可大大降低节事活动风险发生时采取行动的成本。如果节事活动风险的影响甚大，或者所选用的对策不见得有效时，就应制订一套后备权变计划。该项计划可包括留出一笔应急款项、制订其他备用方案，或者改变项目范围。

2014.12.31　上海外滩陈毅广场踩踏事故

2014年12月31日晚23时35分许，上海外滩陈毅广场发生群众拥挤踩踏事故，截至2015年1月1日上午11点，有36人死亡(其中绝大部分送达医院前已无生命体征)，49人受伤，除7人因轻微伤离院外，其余42人全部在院治疗。伤员以年轻人为主，其中重伤13人，轻伤29人。上海外滩陈毅广场踩踏事故震惊中外。

此次事故暴露出，就算是如上海这般的大城市，公共安全管理也并不成熟的。诚然，上海确实是公共安全基础设施建设比较成熟的现代大都市，而中国自“非典”以来也逐步建立起一整套突发事件应急管理体系。但在中国安全生产科学研究院原院长刘铁民研究员看来，除了基础设施建设，一个好的城市公共安全管理不能在组织、体系、文化上存在结构性缺陷。从这个角度说，北京、上海等一线城市和中小城市其实差别不大，风险无处不在。加之这些特大型城市节假日活动比较多、人流密集，风险更高。

大多数事故并非逃难引起的恐慌性挤压踩踏，只是人群过于拥挤，有人跌倒引起连锁反应。在大多数人印象里，踩踏事故往往与逃避临时发生的灾难引起的恐慌性挤压联系在一起，类似地震、爆炸、火灾等。依照群体心理学，这些灾难会造成群体恐慌，使人群陷入一种极端焦虑的状态而不能自拔，拥挤、跌倒、踩踏便接连发生。一个典型案例便是1994年克拉玛依友谊馆火灾，火灾共造成288名学生遇难，医生鉴定表明，死因除了烧伤、窒息，还有近百名孩子是被踩踏身亡。

但大多数踩踏事故都并非逃难引起的恐慌性挤压导致。中国劳动关系学院安全工程系教师王起全等人在发表于2008年的论文中表示，经他们统计，2000年至2006年间，国内外大型活动中发生85起踩踏事故。但这些踩踏事故主要并非由地震、爆炸等灾难事故诱发的恐慌性挤压踩踏，多发于节日庆贺、体育赛事、宗教活动期间人群集中之地。人群过于密集拥挤，有人跌倒后引起连锁反应，短时间造成大量人员叠压引起挤压和踩踏伤。

触发点虽然很小，后果却很惨烈。王起全等人所统计的这85起踩踏事故，共造成4 026人死亡，7 513人受伤，平均每起踩踏事故死亡人数约为47人，受伤人数约为88人。平均每起事故都达到了中国规定的特别重大伤亡事故级别(30人以上死亡)。

人群聚集时，缺乏有效管理是踩踏事故发生的根本原因。大规模的人群聚集都是有很大风险的。公共安全危机干预专家高锋指出："踩踏事故的发生，有很大一部分是因为四面八方的人向一个狭小的空间内聚集，从而导致这个空间的承载量超过极限。"但从某种意义上，人群聚集并不一定导致踩踏事故，人群聚集却没有有效的管理才是问题所在。

以此次事故为例，人潮管理措施确实存在问题。据媒体此前报道，往年外滩跨年灯光秀，中山东一路、北京东路等周边区域的路段禁止一切车辆通行，黄埔江东金线轮渡双向停航，黄浦江人行观光隧道关闭，南京东路地铁站还会封站。2014年是改了灯光秀地点，且不说主管方关于灯光秀移址到外滩源举办的通知是否及时有效，对于外滩这样人群可能高度聚集地带不封锁主要路口控制人流量，显示出主管方对节假日公共场所安全风险把控不足，一旦现场人流超过预估容量，如何分流、现场秩序维护和应急预警也是缺位的。

资料来源：http://view. news. qq. com/original/intouchtoday/n3026. html.

五、节事活动风险监控

制定了风险防范计划后，风险并非不存在，在项目推进过程中还可能会增大或者衰退。因此，在项目执行过程中，需要时刻监督风险的发展与变化情况，并确定随着某些风险的消失而带来的新的风险。

1. 监控的概念

风险监控包括两个层面的工作：其一是跟踪已识别风险的发展变化情况，包括在整个项目周期内，风险产生的条件和导致后果的变化，衡量风险减缓计划需求。其二是根据风险的变化情况及时调整风险应对计划，对已发生的风险及其产生的遗留风险和新增风险及时识别、分析，并采取适当的应对措施。对于已发生过和已解决的风险也应及时从风险监控列表中调整出去。

2. 组成

不管预先计划好的策略和措施是否付诸实施，风险监控一日不可缺。如果最终发现已做出的决策是错误的，就一定要尽早承认，立即采取纠正行动。如果决策正确，但是结果却不理想，这时不要惊慌，不要过早地改变正确的决策。频繁地改变主意，不仅会减少应急的后备资源，而且会大大增加活动阶段风险事件发生的可能性，加重不利后果。

控制节事活动风险主要有两方面意思：一是控制风险因素，减少风险的发生；二是控制风险发生的频率和降低风险损害程度。要控制节事活动风险发生的频率就要进行准确的预测，如对利率预测、干系人信用评估等。

3. 风险监控输出

风险监控输出包括应急计划、挽救行动、项目变更请求，发出变更单，纳入整体变更管理、节事活动风险应对计划更新，对发生和未发生的风险做记录更新、核对表更新、活动风险数据库等。

第十二章

节事活动的现场管理

节事活动前期的策划、筹备工作要经过较长时间，大型活动一般至少一年，才能进入关键的实施阶段，即现场管理环节。这是最紧张也是最关键的一步，管理不善不仅会功亏一篑，而且甚至会有生命危险，在社会上造成恶劣影响。本章从场地的布置与管理、后勤管理和人员管理三个方面来描述如何进行现场管理。

第一节　场地布置与管理

一、场地的选择

(一) 场地的类型

1. 室内场地

指节事活动选择在固定的建筑物内举办，如各类会议中心、大小会议室(举办的协会会议、公司会议、专业性会议、论坛、讲座、专家讨论会等各类会议)、展览中心或展览馆(举办的各类展览会)、体育中心或体育馆(举办的各类体育赛事)，还包括音乐厅、剧院、电影院、宴会厅、活动室等(举办各类音乐会、电影节、戏曲节、文化节、庆祝活动或其他节庆和事件等活动)。这种场地往往是永久性多功能的，经过装饰和调整一般可以适合举办不同的活动(见图 12-1)。

2. 临时搭建的凉棚式场地

凉棚式场地指的是临时搭建的用来举办节事活动的暂时性场地，往往选择在无建筑设施阻挡、有一定范围的草坪(如图 12-2)、广场或其他较为平坦的开阔区(图 12-3)。上海第一届中国国际鼓手节就选择在上海新国际展览中心的600平方米的室外展厅举办的(如图12-4)。

a　2005财富全球论坛(北京)开幕式　　b　首届国际动漫节:杭州开幕式

图12-1

资料来源:business. sohu. com,搜狐网。

资料来源:www. 591ac. com,南方动漫网。

图12-2　可用来搭建的草坪

图12-3　古诸罗名胜风情室外展览

资料来源:library. taiwanschoolnet. org。

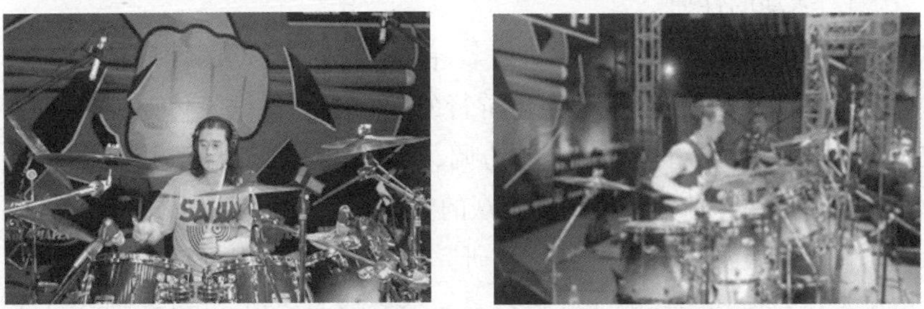

a　　b

图12-4　第一届中国国际鼓手节600平方米室外展览

资料来源:www. musicchina-expo. com,2005中国(上海)国际乐器展览会。

3. 露天场地

有些节事活动由于流动性或活动性质和类型的限制,不需要顶棚,在草坪、广场等露天场所(图12-5),或有规定路线的街道上举行。如草坪婚礼(图 12-6)、花车大巡游、广场音乐会等。

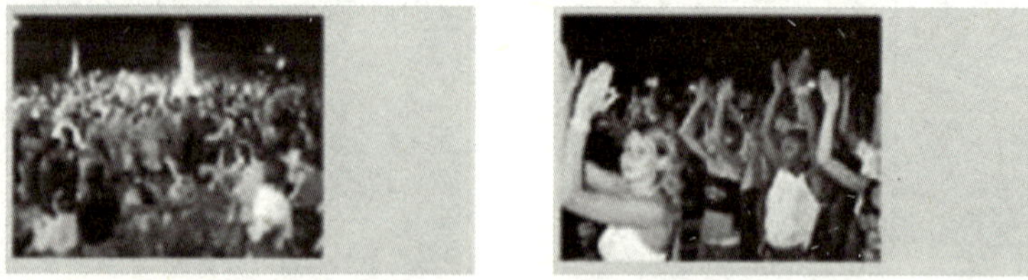

图 12-5　2005 年广州啤酒节开幕式

资料来源:www. gzbeer. com,广州啤酒节网。

a　　　　b

图 12-6　草坪婚礼

资料来源:a 1hd7894. w13. mengxiu. com,武汉喜庄婚庆策划中心网。
b www. lovehome-marry. com,上海爱家婚庆庆典网。

(二) 选择场地应考虑的主要因素

1. 活动的性质

选择何种场地来实施活动方案,首先要根据活动的性质。如花车大游行只能在马路上进行,但对游行的起止点要根据具体路况做详细规定,同时还要做好交通管制与协调、安全保卫、重大事故预警等工作。

2. 活动的规模(包括到场观众的数量)

在活动策划与管理的可行性研究阶段,组织者根据活动的类型和市场大小对活动的规模就已经有了一个清晰的认识,并已经列举合适场馆的要求和条件。可能符合条件的场所有若干个,在最终决策时要考虑到观众的喜好、消费习惯、场地预算费用等是否可行。一般来说,确定场地要非常慎重,一旦确定,不能随便更改,尤其是临近活动开幕或开始,否则,会造成混乱。当然,也不是说举办场所不可更改,比如在项目运作过程中由于参与人数的变化对场地可以做一些微调,但不能做大的变动。若出现意外情况必须改变,一定要尽早通知,对于大型活动来说，一般要提前3个月。

3. 场地条件对活动项目的适合性

举办场地的自然形态也限制着活动项目举办地的选择。如最早的网球比赛是在草坪地上进行的，因此网球运动素有“草地网球”之称。随着网球运动的广泛开展，其场地逐渐被土地、硬地和塑胶球场所代替。现在，网球比赛使用的场地分三种：草地、土地和塑胶场地（亦称涂塑场地）。硬地球场只是一般活动性场地（如沥青或水泥等）。硬地球场最早是用石子、沥青或水泥建造的。它的最大优点是风雨无损，坚固耐用，几乎无需养护。国外流行的所谓全天候球场，主要就是指这种场地。在这种场地上打球，球落地后的反弹速度快，人们称之为硬地快速球场，现在人们已经不再在这种硬地球场上进行正规比赛了。但是可以作为日常娱乐活动的比赛场地。

4. 场地的区位因素

作为节事活动的举办地点，其在举办城市所处的区位条件也在很大程度上影响参与者的数量和活动的效果。地处交通便利、食宿游购等方便、又距离娱乐区近的场地往往能吸引到大量游客。如上海旅游节开幕式中的南京路大狂欢，场地不仅面积大，可容纳几十万人，而且地处上海最繁华热闹的南京路商业街，地铁一号线、二号线和八号线的换乘枢纽，交通四通八达，便于疏散人流。

5. 设施设备要求

体育赛事组织者除了要考虑场馆尺寸、照明强度、主要风向、地面状况（使用年数）等条件外，还必须考虑所选定体育场馆的其他设施如座位（包括固定座位和临时座位）、新闻记者席、停车场、会议设施、储藏间、供餐服务、衣帽间、运动员练习场等条件，以表明具备开展活动的资格。所选择的场地必须有助于降低风险，减少恶劣天气、断电等意外事件的发生，如露天场地必须准备所需的棚盖设备以防遇到恶劣天气，对于出入口，一定要能够确保观众畅通无阻地出入，而疏散通道、急救车辆的通行区在遇到紧急情况时能够充分发挥作用（见表12-1）。

展览会主办场馆的选择，不仅要根据不同的展览主题考虑是否具备完善的场地条件、符合要求的高度及地面承受能力等展馆条件，展厅是否设有灵活性分隔、卡车入口、地坪装卸、设备、办公室、小卖部及餐厅和板条箱仓库，而且必备水、电、压缩空气、通讯、空调等配套设施和完善的服务设施。如由美国Murphy/Jahn设计事务所设计的当前亚太地区最先进、功能最完善的上海新国际博览中心，其入口大厅明亮气派，既可安排来宾登记、信息查询，又可以作为小憩、洽谈之地。观众可以方便快捷地进出各个展厅。还设有商务中心、邮电、银行、报关、运输、速递、广告等各种服务项目，向客商提供全面的优质服务。此外，附近有地铁二号线、大桥五线六线、东川线、申庆线等公交线路可直接到达。整个展馆设施先进，配备齐全，交通便捷，能满足各类展览会的要求。

表 12-1　在选择活动场所时需加以考虑的因素

- ■ 使活动的场所和活动的主题相匹配；
- ■ 使活动场所的大小和活动的规模相匹配；
- ■ 场所的布置，包括视线和座位的布置；
- ■ 在该场所曾经举办过的活动，包括该场所的声誉；
- ■ 可用性；
- ■ 场所可以提供哪些设施；
- ■ 来往于场所的交通和场所周围的交通情况，停车场；
- ■ 观众、设备、表演者、贵宾、员工和残疾者等人的入场；
- ■ 厕所和其他便利设施；
- ■ 饮食设备和首选的伙食提供商；
- ■ 供电（可用的电量和电源插座）；
- ■ 通讯设施，包括电话；
- ■ 气候，包括小气候和通风条件；
- ■ 应急计划和紧急出口。

资料来源：〔澳〕约翰尼·艾伦（Johnny Allen）等著，王增东、杨磊译：《大型活动项目管理》，机械工业出版社 2002 年版，第 379 页。

有些综合型的、有分会场的节事活动，可根据不同的活动内容来选择或调整不同的场地，如 2005 中国（上海）国际乐器展览会的展览现场设在上海新国际博览中心，而其重要的主题活动第一届国际鼓手节由于人流量大、声音嘈杂等原因，为了避免影响正常的展览活动，选择在上海新国际博览中心临时搭建的室外场地举行；2005 上海中国乐器行业首次高层论坛由于国际乐器界大腕云集，选择在会议设备齐全的上海国际会议中心 9 楼浦江厅举行；这次展会的现场演奏活动，有柏斯的双排键、管乐专场，泰山管乐、四会华声、美国莎嘎、迈氏、沃吉等十几家厂家参加，主办方将舞台移至人气十足的 1 号馆及 5 号馆的观众登录大厅，使这一展商演示产品的舞台与观众更为接近，并给观众带来第一时间的新品视听享受。

二、举办场地的布置与装饰

场地的布置和装饰都必须围绕整个活动的主题而展开，灯光、音响和特殊效果都是为了烘托活动的气氛进行设计，如整个活动背景的色调、舞蹈的形式等都留有使游客和观众发挥充分想象力的空间，音响和灯光能够使娱乐活动更加完美，诱导观众从潜意识到全身心地投入，而不会发生视线被阻挡或嘈杂声过响而淹没音乐的情况。

（一）举办场地必须具有的要素

1. 舞台、表演或演示区域

不管节事活动是在固定建筑物室内举行，还是在临时搭建的凉棚内或露天场地上举行，都必须要划分出舞台或者是表演、演示区域（以下统称为主席台），以区分表演者和观众的界线。在舞台的设置上既要满足所有出现在舞台上的表演者，包括演讲者、花车大游行等游行行列中的各类舞蹈、表演演员、颁奖嘉宾或场上的运动员、裁判等人员的需要，又要便于观众观赏和参与。观众和参与者不管处于哪个方位，都希望视线不被阻挡，能和场上表演者近距离地接触，音乐的选择和音量的高低等音响效果、灯光的变换和强度、座位的数量和舒适度都要使观众满意。

图 12-7　“发烧级”、“豪华型”造就的“沪字第一号”露天大舞台

上海旅游节开幕大狂欢活动在享有世界盛名的中华第一街——南京路步行街世纪广场举行。经过市、区两级政府重金打造的世纪广场为“大狂欢”活动提供了的一流环境（如图 12-7）。尤其引人瞩目的是喷水广场的地面 LED（发光二极管）变色光带和 LED 大显示屏幕，其闪亮的效果已经为“天然舞池”创造了很好的先天条件。“大狂欢”活动的舞美装置围绕旅游节活动的特性，结合世纪广场的环境风格，设计出了相应的形象符号。舞台的构成由一个主台和左右两个延伸附台组成，主台呈三角形状，附台如同两个翅膀，整个舞台视觉效果如同一个巨大的飞鸟，又似遨游的飞行器。舞台和背景大屏幕总长72米，高5.5米，气势不凡。

2. 观众和参与者区域

观众和参与者区域分为站立和坐席两种类型，相比较而言坐席更便于管理，尤其是凭票的对号入座。在观众区域，入口和出口的管理相当重要。

3. 设施设备管理区域

一般会议中心需具备以下设施设备，如同传系统、DCN会议系统和主席发言机、A/V传送现场电视信号通道音频、信号合成系统和多媒体演示控制系统、影像/电脑强光投影机、实物投影机、幻影机、幻灯机、幻灯视频转换器、彩色多频系统电视机、多频系统放映机、镭射笔等。

4. 服务区域

如储存区、演员休息室、化妆室等。

在活动开始之前，必须对场地的现场进行再次视察，检查如场地与活动项目的要求是否一致、观众的舒适度、观众对活动项目的可视性(视线)、储藏区、出入区、舞台区及相关区域、设备等情况，减少意外事件发生的几率。

(二) 布置的形式

活动场地的布置模式根据观众的参与程度，可以分为两大类，一类是流动式的线路布置模式，观众站立于活动周围、街道两侧或高处观看，这种模式没有固定观众席和安排座位，可通过街道或广场两侧的装饰来烘托气氛，如花车巡游时，游客站立于游行线路的街道两侧欣赏喜庆的各类花车及表演，而西班牙奔牛节的观赏者可以站在奔牛线路街道的楼上观看奔牛的壮观场面。二是安排座位(固定或移动座位)的布置模式，这种模式相对来说，位置布置工作较为复杂。

1. 活动场地的布置模式

这里主要探讨是第二类，需要安排座位的模式。在安排座位时，必须考虑到座位的类型——固定的还是可以移动的、观众数量、观众到来的方式、安全因素，包括安全门和防火制度、过道的位置和大小，对演出、演讲者或视听设施的视线、残疾人的入场方式等。

（1）剧院（礼堂）式。这种布置形式就像剧场那样，最前面是主席台，主席台有若干个座位（座位数视会议需要而定）。观众座位围绕主席台，有正面向座位、左面向座位和右面向座位之分，也可以有楼上座位，观众席设在靠近主席台的一侧看台，以同一方向对着主席台。小的剧场式可以只有正面向座位。大的剧场式可容纳数千个座位，而且场地设施系统完备，往往有先进的视听设备，甚至配有同声翻译设备。

（2）教室式。这种布置与学校教室一样，最前面是投影屏幕或白板（或两者皆有），接着是主席台，主席台后面是桌子和椅子，中间留有1—3个走道，方便演员走进观众中间与大家交流，烘托场面气氛。每一排的长度取决于场地的大小及出席的人数。

（3）宴会式。这种布置方式很像举行宴会时的布置形式，显得较为随意，有利于调动与会者的积极性。这种布置形式多用于与酒会、饮食结合在一起的活动。在中间的圆桌上可以放上鲜花或其他展示物。

（4）体育馆式。大多数赛事采取体育馆式布置形式，座位设置在赛场四周，这种布置的座席能提高观众对比赛的参与度。

（5）T形台式。即主席台延伸向观众区，三面为观众席所环绕，能拉近表演者和观众的距离，便于欣赏。如模特服装表演、部分体育赛事采取这种场馆布置模式。

（6）U形与马蹄铁形。这两种布置形式可以把观众和表演者连在一起，观众和表演者的位置距离很近，相比较而言，马蹄形的布置形式把表演者和观众的距离拉得更近一些，感觉更随意些。往往在凹槽内进行表演和展示。

一般来说，参与人数较多，观众较多的活动多采用前四种布置方式，即剧院式、教室式、宴会式和体育馆式，而参与人数较少，观众较少的活动多采用后两种。针对具体某个节事活动而言，不仅要根据场地的大小和形状来决定采用哪种布置形式，而且要考虑到现场直播的因素，拍摄的角度越多，成本就越高。应与电视制作人协商如何安排观众座位席和电视拍摄，以使电视观众观看到更好的现场效果。

2. 主席台及主席台布置

不管是露天的还是室内的活动，主席台是必不可少的。主席台的应用极为广泛，其用途包括表演、颁奖和演示。主席台的大小和形状可以根据屏幕的设置和后方投影仪等设备来策划，但首要考虑的因素还是观众的需求，特别是视线问题。

(1) 场地及主席台示意图。绘制主席台平面图很重要,它是演出工具的一种,不仅画出了演出区域的鸟瞰图,而且列出了灯光音响设备、入口、出口以及电源插座等供电设施设备、演员休息室、化妆室等基础设施,为活动的工作人员和演出人员提供依据。还有场地针对主席台的正面图和侧面图,从观众的角度出发设计演出区域,如采用越远越高的坡度设计来确保观众的可视效果。

(2) 主席台或舞台布置。主席台前台的大小和形状,可以根据整个场地和活动规模来定。主席台因用途不同,其布置形式也有很大不同。并根据活动需要,决定是否摆放桌椅或其他设施,如大型会议中讲台是必不可少的,为发言人、演讲人发表言论、进行表演的地方,上面可以放置台式麦克风、台灯、文件和材料,一般摆放在主席台的右侧。当作为开幕式场地时,最常见的是在其中央正前方摆设一长条桌,长度根据开幕式上主席台的人数而定。长条桌上摆放桌签、鲜花、茶杯或矿泉水等。主持人一般在长条桌的一侧,其座位处摆放台式麦克风。长条桌后侧摆放椅子,前侧摆放花草。对于模特大赛来说,主席台就是服装展示台,是演示区域,不能摆放任何桌椅和讲台,主持人使用无线话筒。而在有些颁奖典礼上,只需要一个供主持人使用的讲台(如图 12-8)。

图 12-8　金鸡百花颁奖典礼——梁静介绍提名名单

资料来源:www. 51xw. com,娱乐新闻网。

总之,主席台的布置要既实用又能突出活动的主题,吸引到场观众的视线。

2005新丝路世界模特大赛总决赛于9月23日在太湖之滨——无锡进行，其舞台设计(图12-9)也围绕着“水”来做文章。与一般的晚会舞台不同，这次模特大赛的舞台既是一个比武场地，又是一个演出舞台，这要求舞台设计既实用又有可看性。从效果图上可以看出，整个舞台由两部分组成，前面的圆形部分是选手展示自我风采的平台，而后面的长形部分采用极富现代感的视频墙效果，各国佳丽缓缓从这里走出。而整个舞台中的亮点则是水的运用。而且舞台设计中，也需要细致考虑安全的问题[①](表12-2)。

a　乐器展示　　　　b　晚装展示

图12-9　2005年新丝路世界模特大赛总决赛现场

资料来源：http://www.liaoshen.com.cn 网易女性频道。

表12-2　舞台安全设计中需要考虑的问题

■ 舞台必须有很好的构造，最好由具有良好保证措施的专业公司进行安排； ■ 舞台的入口处必须有充分照明； ■ 所有凸出的东西以及台阶都要安全，并被明确标注出来； ■ 要有工作灯光，以便在活动前后提供白炽灯光； ■ 所有的电缆都需要很安全； ■ 必须准备好急救包和其他应急设备； ■ 必须明确规定在出现紧急情况后由谁来负责处理； ■ 必须列出所有相关人员的联系号码。

3. 观众席布置

(1) 贵宾或嘉宾席。贵宾或嘉宾席一般安排在前几排，为了表示对贵宾的尊重，有的活动还加上长条桌，甚至也摆放桌签和茶水，桌子

① 引自〔澳〕约翰尼·艾伦(Johnny Allen)等著，王增东、杨磊译：《大型活动项目管理》，机械工业出版社2002年版，第384页。

两侧竖立指示牌，国际活动用中英文两种文字写上贵宾席字样。

(2) 观众席。在移动座位摆放时，要注意排与排的距离，尽量宽一些。

(3) 记者席。对于大型节事活动来说，参加活动的记者会很多，有时甚至上百人，这些人走来走去会影响活动的正常举行和效果，所以要专门设立记者席。如果有两层会场，一般将记者席设在二楼的前几排，既方便他们摄影和摄像，也对他们的走动加以限制。

4. 贵宾室布置

高规格的节事活动参加的贵宾相当多，有时要设立几个不同的贵宾室，按不同规格来接待。贵宾室的位置应距离活动主席台比较近，而且有专用通道。贵宾室门口要有明显的中英文标牌，室内摆放沙发和茶几，茶几上有饮料和鲜花，有时还要准备热毛巾和胸花。

5. 基本设施设备的布置

(1) 话筒。活动的主持人、演讲或发言嘉宾一般都使用无线话筒(会议除外，会议主持人一般使用固定台式话筒)，而节目演出时演员根据需要和形式来决定使用无线或立式固定话筒。在和观众互动时，也提供无线话筒，便于传递和交流。

(2) 投影仪和屏幕。在活动进行中，有时要播放一些事先录制好的资料或影片，需要高质量的投影仪、放映机和高分辨率的屏幕，并由专门的技术人员控制。屏幕的尺寸根据场地的大小设置。在活动开始之前，一定要做好与播放设备、计算机的连接及与屏幕的距离调试，保证放映效果清晰、不变形。

(3) 录像机、VCD/DVD 机。可以放映录像带、光盘等，尤其是后者体积小，操作方便，所放的光盘小而薄，可以压缩进大量的图片、声像信息，而且清晰、保真，制作成本也不贵，便于携带。录像机可以将演讲和活动现场录下来，包括声音和图像，录制成磁带，可以反复播放。

(4) 音响设备。一般的会展中心、宾馆和体育馆都已安装了固定的音响设备，并经过专业人士的精心调试。但是，在露天场地或观众人数增加或声音要求质量高等情况下，必须请专业公司来提供服务。音响设备的应用范围①见表 12-3。

① 〔美〕戈德布拉特(Dr. Joe Goldblatt)著，陈加丰、王新译：《国际性大型活动管理》，机械工业出版社，2003 年版，第 227 页。

(5) 无线上网。现在越来越多的会议室,尤其是大型会议室可以为与会者提供无线上网服务。如今,国际会议举办地点都已接入互联网电缆,电缆的宽带越大,上网的速度也越快,但价格也越贵。

表 12-3　音响设备的应用范围

音 响 设 备	应 用 范 围
调音台	具有综合声音合成功能,包括放音和录音的功能
吊竿式传音机	电视、电影、录音、特别声音源以及大型团体
盒式磁带收录机	现场录音
光盘播放器	播放器乐演奏音乐、其他音乐以及效果音乐
延迟式扬声器	用来把原声源的声音传送到更远的区域,在有舞台布景的地方,它可以安装在离观众距离一半的上方。扬声器接收到的应是延迟音频信号,这样可以避免出现回音问题
数字音频录音机(DAT)	播放同步音乐
补充扬声器	用于把声音信号传送到观众前部区域等死角地方
混音器	通过中央控制装置把各种音源传来的声音信号进行混合
全向麦克风	合唱
环型区麦克风	合唱、歌唱和钢琴演奏
扬声器	向特定地区或广泛地区传送声音
集束式扬声器	把一组扬声器集成一束,用以向广泛的区域传送声音
扬声器三脚架	放置扬声器的支架
舞台或耳挂式监听器	其他乐器和声乐家演奏的音乐回放
单向麦克风	单独演讲者

(6) 休息室。如今,在活动现场不仅为已经到达的名人、嘉宾、VIP 等作为出场前的休息所用,不少节庆活动还提供专门方便观众和参与者的休息区域。如上海旅游节在狂欢现场,不仅提供纸杯装的软饮料等服务,还提供了众多方便观众的服务设施,如专门的休息区域。

(7) 演员化妆室。化妆室条件的优劣是衡量一个演出场地档次的标尺。

(8) 储藏室。最后一个属于场地的后台服务,后台主要为演员和员工准备,演员可以在演出前后于休息室、更衣室或化妆室内休息及与导演交流,工作人员也可以在此放松。后台也是用来存放音响、放映等设备、储藏食物和饮料的地方。

(三) 装饰的要求

布景、道具等装饰涵盖了许多不同的因素,从颜色的设计到幕布的选择,从舞台景架的搭建到鲜花的摆放,其关键点是使不同的因素都围绕并突出活动的主题。

1. 舞美设计

前台的舞美设计不仅仅是提供演出的环境,更重要的是体现设计者力图描绘的意境。这里所说的意境,就是从活动的主题出发,把时间、地点、气候、活动气氛、人物情绪、时代特色和地方色彩等,在服从演出总体构思的前提下,通过舞台设计用色彩、线条、光线等,创造出一个适合活动的演出环境。要把舞台美术设计搞好,对舞美设计师的要求很高,要有相当的文化修养,才能分析活动的宗旨和意图,正确、深刻理解活动主题的思想内涵,才可能充分表达。因此,设计者要有正确的审美观点、丰富的史学知识和多种技巧,才能驾驭千变万化的舞台。舞美构思确定之后,如何体现这一构思,制作材料的选择是关键。随着科技的发展,新材料层出不穷,过去几十年用木材布料制作的单一方法已适应不了今天的要求了。材料是艺术的载体,不同材料会给观众带来不同的艺术感受。如丝绸的高贵华丽,青铜的古老厚重,大理石的纯洁无瑕等有着不能替代的特性。而材料质地的厚薄、粗糙、光滑、坚挺、柔软,其本身就能成为一种艺术表现力。

图 12-10　中法文化年之中央芭蕾舞团《大红灯笼高高挂》

资料来源:www. people. com. cn,人民网。

对于我国的文化类节事活动，应该有中国民族特色和体现本地区的地方色彩。民族特色和地方色彩，也不可能一成不变，它必须体现一定的历史背景，并且具有时代精神。对西方的艺术手法的学习、借鉴、运用的问题。立体派、构成派、超现实主义、意识流等表现手法，当然也可以尝试，但要结合具体活动，探索其可行性，不能盲目照搬，要注意活动的特点以及观众的欣赏习惯。尤其在出国举办的大型活动，如中法文化年(图 12-10)，艺术风格上更应该体现东方艺术的基本特征，如果要借鉴西方的艺术手法，也要在继承本民族传统的基础上去借鉴，以达到丰富、发展本民族艺术的目的。

2. 布景

布景和道具可以说是像演员一样重要，不仅是配合参与演出，而且是演出的重要组成部分。由于活动布景如何，与表演主题是否协调统一非常重要，随着时代的发展，布景越来越富有动感和时代性。

背景板和横幅是活动的标志物，大多数活动在主席台上都设有背景板或挂有横幅。背景板是最近几十年流行起来的，设计简洁、色彩明快、主色调和活动主题协调。背景板的最上面主要包括活动的标志和有关组织的徽章、活动的(中英文)名称、缩写、举办时间和地点及活动的主办单位。横幅是最常见的一种宣传形式，由于红色最显眼，通常是红布做成，如果采用中英文两种文字，中文在上，字体稍大；英文在下，字体可以稍小，文字用白色，一般挂在主席台上方或大门上。

气球、充气拱门和彩旗也是为烘托活动效果而布置的，在升起的彩球上和垂下的彩带上、充气拱门上和彩旗上印有活动的标志和预祝成功的字样，能够有效地营造出活动的喜庆气氛。

图 12-11　某广场开幕式的气球、充气拱门和彩旗

资料来源：www.f1568.com，石家庄飞龙气模专业广告气模网。

3. 灯光

舞台灯光概括说来，具备以下几种功能：

(1) 视觉照明。这是灯光的基本功能，使剧场观众得以清楚地观看到舞台的全部和演员们的表演。

(2) 突出人物。这项附加功能主要通过舞台追光来实现，用一束明亮的光线扫过较暗的舞台，由于视觉原理，人们自然地会去注意舞台上最亮的区域，从而完成对剧中人物的特写。

(3) 加强美感。这项附加功能需要通过舞台诸因素合力才能够得以实现，在灯光、舞台布景、服装、化妆等多要素的联合作用下，将观众带入一个梦幻般的氛围，从而对活动发展和行进的环境有身临其境的感觉。

节事活动的灯光一般会由专门的灯光师负责完成，需要在同创作小组不断协调后，准确掌握演出剧场和舞台所需灯光的数量、灯具的负荷量以及灯光布置的大致位置。在活动的音乐以及舞蹈都基本确定并进入排练后，依据活动和演出剧场的实际条件，设计出最佳的灯光方案。在进入最后的排练阶段后，作为舞台美术的重要一环，灯光应该参加演员的着装走台排练，检查灯光设计是否有不合理之处，直至最终确定灯光方案。

舞台灯光不仅能够创造浓厚的节日氛围，而且有助于形成独特的表演风格。活动的主题、导演的理念、服装的华美、舞蹈的绚丽，诸多只可意会不可言传的音乐和歌舞精神主要依靠灯光来表现。作为舞美的重要元素，舞台灯光日益成为成功塑造活动中的人物形象、装饰演出舞台的重要手段①(表 12-4)。

表 12-4　灯光照明的应用范围

活　　动	灯光照明应用	活　　动	灯光照明应用
空间时代	紫外线灯光照明	高科技重点	激光灯表演
氛围	灯光投射(遮光黑布效果)	产品揭幕	装饰灯照明
中央装饰品	微型聚光灯照明	空间时代效果	光纤光源背景
情绪变化	背景色彩变换灯照明	演讲会演讲者	主聚光照明灯照明
舞厅地板	移动式灯光照明	舞台布景	布景灯光和背投灯光
娱乐者	跟随聚光灯		

① 引自〔美〕戈德布拉特(Dr. Joe Goldblatt)著，陈加丰、王新译：《国际性大型活动管理》，机械工业出版社，2003 年 6 月版，第 223 页。

4. 特技效果

活动组织者运用特技效果来吸引观众的注意力，营造激动人心的氛围（见图 12-12），或令人大吃一惊，或令人开怀大笑。把各种特技效果完美地结合成一个活动方案的关键，在于如何运用特技效果来突出活动的总体目标[①]（表 12-5）。

a　上海旅游节激光烟火晚会

b　中国歌舞团演出

图 12-12

资料来源：a 上海旅游节指定网站。
b ent. sina. com. cn，新浪网。

表 12-5　特技效果运用范围

特 技 效 果	应 用 范 围
气动五彩纸屑发射器	飘落在宾客头顶和宾客中的五彩纸屑，用来作为活动结束的标志
气球下沉	数百个气球从悬挂在观众头顶上的袋子或网盒中下落
干冰	在地面上形成低层烟雾
闪光罐/盒	制造喷发效果
飞行	制造外层空间或幻觉等空中效果
烟雾	魔术、激光束照射、喷发、外层空间
全息图	幻觉、吸引、交流沟通
放光	交流沟通、娱乐、突出关注重点、产品推出
烟火（室内）	新产品推出，活动结束
烟火（室外）	吸引注意力，体育或其他活动的结束标志
鼓风机	树的吹动、旗帜的飘扬和其他织品的飘动

① 引自〔美〕戈德布拉特著：《国际性大型活动管理》，第 234 页。

第二节 后勤管理

对于所有的活动而言，后勤工作是最需要花力气考虑的一个部分，也是较为琐碎的部分，即便是极其微小的细节也会影响活动的成败。作为活动的组织者，如何做到精心策划活动的每个环节，并在现场管理中重视后勤管理的细节，从而满足各方利益相关者的需求呢？如果后勤管理不完善，无论多好的创意都难以完善地实施。

一、后勤管理中需弄清的问题

后勤(logistics)一词源于希腊语中的"logistikos"(计算的科学)和"logos"(意为"原因")，在现在英语中，"logistics"一词指"处理操作中的细节问题"。活动的后勤管理要求组织者能将其创造力导入理性的轨道，从而有效地组织活动。良好的后勤管理能帮助确保活动安全，保证实现活动经营目标并迎合公众的期望，所以弄清后勤管理中的各种问题，有助于现场活动的顺利进行。

(1) 举办活动的目的是什么？募集资金、吸引媒体注意、促销各种产品、还是提供公众娱乐机会？

(2) 活动的规模，预计有多少观众、媒体记者和 VIP 贵宾参加？

(3) 活动在室内还是室外进行，还是两者皆有？

(4) 活动是否有分会场，它们之间相距多远？

(5) 是否需要及需要哪些方面的供应商/服务商？如何选择供应商/服务商？

(6) 活动对设施有何要求？是否要求活动有供残疾人使用的设施？公共卫生部门对设施有何限定？

(7) 是否提供食品和饮料？如果提供，由谁或向谁提供？

(8) 计划特邀多少嘉宾？

(9) 运动员/演员、观众和媒体记者乘坐何种交通工具抵离场地？列出交通车辆的类型、来往时间和特殊要求。

(10) 工作人员和志愿者乘坐什么车辆到达指定地点？

(11) 对卫生设施的需求(按国际标准，每 100～200 人应有一个公厕位）。

（12）照顾特殊的观众（如残疾人、老人、不同语种的外国人）是否占有很大的比例？

（13）场地的座位布局如何？

（14）活动需要多少工作人员和志愿者（根据经验，要考虑志愿者在活动当天 20%的缺席率）？

（15）需要安排多大地方来存储设备和物品？

（16）工作人员和志愿者是否需要制作制服？

（17）需要安排何种紧急救援、保安措施？人流控制措施如何？

（18）可能发生的情况（如人群冲突、遇到高温天气等）对加强安全措施有何需求？

（19）活动是否需要电视转播？

二、与供应商/服务商的协作

一般普通观众注意不到活动看台设施和移动公厕的提供者，注意不到节目表的印刷商、志愿者制服的制造商以及现场垃圾清理商等，而作为活动的组织者，选择好的供应商/服务商是非常重要的。

1. 确定需要的产品和服务种类

如一场高尔夫球赛需要与 30 多类供应商/服务商打交道，包括市场设计、标志牌、礼仪策划及用车、计分系统、餐饮服务、饭店服务、发电机与空调、印刷、救援车辆、制作证件和凭证、票务及汽车通行证、各种桌椅、停车场管理、洗车服务、保安、往返交通、无线电通信等。按经验来说，为每 75～100 名观众设计一个食品饮料售卖点比较合适。

2. 详细说明彼此的权利和义务

如对于餐饮服务商，应确认他们是否具有经营许可证，了解饮食责任保险由谁承担，要求他们提供公司简介、餐饮品种、供餐计划、标有价格的菜单样本，并提出在活动供餐多样性等方面的基本要求。

活动组织者则应为餐饮服务商提供下列条件：提供公用帐篷和与之相邻的服务区；充足的配餐工作空间和服务通道；服务人员停车证和入场证；至少两台能收到组委会频道的双向无线电步话机；工作区的安全保卫；员工休息室；赞助商提供的食品和饮料（供给运动员、演员和志愿者）。

有些定期举办的活动，组织方会和供应商签订长期协议，一般为期3～4年。签订长期协议对活动主办方和供应商来说都更能提高效率。首先，可以节省花在供应商招标上的时间和精力；其次，可以培养与供应商/服务商之间密切的协作关系，而且对于印刷、制服制作等项目，主办方通常只会选择本地服务商进行。

3. 保证商品保质保量、如期到达

如活动统一制服的设计、制作和发放是活动后勤工作的重要内容，也是颇为烦琐的、具有挑战性的工作。制服的准备应提早进行，制服的款式、颜色和面料的选择都有一定的讲究，不同级别的管理/工作人员的制服在颜色和款式上应有所不同：如入场管理和问讯处工作人员可以穿蓝色，引座员则可穿红色或黄色，保安人员穿浅灰色，医务人员则可穿白色；而且服装的面料也应根据活动举行时的气温、天气状况而定。

制服尺寸、提前足够的时间订制制服、寻找愿意为活动提供制服的赞助商、有效率地发放制服、制定调换和归还制服的有关规定、为管理人员修改制服等都是管理制服事务应注意的事项，其中，保证制服能在活动前如期运到组织者手里至关重要，如果出现意外事件耽误活动期间的使用，就必然带来混乱。

三、交通管理

交通管制是节事活动期间最普遍的难题，有效地疏导活动举办期间的大量人流、车流需要周密的计划，也需要当地警察、交通部门、活动组织方和志愿者的通力配合。通向活动场馆的各主干道、高速公路出口、十字路口、地铁口都应配备交警，同时应为前来的观众设置指示方向的交通指示牌。如果观众大多数以汽车为交通工具，活动场所附近须有车位充足的停车场，并标牌指示观众在何处停车或在何处搭乘往返公交车。可以利用附近大型商场的停车场，那里往往车位充足，商场也常常乐意合作，因为这样可以在节事活动开始之前和之后带去购物人流。

后勤部门应及早规划VIP会员、嘉宾、观众、演员、运动员和媒体记者抵达和离开活动场所的交通方式，并安排相应的交通工具和停车场，还应考虑停车场内是否有足够的照明设施、指示标牌及管理人员，减少犯罪的发生率，给停车者安全感；并协同城市的公交部门推出措施，鼓励观众乘坐公交车到场观看演出。

保持交通通畅的另一措施是设置路障和利用警力控制过往行人。如上海旅游节的开幕式上，为了使花车大巡游安全顺利地进行，在淮海路相关地段实行交通管制，不允许任何车辆通过。有时，为了防止汽车站以及地铁站过于拥挤而发生危险，政府派出警察进入车站控制人流速度，或者搭建临时的人行天桥以控制行人穿越马路，避免造成拥堵。

此外，举行大型节事活动时，还要对公交司机进行培训，让他们了解各种情况下可选择的行车路线。1996 年亚特兰大奥运会期间，从其他城市借调来一批公交车司机，由于缺乏资金，没有事先安排培训，结果造成许多司机在市内迷路。为了简化培训，可以安排每位司机只负责有限的几个场馆之间的接送工作，这样他们就无须熟悉所有的线路了。

交通服务的主要的后勤事项：

(1) 确认 VIP 客人、媒体记者、观众、娱乐节目演员的接送、停车需求。

(2) 向相关车辆发放通行证和停车证。

(3) 配备通讯设施，保证所有的汽车司机能随时与中心调度员联系，中心调度员又能随时向后勤部门报告。

(4) 与当地交通、停车场管理部门合作，绘制准确的交通线路图，绘制交通车辆接送乘客的停靠点和停车场的位置。

(5) 在紧急情况（如交通堵塞或发生意外事故）下可选择的其他行车路线。

(6) 确认活动场地大门是否允许各种车辆进入，将有关通知传达到门卫。

(7) 安排一些备用车辆待命。

(8) 做好重要客人接送时的安全保卫工作。

(9) 为司机提供休息室，并供应茶点。

四、安保管理

1. “安全第一”原则

许多成功的活动组织者都信奉“安全第一”的原则，将安全措施放在重中之重，尤其是演员和观众的安全是最重要的，对任何隐患都须采取预防措施，切忌视而不见。

活动规划的每个环节都应考虑到安全问题。如果门票类型是开放座票，不需要对号入座，就必须加强现场保安力量，否则，观众入场时就会冲向前排争抢座位，导致混乱甚至伤亡事件发生。因此，现代节事活动为了安全起见已取消开放座票，采用对号入座的方式或无票站立式观看方式。

安全管理不只是现场保安或保安部门的责任，而应该是所有参与者的责任，只有开展全员安全管理才能保证活动平安、有序。

(1) 在工作会议上强调，安全工作是活动重要的阶段性考核目标之一，每个部门都应引起重视。

(2) 个人参与安全管理方案的制订。

(3) 设立安全事务委员会，审定最终制定的安全计划，并定出计划实施时间表。

(4) 在活动现场设立急救点，如果是大型活动，须根据医疗卫生及治安管理部门的建议设立多个急救点。

(5) 根据以往经验，确定急救点须配备的医疗人员数量。

(6) 活动现场应接受消防部门的安全检查，物品存放、装饰性搭建设施须遵循消防部门的规定。

(7) 如果要放烟火、礼花，要报请消防部门批准并在现场布置适当的消防警力。

(8) 与治安管理部门一起检查现场，讨论出入管理方案及如何对重要区域进行安全保卫。

(9) 设立明显的用于人群疏导的标牌系统。

2. 制订安全与危险防范措施

无论哪种类型的节事活动，都应采取措施保证演出者和观众的安全，对警力、消防和紧急救护做相当的安排。一般来说，消防机构和警察的救助是免费的，但不一定会派人一直驻守现场。一旦发生危险，他们将迅速到达。在现场管理中，危险的防范措施很多，这里列举几点：

(1) 张贴适当的标志或通过广播向观众提醒安全事宜。如提醒观众“中场休息时请尽量留在座位上，过多的活动易导致危险”或贴出“烟火施放区请勿靠近”的标志。

(2) 设置防护围栏，不让观众在场内随意跑动，对体育赛事来说，还要有意识地让支持不同球队的球迷分开就座，避免不必要的冲突。

(3) 对于高风险性的表演或娱乐活动不仅要在现场设置保护设施，而且要购买连带保险。

(4) 为工作人员、志愿者、媒体记者、演员、VIP 客人和赞助商制作出入证。

(5) 告知观众何处是紧急出口，宣传急救知识，并进行事先培训。

体育赛事的场内急救系统

超级联赛正在紧张激烈地进行。突然，观众席上的一位中年男子手捂胸口，心脏病发作倒在了地上，他妻子想起比赛开始前曾阅读过关于场内急救系统的告示，她立即让邻座去叫赛场服务员、保安人员和医疗队。赛场服务员穿着橙色马甲(视觉信号)，观众很容易认出他们，服务员了解情况后立即用随身携带的无线通话机通知组委会通信中心，并对情况做初步判断后启动个人救护程序。通信中心随即通知驻守现场的医疗队，值班医护人员迅速赶到，对病人作紧急处理后用救护车将其送往医院，通信中心同时也通知其他保安人员注意维护秩序。当病人被安全送往医院后，相关工作人员也都写好了工作报告，交给主管，主管对本次行动的成功和不足做评价和总结，并将报告存档，以备应付法律诉讼时查证。

3. 有价物品的运送和保护

由于节事活动的人流量大，财产的安全也不容忽视。不仅是个人的财产安全，还有商品以及有价物品的运送和维护，否则会造成延误或丢失的损失。管理人员要对现金和有价物品的预备、包装、运送、接货、验收和分类入库等工作计划有清醒的认识，引起足够的重视。在运送过程中，如现金运送时，要安排替补警卫人员，为临时增加运送车次时发挥作用，尤其是大笔现金，要有身穿制服的专业警卫跟车护送。

(1) 事先确定现金、收据和有价物品的保放地，一般将这些高风险活动安排在安全的场所进行，降低抢劫、偷盗的几率。

(2) 在商品到达前安排好分类存放和保管事宜。

(3) 坚持签单管理制度是预防损失的有效方法。

(4) 售票亭/售票点不应积存过多的现金，以防发生失窃危险。

(5) 对接触现金和有价物品的人采取相应的管理措施。

(6) 指定专人负责活动财产安全保卫措施。

第三节　现场人员管理

节事活动举办现场中的人员可以分为三大类，即组织者（包括临聘人员在内的所有工作人员）、观众、游客等消费者和邀请来的演员、嘉宾和媒体记者等。对于现场工作人员来说，现场工作是所有工作中最关键的一环，它决定着活动的成功与否，同时也是最紧张和最疲劳的一个工作环节，所以，做好临聘人员、工作团队的激励工作十分重要，以确保他们现场工作的积极性和高度投入。而对观众、游客等消费者和邀请来的演员、嘉宾和媒体记者等，不仅要做好接待服务工作，而且要确保他们的人身、财产安全。

一、现场接待服务管理

节事活动的现场服务能力和质量是衡量活动是否成功的一个标志。现场接待服务不仅要程序化、规范化，而且要尽量采取适合观众、游客等消费者和嘉宾、媒体记者所需要的个性化服务。在服务中处处关心和体贴他们，从细微处照顾他们的需要和感受，才能使他们极为满意，节事活动的生命力才会更强。

（一）接待服务礼仪

礼仪和仪式是活动组织者借助其喜庆和热烈的气氛，宣传自身形象，引起社会公众关注，扩大知名度，获得经济和社会效益的良好时机，尤其是活动的开幕式、闭幕式、颁奖仪式等往往会给观众留下深刻的印象。

1. 礼仪和仪式策划的原则

（1）开幕式、闭幕式与具体活动相结合的原则。一个大型活动的开幕式、闭幕式或其他活动涉及的层面很多，邀请的名人和嘉宾也很多，还有有关领导，并伴有一些表演活动，所以事务很烦琐，需要周密部署和仔细筹划。一般开幕式的时间不宜太早，也不宜太迟，持续时间的长短根据活动的性质来定。单纯的开幕式、闭幕式、颁奖仪式等不宜太长，如赛场为取得成绩的运动员颁发奖品和奖牌的简短仪式，而大多数的开幕式等往往和某项具体的活动结合在一起，如某电视台首届职工运动会开幕式暨星光广场落成典礼、第二届“动感地带”中国大学生DV节开幕式暨首映式、第十六届哈洽会开幕式暨招待酒会、校园文化艺术节开幕式暨校园卡拉OK大赛等，不仅使得仪式的内容丰富，而且能够引起公众的广泛注意，扩大社会影响。

(2) 国际惯例与民族风俗相结合的原则。由于节事活动的国际化发展趋势越来越明显，在礼仪的策划中更要重视国际交往的通则。在国际交往中的许多礼宾活动都有固定的仪式、礼节，这些是参加国际交往时必须认真了解并遵守的，向交往对象表示尊敬与友好的约定俗成的习惯做法：如在确定涉外并排位置、座次安排、会见合影时遵守“以右为尊”的原则；举行谈判也是遵守“以右为尊”的原则；涉外宴请时，摆放圆桌，通常以“面对正门”的方法进行具体定位；进行官方往来，召开国际会议，举办国际博览会或国际体育比赛时，经常需要悬挂本国和有关国家的国旗，既表达了对本国的热爱，也表示了对他国的尊重，目前，在各类国际交往中所悬挂的国旗，大都采用并排悬挂的方式，并按“以右为尊”的原则操作。而我国的传统做法是“以左为尊”，国内会议的排列以左为上，以右为下，但在国际交往中要注意“内外有别”，坚持“以右为尊”为好。不过在必要的时候，要学会灵活处理礼仪的“个性”，各国都有自己的风俗习惯和礼仪礼节，在交往中遇到特殊情况，要做相应的变通，以示尊重。尤其在一些特定的场合采用对方或己方的礼仪接待，使对方感到亲切，拉近双方距离，如APEC的民族服装年。

(3) 国家间一律平等的原则。在国际交往中，国家不分大小、强弱、贫富等一律平等。在节事活动举办过程中要贯彻平等原则，热情友好，落落大方，彼此尊重，不卑不亢。既尊重外国的风俗习惯，又表现得自尊、自重、自爱和自信，对大人物和普通人一视同仁。

(4) 诚实守信的原则。在正式的活动中，必须认真而严格地遵守自己所有的承诺，并说话算数，兑现许诺，尤其是有关时间方面的正式约定，一定要恪守不怠。万一由于难以抗拒的因素，致使自己单方面失约或有约难行，需尽早向有关各方进行通报，如实地解释，并且郑重其事地为此事向对方致以歉意，而且按照规定和惯例主动地负担给对方所造成的某些物质方面的损失。

2. 礼仪策划的程序

(1) 准备阶段。事先对活动的内容及贵宾的人数、国别及爱好等作充分调查研究，了解国际惯例的做法和其传统民俗。

(2) 制订方案。根据调研的结果，确定指导方针，制订实施方案，拟定接待经费。

(3) 邀请嘉宾。明确参与对象和特约贵宾，事先发请柬和入场券。一般邀请行业知名人士、政府官员等作为嘉宾出席节事活动，对于这些嘉宾，组织者事先落实他们的名单并与他们多方沟通，告知准确的活动时间。

(4) 组织实施。在现场派专人负责实施接待和监督工作，做好安全保卫工作。嘉宾到来之后，准备签到簿让嘉宾签到，如果必要，该接待人员要懂得外语并承担翻译任务。在现场安排好嘉宾的座位，遵守国际上通行的“以右为上”、“居中为上”、“面门为上”的原则。

3. 几项重要的礼仪

(1) 开幕式礼仪。可以多种方式举行开幕式，如鸣放礼炮（事先安排好燃放地点和时机）、嘉宾剪彩（安排好剪彩嘉宾和礼仪小姐）、领导讲话（准备好讲话稿）等。一个典型的礼仪程序为：由礼仪人员引领国内外嘉宾至主席台就位，主持人主持开幕并介绍到场嘉宾，主持人请有关领导讲话，某位重要嘉宾宣布正式开幕，相关表演开始，开幕式结束后重要嘉宾要有专人陪同。

(2) 宴会礼仪。宴会的类型、规格不同，礼仪也不尽相同，如中餐有中餐礼仪，西餐有西餐礼仪，VIP 人物有贵宾礼仪等。下面仅列举其中官员的宴会礼仪与基本的桌次与座位礼仪。

一国领导人正式访问，东道国都有正式的欢迎宴会，但具体形式各有不同。有的国家举行一次大规模的正式宴会。有的国家为使来访者有机会同本国各界人士广泛接触，除举行小型双边宴会外，另再举行一次大型招待会。也有的国家只举行一次双边宴会。

来访国的领导人，在离开邀请国首都之前，往往为东道国举行一次答谢宴会。有的以访问人名义举行，也有的授权驻东道国的使节出面举行。答谢宴会的规模与形式通常同东道国的正式欢迎宴会相仿。也有不举行答谢宴会，或者规模与形式不同于欢迎宴会的。一般视访问国的习惯和东道国的习惯而定。

我国对来访的外国领导人，在其抵达北京当日或次日晚上，在人民大会堂举行欢迎宴会，由出面接待的相应领导人主持。宴会邀请来访者一行及其驻华使馆的外交官和夫人出席。一般不请第三国人士。宴会大厅中央悬挂两国国旗。宾主入席后，军乐团奏两国国歌，席间奏两国乐曲。宴会上双方领导人先后发表讲话。对一般代表团，通常由出面接待的东道主宴请一次，根据代表团的性质和人数，举行宴会或是招待会。至于告别宴会一般代表团不一定举行。

在宴请中，桌次与座位是一个不可忽视的问题。按习惯，桌次的高低以离主桌位置远近而定。右高左低。桌数较多时，要摆桌次牌。宴会可用圆桌、方桌或长桌，一桌以上的宴会，桌子之间的距离要适中，各个座位之间的距离要相等。团体宴请中，宴桌排列一般以最前面的或居中的桌子为主桌。餐桌的具体摆放还应视宴会厅的地形条件而定。各类宴会餐桌摆放与座位安排都要整齐统一，椅背达到纵横成行，台布折纹要向着一个方向，给人以整体美感。

礼宾次序是安排座位的主要依据。我国习惯按客人本身的职务排列，以便谈话，如夫人出席，通常把女方排在一起，即主宾坐在男主人右上方，其夫人坐在女主人右上方，两桌以上的宴会，其他各桌第一主人的位置一般与主人主桌上的位置相同，也可以面对主桌的位置为主位。在具体安排座位时，还应考虑其他因素。例如，双方关系紧张的应尽量避免安排在一起，身份大体相同，或同一专业的可安排在一起。

（3）几项体育赛事礼仪：

a. 运动员入场，如只有两支参赛队伍，客队先入场，主队随其后。

如有多支国际参赛队伍，客队按其国家名称在主办地语言中的首字母顺序入场，东道主代表队最后入场。奥运会则是希腊队最先入场，东道主代表队最后入场，中间的其他国家代表队按国家名称首字母顺序入场。

b. 奏国歌，如只有两支参赛队伍，先奏客队国歌/队歌，再奏主队国歌/队歌。

国际赛事只演奏官方确定的国歌。

（二）观众的到场与退场

节事活动的观众流动有两种情况，一种是在较长的时间跨度内观众以较小的流量陆续抵达又陆续离开；另一种是在较短的时间跨度内（如开始前半小时和结束后一小时）观众蜂拥而至，又蜂拥而出。能否有效疏导观众流不仅影响观众的安全性，而且也直接影响观众的心理体验。安排迎宾员、引座员接待客人，可帮助客人迅速扭转因路上堵车或其他原因引起的心情不快，融入到活动的欢快气氛当中。主办方适当地提供饮料和点心，为客人营造积极的、值得回味的印象，向客人赠送有保留价值的纪念品已成为许多活动的惯例，如派发印有组织者、赞助商 logo 的物品，如帽子、T 恤或外衣、纪念胸针等。

入 场 须 知

1. 请遵守公共秩序，自觉维护社会公德，遵从现场公安及工作人员的指挥；

2. 请勿携带危险品、锐器等违禁物品入场；

3. 请看管好自己的小孩及随身携带的物品；

4. 请勿进入水域及其他禁止进入的区域。

交 通 提 示

大宁灵石公园位于广中西路 288 号，交通四通八达，地铁一号线，公交 95、46、79、114、916、210 等均能到达。

关 于 停 车

公园附近有一定的机动车、非机动车停车位，请听从现场交警的指挥。

（三）演员、媒体记者、VIP 客人及所有来宾的接待

组织方无论是接待 VIP 客人，还是成千上万的观众，都要做到细致周到，除在场馆入口处(或停车场入口处)安排接待人员提供帮助、赠送礼物以外，还应按当地的传统习惯，在机场、火车站、汽车站、出租车上、城市的街道和建筑物、宾馆和场地悬挂欢迎标语。在活动的接待宾馆前厅设置问讯台，提供活动的日程、城市地图和其他活动信息，并为宾客解答问题。

尤其是大型活动必须考虑演员、媒体记者、VIP 客人及所有官员的接送问题。接送演员要事先规划缜密的交通方案，根据需要选派合适的车辆，保证节事活动的按时进行；对于媒体记者，尤其要保证交通服务的迅捷高效；对 VIP 客人和官员的接送也可向旅游汽车公司租用配导游的巴士或轿车，这些驾驶员都必须事先培训，主办方对交通车辆进行协调和监控，配备的导游在途中向 VIP 客人介绍活动举办地的各种情况，如当地风土人情、名胜风景及其他有趣的信息。提供专门的车辆、停车区域和办公、休息地点会使他们留下良好的印象，对于记者，优质服务促使他们增加正面报道，提升活动的知名度和美誉度。

（四）对特殊人士的照顾

在欧美国家，所有的公共设施在建设时都考虑了残疾人的特殊

要求，如坡道、盲道、专用的洗手间等，而且在现场划定专用的停车区域、观看比赛区域并以醒目的标志标明。尤其是有残疾人参加的活动，特别要注意沿途路面情况，避开陡坡和沟坎，安排志愿者帮助盲人适应陌生的环境，帮助使用轮椅者上下台阶、陡坡及帮助他们换上演出服装，为聋哑人配置哑语手语翻译等。我国在这方面的服务相对较差，要改变目前的状况，必须对固定的建筑和设施加以改造，并在新建的设施中注意这个问题，引起公众对弱势群体的关注，在各方面给予他们帮助和照顾，吸引他们参与各种节事活动，提高他们的生活质量。

下面列举的是，在活动组织设计中落实美国伤残人保护法规定情况的综合检查表①：

1. 在活动举行前对宾客进行调查，以确定采用何种接待方式。

2. 在宣传手册或散发物品中应写有："如需要特殊接待，请在下面注明"的字样。

3. 对集会地点或场所进行检查，确定在活动举行之前有哪些缺陷需要弥补。

4. 设立轮椅停放区。

5. 为那些需要手语翻译的宾客设立明显的标志线。

6. 帮助残疾演讲者建立进出讲台的通道。

7. 为视觉障碍残疾人提供舞台活动的听力提示服务。

8. 选择那些已安装，或可以为身体虚弱的人提供扶手的场所作为集会地点。

9. 为乘坐轮椅的残疾人提供高度相适合的餐桌。

10. 如果在涉及一个与美国残疾人保护法规相适合的活动环境时碰到其他问题，应与美国司法部及时取得联系，以求得到解决。

11. 对职员进行培训，使他们能为残疾宾客提供更好的服务。

（五）住宿餐饮服务

举办节事活动是一项有大量人员聚集的活动，安排好他们的住宿也是组织者要事先策划的内容。组织者除了可指定旅游代理外，往往还会和一些宾馆酒店签订合作协议，向所有演员和观众推荐这些指定的宾馆酒店，这些指定的宾馆酒店也往往提供比市场价格更优惠的价

① 引自〔美〕戈德布拉特著：《国际性大型活动管理》，第 269 页。

格接待这些演员、观众和嘉宾，并在活动过程中向观众提供餐饮服务，保证食品和饮料数量充足，并培训服务人员，高效地应付繁忙时段，减少观众的排队等候时间。这是一个双赢的措施，住宿及其他消费活动是饭店的一大收入来源(一般颁奖晚宴也往往会安排在该饭店举行)，如果活动的知名度和收视率很高，组织者可以寻找“唯一饭店赞助商”，饭店也可以借此机会提高知名度。

二、现场工作人员管理

(一) 现场工作人员类型

1. 技术人员

一个活动项目的制作、举办要涉及许多专业人员，作为演出活动的技术支持可能会包括以下专业人员：

艺术总监；

制作经理；

技术总监；

舞台总监；

舞蹈设计总监；

编剧；

灯光设计；

灯光操作；

音响设计；

音响制作；

视频设计；

视频操作；

前台管理。

2. 管理和服务人员

下列人员直接组织和管理活动的举行：

场地管理人员；

服务接待人员；

后勤管理人员；

餐饮管理人员；

清洁和垃圾处理人员。

3. 临聘人员

由于节事活动尤其是大型活动往往都需要大量的临时工作人员来进行现场管理，尤其是志愿者，他们已经成为活动管理中不可缺少的重要部分。

志愿者通常参与的工作包括：

引座员；

礼仪员；

记时员；

裁判员；

各种协调员，如媒体协调员、交通协调员、信息协调员、后勤协调员等；

急救员；

公共关系助理；

安保员等。

(二) 现场人员管理的几个关键问题

1. 重视活动举办前的短期培训

把“人”视为可开发资源和崇尚“以人为本”的管理原则的今天，只有通过不断地培训、提高来实现这一目标。尤其在节事活动开幕之前，要加强员工的短期培训。这种员工培训与活动的总体目标是一致的，是与实现活动组织单位的发展方向、目标规划相结合的。对于组织者来说，举办前的短期培训是一项低投入高产出的工作，这种短期教育培训，可以提升员工素质，提高员工对活动重要性的认识，让员工熟悉整个现场管理的流程，保证活动的顺利进行和开展。

(1) 培训的作用：

丰富员工的各类知识，提高鉴别力和灵活性；

提高活动的管理水平和质量；

开拓思维、激励员工的工作热情，提高对危机事件的应变力；

让员工明确本次活动的工作目标，珍惜工作机会，提高凝聚力；

加深对活动的认识，提高对活动重要性的理解，提升忠诚度；

通过活动营造相应的文化，为活动及组织机构的升级奠定基础。

(2) 通过培训，希望达到的品质：

正直的操守(integrity)：做正当的事。

无畏的勇气(courage)：面对挑战能迅速采取行动。

坚毅的耐力(persistence):不畏艰苦,坚韧不拔。

团队精神(team work):能团结合作以达到希望的成果。

顺畅的沟通(communication):能交换对他人有影响的信息与构想。

追求成果(drive for result):能不懈怠地将任务完成。

系统性思考(systemic thinking):能够洞见细节以外。

服务的热忱(desire to server):能充分体现个人对顾客满意的承诺。

不断的创新(innovation):能将所学转为竞争优势。

(3) 培训的内容:

活动的基本框架,包括活动产生的背景、历史情况、举办目的等;

场地情况;

具体任务分工;

工作职责;

工作守则;

意外事故处理程序;

应急措施;

其他相关信息等。

2. 采用有效的激励措施

一个活动如果想要建立一个好的形象的话,除了可以靠宣传推广之外,更是通过现场管理的水平和质量来体现,因此运用员工激励这种非常有效的好方法,经由内部的努力,孕育出一种一体的共识,透过这种共识,而导出一个特殊的活动文化来,经由员工们在现场的服务及各种表现,很自然地获得公众对活动的认同。那么,如何进行有效的设计与运用激励措施来增强员工对活动的认同呢?

激励措施往往有很大的风险性,在制定和实施激励时,一定要谨慎。运用因人而异、奖惩适度、公平性、奖励正确的事情等关于激励的基本原则,能提高激励的效果。常见的激励措施包括目标激励、榜样激励、强化激励、情感激励等。

奖励作为强化激励的正面手段可以极大地影响员工的工作热情,包括物质奖励和精神奖励。物质奖励包括奖金、提高工资、发活动的入场券、实物奖品、提供高档次的工作服和餐饮、活动纪念品、庆功表彰和庆功聚会等,精神奖励包括岗位轮换、多样化工作内容、工作肯定或口头表扬、颁发奖励证书、媒体宣传、提供与偶像见面的机会、奖励旅游与度假等。

（三）加强现场沟通

在活动举办的现场，保持及时、顺畅的沟通非常重要。通过信息沟通、意见交流，将分散在现场的许多独立的员工贯通起来，成为一个整体。畅通的信息沟通，可以减少人与人的冲突，改善员工与员工、员工与观众之间的关系。活动项目管理者要想作出正确的决策，必须以准确、完整、及时的信息作为基础。加强沟通是现场组织控制管理过程的依据和手段。没有好的信息沟通，情况不明，就无法实施科学的管理。只有通过信息沟通，掌握各方面情况，才能为科学管理提供依据，才能有效地提高现场管理的效能。通过现场内、外部环境之间的信息沟通，就可以获得众多的变化的信息，从而为现场管理及决策提供依据。

加强沟通也是活动项目经理成功领导的重要手段。项目经理是通过各种途径将意图传递给下级并使下级理解和执行。如果沟通不畅，下级不能正确理解和执行领导意图，项目就不能按经理的意图进行，最终导致项目混乱甚至项目失败。因此，提高项目经理的沟通能力，与领导过程的成功性关系极大。

沟通的效率直接影响管理者的工作效率。一个高素质的团队组织者和协调管理者所发挥的作用往往对项目的成败起决定作用，一个优秀的项目经理必然是一个善于沟通的人。尤其是突发事件出现时，各方面的协调和沟通更是重要。

（四）组织和管理好临聘人员

一般一个活动项目组的组成人员少，而在现场管理中需要大量的执行人员来完成不同区域的繁重的工作任务及阶段性工作，活动项目组织者就需要聘用临聘人员。本着“公开、公正、择优”的原则，通过社会招募，面试合格后办理有关录用手续。节事活动的临聘人员一般以志愿者为主，经过总体培训、分类培训和实地演练后，充实到翻译、商务售货、文秘、接待、安保、裁判、新闻中心等岗位上。

G20峰会志愿者招募明启动

2015年12月09日 03:35:34　来源:《浙江日报》

本报杭州12月8日讯（见习记者 周洲 通讯员 庄丽）12月8日，记者从G20杭州峰会志愿服务工作高校动员部署会上了解到，志愿者报名工作将于12月10日正式启动。

G20杭州峰会志愿者选拔，将特别注重语言能力，优先选拔德语、法语、西班牙语、阿拉伯语、印尼语等各小语种专业的志愿者。重点考虑在大二、大三本科生和硕士生、博士生群体中选拔，确定了浙江大学、浙江工业大学、浙江师范大学等15所高校作为峰会志愿者的定点招募高校。

招募的具体流程为：2015年12月10日至2016年2月1日为高校志愿者的报名阶段；2016年3月9日前，经过首轮面试确定6 000名志愿者预招募人选名单；3月30日前，开展包括志愿者理念、礼仪、基本国情、国家外交、峰会情况等的通用培训；4月15日前，经过二轮面试确定4 500名志愿者名单；6月30日前，做好志愿者配岗、岗位演练等工作，复核确定志愿者名单；8月27日前，将完成组织招募的全部计划任务，具体人数按实际需求而定。志愿者名单确定之后将开展集中培训并做好志愿服务协议签订、志愿者录用通知书及证件领取及保管、发放等工作。

广大市民可以加入到城市志愿者的行列，在旅游景点、文博场馆、广场车站等地方，开展旅游咨询、文明劝导、绿色环保等志愿服务。

目前，杭州智慧公益网络平台"志愿汇"手机APP已经上线。这意味着，志愿者动动拇指，就能选择自己喜欢的公益活动，志愿服务组织也能招募到更合适的志愿者。

资料来源：http://news.xinhuanet.com/local/2015—12/09/c_128511178.htm.

图12-13　F1摩托艇世界锦标赛中国深圳大奖赛接受培训的志愿者们

志愿者等虽然为临聘员工，但不能忽视对他们的激励措施，不能挫伤他们的工作积极性，欧洲 F1 志愿者就曾不满待遇问题，向国际汽联发出最后的通牒。现在很多招聘单位打破“身份界限”，使临聘人员与正式职工同工同酬，工资、奖金视技能、责任、贡献大小拉开档次，并帮他们购买保险，享有正式职工同样的精神奖励和物质奖励。当然，聘用人员不遵守劳动合同规定事项或不胜任工作的，聘用方有权解除合同。

又危险钱又少 F1 志愿者扬言起义

法拉利车队的著名德国车手舒马赫一年进账 6 000 万美元，他是靠玩命赚来的；相比之下，在比赛中保护着舒马赫和车迷的 F1 赛场的志愿者每天的午餐津贴只有 3.5 美元，可是他们也得面临着生命危险。日前，来自欧洲的众多一级方程式志愿者发出最后通牒，要求提高待遇并加强赛场的保护措施。

自 1994 年巴西车王塞纳命丧意大利之后，车手的相关防护得到了很大的改善，专家认为目前的 F1 赛车简直安全得像防弹衣。然而，志愿者的工作条件却几乎是在原地踏步。2001 年 3 月 4 日，在本年度 F1 首站墨尔本大奖赛中，英美车队加拿大车手维伦纽夫的赛车在高速行进中撞上了防护栏，52 岁的安保人员贝弗里奇不幸被飞溅的轮胎碎片击中面部而当场丧命，而维伦纽夫则丝毫无损地走出了赛车。

面对赛场上的悬殊差距，抗议人群中的一员、来自英国的 F1 工作人员阿贝愤怒地表示，“我们的待遇如此菲薄，而面临的危险是如此巨大，真不知道是否值得。”阿贝和他的妻子为英国大奖赛工作，两人在比赛期间工作四天，一共才能得到 60 美元的午餐补贴。为马来西亚大奖赛工作的汉扎赫无奈地说，“我成为 F1 的志愿者就是为了能亲眼目睹自己热爱的赛车运动，但赛场是如此不安全，收入又是如此菲薄。”

目前，在 F1 的赛场中，志愿者负责的工作主要是打旗语、清理赛道、与驾驶中的车手保持通讯联系以及管理好现场观众。对于他们的不满，国际汽联正在进行紧急磋商，以期能采取措施平息他们的愤怒。

资料来源：enjoy. eastday. com，东方体育网。

（五）活动的现场执行管理①

1. 活动过程中最容易出现的三个问题：

（1）活动前期准备不足造成的现场事物的漏缺；

（2）活动现场分工不明确导致管理混乱；

（3）对现场突发事件的处理缺乏一定的准备和技巧。

2. “角色管理”

由于活动现场的参与人员数量大、事务繁杂，所以如何控制好现场的各项工作，保证活动的顺利进行，对于活动的管理者来说也是一个极大的挑战。为了提高活动实施阶段的管理效率，应该实施操作程序化管理。程序化管理是一种科学的管理意识，只有程序化实施，才能有标准化、科学化管理，因而实施设计，重要的是设计出操作的规范程序。

其实每次活动的参与人员都很固定，根据他们参与活动的不同身份大致可以分为六类，即：活动组织方、场馆方、演员/主持/选手等、舞台/灯光/音响制作方、嘉宾/观众方和媒体记者方。

所以，我们可以根据活动参与者的角色来分配管理工作，分工明确、各负其责。把这种管理暂时称为“角色管理”。即：根据参与活动者的不同身份把现场的管理任务分为若干方面，每一参与角色群体的相关事务为一方面的管理任务，再分别安排专人来负责每一方面的相关事务，最后由项目负责人来统一管理各个方面的负责人，协调和控制整个现场工作。

当然，在每次的具体活动中以上几方面并不是什么时候都一成不变。根据活动的不同情况，它所容纳的角色或多或少，但并不会影响我们的管理工作，因为现在所提出的是一种管理的方式或者说概念，根据不同的情况，它的具体内容也会随之更改。

（1）角色划分。角色管理的前提是对参与活动的全体人员进行科学的角色划分，这也是实施操作活动现场工作的基础。在角色划分的过程中既要注意角色的独立性，又要注意角色所内含工作的系统性和联系性。因为角色划分的最终目的就是为了使工作分工明确，易于操作。

例如对一场具有表演内容的新闻发布会或时装发布会，在舞台方面会涉及音响、灯光和舞美；而在表演方面又会涉及主持人、演员和道

---

① 资料来源：www. tw103. com，项目管理网。

具。要想保证演出的顺利进行，舞台方必须充分配合演员的各方面需要，而演员方也一定要了解舞台方的各种要求。他们之间的联系不用说是非常的密切，照理说安排一个人来全权负责是再好不过了，但是因为各方的事务都非常的多，如果一个人来处理未免会显得心有余而力不足；而且两方的人员又有明显的系统属性，所以还是把两方的管理分开来比较好。当然，这时双方负责人的沟通就会显得很重要了。但是如果是一场小型的演出，也许一个人来管理两方面的事也会游刃有余的。

a. 活动的组织方：主要包括活动的主办方、承办方、协办方等参与活动整体策划和运作的单位和个人。不管是在程序上，还是事件的实际处理过程中，活动的组织各方都需要很紧密地合作与联系，对于他们的管理和协调亦非常重要。

b. 场馆方：主要是指场地的所有者或管理者。例如在体育馆举行演唱会时的体育馆方，在社区举办活动时的社区街道办或者物业管理方等。他们在整个活动的进程中充分扮演着活动实际操作过程中的把关和配合角色。

c. 演员/主持/选手方：这方面主要包括参与活动的演员、主持人、参赛的选手、参加讨论的发言人等活动的表现主体人员。所谓表现主体人员，是说他们在整个活动的进程中具有一定的表演、展示、发言等行为的人员。这种称谓主要是为了有别于活动主体人员，因为很多时候的活动主体人员主要是观众，但是观众这一块一般会单独管理。

d. 舞台/灯光/音响制作方：主要包括舞台的搭建、灯光的安装、音响的调试等几个方面的工作人员。这些都属于活动的基础设备，而且具有很强的联系性，所以把对他们的管理专门划为一方面。

e. 嘉宾/观众方：主要包括到场的领导、嘉宾、评委、观众等几方面的人员。因为参与活动的领导、嘉宾和观众等在活动举行过程中的活动范围基本都限于同一场地，所以把他们主要归为一方。当然，对于某些大型的活动，因为参与嘉宾人数众多，且与之相关的活动频繁时，也可以把嘉宾和观众方分开进行管理。

f. 媒体记者方：主要包括活动邀请的媒体和主动前来采访的媒体。因为每次活动都会产生一定的社会效应，而且很多公关活动的最终目的就是增加宣传力度、扩大影响力，媒体的参与对于整个活动的效益评估具有很大的参考价值。所以对于媒体方的管理也就理所当然地独立为面了。

有时候，某些大型活动的每一项都可能会有很多事务，例如一场大型的演出在演员方面，可能在道具、演员食宿、后台设备等方面都有很多事情要做，那么这个时候可以在角色划分的基础上，再对各项事务进行进一步的细分。

总之，在角色的划分上应该充分考虑到具体活动的实际情况，根据实际情况来决定划分的具体内容才能获得事半功倍的效果。

(2) 工作职能。各种角色的管理人员的职能主要表现在：

a. 监督和控制各种角色参与人员的到场和准备情况。例如舞台灯光音响是否已经安装和调试完毕，为领导嘉宾准备的笔、纸、水、名片等是否齐备，演员是否到齐，媒体记者是否已安排妥当等；

b. 负责各角色人员之间的信息沟通。参与活动的各个方面都需要互相配合，各角色管理人员应当及时传达他们之间的信息和各种配合要求；

c. 负责解决各角色群体提出的各种要求和出现的各种问题；

d. 及时向项目负责人报告工作进展情况；

e. 现场出现的其他相关事务。

(3) 角色管理在筹备期的运用。在活动筹备期的工作安排，以及拟定工作计划的时候，我们往往以事件为核心来安排工作，即“什么事，派什么人”。毋庸置疑，这种管理方式具有很强的目的性和针对性，所以在活动的筹备期间具有很强的实用性。但是，如果在活动筹备期适当地运用角色管理，那么在项目的执行过程中会更加“如虎添翼”，而对于活动现场的管理也会显得更加得心应手，游刃有余。

在筹备期的角色管理仍以活动现场角色划分为基础。即把活动现场的角色管理任务加以延伸至活动的筹备前期，以各类参与角色为线索，分别展开与之相关的筹备工作，并安排专人负责跟进整个筹备进程，并且承担活动现场的同一方面的工作。例如在舞台方面，可以在对舞台、灯光、音响制作方的联系、确认到最后签订合同都由一个人专门负责跟进(当然也可能是几个人或一个小团队)，而且在最后的活动现场仍由其担任舞台、灯光、音响的相关事务。这样的话，在对现场舞台方面的监督和控制都会更加顺利高效。

但是，由于一般活动从筹备开始到活动的现场实施都有一个很长的阶段，人员变化比较频繁，所以人员安排“从一而终”并不容易，但是尽管如此，我们在实际操作中还应该尽量让人员“从一而终”，从而进一步保证活动的进程速度和效率。

3. 项目负责人制

在角色划分好以后，就是实实在在的执行和管理了。角色划分是管理的基础和前提，如果管理没有效率，角色划分得再科学、再合理也是无济于事。“项目负责人制”，无疑是目前有利于整个活动策划和实施过程中顺利、高效进行的较好的管理制度。

经历过活动执行的人一定都很了解，活动的开展现场简直就是一个沸腾的油锅，特别是工作人员都保持着高度的紧张，只有大家都固定地听从一个人的统一安排，互相配合，才能保证各项工作有条不紊地开展。如果每个人都去“指手画脚”，那么场面一定会非常的乱，员工不知道该听谁的，管理者也不知道各项工作的进展如何，某件事情是否有人去处理，或者是否安排妥当等问题都会接踵而来。每个“指手画脚”的人都认为自己在帮助处理现场事务，但却不知自己的插手只能“越帮越忙”，只会让现场越来越乱。

如此一来，现场就无所谓什么管理和协调了，每个人都去控制现场，现场也就失去了控制。现场一旦失去控制，什么情况都有可能发生。所以为了保证现场工作顺利、高效地展开，现场管理必须只能由一个人统一管理。在这种情况下，如果有些承办方的领导或者某个主管发现现场有些问题需要有人去处理时，可以告知项目负责人，在项目负责人的统一调配下，协助负责人处理。

4. 现场管理中应该注意的几点：

(1) 认识场馆方负责人。活动现场出现的问题很多都需要场地的管理方来协同解决，所以被安排和场地管理方接触的人必须提前和场地管理方负责本次活动的主管取得联系，以便在处理现场问题时能够及时和场馆的负责人沟通，提高办事效率。

在这个过程中最好让场馆的本次活动总负责人把负责当场活动的相关管理人员都介绍给你认识，以便在不能马上找到总负责人时也可以让其他相关管理人员配合你解决问题。同时，也可以把组织方的相关管理人员介绍给场馆方认识，同样也是为了在出现问题时双方可以及时、高效地沟通。

通常在活动现场，活动的组织方一般通过服装来辨认场馆工作人员，而场馆方亦是通过工作证件来确定组织方的工作人员。这种情况虽然对于双方人员身份的确认很少出错，但是在解决问题时难免会出现一些尴尬的局面。例如有时候找场馆的普通工作人员，他们又没办法也没权利为你解决和确认任何事情，最后还是让你去问他们的负责人。同样，场馆的工作人员在询问有关活动现场的某些问题时，也并不是我们的每个工作人员都知道或者可以决定的。所以，如果时间和条件允许的话，活动开展前，双方的相关管理人员最好都互相认识一下。

（2）工作协调会议。在各方面工作都安排妥当的时候，还不要忘了在活动开始前召开工作协调会议。工作协调会议的目的一方面是在活动开始前让所有工作人员最后确认自己的工作职责，加强员工对自己本职工作的实施印象；另一方面，也是为了及时向员工传达临时变动的若干事项。

在这里需要强调的是，不管自己的工作在之前安排得多么妥当，活动正式开始前一天的这个工作协调会议一定要开。因为这不仅仅是为了布置工作，它更是活动前的一次动员会，有利于进一步提高员工的工作紧凑感和相互之间的协作默契。它不仅让员工明白自己要干什么，而且还让员工明白自己应该拿出什么样的干劲来工作。因此这次会一定不能少。而且通过之前做过的众多活动，也已经证实了这次会议的必要性：开过会的工作人员往往在第二天的活动中工作的目的性更强，效率更高，相互之间的配合也十分的完美；而没开过会的工作人员，往往精力不够，工作任务和目的意识模糊，效率低下。

除此之外，对于举办时间过长的活动，例如要好几天，或者好几周，甚至是更长的，在每天或者每个系列的活动结束后还应该举行一次对于当天或当场活动的总结会议，以便及时总结活动的得失，一方面对于出现的情况马上进行处理，另一方面也防止在以后的活动中再次出现类似情况，以及对接下来的活动进行更加详细的安排。很多活动的组织方有时候是因为对这方面不够重视，有时候是因为考虑到活动执行的过程中员工都很疲劳，非常厌烦这些“无聊的不必要的”会议，往往会忽略这些会议。但是事实上，这些都是非常必要的事情，如果是因为疲劳，可以在时间和福利上做出适当调整，如果是因为不够重视，希望以后能够重视起来。总之，不管怎样，我们最好都能坚持召开总结会议。有时候，最无所谓的事往往就是事故的缘由。

三、集群人员的管理与疏散

（一）可能存在的危险

在群体管理和疏散计划中应考虑的重要危险包括：

火灾、烟雾

炸弹威胁、恐怖分子

洪水、地震、狂风暴雨、闪电及其他自然灾害

高温、空调或用电问题

燃气泄漏或生物危险

公众挤压、过密、堵塞

骚乱、抗议

车辆事故

食品卫生、饮用水

围栏等坍塌、物体坠落等

参加者虚脱

儿童走失

噪声污染

犯罪活动

（二）制定必要的防范措施及紧急应对计划

不管举办何种有大量人流的活动，一定要提前做好大型活动的安全检查工作，不仅每年对所有大型活动场所进行一次全面检查，而且对安保措施不到位、设施运转不安全、组织体系不完善的大型活动一律不予批准。同时，要加大对公众聚集场所的安全检查力度。要以人群集中的场所为重点，开展一次应急措施的安全大检查。还要把预防工作做在前面。要把各种可能发生的问题预想在前面，把应采取的措施制定在前面。

确定非通行区域

设置专门人员通行区域

确认紧急救援人员进场和离场路线

确认急救需要

指定紧急回应措施

紧急管理计划(EMP)模板——设施疏散

列出所有紧急电话号码

● 当地的紧急医疗系统

● 医院

● 消防队

● 当地以及县、市政府警察局

制定可传达的计划

● 建立各种可传达的计划方法

● 建立书面的责任与职责

● 制定紧急疏散程序

楼层规划

疏散线路

集合地点——包括残障人士

疏散前重要任务的分派

● 明确的责任

● 特定的人选

● 将疏散程序书面化

清点作业

● 指定安全地区

● 点名程序

● 汇报管理总部失踪人口的程序

医疗或抢救责任

● 明确的任务

● 特定的人选

● 将抢救程序书面化

● 确保人员受过医疗或抢救训练

● 确保每一个人具备医疗或抢救能力

联络信息

● 指定专人负责回答问题

设置适当的指示牌

● 设置在明显地点

● 更新指示牌内容

资料来源:〔美〕小罗宾·阿蒙、理查德·M.索撒尔、大卫·A.巴利尔编著,高俊雄主译:《体育场馆赛事筹办与风险管理》,辽宁科学技术出版社2005年版,第147—148页。

表 12-6 风险管理计划①

步骤	确定风险的性质	确定风险的影响	管理控制	管理控制：应急计划
1	天气：降雨或酷热	降雨会导致人数减少和场地销售的下降；产生排队的问题；潜在的电气和其他设备问题	关注天气预报。为观众搭建场地顶棚（包括入口）。促销材料的准备。详细计划以防止触电，雇用具有高技术能力的分包商，采用相关控制系统确保安全和持续的供给。	增派流动员工分售雨披，或根据天气情况出售饮料，向员工提供免费的雨具或饮用水。设立专业小组保证供电和后备技术支持。
2	火灾	影响极为严重	由于场地设计合理，风险不高。不断检查来监控（如灭火设备、紧急出口）。员工培训。	制定场地应急计划，明确沟通。合理安排高级员工的岗位。
3	群体管理控制	由于交通耽搁对场地入口造成最大的影响	注意交通和泊车方案，设置疏导员、标志和群集控制围栏，防止出现拥堵。	持票观众在活动开场后不必验票可直接通过入口进入场地。设置高级员工处理无票入场者引起的问题。
4	财务管理	活动项目组织者的财政失误，违反合同。	财务监控制度：采购和支出的有限权力。财务委员会的合同和现金流动管理。入场券和表演及餐饮收入的管理。运送现金的安全押运。培训员工掌握运营步骤。	有限的。短期资金市场。赞助和重要来宾。

① 引自〔澳〕林恩·范·德·瓦根（Lynn Van Der Wagen）著，宿荣江等译：《活动项目策划与管理》，旅游教育出版社 2004 年版，第 112—114 页。

（续表）

步骤	确定风险的性质	确定风险的影响	管理控制	管理控制：应急计划
5	员工管理	不合理的员工筛选和培训会影响服务水准和客户满意度。影响活动项目的氛围。	设立岗位职责和岗位细则，建立招聘机制，提供培训和支持材料。为督导提供领导艺术和控制系统的培训。为高层员工建立工作表现评估。建立员工雇佣政策和步骤，工作表现管理，除名和安全规章制度。	雇用专业员工。 志愿者工资支付。 工作实习学生组。 工作完成奖金。 参加证书。
6	职业健康和安全	诉讼的费用、负面的公债舆论、罚款	建立制定相关政策和步骤减少工作区域的风险。包括使用执照的分包商，完成设备保养任务，设置临时机构满足标准要求。整理并经常审视工作计划，包括体检。	建立申报和整理系统来记录与健康和安全有关的事件，包括事故的目击者。 意外事故应急计划。 法律咨询。

（三）冷静处理突发事件

万一遇到突发事件，作为管理人员要保持冷静，并及时上报，遵守指令，实施有效的处理方法，确保安全。

北京宜家家居曾接到炸弹报告（后来证明是一场虚惊），该商场立即启动了执行代码为1000的行动计划，很短时间内，在员工的指挥下，顾客得以有条不紊地撤离。如果每个公共场所、每次大型公共活动都有像“宜家”这样的紧急预案，从应对“万一”出发，要把各种可能发生的问题想在前面，把可能采取的各项措施做在前面，把实施预案的监督检查走在前面。当突然事件发生后，能够立即就有一套现成的、已经演练过的方案来应对，不至于手足无措，加剧损失。

第十三章

节事活动的评估与影响研究

活动管理是一个新兴的行业，只有通过科学的、严格的评估，才能使所有的活动项目利益相关者认识到它的作用和影响，并总结成功经验，接受失败教训，不断提高活动的质量。

节事活动项目评估是活动后续管理的核心，也是活动管理的一个重要过程。评估为活动收尾这个项目生命周期的最后一个阶段的重要组成部分，它为活动项目的总结提供了可靠依据。而节事活动的影响评价是以评价报告为基础，分析活动的发展趋势及其对社会、经济和环境的影响，总结决策等宏观方面的经验教训，为完善已有节事活动和策划、组织、管理新的节事活动提供依据。

第一节　节事活动评估概述

节事活动评估包括对项目已经发生事实的总结，以及对项目未来的预测。通过评估能总结活动的策划、筹备、实施和运作，并通过预测对活动的未来进行新的分析评价，其目的是为了总结经验教训，为以后的活动工作提高效率和效益提供建议，提供更完善的管理体系和提高管理水平服务。

一、评估的类型与概念

在项目管理的理论中，评估是发生在项目的整个管理过程中的。由于项目的类型很多，对于评估的定义也不尽相同。在诸多概念中，与节事活动评估的概念有以下三种：

（一）三种类型

1. 事前评估(活动前评估)

事前评估,即活动前评估,有时候亦称为活动项目评估。这种评估通常发生在活动的研究和策划阶段,评估的目的是确定举办该活动可能需要的资源量大小和继续这一活动的可能性,得出是否可以立项。它是在活动项目可行性研究基础之上,站在活动项目的起点,根据国家有关的方针政策、法律法规,对活动从经济角度、社会角度和环境角度进行评估,对拟开展的活动的市场进行调研,对参加人数、大致费用和效益进行研究,预测成功的可能性和未来的发展前景,从而对活动投资的可行性作出判断。这些研究结果是活动的目标,是衡量活动是否成功的基准。

2. 监控评估(活动跟踪评估)

有时又称作"中间评估"或"实施过程评估"。就是在活动的不同执行阶段对活动的进展进行的跟踪和控制。这种评估的通常目的是检验活动营销、形象、时间等策划的质量;或评估在实施过程中的重大变更及其对活动效益的作用和影响;或针对活动中的重大困难和问题寻求对策及出路。如对预算的控制评估,就可以节省实际开支,减少花费,降低成本,提高整个活动的收益;对时间的控制评估,可以保证活动进度按照计划实施,如期完成活动任务。

3. 事后评估(活动后评估)

这是评估最常用的形式。指对已经完成的活动项目的目的、执行过程、效益、作用和影响所进行的系统的、客观的分析;通过定性和定量相结合的总结,评价活动项目的策划、筹备、实施、收尾和运作的情况,衡量和分析活动的实际情况与预测情况的差距,确定有关预测的判断是否正确,找出成败原因,总结经验教训,通过及时有效的反馈,提高管理和服务水平,同时兼顾回顾总结和前景预测,为今后改进项目的策划、管理和监督等工作创造条件。事后评估包括项目实施效果评估和项目影响评估两种。前者就是平常所说的活动后评估,一般指在项目结束后2—5年内所进行的评价,检查确定活动达到理想效果的程度,为新活动项目的宏观导向、政策和管理反馈信息。后者是以评价报告为基础,通过调查活动状况,分析发展趋势及对社会、经济和环境的影响,为决策提供切实可行的对策和措施。关于活动的影响评估研究将在本章第五节中详细阐述。

对于节事活动评估，国内外理论与实际工作者有不同的具体理解，基本上都是从活动后评价的角度进行的。也就是说这里所说的活动评估指的是活动后评估。

（二）概念

节事活动评估是针对一个节事活动，从活动前期工作、目的、实施、运作等情况的综合研究，对服务、直接或间接效益、作用和影响所进行的系统的、客观的分析和评价，判断该活动是否成功，总结经验教训，为活动的主办者与承办者提供借鉴，并通过及时有效的信息反馈，为观众、赞助商、供应商等提供参考。

二、评估的意义

（一）评估是节事活动整体运作的一个重要组成部分

活动评估是通过对活动策划到实施的运作管理实际结果与活动项目前期的计划与预测进行比较，衡量主要的目标指标效益如何，找出实际与计划和预测的偏离程度及其产生的原因，总结经验教训，对存在的问题加以改进；而作为活动的利益相关者，包括政府、机构、企业和个人，他们也希望能有权了解活动运行的实际情况，所以把评估结果作为总结报告中的重要组成部分反馈给他们，是节事活动管理的一个必不可少的环节，它提供该活动是否可以继续举办的可行性论证和如何改进完善的建设性科学措施，为更好地发挥活动的综合效益服务。

（二）评估对规范节事活动行业管理有着重要的推动作用

节事活动业虽然是个新产业，但其发展势头迅猛，在国际上方兴未艾的发展促使活动业市场与管理亟待规范。从国外较为成熟的活动业发展历程来看，基于一定发展基础，通过评估规范市场行为，并优化组合有限的资源是促使活动发展成功的有效手段。既要遵守国际活动举办的惯例和市场的规则，又要结合各地实际情况，对活动的质量和主办主体的资质进行市场化、动态化的评估和认证，对活动管理逐步从审批制过渡到标准的登记制，加强政府宏观调控，尽快制定并完善有关的法律法规，使活动能够有“法”可依，有“章”可循，完善节事活动经济的“游戏规则”。在展览业的从业人员中，熟悉展览业务、了解国际惯例、富有操作经验的专业人员十分匮乏，这已成为制约我国会展业发展的瓶颈。

另外，会展理论的研究落后于会展业发展的实践，不利于会展业的规范和长远发展。

（三）评估是促使节事活动市场化的重要举措

在市场经济条件下，通过评估判断节事活动举办的收益，用市场的眼光来看待活动的策划与管理。引进市场化的竞争机制和公平合理的评估体系，可以避免很多问题。一是可以避免市场无序，缺少整合力度。在很多地方多头管理、重复办节的现象普遍存在，对活动主办者的资质尚没有专门机构负责考核和审查，重复办“节”造成活动管理低水平，使有限的资源难以实现优化配置。尤其在我国政府出面办“节”办“赛”的情况非常多，无人认真评估活动举行的可行性。二是服务质量不高。多数活动主办单位服务意识淡薄，只有极少数活动设立了相关的服务机构、法律咨询机构等，大多数情况下，观众在参加活动时遇到的一些问题难以解决，对活动后的情况也无从了解。三是缺乏国际品牌的节事活动，诸多活动规模小、质量低，缺乏明确定位，尚处于杂、乱、滥的状态。

（四）评估为新活动项目的运作提供了可借鉴的依据

新活动项目从策划到管理不仅需要理论上的支持，而且已有的操作实践为其提供了经验教训，避免走弯路，使得新活动的质量越来越高，管理水平也越来越高。

三、评估的目的

（1）通过活动项目的实践进行总结与评估，检查活动的预期目标是否达到，策划与管理是否有效，以提高活动组织者的能力和水平；

（2）通过调查和分析有效的反馈信息，确定观众是否满意，活动的主要效益指标是否达到，以增强活动项目利益相关者的投资信心；

（3）通过对活动项目的目的、实施过程、效益、作用和影响进行的全面系统的分析，从正反两方面总结各种经验和教训，找出成败原因，为下届活动或新活动项目的策划和管理提供决策和管理依据；

（4）通过评估为编写活动的总结报告提供数据依据和详实资料，作为重要信息反馈给利益相关者，提高活动的形象，为塑造品牌节事活动提供支持。

活动利益相关者需要获得的信息

主办组织要获得的信息是：活动是按照预算如期举行的吗？它达到目的了吗？有多少人参加，达到他们的期望值了吗？为了以后的计划，了解他们从哪里来、如何知道活动举办消息的、他们是否打算明年再来。

活动赞助者要获得的信息是另一个角度的衡量标准：产品或服务的知名度提高了吗？广告的渗透性如何？媒体报道如何？参加人的总体情况如何？

基金团体将监督基金的使用过程，通常会要求收入和花费的审计陈述，以及关于活动的社会、文化或体育成果的报告。

委员会和政府部门想知道对地方或州的经济的影响。

旅游团体想知道吸引来的参观者的数量，不仅要了解他们在活动上的消费，而且要了解他们在旅游、购物和住宿方面的消费。

四、特点

活动评估的结果需要反馈到决策部门，作为调整规划和下一轮决策的依据，所以需要评估具有以下特点：

1. 公正性

公正性应贯穿活动项目评价的全过程。活动的管理者和活动项目经理及团队成员所做的自我评价只是对个人工作得失的总结，不能代表整个节事活动的评价，即使是项目组的总结报告也应该遵守公正、客观的原则。一般来说，活动成员不应自己评价自己，评价方应从第三者的角度出发，独立地发现问题、分析原因和避免结论的不客观性。

2. 可信性

评价的过程和结果应该基于资料信息的可靠性和评价方法与标准的客观性，活动的实施者和管理者应提供详实可信的信息，评价过程也应该是程序化的，这样评价的结果才能如实地反映活动的成功与失败。

3. 可操作性

评价结果一定要具有实用性的特点，能满足多方面的要求，重点突出，建议中有能对决策部门产生作用的具体的措施。

4. 透明性

活动是公众参与性很强的项目,从可信度来说,越透明越能获得公众的信赖。从另外一个角度来说,增加透明度可以提高公众对活动的实施和管理的关注,进而达到社会监督的目的,树立良好的公众形象。

五、评估的参与者

1. 聘请的评估机构

为了保证评估的客观性和科学性,由专门的评价机构对活动的效益等进行评估,从第三方的角度论证,避免偏颇。评估机构往往由资深的专家组成,凭借丰富的阅历和广泛的知识对活动进行专业的评价。

2. 观众

观众是活动评价的重要调查对象,包括现实的观众和潜在的观众。通过问卷等方式对现实的观众调查亲身感受等,对潜在观众调查获知渠道等原始资料,为细分市场和制订营销方案提供依据。

3. 活动项目组及其成员

活动项目组及其成员参加了整个活动的全过程,亲身经历了从策划到管理,对活动的工作最有发言权,他们的自我工作总结本身就是评估的重要组成部分。

4. 赞助商

从赞助商实施赞助的出发点来看,他们是为了提高产品的知名度,改善企业形象,增加产品的销售量。他们随时对活动进行监控,目的是关注公司产品的销售效果与活动的实施影响是否一致,有无达到预期的赞助目标。

六、评估的时机

活动项目评估是项目后续管理中的重要组成部分,不能在节事活动已经结束后的若干年内才开展,没有时效性的评估对决策的意义不大。所以,评估的时机应该选择在活动闭幕后的短期内及时进行。有些综合性的节事活动由若干个活动组成,前后持续时间较长,这时就要分阶段、分活动进行。

第二节　评估内容

从活动项目评价的作用看，就是把活动实施的结果与前期策划和当初决策时的目标进行比较，检查活动的过程，评价其财务效益、经济效益，总结经验教训，以便迅速、有效地应用到新的决策活动中去。

一、基本内容

活动评价，包括对节事活动的工作评估和效果评估，一般要分析以下基本内容：

（一）节事活动策划评价

对节事活动的策划方案进行评估，评估内容包括：

1. 策划方案评价

包括节事活动的举办时间、地点、规模、主承办机构组成、活动定位、活动价格、人员分工、活动的品牌形象策划、市场营销策划等，找出它们的优缺点，作为举办机构的备案资料保存，以备下次使用，保证今后筹办类似活动越来越顺利。

2. 目标评价

评价节事活动立项时，原先计划中预定的目的和目标的实现程度，是节事活动评价所需要完成的主要任务之一。一般来说，节事活动的目标在立项时就确定了，其评价指标包括宏观指标和直接目的，宏观指标即对地区或国家经济、社会发展的总体影响和作用，直接目的即向社会提供某种产品或服务，指标一般是量化的。节事活动评估首先要对照原定目标的主要指标，检查活动结束以后的实现情况，确定实际变化之处及分析变化产生的原因，判断目标的实现程度。另一方面要在实践中检验原定决策目标的正确性、合理性，通过评价找出原定目标的问题，如不明确的目标、过于理想化的目标及不切实际的目标，为下次活动目标的修订提供经验和依据。

（二）节事活动工作评价

节事活动的筹备和实施工作的内容比较广泛，涉及时间进度情况、推广宣传情况、现场服务、财务实施等情况，对照立项或可行性研究报告的原定情况进行比较和分析，找出差距，分析原因。节事活动工作评价一般包括以下几个方面：

(1) 筹备工作评价：包括节事活动工作的统筹、准备、协调及各项筹备工作的安排和调整等。

(2) 服务代理工作评价：对通过公开招标的服务商、代理商、指定赞助商、旅游代理商、清洁公司、保安公司等的工作进行评价。

(3) 宣传推广工作评价：内容包括媒体宣传与公关、推广进度安排、宣传渠道的建立、宣传资料的印制与发放、宣传效果、新闻媒体的反应(刊载、播放的次数、版面大小、时间长短)等。

(4) 组织结构与人员评价：对构建的组织结构形式、人员组成、工作态度、团队精神、工作效果等进行评价，评价工作人员组合安排是否合理、效率是否高、工作时间是否适中等。

(5) 现场管理工作评价：包括场地选择、舞台音响、后勤管理、物流配送、清洁保安、志愿者管理、现场工作人员管理、突发事件应急措施和各环节的服务，及对这些服务的质量、提供方式等进行评估。

(6) 时间管理评价：包括对节事活动的招商、宣传推广、服务及整体时间进度安排等进行评价。

(7) 服务管理工作评价：包括筹备管理的质量和效率，接待服务的各环节质量、培训、后续工作等。

(8) 财务实施评价：包括对节事活动的预算制定与执行情况、成本、费用支出时间安排，收益、收款情况，超支原因及其他财务管理问题进行评价。

(三) 效益与影响评价

1. 效益评价

节事活动的效益评价即财务评价和经济评价，主要的分析指标为内部的收益率、净现值和贷款偿还期等盈利能力和偿还能力，包括成本效益评估、成本利润评估等。

2. 影响评价

节事活动的影响评价内容包括经济影响、环境影响和社会影响，具体有以下几个方面：

(1) 经济影响评价：它主要分析评价节事活动对所在地区、所属行业和国家所产生的经济方面的影响，评价的内容包括分配、就业、换汇成本、技术进步等。由于经济影响评价的部分因素难以量化，一般只能作定性分析，或并入社会影响评价范围。

(2) 环境影响评价：一般包括节事活动的地区环境质量、自然资源利用和保护、区域生态平衡和环境管理等几个方面。

(3) 社会影响评价：节事活动的社会影响评价是对节事活动在社会经济发展方面的有形或无形的效益和结果的一种分析，重点评价节事活动对举办国、举办地和社区的政治、文化、经济、生活的影响。

节事活动的持续性评价也是节事活动影响评价的一个组成部分，它指节事活动的既定目标是否还能持续，是否可以持续地举办下去，是否具有可重复性，即是否可在未来以同样的方式建设同类活动。起影响的因素一般包括：本国政府的政策、管理，组织和地方的参与，财务因素，社会文化因素，环境和生态因素，外部因素等。

二、具体内容

澳大利亚的约翰尼・艾伦在《大型活动项目管理》一书中给出了对大型活动项目进行评估的内容列表(见表 13-1)。

表 13-1　大型活动评估内容列表

方　　面	满　　意	需要引起注意	评　　论
● 活动的时间选择 ● 会议地点 ● 票务和入场 ● 筹备 ● 性能标准 ● 工作人员水平和职务表现 ● 人群控制 ● 安全 ● 通信 ● 信息和信号 ● 运输 ● 停车 ● 饮食设施 ● 旅馆 ● 急救 ● 小孩失踪 ● 感谢资助者 ● 集会安排 ● 广告 ● 宣传 ● 媒体联络			

（一）日程安排及内容

1. 活动的主题

(1) 活动的主题是否具有显示意义？

(2) 活动的宣传促销是否明确了活动的主题？

(3) 参与者是否对活动的主题感兴趣？

2. 日程安排

(1) 日程安排是否有助于活动目标的实现？在多大程度上有帮助？

(2) 日程安排是否紧密围绕活动的主题？

(3) 各个组成部分先后顺序是否恰当？是否很好地衔接？

(4) 日程安排过短还是过于冗长？

3. 主持人

(1) 主持人的气质、风格、形象是否与活动相得益彰？

(2) 主持人的发言内容是否符合主题？是否对观众有吸引力？

(3) 主持人表达是否清晰流畅，反应是否机敏睿智？

（二）活动场所实施与改变

1. 活动场所的音响效果

(1) 活动场所的音响是否适中悦耳？

(2) 主持人及表演者的讲话是否听得清楚？

(3) 音响设备是否出现故障？

2. 活动场所的舞台效果

(1) 活动场所的舞台设计是否符合主题？

(2) 活动场所的灯光设计是否及时、到位？

(3) 活动场所的特技表演是否有助于将活动推向高潮？

3. 活动场所的温度、湿度、照明度

(1) 活动场所的温度高低如何？

(2) 活动场所的湿度高低如何？

(3) 活动场所的照明度是否足够？

(4) 人身感觉舒适度如何？

4. 活动场所的环境情况

(1) 活动场所的隔音效果如何？

(2) 活动场所是否受到外部噪音的干扰？

(3) 活动场所是否对外部环境有干扰？

（三）宣传促销与融资

1. 广告宣传的力度

（1）广告投入的数量。

（2）广告投入的金额。

2. 宣传促销的成效

（1）宣传促销的方式好不好？

（2）宣传促销的效率高不高？

（3）预售票的销售情况如何？

（4）现场购票的观众数量多吗？

3. 融资情况

（1）活动能为赞助者带来权利与收益吗？

（2）是否有不适合的公司成为了赞助者？

（3）政府的拨款都能及时到位吗？

（4）贷款能否顺利地进行？

（四）活动的组织与服务

1. 组织能力

（1）承办者的组织协调能力强吗？

（2）承办者处理突发事件的能力怎样？

（3）承办者能保证活动顺利地开展吗？

2. 接待服务

（1）活动的住宿、餐饮及其服务质量如何？

（2）活动接待工作人员的态度好不好？效率高不高？

（3）活动场所指引标志是否醒目、美观？观众是否很顺利地找到活动场所及座位？

（4）活动场所饮水、饮料等其他服务质量如何？

（5）活动的交通服务质量如何？

（五）活动收益

1. 活动服务商的利益

（1）交通服务商的利益。

（2）饮食服务商的利益。

（3）住宿服务商的利益。

（4）其他服务商的利益。

2. 活动承办方的收益

（1）门票收入。

（2）赞助收入。

(3) 广告收入。

(4) 捐款。

(六) 举办地的情况

1. 举办地的环境质量

(1) 公共交通是否便捷、及时?

(2) 商业设施是否齐全、方便?

(3) 绿化、美观程度如何?

2. 举办地居民的态度

(1) 当地居民对外地(国)人是否欢迎?

(2) 当地居民对外地(国)人欢迎程度如何?

3. 举办地的旅游吸引物

(1) 举办地是否有知名的旅游吸引物? 吸引力如何?

(2) 举办地特产有哪些? 是否已开发成旅游纪念品?

4. 举办地的形象

(1) 举办地的形象与宣传的形象是否相符?

(2) 活动对举办地的形象有何影响?

(七) 其他内容

1. 节事活动的历史和影响

(1) 该活动已举办过几届(年)?

(2) 该活动的知名度如何?

2. 节事活动的规模

(1) 举办场地的规模。

(2) 观众的数量。

3. 观众的满意度

(1) 所有观众的满意度。

(2) VIP 客人的满意度。

(3) 对活动的总体印象如何?

第三节 评估的方法与过程

节事活动的评估是一个收集有关节事活动目标实现情况的信息的

过程，它关系到节事活动组织者的管理水平是否能够不断提高的重大方面，所以科学的评估方法和严谨的评估过程是决定评价结果是否客观、系统、准确的最重要的因素。在评估方法上往往采用定性和定量相结合的形式，而在评估过程中也要遵循科学发展观和实事求是的态度，从制定评估计划到实施都围绕着节事活动的目标而展开。

一、评估的方法

节事活动的评估方法应采取宏观分析和微观分析相结合、定量分析和定性分析相结合的方法，通过综合分析，总结经验和教训，提出问题和建议。目前，通常采用的节事活动评价方法有以下四种。

（一）调查法

调查法是节事活动评估最常用的有效方法，它既可用来获得定量的数据，也可用来获得定性的描述。由于节事活动期间游客的流动性大，逗留的时间短，一般不可能深入地了解他们。调查法就是对那些不可能深入地了解的问题通过调查、访问、谈话、问卷等方法搜集有关资料，了解利益相关者的心理和行为的一种方法。调查法主要有以下几种形式：

1. 问卷调查

问卷调查是调研工作中最常用的工具，就是为了调查节事活动的成败与影响而专门设计印刷有涉及评价内容的各方面问题的表格。首先要根据不同的调查对象设计不同内容的表格，调查主题明确，所有问题都与主题有关，把要了解的项目以简洁明确的语言列出，既要考虑到被调查者的填写方便，也要照顾到调查者的时间和精力。一般采用封闭型与开放型题型相结合的形式，有如下类型：

（1）是非选择：要求被调查者对问卷中的问题进行“是”、“非”选择。

例如：您喜欢上海旅游节开幕式的花车大巡游吗？

是□　　　　否□

（2）多项选择：在三个或更多选项中，由被调查者从中自由选择一个或几个选项。

例如：您知道上海将要举办的第一次世博会是在（　　）年。

A. 2008　　B. 2009　　C. 2010　　D. 2012

请选择您所知道的服装节名称(　　),其中您认为最著名的是(　　)。

A. 北京时装节　　B. 上海服装节　　C. 宁波服装节

D. 大连服装节　　E. 香港时装节

(3) 顺序排列:给可供选择的各种项目排序列。

例如:①花车巡游暨评比大奖赛　②开幕大狂欢　③浦江彩船大巡游　④上海旅游纪念品、消费品博览　⑤2005 上海“红色之旅”旅游纪念品设计大赛　⑥上海旅游节旅游形象大使评选(决赛)　⑦上海国际音乐烟花节　⑧超级多媒体梦幻剧“ERA—时空之旅”　⑨小主人生日游　⑩“空中芭蕾”航空跳伞表演。

2005 年上海旅游节的这些活动你喜欢的顺序依次是:

(4) 尺度选择:设置“很好”、“好”、“一般”到“差”等不同程度的量度等级作为选项。

例如:您认为本次活动的现场服务质量。

极为出色□　　很出色□　　比较出色□　　一般□　　差□

(5) 自由回答法:这是开放式问题中重要的一种,虽然可获得的信息多种多样,但往往回答者不愿意投入这么多的时间或表达有困难,因此要尽量避免,即使采用,问题也不宜太多。

例如:请问您认为本次活动的哪些服务还可以改进?

答:

(6) 回忆法:一般用于测量服务项目,节事活动名称及形象的印象强度,通过测定被调查者记忆的强度来推测活动产生的印象强度。

例如:请您写出最著名的三个旅游节名称。

答:

(7) 词汇联想法:指列出一些词汇,每次提出一个,由被调查者写出其想到的第一个词汇,这些答案往往就是地方的标志性活动。

例如:当您见到下列词汇时,脑海中出现的第一个词是什么?

风筝节:________

时装周:________

高交会:________

(8) 语句完成法:写出一些不完整的语句,每次一个,请被调查者完成该语句的内容。

例如:当我去参加上海国际电影节,我首先想去________。

2. 谈话调查

直接和节事活动的利益相关者交谈了解所需要的信息，这种方法包括面谈和电视调查两种。运用谈话法时事先要明确谈话的目的，保持谈话内容的主题方向，谈话后及时整理谈话记录，找出要点进行分析。

（1）面谈。访问者可以提出较多的问题，以补充个人观察的不足，交谈可以相互启发，获取的资料往往比较真实可靠。在整个谈话过程中要保持一种轻松、和谐的气氛，并随时观察被调查者，随机应变。面谈的形式可以是有组织的座谈、专访，也可以是随机的采访，征求他们对活动的意见和评价。这种方法只能对活动进行定性分析。

（2）电话调查。可以在短时间内调查多数对象，而且成本低，获得资料方便迅速，但由于时间限制，很难询问比较复杂的问题。征求他们对活动的意见，并作出评价。这种方法也只能对活动进行定性分析评估。

（3）现场观察与采访。在节事活动的举办现场和各个活动过程中派人对节事活动进行观察，并观察观众和活动参加者的反应，以旁观的形式代替对调研对象的询问，避免了与被调查者的直接互动关系，往往可以获得更加客观的调查结果。现场采访也是一种获得第一手资料和信息的较好的形式，既可以提出正式的问题，也可以是开放型的采访。不过，现场采访需要经验丰富的采访者，问题的主题性强而且被采访者愿意配合。

（二）分析法

对比分析法是节事活动评价的基本方法，它是在调研完成以后，在分析调查结果的基础上，将节事活动实施前的目标与结束后的实际情况加以对比，测定该活动的效益和影响。通过对比分析，分清对地区的这种影响中活动的作用和活动以外的作用，评价活动的增量效益和社会机会成本，与活动举办完后的实际情况相比较，从中找出存在的差别和原因。

（三）总结述职会

节事活动结束后，要求每个工作人员对自己在节事活动的整个过程中所做的工作作出述职报告，不论是提交的书面材料还是口头汇报的总结情况，都是活动评价的内容。

二、评估过程

节事活动评估过程指从制定评估计划到评估结束的全部过程中顺序安排的工作步骤。一般而言，节事活动评估的原理与其他营销方式评估的原理是一致的，即按照一定的标准，执行制定的计划，比较有关数据或信息，分析其中的原因、规律和问题，然后通过计算或判断得出评估结果。

（一）制定节事活动评估的计划

在详细制定活动评估的计划之前，首先要确定评估的机构是由活动的举办单位还是由独立的第三方进行，这需要从实际情况出发来决策。在节事活动评估计划的制订中，还要选择资料来源、收集的方法、选择评估的调研工具、决定抽样计划、建立评估组织并选择评估人员、编制评估的预算、确定时间进度等。在计划中一般要考虑以下几个方面的内容。

1. 评估内容

在上一节已经给出了通常需要进行评估的主要内容，但还应根据具体的节事活动决定最后的评估内容。

2. 收集的对象和资料

根据确定下来所需要评估的内容来确定需要收集哪些数据和资料。其中，数据是指可以量化的部分，而资料是指需要作出主观判断的部分。

3. 建立评估组织并选择评估人员

每次评估往往需要多名评估人员协调工作，因此建立适当的调研组织十分重要。选择及培训评估人员应遵循以下标准：评估人员对评估目标十分了解；评估人员应具有使被访问者对问题产生兴趣并愿意以实相告的能力；评估人员具有丰富的评估知识与经验；善于与同事沟通评估过程中的各种情况。

4. 评估的方法

评估的方法在本节的开始已经讨论过了，通常可以采用层次分析法和德尔菲法相结合，定性和定量相结合的方法。

5. 评估报告的形式

最终的评估报告形式有描述性的和数据性的两种。描述性的报告是定性的总结，只有大致的结论；而数据性的报告可以通过表格或图来反映结果。而最终的评估报告形式采用哪一种，要看具体的对象和受众的要求。一般来说评估报告是书面的，但也可以采用较少见的非正式的口头分析。

（二）收集信息

对于大多数节事活动评估而言，收集信息通常是耗时最长、花费最大而且最容易出差错的过程。在这一阶段中，评估人员按既定的时间、方法针对既定的对象进行实地或远程调查，收集相关资料。收集信息的主要形式包括收集第二手资料、安排记录、召集会议、发放调查表、现场采访等，大部分方式是介于定性和定量内容之间的。定性的方法适于深入地了解及发现问题，可以用于宣传工作、舞美设计更新评估内容；定量的方法适于广泛地收集数据，可以用于成本效益等评估内容。

对于节事活动的信息，其收集方法因收集的内容而确定。对于节事活动的举办次数、场地面积大小等这些数据在节事活动正式开始之前即可获得，对于活动的赞助商、承包商、服务商的收益可以在活动结束之后从相关单位处获得，至于观众的数量和情况，可以通过设计包含年龄、性别、出身、消费模式等信息的登记表和具体情况来定。售票的活动可以根据经验和售票情况来估算；而非售票活动，可以采用有关公共运输和停车位的数据，以及警力人员的估计数字。

（三）分析数据

在所有的数据收集完成之后，就可以按照事先确定下来的方法进行数据的处理与分析。这有三部分的工作，即统计、比较、分析，是将所收集到的数据和情况统计整理成系统的、有用的评估材料，根据评估标准进行比较，并分析其中的原因、规律和问题。统计工作主要是整理收集到的数据的情况，计算出总数和比例。收集到的信息只是评估材料，任何一个独立的数据和情况并不能说明问题，不具备评估价值。只有经过整理计算出的数据和情况，才能作为评估材料并具有评估价值。统计工作主要以数字为对象，要注意其准确性。接下来是对照评估原定的目标比较统计结果，判断活动是否达到目标，活动的举办是否成功，组织工作的效率高低、活动的收益大小如何等，注意客观性，减少偏差。做分析工作时，要客观全面地考虑，在统计、比较的基础上，综合分析活动的组织管理工作和活动效果，找出数据和情况之间的内在关系、原因和问题。分析工作要较多地使用思辨能力，要善于通过数字看出问题，发现规律和原因。

分析数据要及时进行，评估才具有时效性，否则就失去了相应的价值。这一过程尤其要注重质量，否则评估就失去了意义。

（四）评估结果

评估结果的表达形式之一就是标准和数字排列，即按所制定的计划排列评估内容和结果。这种形式适合表现定量的评估内容以及量化的定性评估内容，包括活动的基本情况、工作质量等。表现形式之二是对比，按所制定的计划排列评估内容，同时排列预定目标和实际情况，可以通过一系列反映情况、说明问题的数字、比例和陈述表来表示。

只要评估工作组织得好，做到位，在活动闭幕后就可以比较准确地判断活动是否基本成功，并总结出经验教训来。

第四节　活动的收尾与工作的总结

节事活动的举办作为一个项目的运作过程，其最大的特点就是有始有终。当节事活动的所有工作均已基本完成，活动管理者就需要作好活动的完成、收尾工作。活动收尾与工作总结是活动管理中的最后一个环节，随着工作的完成，有些项目成员可能会松懈下来，导致活动后期的收尾工作无人过问，结果使本来可以改进和提高的机会转眼消失。

一、项目收尾

当节事活动的现场工作结束以后，团队班子应当做好活动的收尾工作。不做必要的收尾工作，活动各当事人和利益相关者就不能终止他们为完成本活动所承担的义务和责任，也不能及时从本活动获取应得的权益。

活动接近尾声时，班子的注意力往往转移到新的任务上，有些成员也要调离。而收尾工作常常是零碎、繁琐、费时、费力的，容易被人忽略。因此，活动收尾的重要性应当特别强调，否则会给活动的进一步开展带来后患。

（一）合同收尾

合同收尾指活动接近尾声时，了结合同并结清账目，包括解决所有尚未了结的事项。合同没有全部履行而提前终止是一种特殊的合同收尾。

1. 依据和前提

合同文件至少应包括合同本身及所有有关的表格和清单、经过批准的合同变更、由分包商、承包商、赞助商提出的技术文件和进度报告、单据和付款记录等财务文件以及所有与合同有关的检查结果。合同收尾需要对整个采购过程进行系统地审查，找出进行本活动项目其他产品或本组织内其他活动项目采购时值得借鉴的成功和失败之处。

2. 可交付成果

一套经过整理，编上号码的完整合同记录，连同活动记录一起存档。应当向分包商、承包商、赞助商等发出本合同已经履行完毕的正式书面通知。

（二）行政收尾

活动在举行后或因故中止时，必须做好行政收尾工作。收尾工作就是编造、收集和散发有关信息、资料和文件，正式宣布活动或活动阶段的结束。

1. 依据和前提

行政收尾包括所有为了记录和分析活动进展而编写的文件，如活动实施和控制状况主要步骤的规划文件。对活动项目产品进行说明的文件，如图纸、技术要求说明书、技术文件、电脑文件等也必须在收尾工作期间准备好，以便有关人员随时查阅。

行政收尾包括将项目结果形成文件，供委托人或顾客对活动产品进行正式验收。它包括搜集活动记录、确定这些记录所反映的最后技术指标、分析活动的成功与有效之处和应汲取的教训，以及把这些资料存档以备后用。其实，活动的每个阶段都有行政收尾工作，各项活动不能拖延到活动项目完全完成之后再进行。恰当的收尾可以保证不丢失重要与有用的资料，而且人员库数据库也应更新，以反映员工所掌握的新技能以及熟练程度的提高。

(1) 绩效量度文字记载。所有记录与分析活动项目绩效的文字记载，包括确定绩效量度构架的规划文件，均应在行政收尾过程中准备就绪，以备审查；

(2) 产品文字记载。用来描述活动项目的文件(计划、规格、技术文件、图纸、电子文档等——所用术语因应用领域而异)也应在行政收尾期间准备就绪，以备审查；

(3) 其他项目记录。

2. 可交付成果

活动临近结束时，行政收尾需交付的一套编了号的完整活动记录。经过更新的所有同本活动项目有关的数据库，保留反映项目最后真实情况的数据资料。行政收尾时还要考虑总结评价，应当明确活动项目和活动项目管理的成败所在，研究本活动用过的哪些方法和技术值得推广，并考虑如何继续研究因受本活动的启迪而提出的各种方法和技术。

(1) 项目档案。一套完整的、编有目录或索引的项目记录应由有关方面整理就绪，准备存档。任何与本活动有关的历史数据均应刷新。当活动项目按合同进行时，或者涉及大宗采购时，应特别注意将财务记录归档。

(2) 项目收尾。确认活动的全部要求，如活动项目结果和可交付成果，以及交付成果组织的要求——例如，工作人员评价、预算报告、汲取的教训等。

二、文档归类

文档数据包、文档更新、文档工具、文档语言与技术质量、指导文档与术语表的一致性、在线帮助文档(在线文档格式转换、编译和测试)、印刷手册和图形、翻译记忆库等。

三、活动总结

每个活动项目，不论其是否成功，都应该被当作学习的好机会，恰当地进行总结将给活动管理者、团队成员和组织带来很多收益。但是，我们往往发现，在做活动项目总结时不是所有的成员都明白总结的目的以及内容，这样的总结自然不会有满意的效果。

(一) 活动总结的目的

项目总结至少应包括以下目的：

1. 确定项目的有效性

确定本项目中什么是行之有效的，其原因是什么？

总结不是歌功颂德，但一定要包括成功经验、与以往相比采用的特别的方法或工具，以便积累知识和经验。

2. 防止重复错误

几乎所有活动过程都存在一些可改进或应纠正的问题或错误，通过事后总结，分析问题及其原因，作为改进流程的依据或作为反面教材以防止错误再次发生。

3. 激励活动项目团队成员

人们希望知道自己干得如何，尤其是当项目投入了大量人力、物力时。活动总结应该在活动启动时就加以规定，包括活动评价的标准、所采取的方式以及参加人员（如部门经理或舞台总监等），而内容应包括个人的绩效评价。这样，成功者会把活动项目总结作为建立个人形象的机会，同样，失败的经历也将被记录下来进行研究。只要这种评价是公正的，活动项目总结将激励人们积极努力工作。

4. 作为活动项目实践的证据

有时，客户如赞助商或组织者在选择活动的项目代理方或承包方时，可能需要出示相关活动项目成功实践的记录，这时活动项目总结报告将成为重要证据。

（二）总结内容

那么，项目总结应包含哪些详细内容呢？主要有以下几个方面：

1. 项目时间

实际进度与计划进度相比，结果如何？其间有哪些变化？对工作量的估计如何？活动组织者要建立并完善有关的数据库，项目总结应提供相应数据，以提高下次计划的准确性。

2. 项目成本

活动项目成本中有很大一部分是人工费，对于未建立项目级别核算的组织，可以用加权人天数来表示（对不同级别的人员赋予相应的权重）。

3. 项目质量

活动项目的最终成效与取得的成果与最初需求的符合度。有没有达到最初的目标，在社会上的影响力如何？观众的满意度如何？现场管理的秩序如何？交通管制是否到位？

4. 人员管理以及沟通交流

活动组织成员绩效表现如何，活动管理和实施过程中的内外部沟通交流是否充分，对活动的影响如何？

5. 项目特点

与以往活动项目比较，本活动有何特别的地方？比如：特殊的需求、特殊的环境、资源供应等，总之是具有挑战性的事件，以及关键的解决方案和实施过程。

6. 经验与教训

列出从这项活动工作中所得到的最主要的经验与教训及对今后的活动管理工作的建议。

（三）节事总结报告的提纲

（1）节事主办、承办、协办及支持单位。

（2）节事的境外合作伙伴。

（3）出席相关活动的领导及国际知名人士。

（4）专家学者。

（5）节事的内容和实际规模。

（6）节事效果及存在的问题。

（7）依托或建立的国际合作与交流渠道。

（8）其他有必要报告的内容。

第五节　影响研究

随着全球范围经济发展进程的加快，人们越来越重视“活动”的发展，同时它也从诸多行业中独立出来，成为一个新兴的行业，在国民经济中担当着越来越重要的角色。它不仅使人们的业余生活丰富多彩，而且在经济、社会和环境方面对一个国家、地区或城市产生重大影响。节事活动尤其是大型节事活动的影响研究作为旅游影响研究中一个重要的组成部分刚刚起步，在经济影响、物质环境影响、社会文化影响等方面逐渐得到人们普遍关注，并逐步成为一个研究热点课题。

一、节事活动与举办地经济发展和环境影响研究

节事活动已成为拉动经济发展的要素之一。在现实经济生活中，

通过举办节事活动把不同形式的消费统一到一个过程中来，把单点的活动变成群体的规模消费，使个人可支配收入更多地流入到国民经济的循环体系中来，促进社会产品由生产到价值实现的飞跃，加快了从供给到需求的转化过程，进而达到拉动社会总需求的作用。不仅如此，节事活动还对环境和生态产生着重大影响。

（一）经济影响研究

1. 经济影响的制约因素

节事活动的发展，需要依靠社会在服务设施和基础设施等各方面投入大量财力、物力、人力，尤其是大型活动，社会经济水平不高的地区或国家是没有能力承担如此巨大的社会投资的。即使勉强承办，也达不到预定的社会效益目的，参与民众寥寥无几，缺乏兴致，结果只有表面和形式的繁荣。

节事活动的举办地社会经济的制约因素有：

当地区域经济发展水平；

当地区域经济基础的规模；

主要基础设施和接待设施的种类；

这些设施对参与者的吸引力；

参与者在当地花费的金额；

当地对参与者需求多样化的满足能力；

参与者在当地的支出参加当地经济循环的程度；

2. 给举办地带来的正面效益

节事活动与举办地社会发展相结合而对当地经济产生如下促进作用：

提高当地知名度；

产生财政收入；

创造就业机会；

提高生活水平；

改善经济结构；

带动相关行业发展；

增加政府税收；

鼓励企业的商业活动；

增加了新的信息传播渠道和能力。

3. 给举办地带来的负面效益

节事活动对当地经济发展的促进作用是相对的，有一定的局限性，甚至会导致如下的负面效应。

因在短期内涌入大量外来游客而诱发物价上涨；

物价上涨造成服务诸行业的产品成本增加，影响市场竞争力；

过分依赖活动影响旅游结构的稳定，进而影响国民经济；

还有值得注意的是社会额外支出增加，出现大量基本建设投资不合理的问题。由于举办城市基建改造等重大工程需要数额巨大的超常规的资金，并且投入时间集中，一般超过当地政府常规的财政预算，造成资金挪用和过度投入等问题。还很容易出现重复建设以及设施过剩，造成大型活动结束后，花费大力气建造的设施闲置。

（二）环境影响研究

节事活动的开展在导致环境发生变化方面，既有其积极的影响，如吸引大量旅游者和投资者前来，在客观上可以起到改善目的地物质环境的作用；也有其消极的影响，不仅会影响环境的美感质量，而且会使人口密度增大，交通堵塞，加重当地的噪声污染，造成历史古迹破坏等。

1. 积极影响

改善通讯、道路、交通运输服务等基础设施；

重视当地的环境卫生状况，增强环保意识；

保护、维持博物馆、剧院和其他文化设施及活动；

增加休闲娱乐以及相关设施；

保护、修缮历史建筑和古迹遗址。

举办地的环境既包括当地的自然环境，也包括该地的社会生活环境。这些环境不仅是吸引游客来访的重要决定因素，也影响来访者对活动的满意程度。尤其以上谈到的各项影响是否对当地环境构成积极影响，最终要取决于当地社会的认同才行。

2. 消极影响

过分拥挤；

当地的水、空气质量下降；

噪音、废弃物等污染；

交通拥堵；

文化艺术品的损坏；

生态环境的破坏。

二、节事活动与举办地社会与文化改变影响研究

（一）社会影响研究

1. 社会心理素质变化

由于节事活动的迅猛发展，影响了当地居民的风俗习惯、日常活动、社会生活、信念和价值观，城市节事活动举办中非受益人群（从理论上说，所有的居民都是受益者，但诸多非直接、非直观受益者会认为自己是非受益者）会感到生活受损，这种强烈的变化是造成社会心理变化的主要因素。外来旅游者的作为会刺激当地居民的自尊心，激发他们的自豪感，并强化当地精神。国外更多的研究表明：那些对节事旅游高度依赖的居民对节事旅游持坚决支持态度。

2. 城市形象的影响

戴光全在《重大事件对城市发展及城市旅游的影响研究》中以1999年昆明世界园艺博览会为例，从物质影响到精神影响两个角度对其城市基础设施和塑造城市形象两个方面的影响进行了分析，得出1999年世博会在强化昆明市硬环境条件和软环境条件两个方面都起到了良好的促进作用，世博会和世博园都对昆明和云南的形象产生了明显的促进效果，也是目前全国各个城市对此类事件活动有很高积极性的基本动因所在。正如迈克尔·霍尔指出的那样：重大活动在城市形象战略中的作用与西方社会中存在的地方政治与财政危机是分不开的。重大活动本是一种机制，它能够使城市“商品化”，起到吸引投资、增加白领就业和游客数量的作用。它也能塑造出“健康发展”的城市形象，从而引导居民表达对城市的一致认可。但他同时指出一个值得进一步研究的问题：重大活动对城市基础设施建设和城市形象塑造方面的影响，应该如何转化为城市政府策划、规划活动的对策，这是申办、筹办和举办此类事件活动应当引起注视的问题。

同时，他还分析研究了世博会结束后世博园的客源来源和世博会的形象感召力没有直接的相关关系，得出了世博会认知与世博园形象分离的结论，仅仅依靠世博会带来的形象效应，世博园的可持续发展是不可能实现的。

他还指出世博园未来的客源市场受世博会影响的程度将降低，世博园今后的发展不能更多地受益于世博会。还有很多问题有待于进一

步讨论，如对于海外游客（特别是外国人）来说，昆明世博会有没有明显的形象效应？有的话，其具体表现如何？从塑造主办国和主办城市不同层次的形象这一目的出发，重大事件在不同区域尺度上的形象效应有没有区别？能否提出相应的概念模型进行分析？此外，重大事件活动形象影响研究不仅需要了解重大事件活动（世博会）本身的形象影响问题，也需要研究重大活动遗存（世博园）的形象变化问题。昆明世博会只是一个一次性的重大事件活动，其本身的形象特点是什么？深层次的机制如何？与重复举办的节事活动相比较，一次性的事件活动的形象塑造也有所不同，二者的区别在哪里？

3. 政治影响

（1）正面的影响：

提高主办地的国际声望；

推广主办地的价值观；

增强社会凝聚力，如我国 2000 年申办 2008 年北京奥运会和 2003 年申办 2010 年上海世博会两项特大型国际盛事成功，令国民欣喜若狂，极大地振奋了民族精神，增强了民族自豪感，促进了社会各方面力量的有机整合。

申奥凝聚爱国情（节选自《北京申办 2008 年奥运会纪实》）

在北京奥申委的两个房间中，摆满了支持北京申奥的赠品，有的来自祖国各地，还有的来自异国他乡，大到万米横幅、小到纸叠的小星星，赠品的主人，年长的已近百岁，年少的刚牙牙学语……负责收藏整理赠品的郭金忠介绍说，仅他收到的横幅有上万件、书法作品上千件，其他的赠品、信件不计其数。他感慨地说，每件赠品的背后都有一个感人的故事。

石景山离退休干部休养所的几位老同志，跑遍半个北京城，收集到5 000多粒玉兰种子，培育成树苗，要把这些亲手培植出的树苗种植在奥运场馆周围，表示对“绿色奥运”的支持。他们说，7 年后他们中有的人可能已经看不到奥运会了，但玉兰树能看到，这就够了。

一位中文名字叫古乐言的德国青年，是北京语言文化大学的留学生。这位德国青年利用休息日征集外国人支持北京申奥的签名。截止到目前，已经征集到来自 107 个国家的 1.3 万人签名。他在给北京奥申委的信中说：组织外国人签名，是表示我们外国人对北京申奥的支持，让那些不了解中国的人知道：近年来，北京发展很快，在北京居住的外国人对这里的生活很满意，99%的人认为北京有能力举办奥运会。

据奥申网统计，2000年8月28日，北京入围申奥5城市的当天晚上，点击申奥网访问的就有36万人次。一家调查公司对北京市民的入户调查显示：94.6%的市民支持北京申办2008年奥运会。支持北京申奥成为激荡的爱国热情。

资料来源：www.zaobao.com/games/olympics。

提高规划和行政管理等方面的技能

(2) 负面影响[①]：

面临活动失败的风险；

为满足政治精英野心而剥削当地居民；

社区所有权和控制权丧失；

管理成本增加；

官员腐败等现象滋生；

强制推行没有被广泛接受的决策。

(二) 文化影响研究

1. 积极的影响

保护当地独特的文化特征；

强化传统文化及地方价值观；

增进参与者和当地居民之间的跨文化交流，使他们得以对相互的文化有所了解(一般情况下，后者对前者的影响力更强)；

引入外来的新意识和理念；

扩大文化视野；

提高当地居民对活动的参与水平与分享体验。

2. 对文化的负面影响

大型节事活动作为一种旅游形式，对当地文化的发展与演变也同样会产生负面影响。如活动的某些意识和生活方式介入当地社会中，引起当地居民的思想变化，失真的高消费行为对当地社会的影响而产生不良的示范效应。受示范效应影响最大的是年轻人，他们很

---

① 引自杜学，厉新建：《大型活动的组织与管理》，旅游教育出版社2003年版，第10页。

快学会表演者带来的时尚，参与居民在享受精神生活的同时对物质生活也提出了高要求，并千方百计去争取享受，尤其是追求西方生活方式，这给当地的社会、经济以及家庭结构都带来影响；活动的参与者和外来观众与当地居民的交流必然会引起语言文字的逐渐改变，弱化方言。旅游者虽然以能学会几句方言而自豪，但改变更多的是当地居民和接待人员，他们为了接待来访者，学习外语以减少交流障碍；国内研究表明：旅游业的发展引起了旅游地工艺美术风格和形式上的变化，也改变了这些工艺美术品原来的意义，一些原来富有宗教和礼仪意义的工艺品现在变成了纯粹的商品，从而对传统工艺品产生影响；目前大多数表演活动都是为旅游者设计安排的，那些传统的节日以及风俗习惯在许多旅游地经过预先策划以娱乐的形式被介绍给旅游者，从而失去了其原有的意义。为了满足旅游者在当地逗留时间短的需求，传统习俗的商业化、庸俗化，由居民表演的扭曲的本土文化现象，并非发展中国家的专利，发达国家的旅游胜地也不乏类似的文化商品化现象。众多案例表明，文化形式经过修饰去为旅游服务，就失去了其传统的意义。

还有一些是不利的因素，如对社会和家庭价值观的挑战、新的垄断组织的出现和迎合活动的旅游者需求的文化活动的频繁、对旅游地居民健康产生的影响等。

三、节事活动与举办地旅游发展影响研究

（一）节事活动与旅游的关系①

1. 形成独特的节事活动旅游吸引物

奥运会旅游吸引物可以分为两种类型：资源依托型和资源脱离型。这里的资源是指奥运会主办地的旅游资源（例如自然、文化、历史、城市环境等资源）。资源脱离型奥运会旅游吸引物是奥运会本身特有的基本内容和活动，即根据国际奥委会相关规定必须具备的内容和举行的活动，它不以主办地的具体情况为转移，是奥运会的共性要素，例如各项体育比赛、各种常规性仪式等。资源依托型奥运会旅游吸引物是建

① 引自付磊：《奥运会旅游的国际比较和启示》，中国网 www.china.org.cn，2002 年 11 月 19 日。

立在主办地旅游资源基础之上的相关吸引物，这是奥运会旅游吸引物的特性所在，因为每个主办地均可以基于自身旅游资源创造出独特性的奥运会旅游吸引物，例如文化艺术活动、商务活动和会展、奥林匹克公园集会或游行等，这是因地而异的奥运会旅游吸引物。

2. 促使举办地成为旅游目的地

表 13-2 奥运会的主要战略目标

奥运会年份与主办地	主要战略目标
1984，洛杉矶	将奥运会本身办好
1988，汉城	韩国对外开放战略的核心组成部分，用来展示韩国在世界政治和经济体系中民主、开放的新定位、新形象
1992，巴塞罗那	促进加泰罗尼亚地区的经济复兴，实施巴塞罗那城市更新
1996，亚特兰大	为本区域增加新的商业活动，例如会展等大型活动；吸引企业进驻亚特兰大(尤其是美国国内的企业及商务活动)
2000，悉尼	促进国际旅游业发展和吸引区域性(亚太地区)商务活动，提高悉尼作为国际都市的地位和吸引力
2004，雅典	将雅典“再造”成现代化城市，促进旅游业发展

注：2008 年北京奥运会的战略目标与旅游目的地无关，因此未加入。

由此可见，明确将旅游发展作为目标利益的是悉尼奥运会。汉城奥运会的形象战略以及巴塞罗那奥运会和雅典奥运会的城市“再造”战略也是同旅游直接相关的。洛杉矶奥运会的重心放在奥运会本身上，亚特兰大奥运会主要是吸引商务活动，旅游的色彩并不浓厚。奥运会对主办国或主办城市是否将旅游作为目标利益并不重要，因为事实上主办地旅游目的地形象总是得到了改善和提升。

奥运会相关旅游者可分为奥运会专门旅游者和奥运会引致旅游者两大类。奥运会专门旅游者是单纯以奥运会本身为体验对象的旅游者，这种旅游者比较稳定，基本上不受特定奥运会和特定主办地的具体条件所影响，例如奥林匹克大家庭成员、国际奥委会官员、参加国运动员、媒体代表、现场观众和体验奥运会氛围的观光游客等。同时奥运还会给主办地带来追加性的形象塑造和信息宣传效应，从而为主办地“引致”更多的旅游者。这些旅游者通过奥运会获得对主办地旅游资源和可进入性等方面更丰富、更详细的信息，从而决定到奥运会主办地旅游，这部分旅游者是奥运会引致旅游者，与专门的奥运会旅游者相比，引致旅游者具有更大的弹性，是奥运会相关组织者应该主动争取的目标旅游者。

3. 产生旅游"吸力"的同时伴生"推力"

为了履行主办城市的承诺和义务，迎接大量奥运会参与者和旅游者，主办地必须从数量和质量上增加和改进住宿接待设施和商务活动设施，这提升了主办地旅游的供给能力，而且奥运会主办城市往往借助奥运会加大城市基础设施投入，促进城市更新，这种举措直接提升了城市旅游的内部可进入性和外部可进入性。城市无论是申办还是举办奥运会均会吸引世界的注意力，奥运会主办地往往是媒体报道的焦点，而奥运会的成功是对主办地综合能力的最好证明，这一切无疑会对主办地的旅游形象产生巨大的促进作用。这些都可能从积极的方面对旅游者产生"拉力"，吸引潜在的旅游者到奥运会主办地旅游。当然，奥运会对旅游者还存在"排斥力"，集中体现为奥运会对旅游活动的"挤出效应"，"挤出"参加与奥运会无关的会议、展览等活动的公务、商务旅行者；"挤出"由于举办奥运会而放弃到访主办地的普通旅游者；"挤出"主办地的居民外出旅游以逃避奥运会。"挤出效应"的主要原因是人们认为奥运会的举办将干扰正常的活动和物价水平，以及当地居民讨厌或希望免受奥运会活动以及奥运会所带来的大量入境旅游者的干扰。奥运会对旅游活动的"挤出效应"在往届奥运会中基本都有体现，当然强度有所不同，其中最为明显的是 1984 年洛杉矶奥运会。

4. 节事活动对旅游的长期影响

马聪玲曾经对 2002 年世界杯对韩国旅游的长期影响进行过研究，[①]文中指出尽管在 2002 年 5 月 31 日至 6 月 30 日举办的 2002 韩日世界杯大型赛事并没有在短期内为韩国带来预期的收益，但是世界杯作为超大型赛事对旅游目的地的吸引力系统、形象系统、支持系统的影响是综合的和深远的。

(1) 对旅游目的地形象的影响：

目的地知名度的提高：韩国作为旅游目的地知名度的提高主要是通过媒体对世界杯的报道和通过韩国旅游机构的专门海外促销团、说明会、举办"韩国之夜"活动以及通过媒体播放韩国旅游广告等形式。仅在广告方面，电视商业机构制作了 4 档不同风格的节目以适应 5 大区的要求——日本、中国、东南亚、欧洲、美洲。通过美国 CNN 有线电视新闻网、香港星空卫视以及欧洲的媒体等播放 7 000 多次广告。2002

---

① 资料来源：www.casstourism.com，开斯九州旅游规划网。

年世界杯足球赛组委会从5月2日起通过CNN播放2002FIFA世界杯电视广告，播放时间为一个月。世界杯广告片分为60秒和30秒两部，内容包括世界杯体育场画面、方便的住宿、交通信息、价格低廉的观光资源和入场券购票信息。印刷品广告由361家报刊杂志分发3 110次。最具代表性的旅游信息提供者是KNTO的网站（www.tour2korea.com），以7种语言——韩语、英语、日语、汉语、法语、西班牙语、俄语——提供全方位信息。

目的地美誉度的提高：韩国作为旅游目的地也获得了很多赞誉。据汉城和韩国盖洛普公司共同进行的一项调查显示，88.3%的外国游客对2002韩日世界杯旅游表示满意。这项问卷调查是以402名外国游客为对象进行的（其中包括日本游客99人、美国/加拿大游客93人、中国游客85人、法国游客36人等）。结果表明，72.4%的被调查者认为本届世界杯是成功的，他们对世界杯期间的交通、观众的态度和赛场内的设施等给予了高度评价。

目的地形象的丰富：除了在海外宣传韩国旅游之外，韩国还围绕世界杯举办了大量的节庆活动，这些活动弘扬了韩国传统和流行文化，树立了韩国丰富的目的地形象。

表13-3　首场比赛开幕文化活动一览表

蔚　山	蔚山传统舞蹈、adballoon表演、儿童足球、参赛国民俗表演、设置岩刻画表演等；
釜　山	成人农乐队、儿童农乐队、吹打队表演、现代舞蹈、军乐队等；
光　州	旗帜mass game、斗“高”、东西方精灵表演等；
水　原	借助正祖大王活动的内容和形式的表演活动（旗帜表演、传统舞蹈团、农乐、男寺堂表演等）；
大　邱	开幕式表演团入场、仪式表演（吹打队、打钟军）、舞蹈、体操表演、时装表演；
全　州	农乐、小鼓舞、鼓舞、首长鼓舞等传统舞蹈与现代感的表演相结合的演出等；
西归浦	敲击大鼓、世界杯和济州影像、济州儿童的欢迎词、济州大海、海女的生活、海女舞等；
仁　川	Intro影像、迎客、迎宾表演、友情的庆典、全世界人民的梦想（参赛国民俗表演）；
大　田	韩国、西班牙、南非共和国的音乐演奏和舞蹈、非洲打击乐队和韩国的农乐融为一体的表演、焰火表演等。

(2) 对目的地吸引力系统的影响:

传统旅游产品的开发:为了方便旅游者在韩国观看世界杯赛的间隙进行旅游,韩国新开发了 297 条旅游线路,其中有 100 条主要是在 10 个世界杯赛举办地。

体育相关的旅游产品开发:早在世界杯之前,韩国政府就拨款进行休闲和体育旅游资源的开发,1999 年到 2002 年间就对 22 个休闲和体育旅游项目拨款 61.15 亿韩元,其中 2002 年针对 7 个项目拨款 22 亿韩元。世界杯赛后,韩国又通过对体育场馆、标志性建筑、吉祥物等世界杯相关项目的旅游开发利用,增加了目的地的吸引力。据统计,汉城奥运纪念馆的周末日均参观人次从世界杯前的 1 000 多人次增加到目前的 2 000 多人次,参观者总数也超过了 7 万人次。

旅游商品的开发:由 1998 年大赛以来的民间工艺品扩大到民间工艺品、日用品、加工食品、通讯产品等类别。10 个世界杯的举办地制作了 481 种旅游商品。此外,韩国旅行社 Kolong TNS 开发了 85 项带有世界杯徽标的产品。

(3) 对目的地旅游支持系统的影响:

促进了旅游服务水平的提高:以中国为例,韩国实行可以多次往返的"门票签证";海关新增了专门针对中国人的通道,配备懂中文的志愿者,并在所有标志上加注中文;在中国游客停留时间较长的汉城、光州和西归浦还专门开设了为中国人服务的商场、饭馆;汉城招募了 950 名中文翻译为中国游客和球迷服务,解决语言障碍。政府还负责培训了总计 2 904 名临时旅游讲解员,分布于旅游信息中心、皇宫、博物馆等地。

信息化水平的提高:韩国于 1998 年开始在各地建立综合性的旅游信息中心。2002 年 5 月份韩国共有 16 个信息中心开始营业,并在国际新闻中心设立旅游信息亭为国外的记者提供信息。在世界杯期间,汉城还开通一条"求助热线",专门为中国旅游者和球迷在遇到困难和紧急情况时提供帮助。

世界杯对旅游基础设施的影响:以住宿设施为例,世界杯期间的住宿设施分为专供旅游者的旅游宾馆和临时开辟的住所,主要包括旅游宾馆(星级宾馆)、研修院、民宅、露营地、帐篷村、宿舍、青年旅馆,等等,其中露营地等现在已经成为韩国人外出旅游的歇脚点。这些住宿设施的开发建设,既扩大了当地的接待能力,又促进了旅游住宿设施的多元化发展。

此外，世界杯也存在其他方面的影响，如世界杯在某种程度上还促进了韩国同中国旅游业的合作。

在塑造城市形象方面，节事活动对主办城市具有很强的助推作用，并能迅速提升城市的知名度，如表 13-4。

表 13-4　地方代表节事与城市综合竞争力

代表节事	知名度(google)	举办届数	宣传诉求点	举办城市综合竞争力排名(2006)
南宁国际民歌艺术节	60 900	6	中国绿城　民歌圣地	49
大连国际服装节	131 000	16	浪漫之城	11
青岛国际啤酒节	36 100	14	海滨休闲城市	12
宁波国际服装节	109 000	8	东方商埠　时尚水都	8
哈尔滨国际冰雪节	67 200	21	异国情调　冰雪魅力	33

资料来源：马聪玲著：《中国节事旅游研究——理论分析与案例解读》，中国旅游出版社，2009 年 1 月版。

（二）节事活动对当地旅游发展的影响研究

1. 旅游规模

戴光全在通过分析 1999 年世博会当年及其后昆明市旅游业的规模指标的变化，说明了世博会在短期内使得其规模得以超常规的发展，世博会结束后则随即出现萎缩趋势，此后才缓慢回升。事实上，这是后事件效应的基本表现。他还提出昆明世博会对微观个体(旅游企业)的影响程度在区域尺度上存在的空间扩展规律，即：区域尺度越小，则世博会的实利影响扩展越大、而虚名效应越小；区域尺度越大，则知名度和形象的虚名效应扩展越大、而实利影响越小。

奥运会年的旅游者到达主办国　入境旅游者数量变化表现出一定的差异性。西班牙和原苏联在奥运会举办当年的入境旅游者数量没有明显的变化。韩国和美国有所增长，但是美国在洛杉矶奥运会后的 2 年中经历了入境旅游者数量的下降，意味着发生了转换效应，即由于奥运会的举办，入境旅游者的时间或目的地安排有所变化。

奥运会前后年份的旅游者到达主办国　例如亚特兰大官方宣称，1996 年奥运会的旅游效益在会前 3—4 年就开始显现。韩国接待的入境旅游者在奥运会年(1984年)增长率为6.3%，会后两年的增长率分别为16.4%和13.5%。但是从入境旅游者数量上体现出的奥运会对主办国旅游的长期影响非常有限，其中美国在洛杉矶奥运会后还出现了明显的转换效应。

主办城市的国际旅游者数量　在奥运会主办城市层面，国际旅游者数量的变化也存在相当的差异性。亚特兰大在1996年经历了国际旅游者的增长，但从图形上只是原来增长趋势的延续。汉城在1988年奥运会前、中、后也同样延续了长期的增长趋势。巴塞罗那在1992年奥运会举办年出现了游客数量的下降，但是从奥运会结束1年后开始，入境旅游者数量增长幅度非常大，根据有关统计，这种比较强劲的增长一直持续到1997年。而洛杉矶则在1984年奥运会的会前、会中和会后的一段时期内出现了旅游者数量的下降。

对奥运会主办地(包括主办城市及其所在国)入境旅游变化情况的比较中可以看出，奥运会的入境旅游效应不是一个规律性的东西，因为影响因素是多方面的。奥运会的入境旅游效应显现出明显的差异性，奥运会对入境旅游的无形效应主要体现在目的地的形象塑造和改善作用，这是其他节事所不能比拟的。例如，1964年东京奥运会和1972年慕尼黑奥运会，主办城市所在国日本和联邦德国均利用奥运会扭转其第二次世界大战中遗留的不良形象，收到了积极的效果；1988年奥运会为韩国提高其在国际市场的形象(特别是在美国的形象)，改变朝鲜战争遗留影响以及南、北朝鲜之间政治分立等负面影响提供了历史机遇；悉尼的“绿色奥运会”为悉尼乃至澳大利亚塑造了可持续发展的积极形象，澳大利亚新南威尔士前州长认为：悉尼奥运会是澳大利亚前所未有的最好的一次营销实践，澳大利亚旅游委员会则认为，悉尼奥运会使澳大利亚的形象塑造向前推进了10年。

2. 旅游结构

(1) 旅游的季节性。

我国各地节庆活动的安排大多在旅游旺季举办，从而人为地加剧了旅游业的季节性程度，如：山东青岛大多把节庆安排在已是旅游黄金季节的7—9月份，加剧了青岛旅游业的季节性。戴光全分析了1999年世博会实际情况后得出一个基本结论：1999年世博会使得昆明市旅游的季节性更加突出，此类一次性的重大活动不是弥补淡季之需要不足，而是强化和扩大旺季和淡季之差。

从根本上说，旅游目的地应当根据旅游活动的不同特征，利用其在旺季和淡季所体现的不同优势，来达到调节淡旺季旅游需求差额、降低旅游季节性的目的。这也是事件及事件旅游战略规划过程中必须解决的基本问题之一。

表 13-5　旅游活动在旺季和淡季的相对优势

在旺季举办节事活动的优势
即使不举办节事活动，旅游目的地也具有竞争优势 大量游客的涌入便于更加容易地确定节事的主题 目的地旅游业拥有接待超常规游客的相应条件和促销手段 一般地说，在旅游旺季，目的地的气候不是最热，也不是最冷、最潮湿，其气候条件更佳，并容易预报；此时气候干而温暖，适宜举办节庆和其他的活动 在旺季，志愿者可以利用假期来帮忙 在有较多别墅的旅游景区，季节性的游客更能获得成为社区一员的认同感，因而更加愿意参与相关的节事活动

表 13-6　在淡季举办节事活动的优势

创造旅游需求，填补闲置设施的容量空白 可以塑造四季常新的目的地形象 更加容易邀请到旺季异常忙碌的艺术家和表演者前来助阵 适于举办某些季节性很强的体育运动类节事活动 在淡季，大部分本地社团定时碰头，而且其成员大多在场。因此，此时组织事件活动的可能性最大、而难度最小 由于可能创造出更多的淡季旅游需求，因而更加容易获得节事活动的资助

(2) 游客结构。

F1 与奥运会、世界杯足球赛共享“世界三大运动”的美名。10 支参赛车队，20 位上场车手，每年一度的世界范围分站赛程，通过 200 多个国家的电视转播，吸引着世界上 600 亿人次的目光。自 2004 年后，这些目光投向了上海。“选择 F1 赛场的一个重要标准是看该城市对 F1 赞助商是否有足够的吸引力。”国际汽联副主席埃克莱斯顿给出了 F1 钟情上海的理由。作为“最烧钱的运动”，F1 有理由承载为之烧掉亿万美元的赞助商们期待的目光。“F1 是世界上被包装得最好、营销得最好的一项体育产品。”对于用 26 亿元打造了世界一级赛场的上海而言，F1 的第一场到来使得上海在本次赛事中的直接收入、上海赛事商务公司的纪念品销售收入、上海酒店、餐饮业、交通部门，以及上海市的土地增值收入，共计 66.662 4 亿元。不仅如此，F1 还会带来长期的旅游效应，据专业人士预测，F1 的到来，可能会在一定程度上改变来华的境外游客结构，从而在观光旅游及商务旅游这两个组成部分中，提高后者的比例。据悉，观光旅游基本上以中低收入的外国友人为主，或者是青年如中学生、大学生，或者是老年人，其特征是消费结构不高。而商务旅游多随业务而来，由公司买单，能为上海带来的潜在收益和实际收益不可估量。

慕尼黑啤酒节每年10月份举办，从1月份就开始筹备，到了5月份几乎所有的准备工作就已就绪。以2004年啤酒节为例：有1 850家企业申请参与啤酒节的活动，共签订啤酒节合同649份。啤酒节中的各项娱乐活动达225项，固定和临时的工作人员有1.2万人，啤酒消费量650万升，仅厕所就有740个蹲位和700个立位。啤酒节16天共有650万人次参加，其中60%是当地人，12%的人来自巴伐利亚州，12%的人来自德国其他地方，16%的人是来自其他国家的游客。

戴光全等以西班牙巴塞罗那为例，分析了由于举办1992年第25届夏季奥运会，发现其游客构成和旅游目的地构成发生了重大的变化：游客结构方面，远程游客比重大幅度提高、近程（本国）游客比例则出现明显的下降；旅游目的地方面，度假旅游比重增长了1倍多，公务旅游出现下降。这两个结构的变化，使得巴塞罗那旅游业的经济效益得到了较大幅度的提高①。

戴光全还研究了1999年昆明世博会的客源结构，他指出，世博会在一定程度上加大了国内客源市场的吸引范围，提高了海外客源的集中度。但由于重大或带来超常规、大量游客的缘故，往往容易使旅游目的地出现拥挤现象。重大活动有一个共同特点，即：在重大活动的会期期间因为游客的拥挤而导致部分游客不愿前往活动举办地旅游。在旅游旺季举办大型活动，很容易出现“峰聚现象”，甚至使当地居民产生“反旅游”现象。

---

① 引自戴光全，保继刚：《西方事件及事件旅游研究的概念、内容、方法与启发（下）》，《旅游学刊》，2003年第6期。

参考文献

〔澳〕约翰尼·艾伦(Johnny Allen)等著,王增东、杨磊译:《大型活动项目管理》,机械工业出版社,2002 年 10 月版。

〔美〕阿伦·L. 温德若夫著,周晶、刘详亚译:《项目筹资活动管理》,机械工业出版社,2003 年版。

〔美〕查尔斯·R. 戈尔德耐等著,贾秀海译:《旅游业教程——旅游业原理、方法和实践(第八版)》,大连理工大学出版社,2003 年 3 月版。

〔美〕乔·戈德布拉特(Dr. Joe Goldblatt)著,陈加丰、王新译:《国际性大型活动管理》,机械工业出版社,2003 年 6 月版。

〔美〕小伦纳德·霍伊尔著,陈怡宁等译:《会展与节事营销》,电子工业出版社,2003 年 8 月版。

〔美〕小罗宾·阿蒙、理查德·M. 索撒尔、大卫·A. 巴利尔编著,高俊雄主译,李伟等校译:《体育场馆赛事筹办与风险管理》,辽宁科学技术出版社,2005 年 8 月版。

Agnes Defranco 著,程尽能译:《旅游业成本控制》,旅游教育出版社,2003 年版。

Goldblatt. J. J. ,*Special Events* (Third Edition), John Wiley & Sons, INC, 2002.

Goldblatt. J. J. ,*Special Events*: *Best Practice in Modern Event Management*, John Wiley and Sons, New York, 1997.

Hall, Colin Michael, *Hallmark Tourist Events*: *Impacts*, *Management and Planning*, Belnaven Press, London, 1992.

http://218. 14. 180. 204/public/dianzijiaocai/index0335. htm 大学生心理健康教育网。

http://w. adjia. com,广告家园。

http://www. China. com. cn 中国网。

http://www. china. com. cn/travel/txt/2010 -12/06/content_21484884. htm,上海世博会带来直接旅游收入超过 800 亿元人民币,锦龙旅游_中国网,2010-12-06。

http://www. chnedu. net/ggcy/ggcyd. asp? newsid=486 中国国际教育网。

http://www. d1588. com,中外营销策划网。

http://www. madio. net/Article/Class3/Class11/200504/823. html 数学中国网。

http://www. shoes. hc360. com,时事报告杂志社,2012 年 06 月 20 日。

http://www. info. shoes. hc360. com/2012/06/200948422176. shtml,揭秘美国体育产业发展历史与生存现状。

http://www. sina. com. cn,新浪文化网。

http://www. yy. gov. cn/art/2012/6/16/art_21236_1026808. html,余姚用微博营销杨梅节,余姚日报,2012-06-16。

http://www. zhouzhuang. com/Article/ShowArticle. asp? ArticleID=93。

Marris, T., "The role and impact of mega-events and attractions on regional and national tourism development: Resolutions of the 37th Congress of the AIEST, Calgary", *Revue de Tourisme* (4), 1987.

Meyer, R., *Festival: USA and Canada*, Ives Washburn, 1970.

Ritchie, J. R. Brent, "Assessing the impact of hallmark events: conceptual and research issues", *Journal of Travel Research*, Vol. 23, No. 1, 1984.

Wagen, Lynn Van Der 著,宿荣江等译:《活动项目策划与管理》,旅游教育出版社,2004 年 5 月版。

陈放、林力源主编:《超级策划——中国十大策划风云人物全案》,金城出版社,2003 年 8 月版。

陈放:《策划学》,中国商业出版社,1998 年 12 月版。

陈放:《项目策划》,知识产权出版社,2000 年版。

陈军:《策划定位》,时代文艺出版社,2003 年 4 月版。

池仁勇主编:《项目管理》,清华大学出版社,2004 年 9 月版。

戴光全:《重大事件对城市发展及城市旅游的影响研究——以'99 昆明世界园艺博览会为例》,中国旅游出版社,2005 年 7 月版。

邓永进等:《民俗风情旅游》,云南大学出版社,1997 年 12 月版。
杜学、厉新建:《大型活动的组织与管理》,旅游教育出版社,2003 年 11 月版。
付磊:《奥运会旅游的国际比较和启示》,中国网 www.china.org.cn,2002 年 11 月 19 日。
高丙中:《作为一个过渡礼仪的两个庆典:对元旦与春节的一种关系的表述》,《中国人民大学学报》2007 年第 1 期 。
华谦生:《会展策划与营销》,广东经济出版社,2004 年 7 月版。
纪宁、巫宁:《体育赛事的经营与管理》,电子工业出版社,2004 年 4 月版。
纪燕萍等主编:《中外项目管理案例》,人民邮电出版社,2002 年 8 月版。
简德三:《项目评估与可行性研究》,上海财经大学出版社,2004 年版。
蒋三庚:《旅游策划》,首都经济贸易大学出版社,2002 年 9 月版。
金辉:《会展概论》,上海人民出版社,2004 年 7 月版。
巨天中:《品牌策划》,中国经济出版社,2004 年 5 月版。
景俊美:《中国传统节日在当代的精神价值》,中国艺术研究院博士论文,2013 年。
李殿宏:《金牌营销:打造一流品牌》,中国物资出版社,2004 年 1 月版。
李经龙、郑淑婧、周秉根:《旅游对旅游目的地社会文化影响研究》,《地域研究与开发》,2003 年第 6 期。
李力、崔卫华:《城市旅游节庆的构成要素及牵动效应》,《桂林旅游高等专科学校校报》,1999 年第 10 卷第 2 期。
刘兵主编:《新编体育管理学教程》,复旦大学出版社,2004 年 4 月版。
刘大可、王起静主编:《会展活动概论》,清华大学出版社,2004 年版。
刘德艳:《会展胜地形象策划》,立信会计出版社,2004 年版。
卢泰宏、杨晓燕:《行销体育》,四川人民出版社,2003 年 4 月版。
卢晓:《关于上海旅游节发展的若干思考》,《旅游科学》,2003 年第 2 期。
吕新生、王春雷、崔郜鹰:《21 世纪中国体育经济发展(武汉)高层论坛交流材料提纲》。
马聪玲:《2002 世界杯对韩国旅游的长期影响》,www.casstourism.com,开斯九州旅游规划网。
汪廷:《颠覆策划》,湖北人民出版社,2004 年 1 月版。
马勇、王春雷主编:《会展管理的理论、方法与案例》,高等教育出版社,2003 年 4 月版。

邱宛华:《现代文化产业项目管理》,机械工业出版社,2004 年版。
任广耀主编:《体育传播学》,高等教育出版社,2004 年 6 月版。
世界商业评论,ICXO. COM(2004-04-20 09:44)。
苏文才:《会展概论》,高等教育出版社,2004 年版。
孙隽:《超级女声 vs 超级策划》,安徽人民出版社,2005 年 9 月版。
王起静等:《会展项目管理》,中国商务出版社,2004 年 8 月版。
王琼海等:《文化型旅游节庆活动的构成要素及其策划分析》,全国旅游院校协作会 2002 年学术年会学术交流稿,福州。
王崟屾:《传统节日列为法定假日的文化意义与传承发展——以春节、清明、端午、中秋等四大传统节日为例》,《浙江学刊》2010 年第 4 期。
吴必虎:《区域旅游规划原理》,中国旅游出版社,2001 年 5 月版。
徐源:《项目主管实务》,广东经济出版社,2005 年版。
许彩国:《市场营销策划》,湖南大学出版社,2002 年 12 月版。
杨景震:《中国传统节日风俗的形成及其特征》,《中华文化论坛》,1998 年第 3 期。
杨明刚:《成功营销策划与案例》,华东理工大学出版社,2002 年 11 月版。
姚昆遗、王怡然:《解读上海都市型旅游》,文汇出版社,2003 年版。
张健康,任国岩主编:《会展概论》,高等教育出版社,2004 年版。
卢晓、喻培元:《新型的活动业渴求策划管理人才》,《财经界》,2008 年 7 月。
卢晓:《从美国半月湾南瓜艺术节看我国地方节庆的发展》,《中国节庆》,2009 年 4 月。
卢晓:《大型节事与地方旅游业可持续发展的机制研究》,《江苏商论》,2011 年 12 月。
卢晓:《基于利益干系人的标志性节庆与地方产业互动发展研究——以中国豆腐文化节为例》,《安徽理工大学学报(社会科学版)》,2010 年 6 月。
卢晓:《民众参与和节庆创新发展》,《中国旅游报》,2011 年 2 月 14 日。
卢晓:《上海发展大型体育赛事旅游研究》,《城市问题》,2012 年第 4 期,总第 201 期。
卢晓:《体验经济时代的现代节庆与旅游共舞》,《中外会展》,2009 年 5 月。
赵琳:《省文化厅:削减节庆活动,压缩“三公 ”经费》,《大众日报》,

http://www.dzwww.com/shandong/sdnews/201311/t20131129_9265679.htm,2013 年 11 月 29 日 06:40。

赵涛:《跟我学做人力资源经理》,北京工业大学出版社,2003 年 2 月版。

镇剑红、吴信菊:《会展策划与实务》,上海交通大学出版社,2005 年版。

周玲强、冯晓虹:《旅游节事经济效益形成的机理分析》,《商业经济与管理》,2002 年 11 月第 11 期(总第 133 期)。

邹统钎:《旅游开发与规划》,广东旅游出版社,2001 年 3 月版。

第四版后记

今年年初，当罗俊华编辑致电与我，告知第三版的书在 2015 年 2 月第三次印刷之后，即将售罄，让我着手修订第四版之时，我在欣喜之余有些迟疑。因为较之前的修订，中国会展教育与研究的大背景发生了较大的变化。

本书的第一稿完成于 2006 年 3 月，并于 2006 年 8 月出版面世。当初手捧这凝聚了我近千日的心血果实时的激动、欣喜与感慨，如今依旧记忆犹新。早在 2003 年，我开始萌发了编写这本教材的念头，开始草拟提纲和搜集资料，但那时国内涉及这方面研究的论文和资料不多，更没有同类型的教材，编书的过程是缓慢的、艰辛的，在随后一年的时间里我有些犹豫，甚至打算放弃，首创和第一不是一件容易的事。然而面对讲台下那些期盼的眼睛，我下决心将我阅读了大量国外相关书籍与文献及参与和体验了若干节事活动后的讲义初稿编制成册。加之，我所在的上海师范大学会展经济与管理专业(教育部首批招生院校)被上海市列入“旅游会展教育高地”，在金辉教授的推荐下，本书被列入了“上海旅游会展教育高地建设系列教材”之一。

之后的市场销售和业内用书评价一直不错，2009 年初，我开始修订第二版。修订之时不仅国内的节事活动蓬勃发展，而且我本人参与、点评和研究大型活动的经验也更深厚了一步。我将 2006 年至 2007 年在美国乔治·华盛顿大学做访问学者期间所进修的 Event Management 以及所学的 EMP 项目的内容融入其中，以国内最新案例编写入书，第二版于 2009 年 11 月出版发行。

2012 年初，顾兆敏编审致电于我，告知本教材又将再版。当他询问我是否修订时，我有些含糊拖沓。直到在厦门、成都、广州的专业论坛上遇到的同仁们多次地提及本书，我才意识到修订它的意义所在。

这些同仁包括以前就相识的老友，也有刚刚相识的同行们。在此特别感谢原上海会展行业协会会长吴承璘先生的激励，正是这位老先生的好学、严谨的风范催使我下定决心进行第三版的修订。他花了近两周时间读了我送他这本第二版的书，并在书上做了密密麻麻的批注，最终提出了诸多宝贵的意见和建议。

在这个从第一版到第四版修订的十年间，我一直坚持课堂教学和项目研究相结合，做到教材的理论和实践的相结合。我先后被多个城市的大型活动办公室、节庆协会或旅游局聘为专业顾问和学术顾问，担任中国豆腐文化节特聘顾问、上海市人才紧缺工程“会展策划与实务”考核项目咨询委员会专家、江苏省节庆协会学术顾问、珠海市旅游协会特聘顾问、中国会展经济研究会节庆工作委员会副主任，上海市会展行业协会会议机构专业委员会专家等，承接了青岛市、扬中市、昆山市等多个地方及企事业单位委托的十余项节事项目，获得了大量第一手素材，积累了更多实战经验。本书的第三版也在2014年入选“十二五”普通高等教育本科国家级规划教材，2015年获得上海市普通高校优秀教材奖。

然而，自2004年经教育部审批，上海师范大学和上海外贸学院（现更名为上外经贸大学）两所院校成立我国首批会展经济与管理专业以来，国内会展教育事业蒸蒸日上，炙手可热。截至目前，全国已有98个高等院校设立了会展经济与管理本科专业，还有不少院校正在或者准备积极筹备。虽然院校和学生人数在不断扩大，但同类型的教材也陆续出现了不少。竞争的加剧使得我修订的进展颇为缓慢。但在2016年7月，本书又一次得到在上海师范大学举办的“会展经济与管理”专业教师国培班的学员们的高度肯定，他们中有多人一直在使用我的教材授课，他们的肯定给了我莫大的精神鼓励，鞭策我前行，我加快了修订速度。

回首过去，我是于2004年开始由旅游管理研究转向节事领域。当时，我所工作的学院正好在组建全国最早的会展经济与管理专业。作为“大会展”的重要内涵之一，我毫不犹豫地选择了节事研究方向。原因有三：一是节事与旅游的关系不言而喻，背靠旅游学科，结合自身的知识结构，节事研究是适合我前行的较好选择之一；二是节事行业相比较会议和展览而言，好像较为冷门；三是那时国内进军节庆领域的研究者尚不多见，而在展览、会议方向的论文已有一定数量。

十余年过去了，我越发坚持自己选择的初心。这期间，我国的节事活动无论是规模还是数量都得到了蓬勃发展，尤其是2008年北京奥运会和2010年上海世博会从申办到举办成功激发了业内的研究热情，包括大型活动的组织、管理、运营和评价。虽然节事产业是否已经形成有待商榷，但节事活动的丰富带来诸多可研究的内容和视角。由于节事是个实践性很强的领域，我尽自己最大的努力融入业界，与国内诸多大型活动办公室、节庆办公室、会展办公室、旅游局等保持了友好而紧密的联系，以支撑自己的研究。我的博士论文也以现代节庆为主题，深感节事研究的乐趣。

我衷心感谢上海人民出版社的罗俊华编辑为第四版的修订与出版所做的大量组织协调工作，她细致入微的工作态度、认真专业的责任意识和无私奉献的敬业精神给我留下了深刻印象，可以说本书之所以能够继续与读者见面与她一丝不苟的责任心和对出版事业的热爱分不开。

在本书的写作过程中，我还得到了诸多同仁们的指导、支持与帮助，在此一并表示诚挚的感谢！

远行的帆船才刚刚起锚，探索的脚步也远没有停止。本书从项目管理的角度对活动策划与管理展开的研究尚属初步，希望起到抛砖引玉的作用，敬请广大读者对书中不成熟和不妥帖的地方提出批评和指正，我的电子邮件地址为 lgxy12@sina.com。

卢　晓

2016年8月1日

图书在版编目(CIP)数据

节事活动策划与管理/卢晓编著. —4版. —上海:
上海人民出版社,2016
ISBN 978-7-208-14035-6

Ⅰ. ①节… Ⅱ. ①卢… Ⅲ. ①活动-组织管理学-教
材 Ⅳ. ①C936

中国版本图书馆CIP数据核字(2016)第191799号

责任编辑 罗俊华
封面装帧 陈 楠

节事活动策划与管理
(第四版)
卢 晓 编著
世 纪 出 版 集 团
上海人民出版社出版
(200001 上海福建中路193号 www.ewen.co)
世纪出版集团发行中心发行
常熟市新骅印刷有限公司印刷
开本 787×1092 1/16 印张 28.25 插页 3 字数 437,000
2016年8月第4版 2016年8月第1次印刷
ISBN 978-7-208-14035-6/F·2404
定价 78.00元